आता ही होगा कोई नया मोड़

लीलाधर जगूड़ी : जीवन और कविता

आता ही होगा कोई नया मोड़

लीलाधर जगूड़ी : जीवन और कविता

सम्पादक
प्रमोद कौंसवाल

वाणी प्रकाशन

वाणी प्रकाशन
4695, 21-ए, दरियागंज, नयी दिल्ली 110 002
शाखा
अशोक राजपथ, पटना 800 004
फ़ोन : +91 11 23273167 फ़ैक्स : +91 11 23275710
www.vaniprakashan.in
vaniprakashan@gmail.com

AATA HI HOGA KOI NAYA MOD :
LEELADHAR JAGOORI : JEEVAN AUR KAVITA
Edited by : Pramod Kaunswal

ISBN : 978-93-5229-070-3
Criticism

प्रथम संस्करण
मूल्य : ₹ 450

हर्ष प्रिंटर्स दिल्ली-110 093 में मुद्रित

वाणी प्रकाशन का लोगो मक़बूल फ़िदा हुसेन की कूची से

आभार

लीलाधर जगूड़ी पचहत्तर साल के हो गये। उम्र का ये पड़ाव कवि के लिए भले ही बहुत निजी हो, लेकिन हिन्दी साहित्य के लिहाज़ से लीलाधर जगूड़ी की सम्पूर्ण साहित्य यात्रा अथक है और ऐतिहासिक भी। पिछले कुछ महीनों में जब हिन्दी के विद्वानों से उनकी कविता पर कुछ राय या आलेख देने या कोई साक्षात्कार लेने का मौक़ा मिला तो कोई पीढ़ी ऐसी न दिखी जो लीलाधर जगूड़ी पर बोलने-लिखने को तैयार ना हुई हो। इस पुस्तक में शामिल हिन्दी के कवियों, आलोचकों और कवि मित्रों के साथ-साथ लीलाधर जगूड़ी का आभारी हूँ। जगूड़ी जी के कवि-मित्र मंगलेश डबराल के अलावा मुकेश जगूड़ी और गुरमीत बेदी का विशेष आभार। कम समय के अन्तराल में पुस्तक को प्रकाशित करने के लिए अरुण माहेश्वरी का शुक्रगुज़ार हूँ।

प्रमोद कौंसवाल

1 जुलाई 2015, नयी दिल्ली

अनुक्रम

लीलाधर जगूड़ी : वैचारिकी

लीलाधर जगूड़ी : कविताएँ

मेरे प्रिय कवि

नामवर सिंह

लीलाधर जगूड़ी मेरे बहुत प्रिय कवियों में रहे हैं। लेकिन उनके बारे में कुछ कहने का ये पहला मौक़ा है। जगूड़ी मुझसे काफी छोटे हैं। पचहत्तर के वो हो गये, मैं करीब नब्बे साल का हो गया हूँ। इस तरह वह मेरे छोटे भाई की तरह भी हैं। उनके टिहरी और उत्तरकाशी तब जाना हुआ था जब टिहरी रियासत हुआ करती थी। चन्द्रकुँवर वरत्वाल वहाँ के बड़े कवि थे। तब पहाड़ के लोग, पढ़े-लिखे लोग सीधे दिल्ली के बजाय इलाहाबाद आते थे। कुमाऊँ के हिस्से के लोग तो लखनऊ जाया करते थे क्योंकि वहाँ के लोग अपने नेताओं को ज्यादा मिलते थे। गढ़वाल के लोग इलाहाबाद और वाराणसी में आते-जाते थे। चन्द्रकुँवर वरत्वाल तो काशी के ही होकर रह गये थे। उनसे मिलने-जुलने और उनसे कविताएँ सुनने के अवसर समय-समय पर आते रहे हैं। हाल में मुझे उनकी तमाम प्रकाशित पुस्तकों से कई कविताओं को देखने का फिर से मौक़ा मिला। उनकी एक कविता है, जिसमें जगूड़ी खुद अपना परिचय देते रहे हैं और जो आत्मपरिचय ही है एक तरह से। वह कविता 'बची हुई पृथ्वी' नाम के कविता संग्रह में है। वह पूरी कविता सबको पढ़नी चाहिए, सुननी चाहिए। जगूड़ी कहते हैं–

बहुत कुछ अपने जैसा
जन्मते ही एक आदमी
लीलाधर जगूड़ी नहीं था
वह मैं हूँ

मेरा जन्म ही कठोर कारागार है
–जन्म ही कठोर कारागार है
–मैं जन्म से ही कठोर कारागार में हूँ...

पहले यहाँ
मेरे पिता फँसे
–जब मैं आया वे जेलर बन गये

तब से मेरे दायें हाथ का काम
उनके
बायें हाथ का खेल हो गया।

अब है तो छोटी-सी कविता जिसमें पिता का भी जिक्र है। और आखिरी लाइन देख रहे हैं कि मेरे दायें हाथ का काम उनके बायें हाथ का खेल हो गया है। दायें हाथ से लिखा जाता है जबकि बायें हाथ खेल हिन्दी का एक मुहावरा है। कोई काम लोग कहते हैं कि बड़ा आसान है तो बायें हाथ का खेल हो गया कहते हैं। यानी मेरे लिए जो कविता लिखना मुश्किल है, वह पिता के लिए एक छिपा हुआ रूप होने के कारण बायें हाथ का खेल हो गयी है...। बड़ी दिलचस्प कविता है ये। लेकिन इससे जगूड़ी के व्यक्तित्व का पता चलता है। मेरी कथा-कविता भी इसी की एक कड़ी है। मेरी कथा में एक फावड़े जैसे घिस जाने का जीवन है। कारखाना उजड़ जाने और टूट जाने की कथा है। उस कथा में पत्थर के रेत हो जाने की कथा है। लकड़ी के कोयले हो जाने और कोयले के आग हो जाने की कथा है। कोयले के आग हो जाने में आग का धधकना भी है जो कितना खतरनाक भी हो सकता है...। यह कविता है-

मेरी कथा
फावड़ा घिस जाने की
कारखाना उजड़ जाने की
सड़क टूट जाने की कथा है

मेरी कथा
पत्थर के रेत हो जाने की
पेड़ के लकड़ी हो जाने की
कोयले के
आग हो जाने की कथा है

मेरी कथा
जाने हो जाने की कथा है

इन दो कविताओं में एक तरह के पूरे जगूड़ी के होने का पता चलता है उनके व्यक्तित्व और जीवन सफ़र को इनसे समझा जा सकता है। उनके जीवन सफर की झलक इनमें साफ़ मिलती है। यह असल में उनका परिचय ही है। जगूड़ी कई बातों में विलक्षण कवि हैं-अनूठे कवि भी। कभी ग़ालिब ने अपने बारे में कहा था-... कहते हैं ग़ालिब का अन्दाज़े बयां और...। हर कवि अपने तरीक़े से कविता लिखता है। उसका अपना अन्दाज़ होता है, सबसे अलग होता है, लेकिन अन्दाज़े बयां क्या है... कहने का तरीका क्या है, वह तरीका बहुत महत्त्वपूर्ण होता है। कहने की कला अन्दाज़ में है। तो

ये बात जो अन्दाज़े-बयां है-ठीक है कई लोग सीधी सपाट बातें करते हैं, कई उसको जरा टेढ़ा करके कह देते हैं। ज़रा घुमाकर कहने के अन्दाज़ में बयां करते हैं। कहने के इन दो तरीकों की कलाओं में ही कवि का परिचय भी छिपा होता है। लीलाधर जगूड़ी का अपना अन्दाज़ है। अपना व्यक्तित्व है। अपना अनूठापन है।

अज्ञेयजी ने आन्दोलन चलाया था। विज्ञान का बोलबाला हो रहा था... लेकिन तब कविता ने भी प्रयोग चलाया था। नयी-नयी चीजें तलाश की जाने लगी थीं। विषयों को अलग हटकर के चुनना, और इसमें भी प्रयोगशीलता....। आप देखें तो यह विशिष्टता जगूड़ी में दिखलाई पड़ती है। वह ऐसे एक ही कवि हैं। हिन्दी में ऐसी अद्भुत कविता नहीं देखी गयी जैसी जगूड़ी ने लिखी हैं। कैसे शब्दों से खेलना या दिखाना है। उनकी इस कला में माहिरी है। 'अकेला' शीर्षक की कविता 1981 के संग्रह में है। जगूड़ी को समझने के लिए यह कविता ख़ास है।

तारीखें भी तीस
और आदमी अकेला
हफ्ते भी चार
और आदमी अकेला
महीने भी बारह
और आदमी अकेला
ऋतुएँ भी छह
और आदमी अकेला
वर्ष भी अनेक
और आदमी अकेला
काम भी बहुत से
और आदमी अकेला

उनके विचार और मिजाज का दोनों का पता इससे चलता है। उर्दू शायरी लोकप्रिय हुई क्योंकि उसमें सामान्य हिन्दुस्तानी जुबान में लिखा गया। हिन्दी में संस्कृत के असर में कविताएँ लिखी गयीं और वो इसीलिए नहीं हुईं। जगूड़ी ने ऐसा नहीं किया। आप सोचिए 30-35 साल पुरानी ये कविताएँ और इनमें आज भी कितनी ताजगी है, टटकापन है। दुनिया कहाँ से कहाँ चली गयी लेकिन अब भी मौजूं हैं। टटकापन देखने के नज़रिए में है, व्यक्त करने वाली भाषा और जुबान में है और अपनी समीक्षा में है। दुनिया देखने के साथ-साथ अपने को भी देखते चलिए। यह समझ बड़ी अहम है। अब इतनी पुरानी और नयी कविताओं को भरपूर ताज़गी लिए कविता के साथ जगूड़ी का जो बिम्ब बनता है उससे जगूड़ी हिन्दी कविता में अपना अलग बिम्ब बनाता है। हिन्दी कविता में अलग पहचान बड़ी मुश्किल से हो पाती है। कवियों की भीड़ में, चीनी की शक्ल में सारी चीनी का चेहरा एक जैसा नज़र आता है...। जगूड़ी की

कविता सबसे अलग से पहचानी जा सकती है। जगूड़ी का स्वर, अन्दाज़ और दृष्टि और जिस दुनिया के बारे में वह रचते हैं, वह काफी अलग है और कवियों की भीड़ में उनको अलग पहचाना जा सकता है...। तो अकेलेपन पर बहुत से लोगों ने कविताएँ लिखीं। लेकिन वो आदमी जो अपने को भीड़ में कई बार खुद को अकेला पाता है, कई लोगों से घिरकर भी अकेला होता है...। यानी समाज में रहते हुए भी जो निपट अकेला है–यह उस आदमी की कविता है।... संख्या के बल पर अपने अकेलेपन का इस तरह का सशक्त वर्णन... मैं नहीं जानता कि हिन्दी में इस तरह की कविता लिखी गयी हो। हिन्दी साहित्य ने ऐसी कविता नहीं देखी है। एक कविता आयी थी–आज मैं अकेले हूँ, अकेले रहा नहीं जाता...। दुख–सुख ऐसे अकेले सहा नहीं जाता... मैं अकेला हूँ अकेले नहीं रहता। निराला की एक कविता है–मैं अकेला देखता हूँ तेरे दिवस की साँझ वेला...। आम तौर पर जगूड़ी जैसी कविता किसी ने नहीं लिखी। लोगों के दुखदर्द की कविता।

मैं उस इतिहास में नहीं जाना चाहता। छायावाद में बाद में हिन्दी में मजदूरों और किसानों के लिए क्रान्तिकारी कविताएँ लिखने कर सिलसिला चला। साथ–साथ उसके प्रयोगवाद भी चला जो अज्ञेयजी के तारसप्तक से आया था, इसके नेता भी अज्ञेय ही ही थे। और तीन–तीन तारसप्तक छपे।... और समझा जाता था कि कौन शख्स प्रयोगवादी और प्रगतिशील है। छायावाद से सुमित्रानन्दन पन्त थे, वो बाद में अरविन्दवादी हो गये थे और अरविन्द के दर्शन के हिसाब से कविताएँ लिखने लगे...। इस पूरे माहौल में देखें तो जगूड़ी ने अपनी एक अलग पहचान बनाई। उनको कविता के किसी स्कूल में डालकर नहीं रखा जा सकता। समझा जाता है कि कोई बाहर का कवि है, पहाड़ का कवि है तो प्रकृति की सुन्दरता पर कविताएँ लिखता होगा... हिमालय के बारे में लिखता होगा। लेकिन जगूड़ी में ऐसा कहीं नहीं है। पन्त जी तो इलाहाबाद आ गये थे। हिमालय पीछे छूट गया था–उनको रचनाओं से बाहर निकलकर वहाँ की गुफाओं के बारे में अलग से उल्लेख करना पड़ता था... जगूड़ी की कविता में आप पहाड़ या हिमालय ढूँढ़ेंगे तो नहीं मिलेगा क्योंकि वो प्रकृति के कवि नहीं मनुष्य के कवि हैं। उनमें उत्तराखंड नहीं, उनके पहाड़ नहीं, जैसे कि कई कवि वहाँ के चित्रण से नहीं उभर सके, ऐसी बात जगूड़ी के कविता संसार में नहीं है। वो विशुद्ध मनुष्य के कवि हैं। जगूड़ी के कविता के केन्द्र में जो संसार बनता है, उसमें वह सबसे अलग कवि हो जाते हैं। वह अवाम के कवि कहलाए जा सकते हैं। जगूड़ी की लोकप्रियता का एक कारण उनके कविताओं के इस गुण काहोना भी है। और जैसा मैंने जिक्र किया, जगूड़ी संस्कृत के प्रचंड विद्वान हैं लेकिन उन्होंने आम लोगों की भाषा में कविताएँ लिखी हैं। एक संस्कृत पढ़ा–लिखा आदमी और उसकी भाषा में उसकी परछाईं दूर–दूर तक नहीं है। वह बोलचाल और आमफ़हम की भाषा में लिखते हैं। उनमें दूर–दूर तक भाषा के स्तर पर संस्कृतनिष्ठता नहीं है। इससे समझ आता है वो क्षेत्रीयता के दायरों से उठे हैं और भाषाई स्तर पर इस

दौर के सबसे अलग कवि भी हैं। ये अलग बात है कि क्षेत्रीयता की पहचान लेखकीय स्तर पर काफी अहमियत रखती है। जगूड़ी की हिन्दी साहित्य में उतनी चर्चा नहीं हो सकी है जितनी होनी चाहिए थी। इसपर मैं ज्यादा बड़ी शिकायत नहीं करता लेकिन चर्चा होनी चाहिए। गढ़वाल और कुमाऊँ विश्वविद्यालय तो जाने क्या कर रहे हैं। वहाँ बड़े कवियों पर शोध का कोई काम नहीं हो रहा है। यह काम होना चाहिए। जगूड़ी पर कम चर्चा की बात को साहित्य और सरकारों के लोग समझें इस दिशा में मेरा आग्रह चाहे उतना बड़ा नहीं लेकिन एक इशारा भर तो मैं कर ही सकता हूँ।

यथार्थ के चटक बिम्ब

कुँवर नारायण

लीलाधर जगूड़ी को पिछले लगभग चालीस वर्षों से जानता हूँ। जब तक मैं लखनऊ में रहा, उनसे अक्सर मिलना-जुलना होता रहता था। उन्हें तथा उनके लेखन को नज़दीक से जानने का वह सुखद संयोग मेरे 1995 में दिल्ली आने के बाद यद्यपि उनसे बना न रह सका, पर उनकी कविताओं से, अब तक बना हुआ है।

जगूड़ी उन थोड़े से कवियों में हैं जो धूमिल के साथ ही हिन्दी कविता के परिदृश्य में आये-पर उनकी कविताएँ बिल्कुल अलग ढंग से अपनी पहचान बनाती हैं। उनकी लम्बी कविताएँ शुरू से ही ध्यान आकर्षित करती रही हैं। यथार्थ के चटक बिम्बों का कल्पनाशील संयोजन उनके रचना कौशल का एक प्रमुख गुण है। उनके अनेक काव्य संग्रह प्रकाशित हो चुके हैं। उनमें एक सुपरिचित जीवन दृष्टि का स्थायित्व है, साथ ही नये अनुभवों को नयी तरह प्रस्तुत करने की चेष्टा। सामाजिक-राजनीतिक यथार्थ पर सतर्क दृष्टि रखते हुए भी उनकी भाषा जीवन के काव्यत्व के प्रति संवेदनशील रहती है।

बाज़ार के आक्रमण का सामना

केदारनाथ सिंह

विचार करने की परम्परा रही नहीं और हिन्दी आलोचना का दुर्भाग्य है कि कविता के इस दौर को कोई नाम नहीं दिया गया इसलिए लीलाधर जगूड़ी को 'समकालीन' कविता का महत्त्वपूर्ण हिस्सा मानना पड़ रहा है। यह स्थिति भले जैसी है, लेकिन लीलाधर जगूड़ी हमारे समय के जिसे समकालीन कविता कहा जा रहा है, उसके निश्चित ही महत्त्वपूर्ण कवि हैं। लम्बे समय से वो सक्रिय हैं और उनकी कविता का सतत विकास भी उनके क़रीब-क़रीब नियमित अन्तराल में आये संग्रह भी हैं। हिन्दी कविता में उनका उदय ऐसे समय में हुआ जब वाराणसी में धूमिल कविताएँ लिख रहे थे। यानी ऐसे कवि के साथ जो अपरूटेट नहीं था। लीलाधर जगूड़ी की कविताओं की विकास यात्रा को ग़ौर से देखें तो पता चलता है कि उनकी कविता पर हिन्दी आलोचना ने काम नहीं किया है। हालाँकि आलोचना का पूरा परिदृश्य ही ऐसा है कि वहाँ इस दिशा में कोई उल्लेखनीय काम ना तो हुआ है और ना हो रहा है। लीलाधर जगूड़ी का संग्रह तब 'बची हुई पृथ्वी' आया था। मैंने ख़ास तरह का रोमांच महसूस किया। लगा कि हिन्दी में कुछ नया घटित हो रहा है हिन्दी कविता की भाषा में। हिन्दी कविता को, मैं उसकी भाषा से पकड़ने का काम करता हूँ, लीलाधर जगूड़ी परम्परा की भाषा में अपनी भाषा को लिए डूबे हुए कवि हैं। मैं दो या तीन बातें करता हूँ। एक तो कविता में भाषा के ज़रिए दृश्य सी उपस्थिति तभी मुमकिन है जब कवि सघन इमेज़नरी ताक़त लिए हो, लीलाधर जगूड़ी ने अद्भुत बिम्ब खड़े किए हैं। इतने घने बिम्ब मुझे लगता है, एक तो उनकी संस्कृत और दूसरा उनका पहाड़ से आना, इतने सम्पन्न बिम्ब उनसे तभी मुमकिन हुए हैं। हिमालय, यानी वो हिमालय जो कालिदास का है, वहाँ से उनको बहुत कुछ मिला। हिन्दी कविता में, जो हमारी आधुनिक हिन्दी कविता है, उसमें वह पूँजी नहीं थी जो जगूड़ी लेकर आये। जहाँ तक हिन्दी कविता में विचार परम्परा और वैचारिक अपनाया है और बीच में ही खड़े होकर अपनी कविता का विकास करते रहे हैं। और बड़ी बात ये है आज भी डटकर खड़े हैं जब कविता और पूरे साहित्य पर बाज़ार का बराबर आक्रमण हो रहा है। आज के बाज़ारवाद के बढ़ते दबाव के खिलाफ जो जो

कवि शामिल हैं उनमें जगूड़ी प्रमुख हैं। जगूड़ी सबसे वरिष्ठतम भी हैं। इस उम्र में भी वो अपने काव्यात्मक संघर्ष में जुटे हुए हैं और लगातार बेहतर कर रहे हैं। मेरी कुल मिलाकर मान्यता या आकलन है कविता को लेकर, जगूड़ी की कविता को लम्बे समय से पढ़ और देख भी रहा हूँ, उनको पढ़ते हुए बहुत चाव आता है, उसका ख़ास स्वाद लेता रहा हूँ। कविता के प्रति आकर्षण पैदा होता है। इससे मुझे लगता है उनको बार-बार पढ़ा जा सकता है। ये बात मैं ना तो हिन्दी कवि के तौर पर और ना ही आलोचक के तौर पर कह रहा बल्कि बिल्कुल पाठक के तौर पर ही कह रहा हूँ।

मैं ये कहता हूँ कि धूमिल और जगूड़ी की बात आपस में मिलाकर बहुत कही जाती है लेकिन मैं कहूँगा कि जगूड़ी कहीं भिन्न कविता लिख रहे थे। जगूड़ी बहुत अलग उभरे–यह काफी अहम है कि निकटवर्ती होते हुए भी वह (जगूड़ी) बहुत अलग कविता व्यक्तित्व बना सके। यह मामूली बात नहीं होती। जगूड़ी काफी अलग और लगातार लिखते रहे। ये जगूड़ी की बड़ी विशेषता है। ये दुर्भाग्य है कि धूमिल की मौत जल्दी हो गयी, उन पर कविता आलोचना ने कोई काम किया ही कहाँ!

परिवेश का समृद्ध संभार बहुत कम कवियों में है। मैं उनकी कविताओं का मूल्यांकन नहीं कर रहा बल्कि एक पाठक के तौर पर मेरा उनकी कविता से किस तरह का परिचय है, उसका साक्षात्कार करने की कोशिश कर रहा हूँ। जगूड़ी हिन्दी में वो अकेले कवि हैं जो समकालीन संवेदना को साथ लेकर आगे बढ़े और सबसे यादा उस पर लिखा भी। इस मायने में वो विरल कवि भी हैं। उनकी कविता के विकास का ये ग्राफ़ तैयार होना बाक़ी है ख़ासकर ये ग्राफ़ कैसे बदलता-बनता रहा है। ये काम, जैसा मैंने कहा हिन्दी आलोचना छोड़ चुकी है। इसके अभाव में ना सिर्फ़ जगूड़ी बल्कि कई सारे हिन्दी कवियों का मूल्यांकन नहीं हो पाया है। जगूड़ी इस मामले में अलग कवि हैं कि उनके कविता में अनुभव के संसार की कई परतें हैं। वो अपनी जड़ों के पास रहते हैं, आसपास की सामाजिक-सांस्कृतिक परिस्थितियों को बुनते हैं और पहाड़ की सम्पन्न विरासत से ऊर्जा ग्रहण करते हैं। इनको मिलाकर उनकी कविता बनती है।

जब जगूड़ी बनारस में उभरे तो उस समय मैं वहाँ से गोरखपुर आ गया था। यानी वाराणसी के मुक़ाबले एक छोटे क़स्बे में। याद नहीं आता कि उस कालखंड में उनसे मुलाक़ात हुई हो। ठीक-ठीक भेंट उनसे हुई तो शायद दिल्ली में ही हुई। अभी उसी दिल्ली में हूँ, जहाँ होते हुए भी वहाँ का होना नहीं चाहता। सौभाग्य है कि जगूड़ी यहाँ के ना हुए और दून घाटी में हैं और पहाड़ के फिर से पास हैं जैसे बचपन में रहे होंगे। अब मेरे मित्र हैं और दिल्ली आते रहते हैं।..। उनसे कविता पर जब-तब विमर्श होता है।

पीड़ित दुनिया की कविता

मैनेजर पांडेय

लीलाधर जगूड़ी साठ के दशक के आसपास हिन्दी कविता में सक्रिय हुए। तब से लेकर अब तक हिन्दी कविता की दुनिया बहुत बदली है। लीलाधर जगूड़ी की कविता को ग़ौर से देखें तो वह धीरे-धीरे अकवितावाद की प्रवृत्तियों से मुक्त होकर आधुनिक कविता लिखते गये। वह अपने समय, समाज, इतिहास और उसमें मनुष्य की यातना और दुर्दशा पर कविताएँ लिख रहे हैं। बाद के संग्रहों को देखने से लगता है कि उनकी कविताएँ धीरे-धीरे गम्भीर हुईं, व्यापक और सघन बनी हैं और दीन दुनिया की बहुत-सी बातें उनकी कविताओं में आयीं। ख़ासकर मुझे उनकी कविता में जो बात आकर्षित करती है-प्रकृति से मनुष्य से उन्होंने अद्भुत कल्पना की है। जैसे पेड़...। पेड़ मनुष्य से कह सकता है-आखिर मैं पेड़ हूँ आपका विचार नहीं/ जो शाम तक बदल जाऊँ/ मुझे समय लगता है/ मैं आबोहवा हूँ/ मेरी भी एक अर्थव्यवस्था है/ मैं भी एक संगठन हूँ/ क्या अपनी अर्थव्यवस्था को/ मुक्त कर सकते हो/ और क्या आप किसी संगठन को/ आज़ादी दे सकते हो...।' प्रकृति से मनुष्य की तुलना करते हुए देखें इसे। प्रकृति भी बदलती है। बेहतर के लिए और बदतर के लिए भी। लेकिन मनुष्य में विचार जितना क्षणभंगुर या कि कहिए ख़राब अर्थ में परिवर्तनोन्मुख होता है, उतना प्रकृति का रूप ही नहीं और ना स्वभाव है। इस बात को लीलाधर जगूड़ी इसलिए यादा सही तरीक़े से कहते हैं क्योंकि वह एक ऐसी जगह यानी उत्तराखंड से हैं जिनका सीधा सम्बन्ध प्रकृति के विभिन्न रूपों से है। पहाड़ का आदमी पेड़, पौधे, पत्ती, झरने, नदी आदि से जितना आत्मीयता से जुड़ा होता है, उतनी आत्मीयता मुझमें या मैदान के कवि के पास नहीं होगी। इस कविता के ज़रिए जानिये कि जगूड़ी सीधे कैसे समझाते हैं जैसे कि प्रकृति को हम समझते हैं। जगूड़ी को समझते हुए प्रकृति को समझना होता है-मनुष्य का प्रकृति और प्रकृति की प्रवृत्ति। दोनों की बात समझाते हैं। अब अगर प्रकृति की तरह आदमी नहीं मानता तो प्रकृति की अपनी फितरत है आदमियों की यादतियों का बदला लेने का। अभी कुछ समय पहले प्रकृति ने उसी उत्तराखंड में अपना भयानक रूप दिखाया केदारनाथ से आगे सब बह गया। बहरहाल

प्रकृति के इशारों की ओर लीलाधर जगूड़ी की कविता ले जाती है। पाठक उनसे गहराई से रूबरू होता है।

इसके अलावा उनकी कविताओं में मैंने देखा है, वह राजनीति की बिडम्बनाओं पर बड़ी पैनी निगाह रखते हैं। इन बिडम्बनाओं में फँसे मनुष्य की दुर्गति भी लीलाधर जगूड़ी अपनी कविताओं में बताते हैं। 'हम बचे हुए हैं/ हमें गर्व है/ हमें गर्व है जिससे डर है उससे दोस्ती कर ली...' प्राय: मनुष्य आततायियों से डरता है, बदमाशों से डरता है। यह समाज की बड़ी दुर्गति होगी कि वो ऐसी ताक़तों से डरकर दोस्ती कर ले। सत्ता ने समाज में जो डर बनाया है। तंत्र ने डर खड़ा किया है यह उससे ऐसी परिस्थिति खड़ी हुई है।

लीलाधर जगूड़ी से दिल्ली में पचास से ज्यादा बार मुलाकात हुई है। वह जिस भाषा और सरंचना में कविता लिखते हैं वह कई बार साधारण लोगों की कविता ना होकर एक ख़ास पाठक वर्ग की कविता लगती है। लेकिन जगूड़ी का एक बड़ा पाठक वर्ग है, यह भी उल्लेखनीय बात है। कविता की जटिलता को पकड़ना कई बार आसान नहीं होता और कविता के निरन्तर विकास में यह जगूड़ी को विशिष्ट कवि भी बनाता है। हिन्दी कविता में इधर एक और ख़ास चीज़ हुई। कविता में कला नाम पर जटिलता और दुरूहता के आग्रह में फँसकर कई कवि बहुत विस्तार से वर्णनात्मक-सी कविताएँ लिखते हैं। इसमें कविता के सामान्य पाठक से दूर होने का ख़तरा रहता है। साठ और सत्तर के दौर में जगूड़ी दूसरे कई बड़े हिन्दी कवियों के साथ लिख रहे थे-जैसे धूमिल। धूमिल ने कविता के विषय और शिल्प में दुरूहता और विस्तार नहीं दिया। जगूड़ी ने अलग शैली विकसित की जो आज की सारी हिन्दी कविता की ही शैली बन गयी है। जगूड़ी की बहुत अच्छी चीज़ ये है कि उन्होंने अपनी पीढ़ी के अलावा अपने से युवतर पीढ़ी के कवियों और लेखकों के साथ राफ्ता क़ायम रखा है। यह गुण एक कवि की सहृदयता और मनुष्यता का परिचायक होता है। वह दूसरों की भी चिन्ता करते हैं। और हम जानते हैं वह खुद एक प्रसन्न व्यक्तित्व के धनी हैं। उनसे मुलाक़ात करना भी अच्छा लगता है। एक समय के इलाहाबाद के छायावादियों की तरह वो नहीं दिखते...। खुद पहाड़ के कवि सुमित्रानन्दन पन्त की तरह विचित्र लगने-दिखने की कोशिश नहीं करते!

आधुनिक बोध के संवाहक

असद ज़ैदी

ख़बर चौंकाती-सी है कि लीलाधर जगूड़ी 75 साल के हो गये। उनकी छवि हमारे बीच हमेशा एक मित्र और नये से नये कवि और कालान्तर में एक थोड़े से वरिष्ठ कवि की रही है। कभी बुढ़ापे या मूर्धन्य साहित्यकार होने जैसी इमेज़ उनके साथ कभी जुड़ी नहीं। न ही हमने उनको कभी उस तरह से देखा। लेकिन आदमी के साथ उम्र का भी एक सफ़र होता है और वह पचहत्तर पार हो गये। उनका महत्त्व हिन्दी में ये है कि वह हिन्दी की समकालीन और आधुनिक कविता के उस दौर में सामने आये जहाँ से हमें आधुनिक कविता का आरम्भिक दिखने लगता है।

हिन्दी कविता की परम्परा कोई बहुत लम्बी परम्परा नहीं है, उसमें काफी ब्रेक्स आते रहे हैं। जैसे आज की कविता छायावाद से संवाद की स्थिति में नहीं है, बल्कि बाद की कविता, जिसे प्रयोगवादी नयी कविता कहा जाता है, उससे भी हमारे दौर में कोई बहुत संवाद नहीं है। साहित्य और कैरिअर के ये ब्रेक्स काफी अहमियत रखते हैं क्योंकि वो अपने समय की ऐतिहासिक, समाजशास्त्रीय, और सौन्दर्यशास्त्रीय ज़रूरतों की उपज होते हैं। लेकिन लीलाधर जगूड़ी और धूमिल उन लोगों में हैं जिन्होंने समकालीन हिन्दी कविता का टैंपलेप बनाया-उसका मूल साँचा। उसे बनाने और निर्मित करने में उनका योगदान अहम है। तो यक़ीनन आज की हिन्दी कविता की दृष्टि से वो हिन्दी के अग्रगामी कवि हैं।

जिस आधुनिक हिन्दी कविता का युग मुक्तिबोध से शुरू होता है, जगूड़ी कविता में उस आधुनिक के संवाहक बने रहे-यानी उनकी कविता का एक शिखर उस दौर में बना और एक आज भी क़ायम है। आधुनिकता के साथ प्रगतिशीलता और प्रतिरोध की कविता भी इसमें आकर रची-बसी है तो उसमें जगूड़ी और राजकमल चौधरी का भी योगदान है। यह वो दौर था जब हिन्दी में नक्सलवादी आन्दोलन का प्रभाव बढ़ रहा था, इसी समय जगूड़ी अकविता लिख रहे थे। उनकी कविता यकायक एक क्रान्तिकारी स्थिति के आमने-सामने हुई और टकराई। इस मौक़े को जगूड़ी और धूमिल ने बहुत अच्छी तरह से रिसपांड किया। उन परिस्थितियों के साथ कविता के मुहावरे

को पाने, कविता को नये विचार से जोड़ने में जगूड़ी ने बहुत मेहनत की। साफ़-साफ़ कहें तो आज हिन्दी कविता जिस मुहावरे में लिखी जा रही है, उसका माहौल जगूड़ी, राजकमल और धूमिल के समय बनना शुरू होता है। इस परम्परा में वरिष्ठ कवि भी शामिल हैं–जैसे रघुवीर सहाय–और आज के नव्यतम कवि भी। मैं तो ये तक कहूँगा कि लीलाधर जगूड़ी आधुनिक कविता का शिलान्यास करने वाले कवियों में हैं।

हिन्दी कविता में निराशा का और मोहभंग का माहौल काफ़ी समय तक व्याप्त रहा, साठ के दशक में ऐसा था और सत्तर के दशक में भी इसकी झलक देखी जा सकती थी... लेकिन उस समय की जो सियासी परिस्थितियाँ जिनकी एक अभिव्यक्ति नक्सलवादी मूवमेंट ही था, उसका हिन्दी के सांस्कृतिक मानस पर गहरा और अच्छा प्रभाव पड़ा। देश में बांग्ला, तेलुगू, पंजाबी के जो इलाक़े थे उन पर ये प्रभाव पड़ा और तेज़ी से फैला। लेकिन जिस निराशा को हम देख रहे थे उसमें ही आशा की वो उद्दाम किरणें निकलनी शुरू हुईं। मुक्तिबोध ने ग्लानि और अपराधबोध को–कि अब तक ये हमने क्या किया और भला ये जिया तो क्या जिया–को रचनात्मक ताक़त और कविता में व्यक्त करने का तोहफ़ा दिया। मनुष्य को अपनी प्रवृत्ति और उसका बोध कराना और इसके साथ ही एक नयी उम्मीद को जगाने का काम–कि परिस्थितियाँ बदल सकती हैं, समाज बदल सकता है और उसके लिए लड़ाई लड़नी है...। इसके बाद नेहरू युग के ख़ात्मे के बाद निराशा और दुर्दशा का दौर शुरू होता है–ये थीं परिस्थितियाँ, और इनका जो भी मिलाजुला सांस्कृतिक उत्पाद है, घुली-मिली संस्कृति जो साहित्य में बनी, साहित्य में अभिव्यक्त हुई उसको बनने में एक लम्बा समय और लम्बा अन्तराल लगा...। लीलाधर जगूड़ी में यह अभिव्यक्ति बड़े शानदार तरीक़े से, बड़े परिपक्व ढंग से हुई। वो अपने समय को इंटरोगेट कर रहे हैं, सवाल उठा रहे हैं। खुद अपने अन्दर अपने अन्तर्मन में झाँक रहे हैं। ये न भूलें कि थोड़ी बहुत आशा का संचार जो उसी दौर में था, ख़ासकर युवा वर्ग में, नये वर्ग में कि नहीं ये समाज बदलना ही है, और इस व्यवस्था के परखचे उड़ने ही हैं। यह हमारे समाज का महत्त्वपूर्ण दौर था। इस दौर की मेमोरी को बचाये रखना बहुत ज़रूरी था कि एक समय हमारे दौर में युवा ऐसा भी सोचते थे। यह सोच और समय से सवाल खड़े करने की यादें जगूड़ी की स्मृति में अटल हैं। यह सब उनकी कविता में सहेजी हुई हैं और यह हमारी धरोहर भी है।

जगूड़ी जी ने कभी अपने काव्य सिद्धान्त को सरल ढंग से पेश नहीं किया। न इसे नारे में बदला, न कोई अध्यात्म या रहस्यमय दर्शन खड़ा किया, बल्कि इस सबको उसकी जटिलताओं, बारीकियों और विडम्बनाओं में पकड़ा। जगूड़ी के साहित्य में यह खूबी ख़ास है। इस तरह वो एक जटिल परम्परा के वाहक हैं। उनसे कोई भी नया लेखक इस बात को सीख सकता है। उनकी कविताओं में एकरट की कविता कभी नहीं दिखी.... उनमें एक तरह की सपाटता दिखती भले हो लेकिन ग़ौर करें,

उसकी गहराई में जाएँ तो कविता के भीतर अन्तर्ध्वनियों की अपार परतें हैं। वो कई आवाज़ों में बोलती हैं। उनकी कविता में पुरानी गूँज काफ़ी दिखाई देती है। ख़ासकर जो शास्त्रीय प्रभाव है, जो संस्कृत का प्रभाव है। इसलिए उनसे पहले की कविता में जो आधुनिकता का उदय हुआ था वो केवल एक 'फार्म' थी, उसमें आधुनिकता कहीं थी नहीं, उसमें कंटेंट आधुनिक नहीं था। लेकिन जगूड़ी उस सब को समेटते हुए अपनी कविता में लाते हैं। इस दौर में जैसे अज्ञेय, हरिवंश राय बच्चन... इनके दौर में कविता की पोशाक बदल रही थी, उसका अन्तर्मन नहीं बदल रहा था। उसमें न विधिवाद था ना छायावाद था। जगूड़ी के यहाँ ये सिलसिला टूटता है। मैं तो ये कहूँगा कि जगूड़ी में कई विविधताएँ हैं, उनकी कविताएँ कई सुरों में बोलती हैं। इन सुरों में ख़ास संयोजन है और टकराहटें भी मौजूद हैं।

उनके इधर के समय को लेकर एक पेचीदा बात। समय के साथ आदमी बदलता है। मैं समझता हूँ लीलाधर जगूड़ी भी अपने समय के साथ कुछ बदले हैं लेकिन उनमें एक प्रवृत्ति है—वो कभी समय से पीछे नहीं रहना चाहते। वो आज की कविता का कंटेंट, दूसरे कवि क्या लिख रहे हैं, इस पर कड़ी नज़र रखते हैं। कौन-सी वृत्तियाँ हैं जो उनको भा रही हैं, कहाँ से चुनौती मिल रही है इसकी उनको ख़बर रहती है। उनकी कविता का मुहावरा हमेशा एक नवीनीकरण की चिन्ता में रहता है, उसकी तलाश में रहता है। कविता में ऐसा नहीं कि एक ज़मीन पकड़ ली हो कि उसी से चिपके रहें—इसलिए उनकी कविता में परिवर्तन है। पुराने लोगों को ये शिकायत हो सकती है कि जगूड़ी में वो सख़्ती वो पुरानापन और अनुगूँज अब नहीं है। वो समय के साथ बदले हैं, सॉफ्ट हुए हैं। उतनी क्रान्तिकारी आवाज़ें उनके अन्दर नहीं सुनाई दे रही हैं। लेकिन ध्यान रखें वैसी क्रान्तिकारी आवाजें हमारे समाज के भीतर से आनी बन्द हो गयी हैं और सियासत में भी कहीं सुनाई नहीं पड़तीं। इस प्रकार से देखें तो हमारे समय की कविता, जगूड़ी की कविता भी, समय के आगे तो चल सकती है लेकिन समय से छिटककर किसी आसमान में भी नहीं उड़ती। इस मामले में जगूड़ीजी काफ़ी 'यथार्थवादी' कवि ठहरते हैं। वो दो क़दम आगे चल सकते हैं लेकिन कोई दो-चार मील आगे नहीं जा सकते। उन्हें डर रहता है ऐसा करेंगे तो अपने समय से ख़ुद को काट लेंगे-और वो एक तरह से यूटोपिया में जीने की तरह होगा। तो मेरा ख़याल है कि वो इसी तरह अपने समय से रिएक्ट कर रहे हैं। हाँ, जिस जोश जिस अ म के साथ हम कविता में उतरे थे, आज जो रचना संसार है, ख़ुद उनकी कविता में उसके लोप की शिकायत देखी जा सकती है। हम व्यक्तिगत रूप से भी मित्र हैं, उनसे बातचीत होती रहती है... जो प्रोमिस उस समय की कविता ने किए थे वो समकालीन कविता नहीं जी पायी है। ख़ासकर पिछले 15-20 साल की कविता से वो कुछ निराश नज़र आते हैं—यह बात उनकी कविता में दिखायी देती है, व्यक्तित्व में भी दिखाई देती है। उनको ये भी लगता है कि उनकी बाद की पीढ़ी ने पहले वालों से न तो ज्यादा सीखा

है और न ही आलोचनात्मक संवाद स्थापित किया है—जैसा कि उनकी अपनी पीढ़ी ने किया था। उनकी पीढ़ी ने बहुत कुछ छोड़ा बहुत कुछ नया अपनाया, जिरह की और एक प्रकार से लड़ाई भी लड़ी। जैसे छायावादियों और नवछायावादियों से जगूड़ी की लड़ाई मशहूर भी है... ख़ैर उस समय की जिरह इस समय मौजूद नहीं है। तो इधर की कविता में इसे वो मिस भी करते हैं।

जगूड़ी पहाड़ से हैं ज़रूर लेकिन पहाड़ के कवि उतने नहीं हैं...। मेरी निजी राय में उनमें पहाड़ की उतनी कविता नहीं है—जैसे अपने समकालीन कई मित्रों में दिखता है। उनमें पहाड़ की उपस्थिति बहुत नहीं है। धूमिल के समय में वो पहाड़ के कवि की तरह नहीं लिख रहे थे। हाँ, पहाड़ के सन्दर्भ हैं और होंगे ही, लेकिन वो मैदान के कवि हैं। लेकिन कविता के अर्थ में पहाड़ी या मैदानी होने का बहुत महत्त्व नहीं है। वो सतत नॉस्टेलजिया में जीने वाले कवि नहीं। जो कवि पहाड़ की बात कविता में कर रहे होते हैं असल में उनके यहाँ पहाड़ का नॉस्टेलजिया है। वह एक प्रवासी स्थिति की कविता है। मुझे नहीं लगता जगूड़ी प्रवासी पर्वतीय कवि की तरह लिखते हैं—एक तरह से पहाड़ी शरणार्थी की तरह... वह एक औसत भारतीय मनुष्य की कविता लिखते हैं। मैं इस कविता को स्वागत योग्य कविता मानता हूँ...।

आप कविता में वही सब नहीं देखते कि वहाँ क्या-क्या मौजूद है। आप अपना जीवन भी वहाँ रिलेट करते हैं, उसके आलोक में उसे समझने लगते हैं। जैसे कई बार ग़ालिब को पढ़ते हुए आपको लगता है ये शायर तो अपनी बात कहते हुए हमारी बात कर रहा है...। लेखन के दो स्तर होते हैं। एक में मेरा क्षेत्र बोलता है, वहाँ के लोग बोलते हैं, वहाँ की स्मृतियाँ बोलती हैं। दूसरे में मेरा जो जीवन और स्मृतियाँ रही हैं, मैं उनके बारे में मिथ गढ़ता हूँ—मिथिकीय स्टेटस... पहाड़ से मैदान में आकर लिखने में ये प्रवृत्तियाँ ज्यादा सघन हो जाती हैं। पहाड़ की स्थिति और पहाड़ की अवस्थिति, यह जो दूरी है जगूड़ी ने इस स्थिति को यादा मज़बूती से सँभाला है। हाँ, पहाड़ की उपस्थिति को लेकर श्रेष्ठ कविता मंगलेश डबराल के यहाँ है—उनके नाम लिये बिना इस पर बात सम्भव भी नहीं—उनकी स्मृति में सघनता बहुत गहरी और तेज़ है। मंगलेश के यहाँ पहाड़ का एक मिथ है, वह वहाँ की स्मृति को, वहाँ के अतीत को बचाए हुए हैं। वो वर्तमान जीवन से अपने को वहाँ से अलग नहीं करते।

जगूड़ी में आधुनिक बोध का कवि इतना बड़ा है कि वो सन् 60 के कवियों के समकालीन थे तो आज देवीप्रसाद मिश्र या कुमार अम्बुज के भी समकालीन हैं। वो हमेशा अपनी भाषा, मुहावरे और कविता के सारे उपकरणों को तैयार रखते हैं। समकालीनता के बहाव में वह कभी किनारे या पीछे नहीं छूटते। इस संयोजन क्षमता में वह नये से नये कवि से संवाद बना लेते हैं। ईमानदारी से देखें तो पिछले दो दशक से कविता में जिस तरह की प्रवृत्तियाँ उभरी हैं, भाषा कविता के स्तर पर उसकी क्षमता से पीछे गयी है। इस अर्थ में जगूड़ी कभी भी पीछे नहीं रहे बल्कि आगे ही रहे हैं। इस अर्थ

में लीलाधर जगूड़ी, विष्णु खरे और चन्द्रकान्त देवताले जैसे कवि जो एक ही पीढ़ी और एक ही समय के कवि हैं, इन्होंने अपनी समकालीनता को नहीं खोया है। अपनी महत्ता नहीं खोई है। उनके शब्द, मुहावरे और भाषा आज के समय से और आज की पीढ़ी से संवाद कायम करते हैं। और जगूड़ी का समाजशास्त्रीय बोध वैसे भी बहुत अच्छा है। लोग किस दिशा में जा रहे हैं, समाज किस नये रंगढंग में ढल रहा है, राजनीति किस मोड़ पर है, अर्थतन्त्र क्या-क्या हिला रहा है, रहन-सहन किस स्तर पर है, वैश्विक परिस्थितियाँ क्या कर रही हैं, हवाएँ कौन-सी चल रही हैं इसका उनको तीव्र एहसास रहता है... इस ज्ञान की अभिव्यक्ति उनकी कविता में भी प्रकट होती है और पूरी विडम्बनाओं के साथ होती है। इसकी ओर वो कई बार इशारा भी करते हैं। लेकिन राजनीतिक प्रतिरोध का जैसा ज़ बा होना चाहिए और उससे जुड़ी जो गारंटी और स्थायित्व है, उसके प्रति आस्था में जगूड़ी की कविताओं में कमी है या पहले के मुक़ाबले वो कमज़ोर हुए हैं। ये एक तरह से विश्वास का भी संकट है। इस राजनीतिक आत्मविश्वास के डिगने के पीछे युगीन ट्रेजडी है वो किसी एक व्यक्ति के विश्वास के डिगने की बात नहीं है, बल्कि आज के समय में जो राजनीतिक परिस्थितियाँ हैं उनमें सभी प्रगतिशील और लोकतान्त्रिक शक्तियों का आत्मविश्वास घटा है। और वो हम सबको दिखाई भी दे रहा है। एक कवि से ये डिमांड करना कि वो वैसी ही अपनी आग, मिसाल और राजनीतिक दृढ़ता को बनाये रखेगा...? कैसे, जबकि समाज और लोग काफी पीछे हटते जा रहे हों या अगल-बग़ल हो गये हों, ये एक तरह से सही अपेक्षा नहीं है। हाँ, किसी कविता में इतना आत्मबल हो तो बहुत अच्छा लेकिन इसे किसी शर्त की तरह नहीं लादा जा सकता। अगर ऐसा किया गया तो इससे कृत्रिमता पैदा होती है, कवि की शख़्सियत और उस पर किए जा रहे भरोसे का नुक़सान होता है...। अगर हमारी ज़बान में हाहाकार मचा है और शब्दों में इसे परे की परिस्थिति पर लिखे जा रहे हैं तो इससे एक अन्तर्विरोध पैदा होता है। मैं खुद इस तरह का अन्तर्विरोध नहीं देखना चाहता। मैं तो चाहूँगा एक कवि में उसका अन्तर्मन, उसकी वास्तविक मानसिक स्थितियों के सामने जो घट रहा है, दिलो-दिमाग़ से जो घट रहा है, उसका आईना दिखे। उससे उलझता दिखे। अगर कवि के पॉलिटिकल विज़न का लॉस होता दिखता है तो ये युगीन त्रासदी है, कवि की और एक जगूड़ी की त्रासदी नहीं, उसका खड़ा किया हुआ संकट नहीं है।

(प्रमोद कौंसवाल से बातचीत पर आधारित)

नित नवीन कविता की माँग

गिरधर राठी

लीलाधर जगूड़ी से पहला परिचय 1965 में बनारस में हुआ था जहाँ मेरे इटारसी के कवि-मित्र विनय दूबे भी पढ़ते थे। 1964 में लीलाधर शर्मा के नाम से प्रकाशित उनका पहला कविता संग्रह 'शंखमुखी शिखरों पर' खास कर अपने कुछ गेय और सुन्दर प्रकृति-चित्रों की छाप छोड़ गया था। बनारस की मुलाकातों में एक अजीब-सी थी जो अब तक याद आती रहती है। विनय दूबे के साथ उनसे गोदोलिया में कहीं मिलना हुआ था, लेकिन कहाँ ? हम दोनों ने पाया कि जगूड़ी जी एक चौराहे के गोल चबूतरे पर खड़े हैं, दिशा-दर्शक सिपाही की तरह! उस भेंट का कविता-गाथा के सन्दर्भ में कोई प्रतीकात्मक अर्थ लगाना उचित है या नहीं, पता नहीं! उसके बाद इलाहाबाद में जहाँ मैं पढ़ाता था, होस्टल में उनके ठहरने से लेकर अब तक बारहा हम लोग जहाँ-तहाँ मिलते रहे हैं। पिछले साल देहरादून में उनके साथ बिताई कुछ शामें खास तौर से उल्लेखनीय हो चली हैं : 1965 में भी जगूड़ी जी बतरस में कम माहिर नहीं थे, लेकिन इस बार पाया कि कविता, काव्यशिल्प, हिन्दी के विशिष्ट कवियों और कवि-धर्म के सम्बन्ध में वे कुछ अलग ढंग से मुखर थे। सबसे अधिक दिलचस्प यह था कि वे कवि के रूप में–और व्यक्ति के रूप में भी–आत्मनिरीक्षण और आत्मलोचन के दौर से गुजर रहे हैं।

आत्मनिरीक्षण का उनका यह दौर 'नाटक जारी है' (कविता-संग्रह 1970) की तरह ही जारी है। 2008 और 2009 में उनके कुछ संग्रहों के नये संस्करण आये हैं : 'नाटक जारी है' (1967-70 /2008), 'घबराए हुए शब्द' (1981/2009), 'इस यात्रा में' (1983/2009)।

इन तीनों में जगूड़ी जी ने पीछे मुड़ कर अपनी जीवनयात्रा काव्य-गाथा और समय पर विचार करते हुए आगे के कवि-धर्म की चुनौतियों पर भी नज़र डाली है। 2008 में प्रकाशित नये संग्रह 'ख़बर का मुँह विज्ञापन से ढका है' में पहली कविता 'अपनी सरस्वती की अन्दरूनी खबर' उसी विचार-प्रवाह को आगे ले जाती है, कविता के ज़रिए। उनका शायद सबसे ताज़ा विश्लेषण पूर्वग्रह (अंक 129) में है जिसमें 'क्या

कविता खतरे में है?' शीर्षक से वे एक बहस में शामिल हैं।

लगभग 50 साल कविता-संसार में सक्रियता के बाद इस तरह का पुनरीक्षण गोदोलिया के गोल चौराहे पर खड़े जगूड़ी जी की याद बरबस दिलाता है : इसमें कार्य-कारण या प्रतीकात्मक सम्बन्ध बने या न बने, लेकिन मानो वे विनय दूबे के और मेरे बहाने से अपने अग्रजों तथा समकालीनों को रोक कर कह रहे हैं–आगे बढ़ने से पहले ज़रा रुक कर देखें कि रास्ते किधर-किधर जाते हैं! 'रास्ता' शब्द से याद आता है कि कई कवियों ने 'रास्ता' किधर है, 'किधर से है', यह सवाल अपनी कविता में जरूर कभी-न-कभी पूछा है। रघुवीर सहाय के कहानी-संग्रह, 'रास्ता इधर से है' में जो समाज हम बना रहे हैं उसका तीखा-व्यंग्यमय आख्यान था। अभी-अभी प्रकाशित शीन काफ़ निज़ाम की सम्पूर्ण ग़ज़लों के संग्रह का शीर्षक और भी चौंकाने वाला था : 'रास्ता ये कहीं नहीं जाता!'

निज़ाम के इन दो शे'रों पर ग़ौर करें :

"और आहिस्ता से गुज़र बाबा
सामने है अभी सफ़र बाबा।"

लेकिन

"रास्ता ये कहीं नहीं जाता
आ गये तुम इधर किधर बाबा।"

वास्तविक जीवन में हम में से अधिकांश लोग बने-बनाये रास्तों पर ही चलते जाते हैं। रास्ते चुकें, उससे पहले ही बहुत सारे लोग खुद चुक जाते हैं, समाप्त हो जाते हैं। अक्सर इसे सफलता का नाम मिलता है–"उसने फिर मुड़ कर नहीं देखा" : यह वाक्य उबाने की हद तक हर रोज़ पढ़ने और सुनने को मिल रहा है! लेकिन कभी-कभी रास्ते के आखिरी छोर तक कोई-कोई जा पहुँचता है। विजय देव नारायण साही की वह कविता याद आती है : 'लकीर की समाप्ति पर एक आदमी' जो साखी-संग्रह में है। "जहाँ तक निशान बनता है /ज़मीन पुरानी पड़ जाती है/ लेकिन जहाँ वह खड़ा होता है/ उसके आगे सिर्फ़ एक शून्य रहता है।"

आधुनिक हिन्दी कविता के इतिहास में झाँकें तो पायेंगे कि रास्ते को लेकर दो या तीन तरह की विधियाँ रही हैं। एक लकीर बनाने की, दूसरी बनी हुई लकीर पर चलने की; और तीसरी, बनी हुई लकीरों से हट कर झाड़-झंखाड़ काटते हुए अपनी लकीर बनाते चलने की। तीसरी विधि में दो प्रभेद देखे जा सकते हैं। पहला ये कि सीधी नाक उसी तरह की लकीर बनाते हुए चलते चले जाने की जिद या आदत या लाचारी। दूसरा प्रभेद ये कि खुद अपनी बनाई लकीरें तोड़ कर, नयी-नयी लकीरें बनाते चलना।

आक्तोवियो पाज़ (मेक्सिको) जैसे अनेक बड़े कवि कह गये हैं कि कवि जीवन भर 'एक ही कविता' लिखता रहता है। किसी हद तक जयशंकर प्रसाद, महादेवी

वर्मा, शमशेर बहादुर सिंह, मुक्तिबोध, विनोद कुमार शुक्ल, धूमिल, राजकमल चौधरी, विजयदेव नारायण साही, प्रयाग शुक्ल इत्यादि अनेक प्रतिष्ठित कवियों पर यह सूत्र लागू किया जा सकता है। लेकिन 'एक ही कविता' नये-नये परिधान में नया-नया संधान करते जाने में समर्श हो सकती है—यह बात भी इन सभी समर्थ कवियों के बारे में प्रकट है।

दूसरी अपनी लीकें-लकीरें तोड़ते हुए, नयी ज़मीनें गोड़ने वाले भी समर्थ कवि हुए हैं। हमारे यहाँ निराला, रघुवीर सहाय, नागार्जुन, अज्ञेय, सुमित्रानन्दन पन्त इत्यादि सामने हैं। यह बेहद कठिन निश्चय है; बनी हुई, प्रचलित, स्वीकृत और सम्मानित छवि जोखिम में जा पड़ती है। चित्रकार ऐसा करते बहुत डरते हैं— पिकासो और मार्सेल दुशां, या सतीश गुजराल, हिम्मत शाह जैसे कलाकार ही यह जोखिम उठा पाते हैं। सार्वजनिक स्वीकृति खो देने के अलावा, ज्यादा बड़ी चुनौती खुद रचनाकार-कवि की कारयित्री-भावयित्री प्रतिभा खड़ी कर देती है। क्या सर्जना के स्रोत इतने ऊर्जावान, इतने ज़रखेज़ हैं कि हर बार कोई नयी फ़सल उगा सकें! अभी ऊपर गिनाए कवियों में सब के सब इस लकीर-तोड़ लकीर-गोड़ अभियान में सफल रहे हैं, यह कहना कठिन है।

लीलाधर जगूड़ी के नये संस्करणों के आत्मकथ्यों और पूर्वग्रह आदि के विमर्शों में आत्मपरीक्षण, आत्मालोचन के साथ-साथ उनकी अपनी आत्मछवि भी सामने आती है। उनकी अपनी कोशिश हर बार कुछ नया, और नये ढंग से कुछ कहने की है। वे लिखते भी हैं कि—चाहता हूँ हर बार जो कविता हो वह पिछली (और तमाम पिछली) कविता से अलग हो। इस पर आगे कुछ विचार किया जाए।

फिलहाल 'कविता में नया' या रास्तों के प्रसंग पर कुछ और भी पक्ष दिखाई दे रहे हैं। साही जी ने 'मछली घर' (1965) समर्पित करते हुए लिखा था—अज्ञेय को जिन्होंने हिन्दी कविता को सम्भव बनाया। (ऐसा ही कोई वाक्य था वह)। अज्ञेय मुझे कई तरह से आकर्षित तो करते थे, लेकिन उनकी कविता के बारे में मेरी राय ढुलमुल थी—जो उनकी अनेक अनोखी कविताओं की सराहना करने के बावजूद अब तक है। एक तरह से मैंने साही जी से झगड़ा-सा किया। लेकिन लगता है उनका वह समर्पण वाक्य सचमुच ऐतिहासिक था। बावजूद इसके कि 1941-43 के उस माहौल में, तार सप्तक के पाँच या छह कवि एक ही विचारधारा वाले थे—और इस तथ्य पर अभी तक ऐतिहासिक सन्दर्भ में कोई विचार नहीं हुआ है—अज्ञेय ने सभी कवियों को 'राहों का अन्वेषी' कहा था। तीनों, बल्कि चारों सप्तकों में कवियों की अपने-अपने 'सत्य' खोजने की आज़ादी स्वीकार करने वाली अज्ञेय की वह दृष्टि सचमुच हिन्दी कविता को पुनः 'सम्भव' करने की दिशा में एक बड़ा योगदान था। अज्ञेय ऐसा न करते तब भी होता कुछ ऐसा ही; लेकिन मुक्ति और उन्मुक्तता का यह सबक कविता के खास कर हिन्दी कविता के विस्तार और विकास में खास तौर से ध्यान देने लायक है।

क्योंकि, उदाहरण के लिए, 1936 से शुरू हुआ प्रगतिशील आन्दोलन आज तक अपने विभिन्न संस्करणों में एक ही काम कर रहा है : ईसा मसीह की 'भेड़ों' की तरह कवियों को हाँक कर एक रेवड़ में जुटाने की उसकी चाह अथाह है। सृजनशील कवियों ने उस रेवड़ में रहते हुए भी 'एक-सा' काव्यदर्शन-काव्यसृजन नहीं किया, उनका वैविध्य बरबस बार-बार सामने आता रहा—यह अलग बात है। शमशेर और मुक्तिबोध, दोनों ही इसके बड़े प्रमाण हैं। उन पर बिल्ला चाहे जो लगा रहे।

आज़ादी के बाद के दौर में कविता के कितने सारे 'रास्ते', 'वाद' आये और गये। नयी कविता, प्रगतिशील कविता, अकविता, युयुत्सु कविता... सूची लम्बी है। इन कुछेक 'आन्दोलनों' के संग्रहों की तुलना यदि आज "सप्तकों" से की जाए तो फ़र्क ज़ाहिर हो जायेगा। लकीरों में बँधी कविताएँ अब विस्मृति के कगार पर हैं। इसका यह अर्थ नहीं है कि वे जो नयी-नयी राहें उन आन्दोलनों के नाम पर खोजी-बनाई-खोदी गयी थीं, उनका समूचे काव्य परिदृश्य पर कोई प्रभाव नहीं पड़ा। रचना-जगत, भूत-वर्तमान दोनों का ही, आपसी संवाद-संसर्ग से ही बनता-बदलता है। आन्दोलनों की विफलता मात्र ये थी कि वे कुछ गढ़े-सँवरे सूत्रों में कविता को बाँध देना चाहते थे। कविता स्वभाव से ही इस बन्धन को नहीं मानती। कवि भी, हर नया-समर्थ कवि, स्वभाव से ही किसी लीक पर कुछ चलता रहे तब भी, ऊपर अनुमानित रास्तों के ऊहापोह में पड़े बिना नहीं रहता।

विश्व कविता से भी ऐसे तमाम उदाहरण रेखांकित किए जा सकते हैं : कालक्रम में आगे-पीछे के रोमैंटिसिज़्म, प्रतीकवाद, बिम्बवाद, कांक्रीट पोएट्री, सर्रलियलिज़्म (अतियथार्थवाद), दादावाद, मिनिमल पोएट्री, अभिव्यंजनवाद (रूसी), फॉर्मलिज़्म ...सूची लम्बी है। पिछले कई वर्षों में एक किताब, द ट्रुथ ऑफ़ पोएट्री (माइकेल हैम्बर्गर, 1969/1982) मैं कई बार पढ़ता रहा हूँ।

बोदलेयर (1875 के आसपास से) 1960 के दशक तक की, पश्चिमी-पूर्वी यूरोप और अमेरिका की कविता के विराट अभियान का यह सूक्ष्म आकलन बार-बार रेखांकित करता है कि कविता किसी एक लकीर या कुछेक लकीरों पर नहीं चलती, चल ही नहीं सकती। एक ही जीवन-काल, ऐतिहासिक कालखंड, भौगोलिक-सामाजिक परिवेश इत्यादि के होते हुए भी—न केवल एक कवि दूसरे से भिन्न होता है, बल्कि खुद एक ही कवि की यात्रा अलग-अलग तरह से सत्य को ग्रहण या उसका अन्वेषण करती चलती है। ज़ाहिर है यह बात समर्थ-अच्छे कवियों के बारे में की जा रही है; क्योंकि हर दौर में अधिकांश कविता, जो कि प्रचारित, प्रकाशित, सम्मानित, चर्चित होती रहती है—वह कुछेक साँचों-ढाँचों में बँधी, कुछेक लकीरों को पीटने वाली, औसत क़िस्म की कविता ही होती है। प्रभाव, नक़ल, क़ाहिली (अपने माध्यम से जूझने की अनिच्छा या आलस्य) समादृत होते रहते हैं। किसी भी भाषा, देश, युग या दौर की परख ऐसी रचनाओं से नहीं की जाए तो बेहतर हो।

लीलाधर जगूड़ी अपनी प्रस्थापनाओं में शायद यही बात तरह-तरह से, और अच्छी तरह से रख रहे हैं। आम तौर पर मेरी आदत (इस आलेख में बार-बार 'मैं' आ रहा है, इसके लिए क्षमायाचना; लेकिन शायद यह मात्र आत्मश्लाघा नहीं है) अपनी बात कहते हुए उद्धरण देने की नहीं है (याददाश्त भी ऐसी मज़बूत नहीं कि यह सम्भव हो), लेकिन यहाँ कुँवर नारायण और ऑक्तावियो पाज़ दोनों याद आ रहे हैं (जिन्हें हाल में पढ़ता रहा हूँ)। इसलिए भी कि हमारे तमाम आलोचनात्मक विमर्शों में ये अहम नुक्ते सिरे से ग़ायब हैं जबकि इन पर विचार होता तो शायद कुछ नयी राहें खुलतीं।

6 नवम्बर 2009 को पटना में 'नयी धारा' सम्मान स्वीकार करते हुए कुँवर नारायण ने जो कहा, उसके कुछेक वाक्य :

"कविता जितना कुछ जीवन के बारे में कहती है उससे कहीं अधिक उस भाषा को ही एक सार्थक रचनात्मक अनुभव बना कर कहती है जिस भाषा में वह काव्य-रचना करती है। इसीलिए कविता हमेशा ही अपने को परिसीमित करने वाले सन्दर्भ-पदों और शब्दावली का उल्लंघन और अतिक्रमण करने के लिए बाध्य है। रचनात्मक ऊर्जा विस्फोटक होती है। अस्तित्व में आने के बाद ही उसकी 'पहचान' और 'नियम' बन पाते हैं।"

और इससे पहले उसी वक्तव्य में :

"थोड़ा आत्मचिन्तन साहित्य, विशेषत: कविता की ओर से भी जरूरी है। बीसवीं सदी की काव्यचेतना ने जिन कुछ बीज-शब्दों और सन्दर्भ-पदों के आधार पर अपनी एक अलग 'पहचान' बनायी उन पर भी थोड़ा ग़ौर अब ज्यादा प्रासंगिक जान पड़ता है। ध्यान दें कि अधिकांश शब्द उन विषयों से लिए हुए शब्द थे जो साहित्य से बाहर के विषय थे। 'आधुनिकता' शब्द इतना आधुनिक भी नहीं था जितना हम समझ रहे थे—लगभग 500 वर्ष पुराना इतिहास है उसका। बोदलेअर जैसे फ्रेंच कवि ने बहुत पहले ही उसके पिछले आशयों से सावधान रहने की चेतावनी दी थी। 'क्रान्ति' राजनीति का शब्द था : फ्रेंच और रूसी क्रान्तियों से निकला शब्द, जिसके बरक्स 'औद्योगिक क्रान्तियों' और गांधी की 'नैतिक क्रान्ति' के भी उदाहरण थे। हब सब चाहते थे कि दुनिया बदले : वह बदलती रही, और अब भी बदल रही है—लेकिन उस तरह नहीं जैसे हम चाहते थे : वह सब कुछ इस तरह बदली कि उसने हमें बदल दिया। 'परिवर्तन' का जुनून चढ़ता उतरता रहा। 'प्रगति' शब्द ख़ासतौर पर उद्योग-धन्धों की दुनिया का शब्द, मानव-समाज में मानो एक नयी मशीन की तरह आया, कुछ दिन तेजी से चला, फिर बराबर मरम्मत माँगता रहा। 'प्रयोग', सीधे किसी वैज्ञानिक प्रयोगशाला से उठाया हुआ शब्द। आकर्षक, लेकिन जल्दी ही किसी 'नये' प्रयोग की ज़रूरत के सामने ख़ारिज हो गया! इस भीड़ में 'नया' शब्द सब से निरीह लगता है जिसे देखते-देखते बाज़ारवाद ने और उपभोक्तावाद ने समूचा हड़प लिया। ...कविता में 'तकनीक' और 'शिल्प' वगैरह की शब्दावली आज ही हर क्षेत्र में विकसित टेकनोलॉजी के सामने

फुटनोट की तरह लगती है। ...'नयी' का 'कविता' के साथ कोई योग नहीं बैठता! नया कुछ चाहिए तो हम बाज़ार की तरफ़ देखते हैं, नयी कविता की तरफ नहीं। ...हम नयी कोई चीज़ चाहते हैं तो बाज़ारों की ओर दौड़ते हैं, लेकिन आत्मिक कुछ चाहते हैं तो कविता की ओर देखते हैं। ...मैं उस कविता-बराबर ज़रा-से 'कुछ' को परिभाषित नहीं करना चाहता–चाहूँ भी तो नहीं कर सकूँगा। पर इतना जानता हूँ कि वह हमारी प्राणवायु की तरह सूक्ष्म है। उसके बिना हम जी नहीं सकते।''

'कविता के संकट' के जिस विमर्श में जगूड़ी जी ने योगदान किया है, उसमें आयी कई बातों पर कुँवर नारायण के जीवनव्यापी कवि-मर्म से निकली बातों के प्रकाश में पुनः विचार किया जा सकता है। इस आलेख में और अपने पुराने लेखन में भी शिल्प-तकनीक-नया-आधुनिक जैसे तमाम प्रचलित मगर साहित्य में 'बाहर' से आयातित शब्दावली का प्रयोग मैं भी कर रहा हूँ। कुँवर नारायण ने इस शब्दावली की जो सीमाएँ दिखाई हैं वे निश्चय ही सही हैं–लेकिन संकट दो तरह का है। एक तो नयी शब्दावली खोजने-रचने-गढ़ने का। दूसरा, साहित्य-कला-कविता इत्यादि के अपने स्वरूप का, अपने व्यक्तित्व, अपने निज के जीवन-प्रवाह का भी बड़ा पेचीदा सवाल है। स्वायत्त होकर भी साहित्य-रूपक की भाषा में कहें, क्योंकि शुद्ध गद्य की तार्किक शब्दावली हमारे (मेरे) पास नहीं है अभी–अनेक माताओं और पिताओं की सन्तान साबित होता है। और आगे चल कर उसके सगे-सम्बन्धी भी न जाने किस-किस कुल, गोत्र, नस्ल, जाति, लिंग-भेद इत्यादि विभेदों से उपजते-प्रकटते हैं। साहित्य को समझने-समझाने या उसका विश्लेषण-वर्गीकरण करने के लिए नयी शब्दावली की खोज निश्चय ही एक बेहद उत्तेजक चुनौती है। इस दिशा में कुछ काम हो तो हमारे एक समर्थ कवि का आत्ममंथन बहुत सार्थक होगा। भविष्य के लिए शायद कुछ और नयी राहें खुलेंगी, या नयी राहें खोजने की विधियाँ (तकनीक?) तैयार होंगी, या नयी विधियों को खोजने के लिए नये-नये विचार या सूक्ष्म (औजार?) मिलेंगे।

अब यहाँ ऑक्तावियो पाज़ का लम्बा उद्धरण देना ज़रूरी नहीं रहा; कुँवर नारायण ने ऐसे अनेक बिन्दु खुद अपने चिन्तन में दिए हैं जिन्हें ऑक्तावियो पाज़ बार-बार अनेक तरह से खँगालते-जाँचते रहे हैं। फिर भी दी अदर वॉयस (1991) में उनके तीन निबन्ध पढ़े जाएँ तो हमारा लाभ ही होगा। एक छोटा-सा उद्धरण तब भी :

''कुछ लोगों ने यह कहा ज़रूर है कि कविता का अन्त हो गया, लेकिन हम जो अनुभव कर रहे हैं वह कविता का अन्त नहीं बल्कि कविता की उस एक परम्परा का अन्त है जो महान रौमेंटिकों के साथ शुरू हुई थी, सिम्बॉलिस्टों (प्रतीकवादियों) के साथ अपने उत्कर्ष पर पहुँची थी और हमारी सदी (20वीं सदी) के आवांगार्द (अग्रणी या हिरावल दस्ता) के साथ एक सम्मोहक झुटपुटे में आ पहुँची है। एक दूसरी कला उदित हो रही है।'' इसके बाद पॉज़ 'पोस्टमॉडर्न' (उत्तर-आधुनिक, आधुनिकोत्तर) पद को, और 'नये' को अपर्याप्त मानते हैं। जैसा कि कुँवर नारायण ने भी कहा है, आविर्भाव

के बाद ही इस कविता की कोई 'पहचान', कोई सन्दर्भ-पद हम खोज पाएँगे। लीलाधर जगूड़ी की कविता के बहाने, बल्कि उनके अनेक उल्लेख्य एवं विश्लेष्य वक्तव्यों के कारण मैं शायद बहुत भटक गया। लेकिन मैंने कहीं यह भी पढ़ा है (शायद ''फ़ारेनहाइट 480'' या ऐसी किसी किताब में, जो कि आधुनिक युग जमाने में समस्त किताबों को जलाने के बारे में एक फंतासी है, और फ़ारेनहाइट 480 या ऐसी किसी डिग्री के ताप पर ही कागज़ जल पाता है) कि 'डाइग्रेशन'– विषयान्तर किसी भी रचनात्मक या आलोचनात्मक प्रयास का जरूरी हिस्सा है। उस पुस्तक का लेखक खिन्न था कि स्कूल-कॉलेज में पढ़ाने के उद्देश्य से उसकी कहानियों-उपन्यासों से वे 'अवान्तर' प्रसंग काट दिए गये थे जो कि लेखक के अपने ख़याल से उनकी जान थे! हमारे यहाँ धड़ल्ले-से ये हो रहा है, अब भी।

एक तरह से देखें तो 'नाटक जारी है'–जो कि जगूड़ी जी की शायद सबसे अधिक चर्चित–कविता-शृंखला या एक 'लम्बी' कविता है–अवान्तर प्रसंगों को गूँथ कर ही बनी है। कहना चाहिए कि कड़ियाँ गूँथी भी नहीं गयी हैं। अलग-अलग हैं। एक-दूसरे से टकराकर वे अपनी अनुगूँज और गूँज पैदा करती हैं। उन कड़ियों में जो निहायत अपरिचित बिम्ब-संयोजन हैं, बिम्ब-आविष्कार हैं, वे किसी केन्द्र की ओर नहीं ले जाते। सैंतीस कड़ियों या खंडों की यह कविता, अलग-अलग खंडों में अलग-अलग जगह, या एक ही जगह, एक साथ एक ही समय में घटित-मंचित-अभिव्यक्त हो रही है। खुद जगूड़ी जी ने इस अनुभव-व्यापार को अपने निजी जीवन से और बाहर दिख रहे जीवन से जोड़ कर देखा है। इसमें खंडों में कोई कालक्रम, एक के बाद एक 'कुछ' होने का, 'घटनाक्रम के विकास' का कोई संकेत नहीं है। यहाँ अनन्तकाल में आवर्तित होते रहने वाली 'काल' की कल्पना हो, ऐसा भी नहीं है; जो कुछ है या हो रहा है, अभी, इसी समय, इसी वर्तमान में हो रहा है। पहले जो हुआ या होता रहा; आगे जो होगा या जिसका आगे होना सम्भव है, उस पर कोई दृष्टि नहीं है। एक तरह से, यह तत्क्षण-समसामयिकता में ही समस्त समय या काल का महाकाल के समाहार की घोषणा है।

(ऊपर के वाक्यों में दुहराव के लिए क्षमायाचना।) अगर याद करें तो 1967-75 इत्यादि वर्षों में, कुछ वर्ष पहले से और कुछ वर्ष बाद तक युवा विद्रोह की लहर चली थी। ख़ास तौर 1968 के इर्दगिर्द। अमेरिका की बीट जेनरेशन, बंगाल की भूखी पीढ़ी, हिन्दी (कलकत्ता) की युयत्सु पीढ़ी, अकविता ...इत्यादि कई आन्दोलन 'सब कुछ' नकारने पर आमादा थे। राजकमल चौधरी, धूमिल, सौरभ मोहन, चन्द्रकान्त देवताले, कैलाश वाजपेयी, जगदीश चतुर्वेदी, कुमार विकल, वेणु गोपाल, ज्ञानेन्द्र पति, आलोक धन्वा इत्यादि अनेक नाम ज़ोर-शोर से उभरे थे। धूमिल और राजकमल शायद सबसे अधिक चर्चित हुए थे। 'नाटक जारी है' अपने उस कालखंड की चेतना, या प्रचलित जीवन-कविता-दृष्टियों के दायरे की कविता है। यह सच है कि अपने दौर-ए-दौरां

की चेतना या बोध से सर्वथा ऊपर कोई नहीं निकल पाता; लेकिन उस दौर में भी कमलेश, प्रयाग शुक्ल, विनोद कुमार शुक्ल, श्रीराम वर्मा जैसे जगूड़ी जी के लगभग हमउम्र कवि अपने-अपने ढंग की, अलग कविता लिख ही रहे थे। शायद उस दौर में एक बड़ा, अतृप्त या विचित्र-प्रवंचित युवा-मानस ऐसा था जो तत्काल सब कुछ पा लेना चाहता था; उस अधीर युवा मानस को स्पष्ट दिख रहा था कि जो व्यवस्था बनी है और बनती रही है, उसमें कुछ बहुत-कुछ हासिल हो ही नहीं सकेगा। लगभग ऐसा ही वह माहौल और मनोदशा थी जैसी कि आज के युवा-मन में हम देख रहे हैं। फ़र्क़ यह है कि इस नये अधीर मन को कुछ सच्ची आशाएँ भी; झूठी और दिलासाएँ तो खैर बहुसंख्यक हैं।

उस दौर को 'विचारों से विदाई' का दौर भी कहा गया था। शायद अशोक वाजपेयी का यह पद-सन्दर्भ था, जो खुद अलग तरह की कविता लिख रहे थे। नाम कुछ और याद आ सकते हैं, मसलन विष्णु खरे। यह बात और है कि उन अधीर युवा कवियों को आने वाले समय में इतना कुछ मिल गया कि वह आँचल में नहीं समा रहा! उसी तरह जैसे 1968 के फ्रांस-इटली-अमेरिका के बाग़ी आज दुनिया के शासक-प्रशासक वर्ग में शीर्षस्थ हैं।

अपने सीमित देशकाल और कालखंड की उपज होते हुए भी एक समर्थ कविता कालजयी हो सकती है-जैसे टी.एस. एलियट की वेस्टलैंड और फ़ोर क्वार्टेट्स। बात एलियट से तुलना की बिल्कुल भी नहीं है; हिन्दी कविता से दस-बारह लम्बी कविताओं के नाम उनके स्थायी आकर्षण के सिलसिले में लिए जा सकते हैं। लेकिन वह फिर कभी और। फ़िलहाल बरसों से वे कविता-विमर्श से पूरी तरह ग़ायब है। उनका केवल पुनराविष्कार ही सम्भव है।

एलियट का उदाहरण इसलिए भी कि उसमें भी कोई घटनाक्रम का विकास, किसी केन्द्र की ओर ले जाने का प्रयास नहीं है। उससे पहले वाल्ट ह्विटमैन सांग ऑफ माय लाइफ़ में कुछ बहुत ही अराजक बुनावट के साथ एक लम्बी, महाकाव्यात्मक कविता दे चुके थे। महाकाव्य का, 'लम्बी कविता' का स्वरूप पश्चिम में वहीं से बदला-ऑक्तावियो पॉज़ ने 'लम्बी कविता' के विवेचन में कई और बातों के अलावा यह भी रेखांकित किया है। हमारे यहाँ कामायनी के बाद उल्लेख्य महाकाव्य नहीं है; उर्वशी? अन्ततः पौराणिक आख्यानों या इतिहास पर आधारित ऐसी कुछ रचनाएँ देखी जा सकती हैं। गिरिजा कुमार माथुर की कविता 'पृथ्वीकल्प' शायद पहली ऐसी लम्बी आधुनिक कविता है जो पारम्परिक विधानों-उपकरणों का उपयोग नहीं करती। या मुक्तिबोध की 'अँधेरे में'। या साही की कुछेक लम्बी (कम ही लम्बी) कविताएँ।

'अँधेरे में' की सबसे बड़ी कमी मुझे यह लगती रही है कि उसमें बिम्बों का अंबार लग जाता है। नाटक जारी है उसी तरह बिम्ब पर बिम्ब रचती जाती है। पुरानी शब्दावली में, ये बिम्ब 'उक्ति-वैचित्र्य' को ही सर्वाधिक विश्वसनीय काव्य-कसौटी

मानते दिखते हैं। एक ओर जगूड़ी जी की कविताएँ पचासेक बरस में विभिन्न कालखंडों के पहरावे, फ़ैशन, वैयक्तिक सरोकारों, सामाजिक-राजनीतिक विधान-पाखंड-प्रपंच इत्यादि, आपसी बदलते सम्बन्धों, संवेदना के बढ़ते-छीजते-बदलते-सुन्न होते दायरों को दर्ज करती चलती हैं। उनकी नवीनतम कविताओं तक। एक तरह से वे इतिहास-रचना में काम आने वाली 'चीज़ों' को दर्ज करते हैं, और अपनी विशिष्ट संवेदना के तहत उन पर 'टिप्पणी' भी करते हैं। ब्योरों का यह संकलन अपने आप में महत्त्वपूर्ण काम है; कथा-साहित्य में और रचनाशील आलोचना-विमर्श में और निबन्ध-लेखन में यह प्राणतत्व की तरह है। कविता में उनका समावेश, अलग-अलग कविता में अलग-अलग प्रभाव छोड़ता है। कहीं वह सामर्थ्य है तो कहीं कविता को क्षीण या लुप्त तक कर देने वाला तत्त्व।

जगूड़ी जी की संक्षिप्त, क्षिप्र, 'सुगठित' कविताएँ भी हैं, लम्बी भी। पहली नज़र में ही स्पष्ट हो जाता है कि कवि के पास शब्दों का बहुत बड़ा भंडार है। नक़ल में लिखी जाने वाली प्रचलित-प्रशंसित कविता का भंडार अक्सर संकुचित ही रहता है; आदर्श नमूनों की उर्वरता नक़ल में सम्भव भी नहीं है। हिन्दी (और अन्य भारतीय भाषाओं) के सिकुड़ते-सीमित शब्द-प्रयोग के दौर में, भाषा-भंडार को छीजने से बचाना, और उसे नयी समृद्धि देना एक बड़ा काम है, अपने आप में। बिना इसके कि कविता में अवतरित विशाल शब्दावली कभी अत्यन्त बलवर्धक होती है, कहीं अफ़रा या स्फीति या अन्ततः दौर्बल्य की प्रदाता। ज़ाहिर है कि जगूड़ी जी की कविताओं का अलग-अलग विश्लेषण करें तो हमें दोनों तरह के प्रभावों की बानगी मिलेगी।

शब्द-बाहुल्य, ब्योरों की बहुतायत, सूचनाओं का संकलन—एक दूसरी, प्राचीनतम परम्परा से भी जुड़ा है : मौखिक या वाचिक परम्परा से। पश्चिम और पूरब, दोनों दिशाओं के कवियों में इसके श्रेष्ठ तथा हेय दोनों तरह के उदाहरण मिल जाएँगे। हमारे ज़माने में, एक बड़े अरसे से, कविता 'लिखित' परम्परा की हो गयी है। लिखित परम्परा में 'बाहुल्य' की सीमाएँ बढ़ी हैं। मित कथन, संकेत, अभिव्यंजना, अकथित कथन, 'पंक्तियों के बीच' से अर्थोद्गम, बीच-बीच में छोड़े हुए 'खाली स्थान' ...जैसी चीज़ें प्रायः अधिक आकृष्ट करती हैं। जगूड़ी जी ने व्याकरण-सम्मत और लय-छन्द-सम्मत आचार-विचारों को कई तरह से तोड़ा है; नयी अभिव्यंजनाएँ पैदा की हैं। लेकिन एक तरह से तो जगूड़ी जी काव्य स्वभाव वाचिक परम्परा के अधिक निकट हैं। कविता को उन्हीं के मुखश्री से सुनकर श्रोतागण जितना अर्शपात बटोर पाते हैं, पन्ने पढ़कर हमेशा उतने उपकृत होते हैं या नहीं, इस पर विचार किया जा सकता है।

इस बाहुल्य का एक पक्ष और है। आज हम सूचना-विस्फोट के 'युग' में हैं। इसलिए पाठक के सामने हो या न हो, कवि के सामने यह चुनौती ज़रूर खड़ी है कि सूचना-बहुल कविता, किस हद तक पाठक-श्रोता-दर्शक को 'कविता' की तरह 'स्वीकार्य' हो पाती है। कविता रचने वालों के सामने यह सचमुच एक बड़ा संकट है,

कम से कम मुझे ऐसा लगता है।

शायद इसीलिए 'ख़बर का मुँह विज्ञापन से ढका है' की कविताएँ बारम्बार पढ़ने के बाद भी, दुविधा-सी बनी रही।

फ़िलहाल अलग-अलग कविताओं और अलग-अलग संग्रहों पर कुछ और कहना सम्भव नहीं लग रहा। इच्छा ज़रूर है कि हिन्दी जगत में कोरे अध्यापकीय-शोधकर्मी सदाचार और कोरे प्रचारधर्मी कदाचार से हट कर, कविता में डूबते-उतराते हुए यदि हमारे समर्थ (अधिकांश भूले-बिसरे) कवियों-लेखकों पर विचार-विमर्श शुरू हो जाए तो कितना अच्छा रहे! कवि अपने समकालीनों पर खुल कर बात करें; जो कवि नहीं हैं मगर कविता समझने-समझाने का हौसला रखते हैं—वे कुछ आहुतियाँ दें!

बस्ते की तरह लदी हुई धरती

मंगलेश डबराल

लीलाधर जगूड़ी का काव्य एक आश्चर्यलोक की तरह है। एकबारगी वह चकित-भ्रमित करता है। वह एक पेचीदा संसार है जिसमें बहुत हलचल, आवाजाही, उथल-पुथल और 'पल-पल परिवर्तित' दृश्य हैं। स्थितियों और मनोभावों की कभी गम्भीर तो कभी खेल जैसी भिड़न्त है, उसकी मुद्राएँ नाटकीय हैं, भाषाई भंगिमाएँ चक्र हैं, एक साथ तुक-तान और बेतुकापन है और सभी सम्भव काव्यगत उपकरणों और तरकीबों का इस्तेमाल करते हुए सभी सम्भव अनुभवों से कविता की झोली भर देने की कोशिश है। यह प्राय: अशान्ति की कविता है जिसमें खामोशी, अन्तराल और अँधेरा बहुत कम है, वह किसी रहस्य, किसी अज्ञात किसी अनन्त की ओर नहीं जाती, बल्कि परिचित और ज्ञान का जीवन चरित लिखती है, विसंगत की संगत करती है, विरूप के रूपाकार खोजती है और जो कुछ अतार्किक है उसके लिए भी कोई तर्क ढूँढ़ना चाहती है। इस संसार में सब कुछ और पूरा जीवन अप्रत्याशित और आकस्मिक है, लेकिन यह 'देखा जाना भुगता हुआ' जीवन है और उसमें एक खास तरह का अ-रहस्य, एक शाश्वत किस्म की लौकिकता है और कोई सीधा-सपाट रास्ता नहीं है, बल्कि मोड़ और घुमाव हैं और वे जाने पहचाने होने के बावजूद बहुत आकस्मिक ढंग से आते हैं। अपने एक चर्चित संग्रह 'भय भी शक्ति देता है' (1991) की एक कविता 'मोड़' में जगूड़ी इसे जैसे मुकम्मिल तरीके से व्यक्त करते हैं: 'मोड़ चाहे सड़क पर हों चाहे वृक्ष में चाहे जिन्दगी में/इन्हीं में से होते हैं कुछ अच्छे कुछ खराब कुछ विचित्र मोड़/जिनके बिना कुछ दूर तक ही भली लगती है सपाट सड़क/फिर आना ही चाहिए कोई नया मोड़/बस आता ही होगा कोई नया मोड़।' एक और कविता 'पहाड़ पर रास्ते' में पहाड़ों में (या जीवन में ?) सहसा लेकिन सायास फूटने वाले रास्तों का वर्णन करते हुए जगूड़ी पूछते हैं : 'सारे रास्ते घरों तक आ गये /आदमी पैर धोकर घर के अन्दर जाने लगा/ तब क्या घर पहुँचते ही रास्तों का अन्त हो गया?' और इसका जवाब भी वे इसी कविता में देते हैं कि 'हर कोई हर बार एक नये रास्ते की / तलाश में सोता-जागता था, और यह भी कि वहीं तक यह रास्ता मेरे

आगे-आगे चलेगा / जहाँ तक यह पहले कभी किसी के पीछे-पीछे चला था/ शेष रास्ता मुझे बनाना है / जो सिर्फ विपत्ति में ही दिखाई देगा।'

लगभग निर्मम किस्म की इस बेचैनी को अगर हम जगूड़ी की कविता से बाहर व्यापक दुनिया में आकर देखें तो उसके कारण और तर्क हर मोड़ पर दिखाई देंगे। क्या हमारे चारों और संसार वैसा ही—बल्कि उससे भी ज्यादा उथल-पुथल होता हुआ—नहीं है जैसा उसे जगूड़ी अपनी कविताओं में बतलाते हैं? क्या उसके रास्ते उतने ही ऊबड़-खाबड़ और अप्रत्याशित नहीं हैं 'जो कई बार तो तब फूटे जब इस रास्ते से बचना चाहता था ?' 'भय भी शक्ति देता है' में ही संकलित पहली कविता 'बुरे वक्त की कविता' एक अर्थ में जगूड़ी की काव्य प्रस्थापना की तरह दिखती है। एक बुरे वक्त में एक अच्छी कविता ने आदर्श और उपलब्ध यथार्थ के आपसी रिश्तों की पड़ताल करती इस कविता में एक निम्न मध्य वर्गीय विमर्श है जो 'दुनिया की आधी आजादी की तरह' खरीदे गये महँगे आलुओं, सरदर्द, दवा और दूध का हिसाब, घर की कलह, पिता के लिए पाँच सौ रुपये के मनीआर्डर, मनुष्य की 'नींद के बाहर खड़ी रहती हुई रात' और 'सड़ते हुए कुछ' की गन्ध जैसी अनेक आमफहम दैनिक त्रासदियों से बना है। अर्थात् प्रत्यक्ष रूप से ये एक 'खराब कविता' की सामग्री है जिससे घिरा हुआ कवि इस विरूप और विसंगति को अच्छी तरह पहचानता है कि यह 'अच्छी कविता तक नहीं पहुँच सकता'। लेकिन पूरी कविता में वर्णित स्थितियाँ जैसे अन्त में एक तार्किक मोड़ लेती हैं जहाँ पता चलता है कि 'न मरने न छीजने का न सड़ने का डर होगा/न पसीना छूटेगा न टट्टी रुकेगी न पेशाब/अच्छी कविता तुम में कोई झंझट नहीं जबकि खराब कविता और मुझमें कईं झगड़े हैं/कई बार हम एक दूसरे को खत्म कर देना चाहते हैं।' जहाँ द्वन्द्व सहसा खराब जीवन और अच्छी कविता से हटकर खराब जीवन और खराब कविता के बीच आ जाता है और हम पाते हैं दरअसल दोनों को खत्म करना कवि का उद्देश्य है।

जीवन जीने को 'संसार करना' भी कहा जाता है और संसार वो है जो संचरण करता हो। लीलाधर जगूड़ी एक गहरे अर्थ में 'सांसारिक' कवि हैं क्योंकि वह संचरण करते हुए इस संसार के साथ-साथ चलते हैं, उसे अपनी संवेदना से ओझल नहीं होने देते, उसकी प्रत्येक गतिविधि और हलचल और कम्पन को भाषा के अनुभव में बदलने का उपक्रम करते हैं और दूर तक उसका पीछा करते हैं: 'मैं हमेशा इस पृथ्वी पर एक मनुष्य के रूप में / रहना चाहता हूँ / कुछ इस तरह कि यह पृथ्वी मनुष्यों के बिना तरस जाए/एक दिन एक रात भी रहने को राजी न हो/कि ये पृथ्वी ब्रह्माण्ड में एक ओर अक्षांश/अँधेरे में एक ओर सूरज माँगने लगे/मैं रहना चाहता हूँ कुछ इस तरह कि एक मनुष्य/इस पृथ्वी को इसके रसातल से जानता हूँ/एक मनुष्य जो इस पृथ्वी को इसके तलातल से जानता हो।' ('इतिहास से भी पहले : अनुभव के आकाश में चाँद')। 'मैं खुद को' शीर्षक कविता में जगूड़ी कहते हैं: 'फिर भी मैं

हमेशा ही/ खुद को दौड़ते हुए देखता हूँ /और देखता हूँ कि धरती/एक बस्ते की तरह मेरी पीठ पर लदी हुई है।' एक नश्वर मनुष्य की पीठ पर सवार, शरण-मरणशील, इतिहास को भी वर्तमान की तरह समेटती इस धरती से जगूड़ी का सम्बन्ध रोमांचक और आत्यन्तिक किस्म का है।

ओ मेरी पुरानी चिड़िया तुम कभी मरती नहीं हो
जब भी देखता हूँ तुम कोई रूप ले चुकी होती हो
एक बार बचपन में तुम्हारे मरे बच्चे देखे थे
उसके बाद जिन्दगी मौत के सिलसिलों से भरी हुई है
और अब तो इस जगह के लिए सबसे पुराना नाम ही
सटीक लगता है—मृत्युलोक।

'ओ मेरी पुरानी चिड़िया' शीर्षक यह कविता 'लाखवीं बार जन्म' लेने वाली एक चिड़िया की मार्फत जैसे इस सृष्टि में जीने के शाश्वत सत्य की कहानी कहती है। जगूड़ी के काव्य-समाज में इतनी बेचैनी है कि 'कुछ न करने से भी एक घटना' घटती है, 'कुछ न करने से भी' एक अँधेरा सन्देश फूटता है और 'हवा के चलते ही याद आते हैं छूटे हुए कुछ काम।' 'गिरी हुई चीज' नामक कविता में हम देखते हैं कि 'सोई हुई सारी सृष्टि में/जाग रही है एक गिरी हुई चीज/एक गिरी हुई चीज रहती है/इस सृष्टि में खोई हुई/चारों ओर फैली है/गिरी हुई चीज की/खोई हुई आहट।' लेकिन संसार में सिर्फ चिड़िया, बस्ता या सोई हुई चीज ही नहीं है क्योंकि अगर इतना ही होता तो कविता का एक सीधा-सरल रास्ता बना होता और पाठक मजे में उसकी सैर करता, लेकिन वहाँ जीवन का एक पूरा बाजार है,'बुरा वक्त और गुण्डा समय' है, बलदेव खटिक जैसे पगलाते चरित्र और मन्दिर लेन जैसी हत्यारी जगहें है, पनघट पर भगीरथ और ट्रैफिक जाम है, अठन्नी के सिक्के जैसी आत्मा और 'साबुन से बना हुआ एक बहुत बड़ा न्यायालय' है, पाइपों में डाल दी गयी नदियाँ हैं, एक 'धीमे और मन्द जीवन में 'मरते हुए लोक गीत हैं और नयी सभ्यता में एक महावत के बस कण्डक्टर में बदलने और अपनी ही बस से कुचले जाने जैसी वारदात है। जगूड़ी लगातार बदलते-बिगड़ते इस यथार्थ को तरह-तरह से देखते हैं, उसके कोनों-अन्तरों को खोजते हैं और कभी-कभी तो उस यथार्थ को उसी की निगाह से देखने की जरूरत भी महसूस करते हैं। यह अकारण नहीं है कि खुद जगूड़ी अपनी कविता को 'समकाल का इतिहास' मानते हैं।

शायद 1968 में लीलाधर जगूड़ी की पहली 'आधुनिक' कविता 'बिल्कुल निजी संवाददाता द्वारा' छपी थी जो उनके पहले कविता संग्रह 'शंखमुखी शिखरों पर' (1964) के पहाड़ी रूमान और 'बरू मोह' से बाहर जाने की खबर भी देती थी। तभी से जगूड़ी की कविता में दो केन्द्र विषय अपनी विविध शक्लों में अभिव्यक्त होते रहे हैं। यह विषय हैं : प्रकृति और बाजार। इनके परस्पर सम्बन्ध जटिल द्वन्द्वात्मक और मुठभेड़ करते हुए

हैं। 'मरने से पहले' कविता में वे कहते हैं—वह समय आ रहा था जो हाथ नहीं आ रहा था/इसलिए एक चीज हाथ में ली और दूसरी चीज से भिड़ा दी/आवाज आयी जिन्दगी एक भिड़ंत है।' जगूड़ी का सरोकार अन्तत: प्रकृति और बाजार की हार-जीत से पैदा होने वाले नैतिक मूल्य ही हैं। लेकिन वे दोनों के बीच जारी कार्य-व्यापार की तल्लीन और कौतुक भरी पड़ताल की मार्फत ही उस मूल्य-बोध तक पहुँचते हैं। आश्चर्य नहीं कि प्रकृति की अनेक सिहरनों को सुनते हुए 'इस यात्रा में' (1983) जैसे सुन्दर संग्रह के कवि जगूड़ी (भय भी शक्ति देता है) में अन्तरराष्ट्रीय बाजार की आवाजें भी उतनी तत्परता से दर्ज करते हैं। प्रकृति के साथ-साथ इस बाजार की आहट शायद काफी पहले 'इस यात्रा में' से ही सुनाई देने लगी थी, जब 'दण्ड स्वरूप' कविता में उन्होंने लिखा था : 'भूख ऐसी लगी हुई है जैसे गड्ढे में पेड़/जैसे पेड़ में पत्तियाँ/जैसे पत्तियों में रंग/भूख ऐसी धँस कर लगी हुई है जैसे जमीन के नीचे जड़ें/... ऐसी चुभी हुई है जैसे रिकार्ड पर सूई...' हिन्दी कविता में 'चाँदनी को चन्दन सा दृश्य' न लिखने और चाँद को चमकदार लेकिन खनक-रहित सिक्के की शक्ल में देखने की छिटपुट प्रवृत्तियाँ पहले से रही हैं, लेकिन जगूड़ी भूख को पेड़ की तरह या रिकार्ड पर सूई की तरह चुभी हुई कहकर जैसे प्रकृति और जीवन के बाजार में अपनी विस्मित और विकल आत्मा की उपस्थिति दर्ज करते हैं। दिलचस्प यह भी है कि पहले संग्रह के रूमान से छूटने के बाद उनका जो दूसरा संग्रह आया उसका नाम 'नाटक जारी है' अपने में काफी अर्थ-व्यंजक था। जगूड़ी के निरन्तर हलचल करते बेचैनी-भरे काव्य संसार में शायद 'इस यात्रा में' अकेला ऐसा संग्रह है जिसे अपेक्षाकृत 'शान्त' कहा जा सकता है। उसमें चलने और ठहरने के बीच की एक स्थिति है, एक हिंसक और ठिठकन है और कालिदास के 'कुमार सम्भव' के एक श्लोक का पद इस्तेमाल करती हुई उनकी कविता 'त ययो त तस्थो' इस मन:स्थिति का एक सुन्दर उदाहरण है।

हमारी पीढ़ी के कवियों में सबसे अधिक कविताएँ शायद जगूड़ी ने लिखी हैं। अब तक छपे उनके नौ कविता संग्रहों में पाँच सौ से कुछ ही कम कविताएँ होंगी, जिनमें से अनेक हमारी काव्य-स्मृति में दर्ज हो चुकी हैं। 'अन्तर्देशीय', 'न यथो न तस्थो', 'पेड़', 'बलदेव खटिक', 'चिड़िया का प्रसव', 'पेड़ की आज़ादी', 'बुरे वक्त की कविता', 'रोज एक कप', 'सपने में पाठ्य पुस्तक', 'लोक गीत', 'साथी और पहाड़', 'काखड़', 'पहाड़ पर रास्ते', 'मुसभेखड़ा', 'तिल्ला और चिल्ला गाँव', 'बैल का स्वप्न भंग' जैसी रचनाएँ अपने काव्यात्मक ही नहीं, सामाजिक मूल्य के लिए भी पहचानी जाती हैं। सन् 1977 में प्रकाशित उनके संग्रह 'बची हुई पृथ्वी' में 1975-76 के आपात्काल की बहुत-सी छायाएँ हैं। 'अन्तर्देशीय', 'बलदेव खटिक', 'तथाकथित महान लोग', 'आत्मकारा', 'बच्चे-3' और 'बची हुई पृथ्वी पर' उसी दौर की देन है और हम कह सकते हैं कि रघुवीर सहाय के बाद जगूड़ी में आपात्काल का विरूप

और आतंक इतनी शिद्दत के साथ व्यक्त हुए हैं।

जगूड़ी की रचनात्मकता का एक पक्ष यह भी है कि वे इतने ज्यादा यथार्थ को समेटने और व्यक्त करने के बावजूद हर अनुभव को 'भाषागत अनुभव' मानते हैं अर्थात् यथार्थ की भाषिक पहचान उनके लिए उस यथार्थ जितनी ही जरूरी है और उसे प्रत्यक्ष करने के लिए उनके पास उतना ही विपुल शब्द भण्डार है और प्रचुर भाषा है और शायद इसी कारण वे निष्कर्षात्मक तर्कों में नहीं जाते, बल्कि तार्किक निष्कर्षों का विस्तार करते रहते हैं। यहाँ उनके एक संग्रह 'घबराए हुए शब्द' (1981) में प्रकाशित एक टिप्पणी को याद करना प्रासंगिक है : 'अनुभव में तात्कालिक, स्वभाव में तत्वदर्शी, शैली में सभी विधाओं का प्रतिनिधित्व करने वाली, कथ्य में सबकी आवाज लिए हुए, विन्यास में सर्वाधिक नाटकीय और असर में एकदम धर्म सरीखी मैं हर बार एक कविता लिखना चाहता हूँ क्योंकि कविता ही है जो हर युग में अपना धर्म पहचान लेती है।'

ऐसी कविता लिखना पूरी तरह सम्भव न हो, लेकिन उसे लिखने का स्वप्न हमेशा बचा रहता है। शायद इसलिए जगूड़ी बार-बार इस संसार के पीछे ये जानते हुए भी भागते हैं कि संसार उनका पीछा कर रहा है। शायद इसलिए वे भाषा को अनुभव के साथ-साथ संचरण करते हुए देखना चाहते हैं। शायद इसलिए वे रहस्य के यथार्थ से अधिक यथार्थ के रहस्य को खोजते हैं और कोई जब उनसे कहता है कि कविता को कुछ समय स्थगित करके कुछ गद्य वगैरह लिखो तो ऐसे सुझावों से असहमति प्रकट करने के लिए वे कविता का ही आश्रय लेते हैं क्योंकि एक शाश्वत पृथ्वी उनकी पीठ पर बस्ते की तरह लदी हुई है जिसे ढोए बगैर जीवन के हर मोड़ पर होने वाले इम्तिहान से गुजरना असम्भव है।

कविता का घर बचाने वाला कवि

मुद्राराक्षस

बहुत लम्बे अरसे तक बहुचर्चित युवा कवि के रूप में जाने गये लीलाधर जगूड़ी आज भी अपनी युवा छवि के बावजूद लम्बे अरसे पहले ही प्रौढ़ हो चुके थे। इस बीच आपात्काल के दौर के लेखन पर अगर गम्भीर विवेचना हुई होती तो सर्वेश्वर जैसे कवियों के साथ जगूड़ी की कविता 'अन्तर्देशीय' और 'भेद' का उल्लेख महत्त्व के साथ हुआ होता। यह कविताएँ जो आकार में ज्यादा बड़ी नहीं हैं, एक अच्छे प्रबन्ध के संक्षेप के रूप में देखी जा सकती हैं। इसमें आपात्काल से घिरा एक देश है और उस देश का इतिहास भी :

इस पत्र के भीतर कुछ न रखिए
न अपने विचार
न अपनी यादें.... वरना यह पत्र पकड़ा जा सकता है

यादों से आपात्काल की एक बात याद आती है। हिन्दी साहित्य का फलक बहुत बड़ा है और यह हैरानी की बात है कि आपातकाल के इस आतंक को लेकर उन दिनों भी ज्यादा कुछ नहीं लिखा गया था और बाद में भी बहुत कम ही लिखा गया। पर जो कुछ भी लिखा गया है उसका एक बहुत ज्यादा संवेदना सघन लेकिन उत्तेजनामुक्त उदाहरण जगूड़ी की कविता अन्तर्देशीय है–

इस पत्र के भीतर कुछ न रखिए
न अपने सम्बन्धों की छाप
न दुख, न शिकायतें
न अगली मुलाकात का वादा.....
न अपने हस्ताक्षर..........
न कोई विस्फोटक शब्द....

आपातकाल को अच्छा लेखक ऐसे ही देख और लिख सकता था।

जगूड़ी ने अक्सर अपने सामाजिक सरोकार के मुखर बयान नहीं दिए हैं। अपने प्रारम्भिक दौर में बहुतों को उनमें अराजक अकविता की धुन्ध दिखाई दी पर जल्दी

ही 'बलदेव खटिक' जैसी कविता से उनका पक्ष साफ हो गया था। पटकथा, लुकमान अली और बलदेव खटिक जैसी कविताओं ने साठ के दशक के मध्य में ही हलचल मचा दी थी। लेकिन इस दौर में आप कुछ वे लोग भी पाएँगे जो जन सरोकार से मुक्ति या अलगाव को कविता की शर्त मानते हैं। पर यह बहुत से अच्छे कवियों के साथ हुआ है। कुँवर नारायण या प्रयाग शुक्ल जैसे कवियों में समसामयिक समाज राजनीतिक चेतना के बावजूद रचना स्वच्छन्दता के प्रति कहीं एक अनायास लगाव बना रहा है। यह स्थिति चिन्तनीय नहीं मानी जानी चाहिए। विचारणीय यह होता है कि सरोकार मुक्ति को स्वयं कवि भी रचना का अनिवार्य मूल्य मानने लगे। संयोग से जगूड़ी के साथ ऐसा नहीं हुआ।

जगूड़ी में बहुत कुछ निराला या कुँवर नारायण की तरह जहाँ सरोकार मौजूद हैं वहाँ वे बहुत खरे हैं। उनकी अभिव्यक्ति की सघनता चकित करती है जैसे उनकी कविता 'एक बी.ए. फेल रिक्शे वाले की कविता।'

वैसे यह शीर्षक भी अपने आपमें काफी कुछ बोलता है। जिन रचनाकारों ने पिछले कुछ दशकों में शब्दों का मुलम्मा छूट जाने या फिर उनके घिस जाने पर काफी खेद व्यक्त किया है उनके विपरीत जगूड़ी की इस कविता में इन्हीं शब्दों को सृजनात्मक आदर दिया है। एक समर्थ कवि का यह करतब ही होता है कि वह घिसे-पिटे, टूटे-फूटे शब्दों से एक जिन्दा अनुभव खड़ा कर दे। एकाध उदाहरण देखें। एक शब्द है राष्ट्रीयता। पिछले कुछ दशकों में इस राष्ट्रीयता शब्द को राजनीति ने पूरी तरह कुतर कर बदशक्ल कर दिया है। जगूड़ी ने अपनी कविता 'एक बी.ए. फेल रिक्शे वाले की कविता' में इस शब्द को इसके इसी रूप में इस्तेमाल किया है और वह अपने मूलार्थ के साथ अपने साथ हुई बदसलूकी को भी लटकाए चलता है—तेज ढाल पर काटकर निकाली गयी गमछे भर जगह। राष्ट्रीय धरती पर बिछौने भर घर-द्वार...। पहाड़ की अपनी जमीन छोड़ कर शहर में थोड़ा-सा ठिकाना पाने को भी जो मोहताज है, उसे इस हालत में जिस समाज और राजनीतिक परिदृश्य ने पहुँचाया है उसका खुलासा यही अकेला चबाया हुआ शब्द 'राष्ट्रीयता' करता है।

जगूड़ी की कविता मानवीय दुर्घटना की कविता है जो उनमें बहुत जगह, बहुत तरह से मौजूद है। 'नंगे/अँधेरे को कपड़े की तरह लपेट लेते हैं, 'तिलचब्बन/गोबरपत्थन/...ऋतु बदल रही है तिलचब्बन/... इसके बाद वे अलग हो गये/दोनों खामोश/दोनों परेशान/पर दोनों जैसे किसी खदान में झाँक रहे हों', 'एक मामूली कीड़ा इतिहास में एक पूरे पेड़ को खा रहा है।'

बहुतों ने महसूस किया होगा कि वर्तमान कविता आज एक तरह के असमंजस में है। उसे अक्सर यह चिन्ता हो आती है कि कहीं वह साहित्य की केन्द्रीयता से बेदखल तो नहीं हो रही है?

बेदखली की इस विपत्ति का कारण क्या हो सकता है? और दूसरे चाहे जो कारण

हों पर एक वजह यह भी हो सकती है कि समय और समाज को सम्बोधित करने की ऊर्जा निष्प्रभावी होती लगे। या फिर वस्तु स्थितियों से कविता का संवाद ज्यादा अन्तांश न रह जाये। कविता की विश्वसनीयता के ये कुछ खतरे जरूरी होते हैं भले ही वे यह स्वीकार न करें जो कविता को समय से जोड़ने के विरुद्ध है।

समय से कविता के संवाद को टूटने न देना और कविता को केन्द्रीयता से बेदखल होने से बचाये रखना आज किसी कवि के जीवट का उदाहरण हो सकता है। यह बात आश्वस्त करती है कि जगूड़ी उन थोड़े से कवियों में से हैं जिनमें कविता का घर बचाये रखने की जागरूकता है। 'मैंने एक बिछौने भर समतल काट कर उभारा/कि एक दिन यह कोठरी भर बड़ा हो जायेगा/इतनी भर जगह मैंने ग्लोब पर हथिया ली–'

कविता एक विराट ब्रह्माण्ड की चीज़ रही है और आज वह ब्रह्माण्ड सिमट कर लगभग हस्तामलक रह गया है। ऐसे में कविता की कितनी जगह ग्लोब पर बच सकती है? कविता का यह सपना जगूड़ी देखते हैं यह बात आश्वस्त करती है– 'गमछे भर जगह जब घर भर होगी।'

आज बहुत से कवि शायद कविता की बेदखली से घबरा कर विचार खारिज करते हैं। विचार उन्हें कविता की बुनियाद के लिए सबसे बड़ा खतरा लगता है। ऐसे में कुँवर नारायण, लीलाधर जगूड़ी, विष्णु खरे, विष्णु नागर, मंगलेश डबराल, राजेश जोशी उन लोगों में से हैं जिन्होंने विचार और कविता के अन्तस्सम्बन्धों को बचाया है और यह बात आश्वस्त करती है कि कविता दीर्घायु होगी क्योंकि विचार दीर्घजीवी होते हैं।

जिसमें कविता जैसी कविता गढ़ने की सरल बेसब्री न हो

(कुछ आधे-अधूरे नोट्स)

राजेश जोशी

1

अपने एक आत्मकथ्य में जगूड़ी ने लिखा है कि कविता के पूर्णतः गद्यात्मक होने के बावजूद विविध प्रकार की श्वासाधारित लयात्मकताओं के साथ-साथ की अपनी लयात्मकता ने मेरा साथ (कभी) नहीं छोड़ा। (अक्सर पत्रिका) वस्तुतः लीलाधर जगूड़ी की कविता का संसार शैली और भाषा-भंगिमाओं की इतनी विविधताओं से भरा है कि उसके कीहोल को तलाशना लगभग असम्भव सा काम है। ऐसे सामान्य कथन तलाशना मुश्किल हैं जो उनकी कविता की पूरी बनावट की व्याख्या को सम्भव कर सकें। अपनी कविता की गद्यात्मकता और श्वासाधारित लयात्मकता को भी जगूड़ी ने कई तरह से व्याख्यायित करने की कोशिश की है। उनका मानना है कि अब सिर्फ़ गद्य बनाम गद्य का ज़माना है। अब देखना यह चाहिए कि कब-कहाँ कोई गद्य, कविता की बीज शक्ति को प्राप्त कर रहा है। कर भी पा रहा है या नहीं ? इसमें कोई सन्देह नहीं कि सबसे अच्छा गद्य आज कविता में लिखा जा रहा है। (पूर्वग्रह) जगूड़ी की कविता पर विचार करते हुए अक्सर यह विस्मृत कर दिया जाता है कि हिन्दी के अन्य समकालीनों के बीच वह सम्भवतः अकेले ऐसे कवि हैं जिनका संस्कार संस्कृत भाषा और साहित्य के विधिवत अध्ययन से बना है। उन्होंने अपने आत्मकथ्य में इसका उल्लेख किया था कि मैं जब राजस्थान में पढ़ने-लिखने के नाम पर संस्कृत विद्यालयों की खाक छान रहा था, तभी मैंने गीत-अगीत लिखने शुरू कर दिये थे। संस्कृत कविता पढ़ते हुए कई बार महसूस होता है कि भाषिक व्यवहार में संस्कृत कविता की कम से कम दो मोटी-मोटी श्रेणियाँ बनाई जा सकती हैं। एक तरफ ऐसे कवि हैं जिनकी कविता शब्द बहुल है, न केवल शब्द बहुल हैं बल्कि वहाँ उपमाओं की भी बहुलता है और दूसरी ओर वे कवि हैं जो भाषा को बरतने में बहुत मितव्ययी हैं। कालिदास शब्द बहुल हैं और भर्तृहरि या भास मितव्ययी हैं। आवश्यक नहीं कि ये दोनों प्रवृत्तियाँ हमेशा

अलग-अलग काम करती दिखाई पड़ें। बातूनीपन और बहुत सारी बात को समेटकर एक सूक्ति में बदल देने की प्रवृत्ति सामान्य भारतीय मनुष्य में एक साथ काम करती रही है। जगूड़ी की एक कविता है 'एक रिपोर्ट' जिसका उद्देश्य कविता होना नहीं था में एक पंक्ति आती है जिसमें रिपोर्टिंग की भाषा को शब्द बहुल कहा गया है। और इस रिपोर्टिंग के बाद यह भी कि नयी भाषा मुझे मिली नहीं गरीबी का वर्णन करने को। कहा जा सकता है कि भाषा के व्यवहार और वर्गीय स्थितियों के बीच भी एक सम्बन्ध कहीं न कहीं मौजूद होता है। कभी-कभी मुझे लगता है कि जगूड़ी की भाषा में शब्द बहुलता का एक रिश्ता संस्कृत भाषा के उनके संस्कार से जुड़ता है तो दूसरा रिश्ता जन भाषा के करीब जाने की कोशिशों से भी बनता दीखता है। यहाँ इसे भी रेखांकित किया जाना चाहिए कि जगूड़ी की भाषा तत्सम-आक्रांत नहीं है। खुद जगूड़ी मानते हैं कि कविता को शिल्प से नहीं भाषा के नवाचार और कथन की भंगिमा और अर्थ गौरव से पहचाना जाना चाहिए। देखना चाहिए कि भाषा की विपुल उपस्थिति के बावजूद कविता बनी कि नहीं बनी।

जगूड़ी 1960 के बाद आयी कवि पीढ़ी के कवि हैं। यह महज संयोग तो नहीं है कि साठोत्तरी के तमाम कवियों में फिर वो चाहे अकविता के कवि हों या अकविता विरोधी या नक्सलवाद से प्रभावित कवि सभी की कविता की भाषा शब्द बहुल है। वाचालता उसका लगभग अनिवार्य गुण या अवगुण है। कभी-कभी तो अराजकता की हद तक यह प्रवृत्ति देखी जा सकती है। मणिमधुकर तो इस शब्द बहुलता से पैदा होने वाले निरर्थक शोर से ही किसी सार्थक आवाज़ के पैदा होने की कामना करते हैं। शब्द बहुलता का कोई यूनीफार्म पैटर्न नहीं है। अलग अलग कवियों की वाचालता की अलग-अलग भंगिमाएँ हैं। मुझे याद नहीं आता कि हिन्दी कविता के किसी अन्य कालखण्ड में कभी शब्द बहुलता को इस तरह लगभग एक मूल्य और कविता की एक प्रविधि की तरह इतने बड़े पैमाने पर इस्तेमाल किया गया है। भाषा के इस व्यव्हार के कारणों को सिर्फ कवियों या उनकी कविता भाषा से जानना सम्भव नहीं है। इसके कारणों को कहीं न कहीं उस समय की सामाजिक-राजनीतिक उथल-पुथल के बीच तलाशे जाने की ज़रूरत है। क्या इस वाचालता का कोई रिश्ता नेहरू युग से मोहभंग की राजनीति से बनता है ? यही वह दौर है जिसमें भारतीय राजनीति के सबसे वाचाल प्रवक्ता लोहिया का प्रभाव राजनीति और साहित्य में दिखाई देता है। जगूड़ी ने लिखा है कि 1960 के बाद की कविता की भाषा अपने अनुभव की छिलाई करती दिखती है। वह अलंकृत नहीं करती बल्कि नंगा कर देती है। यह भी कि मेरी कविता का विषय वह युवा मन था जो आजादी के बाद की स्थितियों से टूट चुका था और अपने को कहीं भी मिसफिट पाता था। जगूड़ी मानते हैं कि इस समय कविता कतई कविता जैसी नहीं रहना चाहती थी। वस्तुत: जगूड़ी की कविता कविता जैसी कविता गढ़ने की

सरल बेसब्री की नहीं, कठिन बेचैनी की कविता है।

2

मुझे कई बार लगता है कि जगूड़ी कविता की भाषा के साथ उतना प्ले नहीं करते जितना वो कविता की अन्तर्वस्तु या कविता के आख्यान के साथ करते हैं। कविता में ऐसी आकस्मिकताएँ प्रवेश करती हैं कि कविता अचानक फैंटेसी में बदल जाती हैं। उनकी कविता का स्थापत्य कभी-कभी एक ऐसे शहर की तरह लगता है जिसमें मुख्य सड़क से जुड़ी हुई कई घुमावदार गलियाँ हैं। कई तिलिस्म और कई भूलभुलैया हैं। कवि सड़क पर चलते-चलते अचानक किसी गली में मुड़ जाता है, फिर एक गली से दूसरी और तीसरी गली में या किसी भूलभुलैया में लेकिन ऐसा करते हुए वह हमारी उँगली नहीं छोड़ता, वह हमें भटकने के लिए अकेला नहीं छोड़ता, पिछला सूत्र कहीं ओझल नहीं होता, कभी अगर ऐसा खतरा बनता है तो वह वापस सड़क पर निकल आता है। जगूड़ी की फैंटेसी मुक्तिबोध की तरह किसी किस्म का आख्यानात्मक स्थापत्य खड़ा नहीं करती। फैंटेसी की कोई निरन्तरता वहाँ नहीं है। वह यथार्थ और फैंटेसी के बीच चलता एक खो-खो का खेल है। फैंटेसी यथार्थ को खो कर देती है और यथार्थ एक चक्कर मार कर फैंटेसी को खो कर देता है। इस शिल्प-कौतुक में फैंटेसी यथार्थ के बीच उसी तरह प्रवेश करती है जिस तरह हमारा जीवन-यथार्थ स्वयं भी कभी-कभी फैंटेसी में बदल जाता है। इस शिल्प में कौतुक भी है और बेचैनी भी। इसलिए जगूड़ी की कविता एक पोइटिक-रिलीफ़ की गुंजाइश हमेशा कविता में बचाये रखती है। मुझे लगता है कि शिल्प कौतुक सघन शब्द बहुलता की संरचना के बीच शब्दान्तराल के एवज की भूमिका सम्पन्न करता है। यथार्थ से फैंटेसी और फैंटेसी से यथार्थ में होती शिफ्टिंग के इस दिलचस्प शिल्प-कौतुक को देखने के लिए कई कविताओं के उद्धरण दिये जा सकते हैं लेकिन फिलवक़्त मुझे भय भी शक्ति देता है की दो कविताओं की एक श्रृंखला– सपने में पाठ्य पुस्तक की याद आ रही है। एक छोटा-सा उद्धरण इसे बहुत स्पष्ट तो नहीं कर सकता लेकिन फिर भी......

लड़का सपने में एक पौधे की तरह खड़ा है
उसमें एक नयी पत्ती किक करती है
पूरा ब्रह्माण्ड हिल जाता है
वह पेड़ होने से पहले ही वापस दौड़ जाता है
पाठ्य पुस्तक को ढूँढ़ता
उसने पढ़ा भी नहीं था जिसका कोई पाठ।

एक नयी पत्ती किक करती है और पूरा ब्रह्माड हिल जाता है ...पंक्ति को पढ़ते ही मन के किसी कोने में केदारनाथ अग्रवाल की–बालक ने कंकर से ताल को नहीं अनन्तकाल को कँपा दिया वाली कविता की अनुगूँज सुनाई पड़ती है।

3

लीलाधर जगूड़ी के नये संग्रह-ख़बर का मुँह विज्ञापन से ढका है की एक कविता है पलटवार। सत्तर के दशक में भारतीय समाज में हिंसा के जैसे अमानवीय चेहरे बन रहे थे, उनकी शिनाख़्त रघुवीर सहाय ने 'हँसो हँसो जल्दी हँसो' की कविताओं में की थी। भारतीय समाज में और विशेषरूप से हमारी सामाजिक-राजनीतिक शक्ति संरचनाओं में हिंसा के कई रूप बदले हैं। उसका स्वरूप पहले से ज्यादा जटिल, अमानवीय और भयावह हुआ है। संगठित और सत्ता-पोषित हिंसा लगभग विकराल रूप ग्रहण कर चुकी है। अरुण कमल के संग्रह 'पुतली में संसार' की कविताओं में भी उसके कई-कई रूप देखे जा सकते हैं। हिंसा का एक विद्रूरूप चेहरा 1986 में लिखी जगूड़ी की 'भय भी शक्ति देता है' की लम्बी कविता मन्दिर लेन में दिखाई देता है। जिसमें मन्दिर लेन कब्रिस्तान की तरफ जाती है। और यह निरा संयोग नहीं कि 90 के दशक में मन्दिर लेन का रास्ता सचमुच कब्रिस्तान की तरफ मुड़ गया। अंग भंग और न पहचानी जाने वाली लाशों और गायब हो गये लोगों की यह फैंटेसी, लग सकता है कि जगूड़ी 90 के दशक की हिंसा को चार बरस पहले ही देख लेते हैं। पलटवार लेकिन हिंसा के इस भयावह परिदृश्य के बीच एक बहुत ही अलग किस्म की कविता है। यह कविता रामदास कविता के पाठ को दिलचस्प ढंग से उलट देती है। रघुवीर सहाय और जगूड़ी की कविता की तुलना मेरा मकसद नहीं। इसका यहाँ कोई औचित्य भी नहीं। रामदास कविता को सिर्फ इसलिए याद करना चाहता हूँ कि किस तरह हिंसा को जब सत्ता और शक्ति केन्द्रों का समर्थन मिल जाता है तो उसके स्वरूपों में किस-किस तरह के विद्रूरूप पैदा होते हैं। रामदास की हत्या निश्चित थी। वह उसे पता थी। हत्यारा गली से बाहर आता है और रामदास की हत्या कर देता है। लेकिन जगूड़ी की कविता पलटवार का कुख्यात हत्यारा हमारे समय की हड़बड़ी में हैं। इस बाजार युग की हड़बड़ी में। वह किसी की हत्या की सुपारी लेता है और किसी और की हत्या कर देता है। हार जाने या मारे जाने के डर ने उसे जल्दबाज बना दिया है। उसे बहुत सारे काम निपटाना है। उसे एक करोड़पति की हत्या करना था लेकिन अचानक वह एक शरीफ आदमी से उलझ जाता है और ठीक उस क्षण जब वह शरीफ आदमी मारा जाने वाला होता है, वह पलटवार करता है और हत्यारा अपने ही हथियार से मारा जाता है। सारी स्थिति उलट जाती है। यही आकस्मिकता, यही नाटकीयता हिंसा के एक बदले हुए चेहरे को हमारे सामने उजागर करती है। जगूड़ी की कविता विस्मय को एक प्रविधि की तरह भी इस्तेमाल करती है। चमत्कारों से उसे परहेज नहीं है।

सभ्य आदमियों की सभ्यता के जंगल में लेकिन यह एक सुखद घटना नहीं है कि एक शरीफ या निर्दोष आदमी बच गया और एक कुख्यात हत्यारा अपने ही हथियार से मारा गया। एक दुर्लभ संयोग हिंसा के एक पूर्व नियोजित नाट्य को उलट कर सारे

तन्त्र को गड़बड़ा देता है। पलटवार की यह घटना एक नयी और खतरनाक अवधारणा या सिद्धान्त को जन्म दे देती है। हत्यारे का मारा जाना और शरीफ आदमी का बच जाना हिंसा के एक महानाट्य का मात्र नांदीपाठ है। नाटक तो इसके बाद शुरू होता है। इसके बाद समाज में व्याप्त हिंसा के अलग-अलग चेहरे धीरे-धीरे उजागर होना शुरू होते जाते हैं। एक इनामी अपराधी की गैर इनामी मौत पुलिस विभाग को नुकसान का सदमा दे जाती है। इसलिए मृतक की शिनाख़्त को संदिग्ध बना दिया जाता है। इसके बाद मृतक जो एक अपराधी है उसके ऊँचे सम्बन्धों का रहस्य खुलना शुरू होता है और मानव अधिकार आयोग के सदस्य भी घटना की निन्दा कर डालते हैं। हमने इस बीच एक ऐसा समाज रचा है जिसमें अपराधी का रसूख अगर ऊँचा हो तो अपराधी की तरफ से बोलने वालों की कोई कमी नहीं है। इस समाज में शरीफ आदमी के समर्थन में कोई संगठन या शक्ति केन्द्र नहीं है। एक हत्यारे को, जिसके बारे में सब जानते हैं कि वह हत्यारा था, को भी हत्यारा सिद्ध करना एक शरीफ आदमी के बस की बात नहीं है। हमारी न्याय पालिका का सारा एक्टिवि म भी एक सामान्य नागरिक के पक्ष में खड़े होने में अपना एक्टिवि म नहीं दिखाता। आत्मरक्षा शरीफ आदमी को हत्यारे की भूमिका में ला कर खड़ा कर देती है।

संयोगवश बच गये शरीफ आदमी और दुर्घटनावश मारे गये हत्यारे के इस नाटक में कवि की उँगली हमारे चारों ओर के परदों को हटाती जाती है। आत्मरक्षा के कारण हत्यारे की भूमिका में डाल दिया गया शरीफ आदमी न पुलिस पर ऐतबार कर सकता है और न न्याय पर इसलिए वह छिपने को एक ऐसे राजनीतिक दल में चला जाता है, जो राज करने की इच्छा से जनसेवक मार्का हत्यारों ने बनाया है। जगूड़ी की यही खूबी है कि वह अन्तर्वस्तु को उसके हर सम्भव कोण से देखने की कोशिश करते हैं। इस प्ले में वे काव्यवस्तु या कहें कि कविता के आख्यान की तमाम अतियों तक, आत्यन्तिकताओं तक जाते हैं। कभी-कभी ऐसी स्थितियाँ उन्हें अतिनाटकीयताओं तक या फंतासियों तक ले जाती हैं। आख्यान के साथ खेलने से पैदा होने वाली यह अतिनाटकीयता लेकिन अपने केन्द्रीय सूत्रों को कभी अपने हाथ से नहीं छूटने देती। साठोत्तरी की कविता का एक ऐब शायद यह भी था कि उसके सारे सूत्र बिखर जाते थे। जगूड़ी की कविता अपने सूत्र बिखरने नहीं देती। वह आत्यन्तिकताओं तक जाकर वापस अपने को समेटती है और अपने आशय की ओर पाठक को ले आती है—

हत्या की राजनीति करने वालों को यह सन्देश गया
कि पलटवार एक नया सिद्धान्त बन सकता है

खुद को उन्होंने खतरे में महसूस किया कि नतीजतन वे सब चुपके से
गोलबन्द हुए

आँख मारने वाली भाषा में उसे मार डालने को
इस तरह अकेले के पलटवार के तो बोल बन्द हुए
पर इतना वह कर गया कि पलटवार के ख़तरे की ख़बर बन गया।

वस्तुतः सभी सम्भावित सीमाओं तक फैलने और फिर उसको समेटने की इस प्रक्रिया में ही उसकी सारी नाटकीयता गुँथी बुनी है। जगूड़ी की कविता की विवेचना करना उतना ज़रूरी नहीं होता जितना उसमें बहुत धैर्य के साथ धँसना ज़रूरी होता है...।

प्रतिरोध का नया काव्यार्थ

विजय कुमार

लीलाधर जगूड़ी ने अपने एक कविता संकलन की भूमिका में लिखा है कि उनकी इच्छित कविता 'अनुभव में तात्कालिक, स्वभाव में तत्त्वदर्शी, कथ्य में सबकी आवाज लिए हुए, विन्यास में सर्वाधिक नाटकीय और असर में धर्म सरीखी है।' यह सच है कि चार दशक की अपनी काव्य यात्रा में जगूड़ी ने अपनी इस इच्छित कविता को लगभग प्राप्त कर लिया है।

जगूड़ी ने इस घोर वर्तमान में अपने मौलिक तरीके से सेंध लगाई है और कविता में मनुष्य की बुनियादी प्रतिशोध शक्ति और नैतिक विकलता का अंकन नितान्त अपनी शर्तों पर किया है।

जगूड़ी मनुष्य की स्मृतियों, स्वप्नों, अनुभवों और पूर्वानुमानों ले लिथड़े हुए शब्दों के जंगल में पिछले चार दशक से खड़े हैं। उनकी कविता में खलिस वर्तमान की तनातनी है पर यह कविता संकीर्ण अर्थों में राजनीतिक कविता नहीं है। अन्याय, दमन, हिंसा, भय, लाचारी और हताशा के असंख्य सन्दर्भों में यह कविता जाती है पर एक पुरातन आस्था और ऐन्द्रिक शाश्वतता का उजाला यहाँ बहुत तात्कालिक से लगते सन्दर्भों के पीछे से झाँकता रहता है। जगूड़ी की कविता में शब्दों में दीप्ति है, शब्दों के बीच का स्पेस रहस्यमय-सा लगता है, क्योंकि यहाँ विचारों और संवेगों की जबर्दस्त सान्द्रता है, रोजमर्रा की तमाम सूचनाएँ यहाँ हैं, दुर्घटनाएँ और त्रासदियाँ हैं पर साथ ही वह सब भी जो कालातीत है, अजर-अमर है, जो एक भ्रामक विश्वास सरीखा एब्सोल्यूट है। जगूड़ी इसे सम्भव कर दिखाते हैं। क्षणिक और कालातीत का यह संपुंजन समय और यथार्थ के एकायामी बोध को ध्वस्त करता है। इस कविता में सूचनाओं की अन्दरूनी पर्तें खुलती हैं। हादसों और घटनाओं के नरक में हमें सहसा एक आत्मीय और मार्मिक संसार भी अपनी समूची नाटकीयता में नजर आता है। कवि के रूप में यह विजय है वर्तमान की उस निरी समाजशास्त्रीय समझ पर जो इकहरी, अपरिमार्जित, आसान और कामचलाऊ है। कवि तात्कालिकता में खूब रमता है सहज ही उसके पार चला जाता है। सीधे सपाट सच्चाइयों की पर्त को भेदते हुए मनुष्य के

आदिम संवेग, इच्छाएँ, स्वप्न हर जगह इस तरह दिखते हैं जैसे हम एक जादुई सघनता का केलिडोस्कोप देख रहे हों।

जगूड़ी की कविता में यह इसलिए है कि जो ऊपरी तौर पर परस्पर विरोधी बातें लगती हैं उनका एक अप्रत्याशित संयोजन यहाँ है। सुदूर और निकटवर्ती, क्षणिक और शाश्वत, गाम्भीर्य और विनोद, क्षुद्र और विराट, आन्तरिक और बाह्य, अनुशासित और अराजक, व्यतीत और आगत, उपस्थित और अनुपस्थित के कितने ही भेद भरे अनौपचारिक और नाटकीय सम्मिलन उनकी कविता में घटित होते रहते हैं। उनके पास असंख्य दृश्यों, प्रसंगों, मन:स्थितियों का गुंफन है, भाषा की अनेक लयें और हरकतों के अनेक शेड्स हैं। विडम्बना बोध, विट, वाग्मिता, स्वैरकल्पना इस कविता के प्रमुख औजार हैं। कवि वस्तुओं और स्थितियों के सम्बन्धों में छिपे नाटकीय तनावों को खोजता रहता है। यह यात्रा स्थूल ब्योरों से शुरू होकर एक विकल कर देने वाले एब्सर्ड तक पहुँचने की यात्रा है। कला का यह मुकाम एब्सर्ड इसलिए लगता है कि हम तात्कालिक और कालातीत की इस सघनता को अपने रोजमर्रा के जीवन में विस्मृत कर देने के लिए अभिशप्त हैं। जगूड़ी की कविता में मनुष्य का एक सघन अवचेतन है। यह कविता बीच सड़क या चौराहे पर घटते हुए रपट लिखती है पर इसमें रूप, गन्ध, स्पर्श, ध्वनि और स्वाद की अनेक स्मृतियाँ हैं। जल, आकाश, पेड़ और मिट्टी की अनेक स्मृतियाँ हैं। एक क्षण से दूसरा क्षण और एक प्रसंग से दूरा प्रसंग लिपटा हुआ है। भाषा की अन्दरूनी लय को तोड़ने-मरोड़ने-बदलने की असाधारण क्षमता है। आधुनिक हिन्दी कविता के मिजाज में जगूड़ी ने अपने तरीके से जातीय संवेदन की गहनता को उपलब्ध करने का यत्न किया है। बयानों, किस्सों, वार्तालापों, दृष्टान्तों, स्वप्नों, जनविश्वासों, अनुश्रुतियों, मिथकों, मुहावरों, सूक्तियों, अतिरंजनाओं का एक बड़ा जखीरा कवि के पास है जिसका इस्तेमाल वह एक मार्मिक खिलन्दड़ेपन के साथ जब-तब करता रहता हैं। यह खेल दरअसल एक आश्वस्ति की तरह आसन्न संकटों के बीच है—मनुष्य होने के सबसे रहस्यमय अनुभव के रूप में। कवि की सरल रैखिक सच्चाइयों से अमूर्तन और अर्मूतन से सीधे-सीधे वक्तव्यों की तरफ जैसी सहज और मनमुताबिक आवा-जाही है वह चकित कर देने वाली है।

जगूड़ी का कवि-स्वभाव मूलगामी है। कवि अपने वजूद के समूचे रोमांस के साथ अपनी कविता में उपस्थित है। वह अपने लगावों, सम्बन्धों और सहवर्तिताओं के साथ वर्तमान के शिकंजे को तोड़ता है। वास्तविकता और तिलस्म के बीच के रुँधे हुए निहितार्थों तक यह कविता जाती है। लीलाधर जगूड़ी की कविता के बहाने नये समकालीन हिन्दी कविता में प्रतिरोध के एक सर्वथा नये काव्यार्थ की सम्भावनाओं को घटित होते हमने देखा है।

मुझ तक कोई चीज़ सीधे नहीं पहुँच रही है

रघुवीर सहाय की एक कविता की पंक्तियाँ हैं– "हम बचे हुए हैं और हमें इस पर गर्व है कि कोई डर नहीं है, जिससे डर था उसी से दोस्ती कर ली है।"

समकालीन दुनिया में भय का यह एक अप्रत्याशित परिप्रेक्ष्य है। एक ऐसी दुनिया में जहाँ शक्ति को हथियाना और उसका हिंसक प्रदर्शन ही सबसे बड़ा सच बनने लगा हो, कमजोर आदमी का मनोविज्ञान एक अलग तरह का रूप अख्तियार कर रहा है। अपने को बचाये रखने की लाचार कोशिश में जो काठ हो गया है, वह भयभीत नहीं है। वह फेंस के उस तरफ कूदकर नैतिक-अनैतिक, अच्छे-बुरे की ऊहापोह से परे हो गया है और इसके बाद अत्याचारी का साथ निर्द्वंद्व देने लगा है। यह नैतिक विकलताओं के समाप्त होते चले जाने का युग है।

रघुवीर सहाय की तरह लीलाधर जगूड़ी भी अपनी कविताओं में ताकत और भय के जटिल रिश्तों को खोजते हुए मौजूदा समय का विश्लेषण करना चाहते हैं। उनके नये कविता-संग्रह का शीर्षक है 'भय भी शक्ति देता है'। प्रथम दृष्टि में यह भय के बारे में कोई ऐसी सूक्ति लगती है, जिसमें एक तरह का सरल आशावाद छिपा हुआ है। पर ऐसा है नहीं। जगूड़ी अपनी इन कविताओं में मौजूदा समय की अनिश्चितताओं, आतंक, अकेलेपन, निरुपायता और विकल्पहीनता की उन त्रासद स्थितियों को उकेरते हैं, जो ग्रास रूट पर मनुष्य के वर्तमान व्यवहारों और प्रवृत्तियों को रच रही हैं। इन कविताओं में एक घोर वर्तमान है, जिसके दरवाजे बन्द हैं। भय यहाँ एक निर्विकल्प और परिवर्तनहीन वर्तमान की स्थायी मनोदशा है और मूलवृत्ति आत्मरक्षा की है। जगूड़ी अपनी कविताओं में मनुष्य व्यवहार में आ रही इस शिफ्टिंग को निरखते हैं–

"अभद्रता ने जगायी हममें अधिकतम शिष्ट होने की प्यास
अविश्वसनीय आचरण ने बनाया हमें
आपस में विश्वास योग्य
सनक ने बनाया हमें निश्चित धारणाओं वाला
मुखौटों से पहचानी हमने खोई हुई आकृतियाँ
(जिन पर शक्ति का डर चित्रित था)"

प्रख्यात पोलिश कवि चेश्वाव मिवोश लिखते हैं "वर्तमान को रचने का सबसे बड़ा संकट तब होता है जब कई प्रकार से आपको यह लगने लगे कि यह एक निर्विकल्प स्थिति है।" इस निर्विकल्प वर्तमान में अपनी प्रतिरोध शक्ति और नैतिक साहस की खोज जगूड़ी की इन कविताओं में है। पर जगूड़ी सामान्यीकृत सचों को सामने रखने वाले कवि नहीं हैं, बल्कि वे अपने तरीके से एक हद तक उन्हें ध्वस्त ही करते हैं। वे एक ऊबड़-खाबड़ समय की जटिल आन्तरिकताओं और बारीकियों में जाते हैं। उनके

यहाँ दृश्य, प्रसंग, मनःस्थितियों और अवचेतन में एक गुंफन है।

यह जगूड़ी का कवि-स्वभाव है। इसकी बारीकियों को हम उनके पिछले कविता-संग्रहों में देख चुके हैं। जगूड़ी के इस नये संग्रह की बड़ी विशेषता यह है कि उन्होंने हमारी समकालीन दुनिया के ऐसे बहुत सारे सन्दर्भों में घुसकर अपना काव्यार्थ तलाश किया है, जिनसे हिन्दी रचनाकारों की एक बड़ी दुनिया अभी खालिस विचार के स्तर पर भी प्रतिकृत नहीं हो पा रही है। दिन-प्रतिदिन भारतीय समाज में समूह के समूह अपनी परम्परा, अपने भौतिक-मानसिक संसाधनों और अपने कर्म के दायरे से बाहर धकेल दिये जा रहे हैं। प्रकृति का बड़ी बेरहमी के साथ विनाश किया जा रहा है। बड़ी पूँजी के निवेश, खुले बाजार और भारी प्रौद्योगिकी ने एक अत्यन्त हिंसक तरीके से भारतीय समाज में जीने, सोचने और समझने की ताकत पर हमला करना आरम्भ कर दिया है। मनुष्य की बराबरी और हिस्सेदारी में भरोसा करने वाले बुनियादी आदर्श को इधर अब अप्रासंगिक और फालतू भी करार दिया जाने लगा है। एक औरत हिन्दुस्तानी मन का अवचेतन किस प्रकार धीरे-धीरे अन्धकार, निष्क्रियता, आत्महीनता और अपराध की ओर ठेला जा रहा है, जगूड़ी इसकी शिनाख्त अपनी इन कविताओं में करते हैं। वे कभी वास्तविकता और तिलस्म के बीच रुँधे हुए उनके निहितार्थों को ढूँढ़ना चाहते हैं तो कभी खालिस विडम्बनाबोध का एक आकर्षक ड्रामा खड़ा करते हैं। कहीं उनमें एक सरल ढंग से रची गयी आशावादिता भी दिखाई देती है। पर वैसा कम है। औसत भारतीय मन का यह 'अंडरवर्ल्ड' आज जिन चुनिन्दा कवियों की कविता में आ रहा है उनमें जगूड़ी भी है। उदाहरण के लिए 'मन्दिर लेन' शीर्षक से लिखी गयी उनकी लम्बी कविता एक खास तरीके से बेहद समकालीन है। यहाँ उनका विडम्बना बोध बहुत तल्ख और एक नंगी वास्तविकता को लेकर उभरा है—

"जी हाँ यही है मन्दिर लेन जो कब्रिस्तान को जाता है
आपको कहाँ जाना है नाले पार वाले बाग में
जहाँ पिछले साल एक कटा हुआ हाथ मिला था
जो बाद में फज़ल चिरानी का बताया गया था
फज़ल चिरानी का उसके बाद कुछ नहीं मिला
क्योंकि गुमटी के पीछे जो धड़ मिला वह सरोवर सिंह बताया गया
फज़ल सिर्फ एक आराकश हाथ का नाम तो नहीं था"

इस कविता में हत्या, मारकाट, खूब-खराबे से भरी हुई एक मार्बिड किस्म की दुनिया को उसके अधिक-से-अधिक ब्योरों में फैलाते हुए हमें एक तरह के एब्सर्ड अनुभव तक ले जाया गया है। अनुभव की यह यात्रा दिलचस्प है। इसमें वीभत्सता के प्रति एक खास तरह का दुर्निवार आकर्षण और निर्लिप्तता एक साथ है। आकर्षक विवरणों को ज्यादा से ज्यादा फैलाते जाने में है और निर्लिप्तता उनके प्रति प्रतिक्रिया

व्यक्त करने में है। यह कार्य एक सायास ठंडेपन से किया गया है और कई बार इन मार्बिड विवरणों में एक तरह का विट भी चुपके से प्रवेश करने लगता है। यही शायद कवि का उद्देश्य भी है। ये विवरण एक रहस्य से भरी दुनिया को एक से अधिक स्तरों पर हमारे सामने खोलते जाते हैं। एक जनसंकुलता इस कविता के परिदृश्य में है और साथ ही हत्या की घटनाओं की भरमार भी। एक हादसे की अनुगूँज को दबाते हुए दूसरा हादसा सामने आता जाता है। कविता के दृश्य में दिखाई पड़ते पात्र छायाओं की तरह हैं। जिन्दा और निर्मम रूप से उदासीन। उनके मन मरे हुए हैं और हादसों को उन्होंने अपने पूरे सिस्टम में आत्मसात कर लिया है। आप एक प्रकार से इसे जिजीविषा भी कह सकते हैं। शक्ति के केन्द्रों ने सबसे नीचे के वर्ग के अन्तर्जगत को किस प्रकार विकृत कर दिया है यह इस कविता के पूरे परिवेश में खुलता जाता है। इस कविता में नयी बात यह है कि रचना अपनी प्रकृति में ही यह दर्ज करती जाती है कि एक पेशेवर अपराधी और एक निर्लिप्त भोक्ता के मनोजगत आज एक ही मानसिक स्तर पर कार्यरत हैं।

जगूड़ी 'अन्तर्राष्ट्रीय बाज़ार' शीर्षक कविता में एक नये तरीके से अपने काव्यार्थ की तलाश करते हैं। वे इस अवधारणा का एक नाटकीय अर्थ विकसित करते हैं कि सूचना क्रांति के चलते सारी दुनिया एक बड़े गाँव में बदल गयी है। यहाँ मनुष्यों और उनकी स्थितियों की एक ऊलजुलूल निटकता को खोजा गया है।

"जहाँ दिन और रात बराबर हो जाते हैं/वहाँ एक पड़ोसी ने मुझे हाइजैकर कह कर गाली दी/(मैं खुश हुआ उसने चोर उचक्का नहीं कहा)/दूसरे ही क्षण मैं बैलों को गाड़ी पर जोर रहा था/और सोच रहा था श्यामकर्ण घोड़ों की नस्ल खत्म क्यों हो गयी/ठंडे और गर्म समुद्र के बीच रहने वाला मेरा पड़ोसी/मुझे हँसता हुआ देखकर भूमध्य रेखा के पीछे छिप गया/सूर्योदय के पास रहने वाले पड़ोसी ने उठते ही देखा/ कि उसके नाम के पाँच सौ आदमी अखबार में भुने पड़े हैं/समुद्र तट वाली पड़ोसन भूचाल में दब गयी है।"

यह एक लम्बी कविता है जिसमें मनुष्य जीवन की विडम्बनाओं का सर्वथा नया परिप्रेक्ष्य आया है। भौतिक जगत में 'स्पेस' का संकुचन हो रहा है, स्वाभाविक क्रियाएँ गड्ड–मड्ड हो रही हैं, वस्तुओं की निकटताएँ दुर्घटनाओं में बदल रही हैं और दूसरों की उपस्थिति महज सूचनाओं के स्तर पर आ रही हैं–जगूड़ी इस सारे एब्सर्ड को नाटकीय फैलाव, वाग्मिता, विट और स्वैरकल्पना के स्तर पर सँजोते हैं। इस कविता में जगूड़ी एक जगह यह महत्त्वपूर्ण पंक्ति लिखते हैं कि "मुझ तक कोई चीज़ सीधे नहीं पहुँच रही है।" यह जगूड़ी की कविता की अपनी जमीन है। वे चीज़ों को एक हद तक अमूर्त्त और धुँधली बनाकर उनके भीतर छिपी एब्सर्डिटी को खोजने वाले कवि हैं। जगूड़ी ने अपनी बहुत सारी कविताओं में दहशत और आतंक के सन्दर्भों को

ताकत का केन्द्रीकरण करने वाली प्रक्रिया के बीचोंबीच रखा है। जगह-जगह मनुष्य के निरुत्तर, निहत्थे, निर्विकल्प, लाचार और अपराधी हो जाने के सन्दर्भ हैं। घबराहट और डर के ये सन्दर्भ ठोस घटनाओं में नहीं बल्कि मनुष्य की मूल इच्छाओं, आदतों और सोच और स्वभाव में पैठ गये हैं।

"इतने सालों से मैं लौटते हुए देख रहा हूँ अपने को उसी ठिकाने पर कभी हाथ फटे हुए, कभी कपड़े। कभी रंगे हुए। कभी केवल एक कन्धा दुख रहा है। कभी सारी देह।"

हममें से बहुतों के लिए जहाँ आज भी समकालीन सच्चाई का बखान एक विचार या आइडियावाद में ही निहित है, जगूड़ी अपने एक अग्रज कवि रघुवीर सहाय की तरह सभ्यता के समूचे संकट को भीतर से पकड़ना चाहते हैं। हालाँकि यह सच है कि जगूड़ी का काव्य संसार बहुत सी परस्पर विरोधी मनःस्थितियों का एक जटिल संसार नहीं है पर जो बात उन्हें महत्त्वपूर्ण बनाती हैं वह यह कि वे साधारण आदमी की आसन्न संकटों के प्रति भय और साथ ही उदासीनता की प्रतिक्रिया को एक साथ अपनी रचना से सँजोना चाहते हैं। उनकी कविता में एक घिराव है, विपदा की भीतरी अर्थछवियाँ हैं। जगूड़ी भी मुश्किल समय में अपनी काव्य यात्रा उस 'डेड एंड' से आरम्भ करते हैं जहाँ से आगे जाने का कोई रास्ता नहीं है। जगूड़ी भी रघुवीर सहाय की तरह स्वयं को मात्र आइरनी के चित्रण तक सीमित नहीं करना चाहते। वे दमन, बर्बरता, संहार और स्मृतिहीनता के बेहद सूक्ष्म-सन्दर्भों को ढूँढ़ते हुए कई बार उम्मीद के कुछ कोने तलाशते नजर आते हैं। या कम से कम इन्हें तलाश करने की छटपटाहट को सामने लाते हैं। जाहिर है किसी भी संवेदनशील कवि के लिए यह एक सरल आशावाद वाली सतही उम्मीद नहीं होती, यह एक खास तरह की कठिन उम्मीद होती है जो मनुष्य के जीवन और समाज की भीतरी तहों में छिपे रचनात्मक अर्थों को तलाशना चाहती है। महत्त्वपूर्ण बात शायद एक सम्पूर्ण निराशा और विकल्प की तलाश के बीच मौजूद रहने वाले तनाव को जीना है। जगूड़ी बात सीधे निर्विकल्पता से आरम्भ करते हैं और 'पुश टू द वाल' की स्थिति के बाद का तेवर अपनाते हैं। वे कई बार इस सच का काव्यार्थ पाने की कोशिश की ओर बढ़ते हैं कि भय अपने सबसे सघन रूप में पलट कर स्थिति का सामना करने की एक अप्रत्याशित ताकत भी जुटा देता है-

"हो सकता है आप एक डरी हुई आत्मा हों
मेरी तरह सशरीर साहस की तलाश में हों
क्योंकि जो हैं वे भय के कारण ही साहसी हैं।"

जगूड़ी विवरणों की आन्तरिकता को खोजने वाले कवि हैं। उनकी काव्य चेतना लोक जीवन के असंख्य ब्योरों, कथाओं, स्मृतियों और जनविश्वासों से निर्मित हुई है। लोकजीवन उनके यहाँ कविता के मन्तव्य में एक सरल रैखिक रागात्मकता को

रचने देने वाली कोई उपभोग मूलक चीज़ नहीं है, बल्कि वह अपने घनत्व में मौजूद है। उनकी कविता का स्वभाव आधुनिकता के तेवर को उठाता हुआ एक देसी रोमांटिक स्वभाव है जो हर बात को लेकर विस्तार में जाना चाहता है। बतियाना, सूक्तियाँ रचना, दुख को एक आइरनी के स्तर पर लेकर मद्धम से हास्य की ओर मुड़ जाना उनका कवि-स्वभाव है। वे साधारण तथ्यों और सन्दर्भों पर अपने भावजगत का आरोपण करके उन्हें जादुई भी बना देते हैं–

''गरमी आने के पहले उसका तना मोटा दिखने
लगा और अपने
छतराए हुए सिर में फँसे हुए आसमान को
घर की तरह जानने लगा
वह बस्तियों से आने वाली हवाओं का भूखा था
शोर को
खुराक की तरह खाने लगा
अब पक्षी भी उसे चाहने लगे क्योंकि उनके लिए
एक चौकड़ी में
वह आसमान तक उठकर आया हुआ भू भाग था
और जानवरों के लिए हवा में हिलता डुलता नये
स्वाद का टापू।''

जगूड़ी समकालीन दुनिया के बहुत सारे त्रासद प्रसंगों से सीधे मुठभेड़ नहीं करते। वे सन्दर्भों को उनकी यथातथ्यता से निकालकर उसमें अद्‌भुत और आश्चर्य का रंग भरते हैं। उनके यहाँ कोई भी दृश्य, हरकत या भाव एक सीधा-सरल दृश्य, हरकत या भाव नहीं है। कई बार यह बात पॉजिटिव इस अर्थ में लगती है कि मनुष्य के अस्तित्व को बेहद एकायामी और सपाट बना देने वाली आज की उपभोक्तावादी दुनिया में कोई भी वह कोशिश जो एक भीतरी सच को फैलाना चाहती है, वह प्रतिरोधात्मक कोशिश है।

जगूड़ी की कविता में अप्रत्याशित की यह खोज घटनाओं को 'कन्डेंस' करते हुए और फिर कई बार उन्हें बहुत अधिक फैलाते जाने में हैं। नरेशन की स्थूलता को वे कई प्रकार से तोड़ते हैं। एक सीधी सी दिखती बात को अमूर्त कर देने और फिर अमूर्त सी मन:स्थिति को असम्बद्ध, अतिरंजित, अप्रत्याशित बिम्बों या कथन की नाटकीय भंगिमा के द्वारा दोबारा मूर्तता की ओर लाने का खेल उनकी भाषा में लगातार चलता रहता है। 'सपने में पाठ्यपुस्तक' शीर्षक से लिखी एक कविता में इस कला से जन्मी गहरी करुणा का एक रूप देखें–

''चाँद का पीछा करते हुए देखा बच्चों ने

कि चाँद पर एक भी चीज़ नहीं है चाँद जैसी
वहाँ एक असीम रात है भूरे सपनों से भरी हुई
ढेलों में बदलती हुई इच्छाएँ
एक भी पत्ती नहीं है वहाँ जिसे तोड़कर पाठ्य-
पुस्तक में रखा जा सके
एक फूल के पास जितना रंग जितना उजाला
जितनी खुशबू है
उतना भी नहीं चाँद के पास
रात में जंगल के सिर पर दिखा था जहाँ पर चाँद
सुबह थी अधर में लटकी ओस की कोई अकेली बूँद
भीगी धरती पर खुलती पाठ्यपुस्तक पर सोया हुआ
बच्चा और बुझी हुई लालटेन।''

यदि हम भाषा को ही मनुष्य की चेतना मानें तो कह सकते हैं कि यह भाषा समकालीन दुनिया की बहुत-सी ऐसी सच्चाइयों और उनके निहितार्थों को पकड़ती है जो अन्यथा हमारे बोध के दायरे में नहीं आते हैं। जगूड़ी की कविता में समझ का रास्ता टेढ़ा-मेढ़ा है पर दिलचस्प है। हालाँकि जगूड़ी की कविता के साथ एक अजीब बात यह भी दिखाई पड़ती है कि उनकी भाषा में अर्थछवियाँ ध्वनि या मनोजगत के भावों के सहारे नहीं बनती हैं। यदि हम यह मानें कि जगूड़ी का संसार एक विकल, घबराया हुआ, छीजता-बिखरता, तापग्रस्त संसार है जिसमें आसन्न संकट भाषा और भाव मुद्राओं पर दबाव डाले हुए है तो ऐसा समझना ठीक नहीं होगा। जगूड़ी के यहाँ मनोजगत के भावों को झेलने का अवकाश नहीं है। भीतरी बेकली उनकी अभिव्यक्ति को तोड़ती-फोड़ती नहीं। भाषा में आवेग उनके यहाँ लगभग नहीं है। वे एक खास 'कंडीशन्ड' दूरी से बात कहने वाले कवि हैं। वे हमेशा पर्यवेक्षक ही बने रहते हैं और बयान उनका अस्त्र है। वे मूलत: बखान के ही कवि हैं। फिर भी जो बात महत्त्वपूर्ण है, वह है उनके स्वर में महसूस होने वाली एक निरन्तर गतिशीलता, उनके चमकीले विवरण, एक ढीला-ढाला और अनौपचारिक सा लगता काव्य ढाँचा जिसमें वस्तुओं की यद्यपि भरमार है फिर भी इन वस्तुओं के चारों ओर एक 'स्पेस' है, जिसमें अर्थों की अमूर्तता भाषा को पुनर्जीवन देती है, उसे रिजुविनेट करती है। जगूड़ी विपरीत स्वभाव वाली वस्तुओं को अगल-बगल रखने का खेल खेलते हैं। इस खेल में पहली वस्तु के बाद जो दूसरी वस्तु आती है वह एक किसी प्रतीक या रूपक की तरह नहीं, तथ्य की तरह होती है। पाठक की प्रवृत्ति उन्हें एक नैरन्तर्य में देखने की होती है, वह अलग-अलग स्वभाव वाली इन वस्तुओं को उनकी वैयक्तिक विशेषता देना नहीं चाहता। इससे एक अजीब तनाव कविता में बनता है। जगूड़ी वस्तुओं के भीतर छिपी

इसी रहस्यमयता को उघाड़ते हैं, उन्हें 'चार्ज्ड' करते हैं।

कई बार यह कहने का मन भी होता है कि जगूड़ी की कविता में एक स्फीति और शब्द बहुलता भी है पर इसे इतने सीधे-सीधे कहने में अब एक संकोच भी होता है। कोई भी रचनाकार अपनी रचना में कितने कम या कितने ज्यादा शब्दों को लाये, यह शब्दों के साथ उसके अपने सरोकारों और अपनी जरूरतों पर निर्भर करता है। पाठक का किसी रचनाकार से यह कहना कि आपकी कविता में शब्द बहुत हैं, उसी तरह है जैसे कोई मेहमान किसी के भीतरी कमरे में घुस कर यह कहे कि आपके कमरे में कुर्सियाँ कुछ ज्यादा हैं।

पैंतीस साल पुराना एक अन्तर्देशीय

विष्णु नागर

लीलाधर जगूड़ी का नाम याद आते ही मुझे सबसे पहले उनकी एक पुरानी कविता तुरन्त याद आती है—अन्तर्देशीय। इसे पहली बार मैंने कोई साढ़े तीन दशक पहले पढ़ा होगा-इमरजेंसी के आसपास। तब से यह किसी न किसी तरह मेरी स्मृति में बसी हुई है, हालाँकि ऐसा क्यों है, इस पर मैंने बहुत सोचा नहीं। शायद इसलिए कि अपने ऊपरी ढाँचे में यह कविता सरल है, सीधी है लेकिन फिर भी इसमें कुछ और है, जिसके कारण यह कविता आपके अन्दरालों तक गूँजती रहती है। शायद इसका कारण इस कविता की पहली पंक्ति भी हो सकती है, जो कवि की अपनी न होकर भी इस कविता की प्रेरणा का कम से कम एक स्रोत जरूर है या हो सकता हो मूल स्रोत हो और उसके बाद उसने इससे बहुत स्वतन्त्र रूप ले लिया हो। अगर अन्तर्देशीय के उस हिस्से में, जहाँ भेजनेवाला अपना पता लिखता है, यह पंक्ति लिखी न होती तो सम्भव है यह कविता इस रूप में सम्भव न होती और शायद इतनी याद भी नहीं रहती। इस कविता को पढ़ने से पहले जब अन्तर्देशीय को खरीदते थे तो इस पर लिखी यह पंक्ति **इस पत्र के भीतर कुछ न रखें** पढ़कर कुछ अटपटा सा तो लगता था मगर समझ में न आता था कि क्या है जो अटपटा लग रहा है, क्या है जो चुभ रहता है और क्यों चुभ रहा है। कई बार यह भी लगता था कि बात सीधी-सी है, सीधा-सा एक जरूरी निर्देश है, जिसे मानने में ही भलाई है ताकि आपका पत्र समय से सही ठिकाने तक पहुँच जाए, हालाँकि मुझे याद है कि उस जमाने में भी इस निर्देश को लोग पूरी तरह नहीं मानते थे और फिर भी अन्तर्देशीय सही सलामत पहुँच जाते थे। खासकर राखी पर बहनें अक्सर अपने भाइयों को राखी इसी में भेजती थीं क्योंकि निम्न मध्यवर्गीय आर्थिक अभावों के उस दौर में यह लिफाफे से सस्ता पड़ता था और उदार डाकतार विभाग राखी और पत्र भाइयों तक पहुँचा ही देता था। हो सकता है अब भी ऐसा ही होता हो।

तब ज्यादातर लोग पोस्टकार्ड भर बातें ही लिखते थे क्योंकि पोस्टकार्ड सबसे सस्ता पड़ता था और जेब को बहुत रास आता था मगर कई बार बातें ज्यादा होती थीं और

पोस्टकार्ड में जगह कम या कभी-कभी लगता था कि हमारी बात को कहीं डाकिया न पढ़ ले (जिसके पास कभी इतना अवकाश शायद ही रहता होगा) तो अन्तर्देशीय लिखते थे। और हर बार यह वाक्य पढ़ते थे कि इस पत्र के भीतर कुछ न रखिये। तो इस कविता से एक रिश्ता इसलिए भी बना कि अन्तर्देशीय से भी हमारी पीढ़ी का एक लम्बा रिश्ता रहा है। उस व्यंग्य को जो इस कविता की पहली ही पंक्ति में है, तभी समझा जा सकता है, जब आपका रिश्ता अन्तर्देशीय से सघन रहा हो और सौभाग्य से अभी तक कविता से जितनी पीढ़ियाँ जुड़ी हैं, वे ई-मेल और मोबाइल युग से पहले की हैं, भले ही उस युग में अब प्रवेश कर चुकी हों।

बहरहाल इस कविता को समझने का प्रवेशद्वार अन्तर्देशीय का वह निर्देश हो सकता है मगर बस इतना ही। यह इस कविता का दरवाजा है। यह कविता अन्तर्देशीय के बहाने न केवल तब के बल्कि आज के भी सामाजिक-राजनीतिक वातावरण को बताने-समझने में सहायक बनती है और उस तथा उस समय में किसी की कोई दिलचस्पी नहीं हो तो उसे यह कोरा शाब्दिक खिलवाड़ भी लग सकती है और उसका आनन्द दे सकती है हालाँकि वह इसका उद्देश्य नहीं है मगर सारे उद्देश्य वे ही तो कविता से पूरे नहीं होते जो कवि के होते हैं। यह कविता गौर से देखें तो एक अर्थ में अपनी प्रकृति में रघुवीर सहाय न कविता के काफी करीब हैं लेकिन उसकी नकल नहीं, क्योंकि याद करें तो तब रघुवीर सहाय की कविताएँ चर्चित तो थीं मगर उन्हें वह स्थान नहीं मिला था कि कवि उनका अनुकरण करना जरूरी समझें। फिर भी आश्चर्य है कि आज इस कविता को पढ़ते हैं तो उनकी कविता अनुगूँजें सुनाई देने लगती हैं। लगता है कि इस कविता को रघुवीर सहाय ही लिख सकते थे, अगर इसे उनसे पहले लीलाधर जगूड़ी ने सम्भव न किया होता।

यहाँ इस पत्र के भीतर कुछ न रखिये का आशय उसके प्रत्यक्ष, दिखाई देनेवाले आशय से बहुत दूर तक चला जाता है, उतनी दूर तक जितनी दूर तक जितनी आपात्काल के उस दौर में राजसत्ता नागरिक जीवन पर हावी हो चुकी थी, उसे भयभीत कर रही थी, उसे हर तरह से नियन्त्रित-अनुशासित करने, उसकी नागरिक स्वतन्त्रताएँ छीनने का प्रयास कर रही थी। वह नहीं चाहती थी कि लोग कुछ भी साझा करें, खासकर अपने विचार, अपनी निराशाएँ करें, अपने निजी दुख, अपनी शिकायतें, अपने पारिवारिक प्रलाप। तब मोबाइल नहीं थे और टेलीफोन भी बहुत सीमित थे, जितने थे वे साधारण आदमी, कविता पढ़ने वाले आदमी की पहुँच से साधारणतः दूर थे। तब टेलीफोन उन्हीं के पास होता था, जिनकी कोई आर्थिक-सामाजिक हैसियत होती थी, क्योंकि एक तो साधारणतः कनैक्शन मिलना आसान नहीं था और मिलता था तो अपने बूते उसका बिल भरना भारी पड़ता था, खासकर एसटीडी बिल। ऐसे समय में अपने से दूर किसी अपने से मिलने के कुछ दुर्लभ अवसरों के अलावा उनसे बात करने, उनसे साझा करने का साधन डाक ही हुआ

करती थी। इसलिए इस पत्र के भीतर कुछ न रखिये का आशय अन्तर्देशीय के अन्दर कुछ न रखिये नहीं था, इसमें कोई चीज न रखिये यह नहीं था, उससे परे भी था या हो चुका था, अन्तर्देशीय की इस प्रकट इबारत के परे जा चुका था और उसी को इस कवि ने पहली बार पकड़ा, जिसे पकड़ने में हममें से ज्यादातर आज भी नाकामयाब हैं। यह साधारण लोगों के हक में, उनके अधिकारों के हक में कवि का बयान था, उसका घोषणापत्र था, इमर्जेंसी के विरुद्ध एक विरोधपत्र, एक दस्तावेज था, जो आज भी महत्त्वपूर्ण है।

यह कविता उस हालत का—जो अब फिर से बड़े सम्भ्रान्त ढंग से आ रही है, लायी जा रही है—बखान करती है, जब इस बात का भी भरोसा नहीं रह गया था कि किसी पत्र, किसी अन्तर्देशीय, किसी लिफाफे के अन्दर लिखी व्यक्तिगत बातों की भी कोई गोपनीयता बची है, कि किसी व्यक्तिगत से व्यक्तिगत, मामूली से मामूली बात का सरकार क्या अर्थ लगा लेगी और क्या सलूक करेगी नागरिक के साथ इसका विश्वास नहीं था। बगावत पैदा होने की खबर देना भी जब एक अपराध बन सकता था और पूछा जा सकता था कि तुमने नसबन्दी क्यों नहीं करवाई थी। वाजिब तर्क किसी के सामने रखना विद्रोह आपातकाल का विरोध माना जा सकता था, जो शायद वह होता भी। कोई भी शब्द विस्फोटक हो सकता था क्योंकि वह शब्द है। स्थिति यह थी, जिसे कवि इस तरह कहता है—

भेजनेवाला जानता है
क्या नहीं लिखा गया
क्यों नहीं लिखा गया
कोरा वह भी बाँच लेगा
एक भी आखर जिसके हिस्से आया

इस कविता का अन्त इस मार्मिक उक्ति के साथ होता है—

सारा मुद्दा, सारा पत्र
पोस्टमैन का रक्तहीन चेहरा है
जो रोज गाँजा जा रहा है
और जिसे शाम को वह जमा भी नहीं कर सकता।

कम से कम उस दौर के आतंक को व्यक्त करनेवाली यह कविता मुझे सबसे प्रामाणिक लगती है और सबसे कम बड़बोली मगर सबसे ज्यादा कविता।

यह कविता हमारे इस दौर की कविता भी इसलिए है कि आज भी नागरिक के बारे में हर जानकारी माँगी जा रही है, ताकि व्यवस्था के लिए सब कुछ आसान हो सके। लोगों के ई-मेल हैक किये जा रहे हैं, उनके फोन सुनने की आजादी हासिल की जा रही है, वेबसाइटें बन्द की जा रही हैं, आन्दोलनों को उपेक्षा या जबर्दस्ती डंडे के जोर से रोका जा रहा है। आज इस कविता को फिर से कहने के लिए अन्तर्देशीय

के उस वाक्य का सहारा नहीं चलेगा लेकिन कौन-सा चलेगा, यह कवियों के लिए रचनात्मक पहल का विषय है।

आज जगूड़ी ऐसी सरल मगर जटिल राजनीतिक कविताएँ नहीं लिखते और न उनसे यह माँग उचित है। उस समय और आज के समय में पैंतीस साल का फासला है, जिसमें सब कुछ काफी बदल गया है, कवि भी क्योंकि उसने भी यह लम्बा फासला तय किया है। जो फासले तय करते हैं, वे वही नहीं रहते जो थे।

भय के बीच समकालीन संवेदना

रेवती रमण

'एक अगाध कुआँ जिसके तल पर नदी बह रही हो
जिसमें एक समुद्र की आवाज शंख-सी आ रही हो
ऐसा अनुभव ऐसी भाषा
जिसका अदृश्य दृश्य से बड़ा हो
और अश्रुत श्रव्य सा खड़ा हो
अक्सर मैं सुनता हूँ ऐसी भाषा का रोर
अपने सपनों में।' (भय भी शक्ति देता है)

लीलाधर जगूड़ी के संग्रह 'भय भी शक्ति देता है' में अधिसंख्य कविताएँ ऐसी ही हैं—सपने में सुने गये रोर का उदाहरण। ऐसा अनुभव जिसमें अश्रुत श्रव्य-सा खड़ा हो—एक अगाध कुआँ, जिसके तल पर नदी बह रही हो और जिसमें समुद्र की आवाज शंख-सी आ रही हो—जगूड़ी की साम्प्रतिक अनुभूति के स्वनिर्मित रूपक हैं। जगूड़ी इस दृष्टि से अपने समकालीनों में एक विलक्षण कवि हैं जिन्हें न संवेदनात्मक ज्ञानधारा में रखा जा सकता है, न पूरी तरह ज्ञानात्मक संवेदना में। एक ऐसा कवि जो भाषा से खेलता है और जीवन के पक्ष में बोलने का प्रशिक्षण देता है। शब्द जगूड़ी के लिए प्रतीक और बिम्ब-विधान के साधन मात्र नहीं हैं। उनके भीतर बेहतर दुनिया के लिए खास कुछ बेताबियाँ हैं जिन्हें प्रगीत या प्रबन्ध से अलग निजी स्थापत्य की अपेक्षा रही है। इसमें जो भाषा है वह प्रयुक्ति में न पूरी तरह वर्णनात्मक है और न एकदम से आत्मनिष्ठ ही।

हिन्दी कविता के अध्येताओं को उस दौर का विस्मरण नहीं हुआ होगा, जब धूमिल के साथ लीलाधर जगूड़ी का उल्लेख अनिवार्यतः किया जाता था। पूँजीवादी संसदीय शासन-प्रणाली की विफलता का मर्सिया गाते धूमिल की प्रतिक्रियाएँ एक समय विमर्श के केन्द्र में थीं। उनके साथ राजकमल चौधरी भी लगे चलते थे। यह अलग बात है कि अपने कथात्मक गद्य में राजकमल को अधिक सम्मान मिला। जगूड़ी धूमिल का सहचर बनकर काव्यस्वाद को परितृप्त करते रहे, धूमिल से कहीं ज्यादा बहिर्मुखी, विसंगति

और विडम्बना पर आँखें गड़ाये। आज इतने समय के बाद हम कह सकते हैं कि धूमिल की कविता में उन तत्त्वों का निषेध था जिनसे कोई रचनाकार अपने समय के नरक का संतरण करते हुए उस पार चला जाता है। भारत में नक्सल पन्थ की विफलता, राजनीति में धुरीहीन विपक्ष का बड़बोलापन और नेहरू युग के निराशाजनक अन्त के परिदृश्य में धूमिल और राजकमल से भी ज्यादा विद्रूप और जुगुप्सा को अकवितावादियों ने शिखर पर पहुँचाया था। इसमें जगूड़ी और चन्द्रकान्त देवताले जौ के साथ घुन की तरह पिसते रहे। जगूड़ी ने लम्बे समय तक लम्बी-लम्बी रिटॉरिक उपजाने वाली, बिखरे प्रभावों की कविताएँ लिखीं–उनमें मुक्तिबोध की अनुभूति सम्पन्न संश्लिष्टता का अभाव था। 'नाटक जारी है' से पहले जगूड़ी निमार्णाधीन कवि की छवि प्रस्तुत करते हैं, 'घबड़ाए हुए शब्द' तक वह अपनी ही बनाई काव्य-रूढ़ियों से संत्रस्त रहे।

यह पहली बार जगूड़ी के सातवें संग्रह 'भय भी शक्ति देता है' में हुआ कि कवि अपनी ही काव्य-रूढ़ियों से मुक्ति के लिए बेचैन हो उठा। इसमें काव्य और शिल्प की विविधता है। यह वह कवि है जो अपने पुराने स्थापत्य का ध्वंस करके कुछ नये प्रयोग करता है। अर्थात् इनमें एक नये जगूड़ी से साक्षात्कार होता है। कुछ-कुछ दार्शनिक, कई बार अपने में डूबा हुआ, कई बार बेहतर तरीके से सभ्यता-समीक्षा की युक्तियाँ अपनाता हुआ। घटित यथार्थ के छायाभास से ही काम चलाता हुआ और सम्भावित यथार्थ के निराधार आवेश से अनुकूलित। भाषा में भदेस होने का अतिरेक अब शायद स्वतः स्फूर्त संयम में ढल चुका है। उम्र और अनुभव का असर साफ लक्षित होता है। शायद अन्य की आलोचना से थका उदास कवि अपनी भी जाँच-परख का उपक्रम कर रहा हो।

आलोच्य संग्रह में एक छोटी कविता है–'मोड़'। इसमें कवि लिखता है,–

मुझे सुन्दर लगता है मोड़
चाहे सड़क हो चाहे जिन्दगी में
इन्हीं में से होते हैं कुछ अच्छे कुछ खराब
कुछ विचित्र मोड़। जिसके बिना
कुछ दूर तक ही भली लगती है सपाट सड़क

(पृ.138)

जगूड़ी की कविता-यात्रा में आया यह मोड़ उनके सुपरिचित कविता-प्रेमियों को भले न भाये, मुझे स्वागत-योग्य लगता है। उन्होंने इतिहास में जगह बना लेने का कार्य तो पहले ही सम्पन्न कर लिया था--अब इतिहास की धारा को अग्रसर करने की चिन्ता भी वह करने लगे हैं।

मैं कहना चाहता हूँ कि इस संग्रह में समकालीन काव्य-धारणा से अनुशंसित उत्कृष्ट शिल्प की कई कविताएँ हैं जिनमें अन्तर्वस्तु विचार छलक पड़ते हैं। यह नयी बात है। पहले कवि व्यंग्य-विद्रूप आत्मावलोकन भी करने लगा है। सपने में पाठ्य

पुस्तक, पनघट और भगीरथ, हाथी और पहाड़, काखड़, सपने में नदी, पहाड़ पर रास्ते, प्रस्थान सरीखी कविताएँ जगूड़ी के आत्मीय अनुषंगों से व्युत्पन्न कविताएँ हैं। आत्मसापेक्ष दो खंडों की कविता है। इसमें स्मृत्याभास आत्मीय संवेदना का सुसंगत रूप लेता है। काव्यनायक पहले दर्जे का एक बच्चा है, जिसकी गतिविधियों में प्रकृति की गहन अन्तरंगता समायोजित है। पाठ्य पुस्तक बाल्य गतिविधियों में अक्सर एक अनपेक्षित अनाकांक्षित उपस्थिति है। जंगल, पेड़, पत्ती, फुटबॉल और तूफान के सापेक्ष बाल्य-स्मृति अधिक मानवीय हुई है—

लड़का सपने में एक पौधे की तरह खड़ा है
उसमें एक नयी पत्ती किक करती है
पूरा ब्रह्मांड हिल जाता है
वह पेड़ होने से पहले ही वापस दौड़ जाता है
पाठ्य पुस्तक को ढूँढ़ता
उसने पढ़ा भी नहीं था जिसका कोई पाठ
पेड़ नहीं जानते गणित न भौतिकी न रसायन शास्त्र
पेड़ जानते हैं सिर्फ चिड़ियों का वजन
चील का वजन/ घोंसलों का वजन
पेड़ जानते हैं सिर्फ फूलों का वजन / फलों का वजन
पेड़ जानते हैं अपने सारे रसायन का वजन
पेड़ नहीं जानते सिर्फ बस्ते का वजन

बस्ते का वजन कदाचित् बचपन को बरगलाने वाली कोई अनपेक्षित संरचना है। जगूड़ी देख पाते हैं उस बच्चे को जो प्रकृति से अभिन्न है। वह इतिहास और भूगोल में लिखी बातों को अपने सन्दर्भ में पूरे वेग से ग्रहण करता है। वह पिता की उपस्थिति में भूगोल की किताब में मालदीव और होनोलुलू की जगह देख पाता है पीलीभीत और पिपरिया—एक उसकी जन्म भूमि और दूसरा ननिहाल। इस कविता के दूसरे खण्ड में बाल्य मनोभूमि पर सभ्यता और यथार्थ के रंग को विकसनशील दिखाया गया है। पाठ्य पुस्तक से निकलकर आने वाला चाँद इसमें लालटेन का पूरा उजाला लेकर जा छिपता है पेड़ों में और फैला देता है भुतही चाँदनी। वहाँ जुगनू जल-बुझ रहे हैं—

'और चाँद जा चुका था पहाड़ की चोटी पर।'
तो लड़का पहुँचा बादलों के पार
चाँद का पीछा करते हुए
देखा बच्चे ने कि चाँद पर एक भी चीज
नहीं है चाँद-सी/ वहाँ असीम रात है
भूरे-भूरे सपनों से भरी हुई/ खेतों में बदली हुई इच्छाएँ

रात में जंगल के सिर पर दिखा था जहाँ चाँद
सुबह थी अधर में लटकी हुई ओस की कई अकेली बूँदें
भीगी धरती पर खुली पाठ्य पुस्तक
सोया हुआ बच्चा और बुझी हुई लालटेन

(पृ.55)

यथार्थवाद कविता के इतिहास में कोई दुर्घटना नहीं है और न इसका कोई एक ही रूप है। फिर भी यह अतिशयोक्ति नहीं कि यथार्थ की इकहरी समझ ने अल्प वयस्क कवियों से बहुत-सा अतिचार भी करवाया है। जगूड़ी भी उससे कम संत्रस्त नहीं रहे हैं किन्तु विवेक के सान्निध्य में उनका त्रास एक नयी भंगिमा में दिखता है। जो बीत गया उसे लौटाया तो नहीं जा सकता। साथ ही, अनागत को बिना जाँचे-परखे धारण किया जा सकता है। इसलिए अपने वर्तमान से द्वन्द्वात्मक रिश्ता बनाये रखना ही समकालीन होना है।

जगूड़ी के पास वैज्ञानिक अनुसन्धान-वृत्ति प्रबल है। इसलिए उनकी सभ्यता-समीक्षा आदिम की वापसी का इरादा नहीं रखती। एक सभ्यताक्रान्त समाज में लोकगीत का अभाव अथवा आधुनिकीकरण समस्या खड़ी करते हैं। जगूड़ी की मान्यता है कि लोकगीतों की उपस्थिति में जीवन को पिछड़े हुए का उदाहरण नहीं होना चाहिए। लेकिन दुर्भाग्य से वस्तुस्थिति यही है। जगूड़ी लिखते हैं– 'जहाँ-जहाँ लोकगीत होगा। वहाँ-वहाँ जीवन धीमा और मन्द और सीमित होगा–

कुएँ पर झुकी स्त्री / बैलगाड़ी की चूँ चूँ / और पाताल लोक
से आता हुआ एक बाल्टी पानी/ प्यासे दुःख जिसकी प्रतीक्षा में
हैं/ इस अनोखे जड़चित्र को निहारने में/ अब रत्ती भर रुचि
नहीं है/ हिलती हुई लालटेन के बावजूद/ घसियारी स्त्री के
सिर पर/ बोझ और पेट के बच्चे के बावजूद/ एक ही झकोले
में फेंके गये धीमे और मन्द जीवन के शिकार हजार-हजार लोग

ऐसा लोक जगूड़ी को प्रेय नहीं है। उनकी समझ में लोक गीत मरकर गीत बना। लोकगीत की मौत लोक जीवन की मौत बनी, गनीमत है। लोकगीतों के अभाव में गद्यमय जीवन जगूड़ी की चिन्ता में शामिल है। उन्हें लगता है कि जो लोकगीत और लोकजीवन को अभिन्न करके देखना चाहते हैं, वे तत्त्वतः लोकजीवन के पिछड़ेपन को बनाये रखना चाहते हैं। इसलिए 'आदिवासी क्षेत्र में जाकर लोकगीत ढूँढ़ना। आदिवासियों के शरीर में जूँ ढूँढ़ने जैसा भी (कोई काम) नहीं है– जो उनके पसीने से पैदा हुए हैं।' जगूड़ी के इस विचार से किसी की असहमति नहीं हो सकती कि 'लोकगीत बनाये रखने का तरीका नहीं है पुरानी दुनिया का ढर्रा बनाये रखना।'

लोकगीत के बाह्य रूप और समाजशास्त्र को गहरी वेदना से परखते हैं जगूड़ी।

लोकगीत में व्यक्त संवेदना, जीवन-मूल्य और सहजता, कला की साधना और समर्पण मुनष्य की चिन्ता से सम्बद्ध है–

टंग के संकेत से बनी हुई गन्ध की रेखाएँ
नाच का आख्यान लेकर लोक जीवन का आवाज लाती हैं
शब्द लोक में। इसी भाषा की खोज में शुरू हुई थी
दीवारों पर गूँजती हुई उकेरना (पृ.110)

'लोकगीत' जगूड़ी की एक श्रेष्ठ कविता है विचार-विह्वल। इससे सभ्यता के जटिल विन्यास का उतना ही संश्लिष्ट प्रतिपक्ष रचता है।

इस संग्रह में अपने समय की अनेक समस्याओं के वृत्तान्त हैं। समाज में व्याप्त रूढ़ियों, बदहाल स्त्रियाँ, प्रपंच की कुत्सित राजनीति, पर्यावरण-प्रदूषण, साम्प्रदायिक विद्वेष, धर्मोन्माद, असमर्थ न्यायपालिका, अन्तरराष्ट्रीय बाजार-व्यवस्था पर पूँजीवादी प्रभुत्व। इन समस्याओं को गहरे रचना स्तर पर प्रतिबिंबित करती हैं जगूड़ी की कविताएँ। वैसे कवि सहज जीवन प्रवाह का आकांक्षी है। एक सुसंस्कृत और संवेदनशील बौद्धिक मुनष्य के रूप में समस्याओं से मुठभेड़ के लिए तत्पर कवि की छवि इनमें दर्शनीय है। अलग से कोमल सुन्दर, बाल्य स्मृति और सपने जगूड़ी की कविता के सुपरिचित उपकरण हैं जिन्हें वे यहाँ भी बचा ले जाते हैं। यथार्थ बोध निसर्ग की बाधा है। जगूड़ी उसे अनदेखा नहीं कर पाते–

उसने चाहा तो था कि कोई बढ़िया-सा सपना देखे
पर देखना क्या है कि बच्चे तमाम प्रौढ़ हो चुके हैं
पेड़ तमाम काटे जा चुके हैं
चिड़ियाँ तमाम मारी जा चुकी हैं

समसामयिक नरक है, अँधेरा है। वह आतंक और दहशत का उपजीव्य है। इसमें भय और दुःस्वप्न है लेकिन जगूड़ी बावजूद इसके कतिपय श्रेष्ठ कविताएँ रच पाते हैं। इसमें बचपन की वकालत गम्भीर रूप से सर्जनात्मक है। 'खिलौने' हालाँकि एक क्षतिग्रस्त संरचना है और वह सहज नहीं रहने देती। 'आँधी में औरत' में यह संरचना समय की प्रताड़ना को मुँह चिढ़ाती हुई स्वच्छन्द स्थापत्य के काव्य-न्याय में पर्यवसित हो जाती है। कहना न होगा कि प्रेम करने वाली लड़की को व्यवहार में प्रतिकूल वेदना से जूझना पड़ता है किन्तु उससे सबक लेकर अन्य लड़कियाँ प्रेम करना छोड़ नहीं देतीं। जगूड़ी इशारा करते हैं–

जो बहुत कुछ है इस पृथ्वी पर/उसमें से यह लड़की भी है
जो बड़े-बड़े तूफान झेलेगी/जो उठेंगे ही उठेंगे
वर्तमान को घेरे हुए भविष्य के अँधेरे में
जो बहुत कुछ इस पृथ्वी पर है
उसमें से यह लड़की भी एक है

एक दिन वह स्त्री होगी तूफान के बाद
किसी आहत वृक्ष के विलाप की तरह
धूल, संशय, उम्मीदें और इतने सारे वर्षों के
इतने सारे पत्ते बावेला मचाते/कुछ उड़ता-सा दिख रहा होगा
बहुत-से डर घेर लेंगे/वे भी जो लगते थे
चले गये होंगे कहीं दूर/अनिश्चित जीवन की सुनिश्चित ऊब डूब में

इस कविता का अन्त अत्यन्त प्रभावाभिव्यंजक है–

दस बरस दूर से बेटी को आता हुआ देखकर सोचेगी
जीवन एक आना जाना जंगल है। चिड़ियों के साथ,
चीलों, हिरनों, भालुओं, भेड़ियों और लोमड़ियों को
आराम देता हुआ। फिर उथल-पुथल होगी
निकल आयेगा जीवित उत्साह
जो उसके घर से पूरी दुनिया से निकल पड़ेगा
जहाँ गेंद-सी उछलती एक और लड़की प्रवेश करेगी
जो बिल्कुल नहीं जानती/कि इसमें पहले स्त्रियाँ भी हुई हैं

'वाद्य ले जाती हुई लड़कियाँ' और 'कष्ट साध्य' जैसी कविताओं में स्त्री-संवेदना का प्रसार है। इन्हें रचते हुए कवि बेहद सजग है। पहले वाली अराजक अव्यवस्था से मुक्त इनमें उसकी अभिभावक-मुद्रा लक्षित होती है।

इस संग्रह में वे कविताएँ खास हैं, जिनमें कवि खुद को खँगालता है, पुरानेपन को तजते हुए। समाजशास्त्रीय सन्दर्भों और पर्यावरण वाले परिप्रेक्ष्य में उसकी अर्थ सघनता मर्म को बेधती है। खासतौर से अन्तिम खण्ड में 'काखड़', 'हाथी और पहाड़' और 'प्रस्थान' कविताएँ स्वाभाविक भाव-भूमि पर खड़ी दिखती हैं। यह उनका सुपरिचित लोक है। 'हिमालय, बस अड्डा/ अक्तूबर वाले ऋषिकेश के बादल/ दरियादिल पहाड़ की चोटी पर पार ही जाती हुई नदी की आवाज/ भागती-टकराती आवाज। दायें-बायें बाघ डुकरते / भालु मुमियाते। हुहाते सियार/... पहले से ज्यादा महँगी सुबहें/ कठोर झोंके। पेचीदे उजाले।'

दूसरे शरीर की खोज में एक बूढ़े बैल की स्वप्न कथा है, कविता में गम्भीर विमर्श। चूसे हुए, चबाए हुए, सड़े हुए, गिरे हुए, झेले हुए, कठोर और कोमल भले और बुरे दिनों की असंख्य अनगूँजों से भरी एक आख्यप्न कविता जिसका स्थापत्य सघन है। इसमें एक बूढ़ा बैल सपने में एक पुष्ट बीज में परिणत हो जाता है, पुनः उस बीज को वह वृक्ष में परिणत होते देखता है। 'टहनियों का हिलता-डुलता कलरव करता एक पारावार/ अपने घेरे में जो पेड़ भी था और हजारों बीज थे/आदमियों, पशुओं और पक्षियों की यादों में हरियाली का वह उदग्र द्वीप था... आँधियों से लड़ता हुआ/हवाओं में विनम्र झूलता।' इस शानदार सपने का अन्त उतना ही भयानक है–

धीरे-धीरे बैल ने आँखें खोलीं और देखा कि
पेड़ का पूरा छत्र काँप रहा है/ कुल्हाड़े पड़ रहे हैं
पेड़ नाच रहा है/ थोड़ी देर बाद फुनगी मुकुट की तरह टेढ़ी हुई
और पेड़ एक सम्राट की तरह गिर पड़ा (पृ. 66)

जब गिरकर सँभाला तो फिर कभी गाड़ीवान की गिरफ्त में आया ही नहीं। इससे यह तया हुआ कि 'भय भी शक्ति देता है।' बैल है तो बैलगाड़ी होगी ही। मानव-सभ्यता के सापेक्ष जगूड़ी मानवेतर प्राणियों और प्रकृति के उपादानों से एक मिली-जुली अनुभूति की कविता रचते हैं। 'धुरी' में कहा गया है कि 'जो पशु हैं, वे वास्तविक पापी नहीं हैं। अबोध हो सकते हैं, वे स्मृति क्षीण हो सकते हैं/ वे अपने दु:खों का नहीं कर सकते विवेचन। पशुओं में मनुष्य सबसे बड़ा पापी है। खतरा है। आततायी है। शोषक है। इसलिए पोषक है।' यह कविता है और विचार भी। दोनों सारगर्भित एक साथ उदित होते हैं– 'पशुओं के पुण्य और मुनष्यों के पाप' और–

पापी के पाप की तरह एकदम चुभने लगती है कविता
पुण्य को ढाढस बँधाती है/राहत देती है।'

जगूड़ी के विचार में

'कविता पहले से ज्यादा बदल देती है
मनुष्य को/जैसा एक पौधा किसी दृश्य को
मनुष्य को कविता तक पहुँचना है/ और उसके बाद वहाँ तक भी
जहाँ तक कविता पहुँचाना चाहती है मुनष्य को।'

खुद कवि को कहाँ पहुँचना है– जानने के लिए इस संग्रह की आखिरी कविता पठनीय है–

जितने भी जंगल हैं इस पृथ्वी पर
उनकी छाया से गुजरता हुआ
मैं देखना चाहता हूँ अपने को
धंगण गाँव जाता हुआ। (पृ.-143)

जगूड़ी समकालीन मनुष्य को भय के बीच संघर्षरत और सृजनशील चित्रित करते हैं। उनकी कविताओं में भय के कई रूप वर्णित हैं। मानो वे सभ्यता की शिनाख्त हों। ज्यों-ज्यों सभ्यता समृद्ध होती जाती है, मनुष्यता का संकट गहरा होता जाता है। कहते हैं–'प्रबुद्धजन जगह-जगह छितरे हुए हैं भय के बीज/हर कहीं उग जाते हैं अनिष्टों के जंगल। लेकिन कई बार हल हो जाने पर किसी भी कठिनाई के टपक आता है एक सरल-सा सुख।'

जगूड़ी के इस संग्रह में एक बड़ी कविता है–'मन्दिर लेन'। यह तीन खंडों में कवि के आत्म-संघर्ष के साथ है। आख्यान तत्व, विसंगति और विडम्बना, नाटकीयता–गुणीभूत व्यंग्य की उत्कटता में अप्रतिम। कविता शुरू होती है इस

तरह—

'जी, हाँ, यही है मन्दिर लेन जो कब्रिस्तान को जाती है।'

जगूड़ी प्रबन्धात्मक औदात्य से असहमत हैं और प्रगीत शिल्प के संहारक। धर्म भावुकता यदि समुदाय विशेष की गुण्डई है तो जगूड़ी की कविता उसके प्रतिरोध में दर्शन बनी है। 'मन्दिर लेन' में भी समुदाय की गुण्डई का रचनात्मक प्रतिरोध है। उनके प्रतिरोध का सुस्पष्ट साधन है। परमेश्वर नाई और प्यारे लाल भाई के माफिया बनने तथा पुलिस और प्रशासन पर उनके बढ़ते आतंक को जगूड़ी ने प्रभावशाली अभिव्यक्ति दी है। यह रघुवीर सहाय की 'रामदास' कविता से अधिक मार्मिक है।

'हत्या की खबरें' समकालीन बुद्धिजीवी की दिनचर्या में शामिल हो चली हैं। जगूड़ी 'हत्या' का समाजशास्त्र गहरी क्षमता से लिखते हैं—

हममें से हरेक को एक बार इस दौर में गुजरना है
पहले स्वयं को तब दूसरे को मारना है
मौत ही है न्याय इसलिए जब भी मौका मिले
न्याय करना है—

जगूड़ी मजबूत इरादे के, समकालीन कविता का मुहावरा रचने वाले समर्थ कवि हैं। वह जब मूड में होते हैं तब उनका तेवर ही कुछ और होता है। उनकी प्रयुक्तियाँ युक्तियों के लिए सदाबहार रचती हैं। तुकों से खेलने की उनकी आदिम कविता-वृत्ति कम होती गयी है। वह पहले से सहज लिख रहे हैं। 'युद्ध के लिए मौसम' कविता में एक पंक्ति आती है,—'हत्या के लिए नया शस्त्र देती है प्रौद्योगिकी।' जगूड़ी इस प्रौद्योगिकी के बरअक्स सृजन का नया सन्दर्भ बनाते हैं। सर्वोपरि, उनकी अनुभूति में प्यार नहीं है कोई औजार जिसे चलाया जा सके। इतना परिष्कृत हो गया है युद्ध कि वह एक बटन है। जिसका कोई काज नहीं।

जगूड़ी तत्त्वत: और अन्तत: एक स्वाभाविक हिन्दी कवि हैं—ऐसे कवि, जिसकी कविताएँ अलग और विशिष्ट भाषा में उसकी भंगिमाएँ हैं, मुद्राएँ हैं।

जगूड़ी : सतत कविता

सत्यपाल सहगल

लीलाधर जगूड़ी से पहली भेंट पंजाब यूनिवर्सिटी की लाइब्रेरी के शेल्फों में हुई थी जब अपनी पीएच.डी. रिसर्च के सिलसिले में उनके 'बची हुई पृथ्वी' जैसे काव्य संग्रह देख रहा था। उनके काव्य-मुहावरे ने मुझे उनका फैन बना दिया था। कायदे से मैं ज्यादा लेखकों का फैन जैसा नहीं हूँ, पर जो थोड़े से हैं, उनमें जगूड़ी एक हैं। उस समय नहीं सोचा था कि एक दिन जगूड़ी साहिब से दोस्ती भी हो सकती है। छोटी उम्र से ही मैं लेखकों को आदर्शीकृत करता रहा हूँ और उन्हें एक अलग ही दुनिया का वासी मानता रहा हूँ, जैसे शायद कुछ लोग संतों-महात्माओं को मानते हैं। हालाँकि, अब मेरे ख्याल उनको लेकर बिल्कुल वैसे नहीं हैं जैसे कालेज जाने के पहले सालों में थे। फिर भी, एक प्रतिबद्धता जगूड़ी के कवि और मनुष्य से बनी हुई है। एक समय पर 'पल-प्रतिपल' पत्रिका में उनके तब तक के काव्य पर एक लम्बा लेख लिखा था। अब उसको अपडेट करने की जरूरत है, और समय मिलते, करने की कोशिश भी होगी।

जगूड़ी के आरम्भिक काव्य पर कई तरह के प्रभाव मिलते हैं, लेकिन बाद में वह अपना एक मुहावरा बनाने में सफल दिखते हैं। यूँ, अपनी एक कविता में वे शुद्ध मौलिकता की अवधारणा पर तंज करते भी मिलते हैं। फिर उनके यहाँ पहाड़ों की ऐसी स्मृतियाँ हैं, जो उस समय ऐसी सुलभ नहीं थीं हिन्दी कविता में, यद्यपि बाद में मंगलेश डबराल ने यह कमी-पूर्ति की। युवा मध्य-वर्ग के द्वन्द्व का एक रूप आपको नयी कविता के कवियों में मिलता है, एक अकविता में और एक मंगलेश और उनके साथी कवियों में। जगूड़ी की कविता इन दो काव्य-समयों के बीच में पुल का काम करती है। उसमें एक उत्तेजना है, किन्तु वह अकविता की तरह प्रगल्भ नहीं है। उसमें एक ठहराव भी अन्तर्निहित है, किन्तु वह नयी कविता के एक हिस्से की तरह ठंडा नहीं है। जगूड़ी में सृजनात्मक ऊर्जा काफी रही है, इसका एक प्रमाण उनके काव्य-संग्रहों की संख्या है। उन्होंने कविता के अलावा अन्यत्र हाथ नहीं अजमाया है, जैसा कि उनके

अन्य समकालीन करते रहे है। यह एकाग्रता भी उल्लेखनीय है।

वे धूमिल के निकटवर्ती हैं, पर उसकी कविता का विकास करते हैं। धूमिल के बीच की हिंसा को वे पहाड़ की संवेदना से तराश देते हैं। वे उस दौर में हिन्दी कविता में उभरते हैं, जब बच्चा, नदी, पहाड़, पेड़, चिड़िया आदि एक नये काव्य-उपकरण की तरह हिन्दी कविता में सामने आते हैं। इन औजारों को हिन्दी कविता में प्रचलित और लोकप्रिय बनाने में उनका ऐतिहासिक योगदान है। यह अलग बात है कि बाद में ये फैशन बन गये, आलोचना और हास्य का केन्द्र बने और कालान्तर में घिस गये। ये हिन्दी कविता के एक खास दौर में क्यों उभरे, इनका क्या महत्त्व था और फिर ये क्यों तिरोहित हो गये, इसका विश्लेषण होना चाहिए। जगूड़ी की कविता इसमें बड़ी मदद कर सकती है। यहाँ यह भी उल्लेखनीय है कि जहाँ इनका प्रयोग करने वाले कई रचनाकार, इन प्रतीकों के परिवेश से नहीं आते थे, वहाँ जगूड़ी के बारे में यह बात सही नहीं थी। इसलिए इन्हें प्रयोग करने वालों में उनकी आधिकारिकता जाहिर होती है। बहरहाल, इस प्रकार वे हिन्दी कविता में एक नये युग के सूत्रधारों में ठहराते हैं, युग के प्रातिनिधिक स्वर के हिस्से बनाते हैं और यही पाठकों में उनकी लोकप्रियता का आधार भी बनता है। जगूड़ी का हस्ताक्षर 'बलदेव खटिक' जैसी कविता के लिए भी जाना जाता है। आलोचना के उस काल में, जब हिन्दी में लम्बी कविताओं की पहचान और खूबसूरती रेखांकित हुई, जगूड़ी की यह कविता सामने आती है। आलोचकों ने इसे हिन्दी की महत्त्वपूर्ण लम्बी कविताओं में स्थान दिया है।

जगूड़ी में प्रासंगिक रहने की एक भूख और एक मुहब्बितपन है, जिससे उनके इंसान की साधारणता मालूम पड़ती है। यह साधारणता भी उनके कवि की असाधारणता को बनाने में अपनी भूमिका निभाती है। एक जिज्ञासु-मन भी उनके पास है, जिसके निष्कर्ष विचार का विषय हो सकते हैं, पर जिसका होना उनके भीतर के सिरजनहार की जीवन्तता को दर्शाता है। कवि जितना लिखेगा, भाषा उतना बनेगी, संस्कृति उतनी अमीर होगी, कविता की चर्चा उतनी होगी। यह सही है कि जगूड़ी की इधर की कविता को उनकी पहले की कविताओं से अलग रख सकते हैं, उसमें एक किस्म की दार्शनिकता और अमूर्तता है, मानो ध्यान पार्थिव से हट कर अपार्थिव की ओर गया हो। तथापि वैतरणी का पुल जैसी उनकी कवितायें, उनके भीतर कायम उस सामाजिक आलोचक का, उस व्यंग्यकार का पता अब भी देती हैं, जहाँ से उन्होंने अपनी कविताओं की शुरुआत की थी। चूँकि जगूड़ी ने अभी बहुत लिखना है; बशर्ते कि वे अपनी सेहत का ख़याल रखें। उनकी कविता के नये परिवर्तनों पर बेबाक बात होनी चाहिए ताकि इस अत्यन्त प्रतिभाशाली कवि की दिशा सदा उस ओर को बनी रहे, जिस ओर हिन्दी और उनकी अपनी श्रेष्ठ कविता अब तक रही है। यक़ीनन, जगूड़ी की कविता के विकास

का अध्ययन समकालीन हिन्दी कविता के चरित्र को समझने में, उनकी अपनी पीढ़ी की कविता को समझने में एक खास माध्यम बनने की क्षमता रखता है। यह अध्ययन किया जाए।

इससे अधिक किसी कवि के बारे में क्या कहना होगा कि उन्हें पढ़कर गहरी खुशी और आनन्द मिला। आज के दिन में यह कहना कितना कठिन है। मेरे मत से रघुवीर सहाय के बाद विनोद कुमार शुक्ल और लीलधर जगूड़ी दो ऐसे कवि हैं जिनमें जबर्दस्त काव्य-प्रतिभा और बेचैनी है जो चीजों को बराबर समझती हुई और अशान्त बनी रहती है। अशान्त होना नैतिक होना है और हम सब जानते हैं इसे निभाना कितना कठिन है। जगूड़ी के काव्य-संग्रह जो सैकड़ों पृष्ठों में फैले हैं, इसके बिना सम्भव न होते। कोई चाहे मेरी बात न मानें, पर मुझे लगता है इस सामर्थ्य के पीछे कहीं पहाड़ और जंगल खड़े हैं। काव्य-संग्रह 'भय भी शक्ति देता है' की अन्तिम, महत्त्वपूर्ण और बिल्कुल सही जगह पर रखी गयी कविता में कवि ने वहीं जाने से अपने जीवित स्वप्न और मार्मिक इच्छा को रखा है–

जितने भी जंगल इस पृथ्वी पर हैं
उनकी छाया से गुजरता हुआ
मैं देखना चाहता हूँ अपने को
धंगण गाँव जाता हुआ।

कृपया नोट करें कि 'हुआ' के बाद पूर्ण विराम है।

जगूड़ी की दुनिया बहुत बड़ी है। एकबारगी आप वहाँ नहीं पहुँच सकते। मुझे कई पाठक-जन्म और आलोचक-जन्म लेने की आवश्यकता है। यह बात बहुत जिम्मेवारी से कह रहा हूँ। मैं साहित्य का अध्यापक हूँ और समीक्षा की दस पद्धतियाँ गिनवा सकता हूँ। जगूड़ी को आप लगभग हरे तरीके से देख सकते हैं। फिर भी जगूड़ी में पेड़ों के बीच की हवा की तरह एक तत्त्व बचा रहता है जिसे मैं आज परिभाषित नहीं कर सकता। अगर कल कर सका तो समझूँगा कि मेरी अपनी कविता की समझ बड़ी है। मैं यह जानने के लिए उत्सुक हूँ कि जगूड़ी कैसे किसी भी पदार्थ, दृश्य या घटना को पूरमपूर कविता में बदल डालते हैं, जितनी कविता उसके अंग में होती है उतनी रोएँ में। इस अन्विति को पाने के लिए कवि-चरित्र में प्रबल व्यवस्था और अराजकता दोनों होनी चाहिए। साथ ही झंझापूर्ण संवेदना। एक उद्दामता जो अपने आने पर कवि को कविता के अलावा किसी और चीज के लिए नहीं छोड़ती। मुझे यह जानकर आश्चर्य होता है कि लीलाधर जगूड़ी अध्यापक-संघ में बहुत महत्त्वपूर्ण रूप से सक्रिय रहे। उनकी रचना-प्रक्रिया एक समझने की चीज है। वे एक विलक्षण रचान-प्रक्रिया के कवि हैं। रचना-प्रक्रिया का शास्त्र समझने वालों के लिए वे एक बहुत उर्वर प्रदेश हैं। यह एक ऐसी रचना-प्रक्रिया है जो कवि के भीतर और बाहर, निकट और दूर, नियन्त्रण और अनियन्त्रण दोनों में एक साथ पर काफी कुछ अदृश्य घटित होती है।

एक उछाह इसमें ठाठें मारता रहता है जो छुपाये छुपता नहीं। इस रचना-प्रक्रिया को समझना इस रचना-प्रक्रिया में से गुजरना है। यह एक दुर्लभ उदाहरण होगा। जानता हूँ इस टिप्पणी को आत्मनिष्ठ कहकर उड़ाया जा सकता है। ऐसे विज्ञ-जन को दूर से प्रणाम। आप जगूड़ी को अपने साँचे में फिट नहीं कर सकते। जो भाई जगूड़ी और जटिलता को एक मानते हैं, ठीक मानते हैं। पर कला को सरल कौन कहता है। कला खड़ी ही सरलीकरण के खिलाफ है। वह कभी सरल नहीं होती। वह सहज अवश्य होती है, हो सकती है और यह एक गुण है। पर कोहराम भरी इस दुनिया में सहज होना आसान है? असम्भव नहीं है पर आसान नहीं है। शुक्र है कि कोई इस संकट का शिद्दत से सामना करता है–

मुझे काम है
सरल भाषा बोलना

सरल भाषा बोलना
बहुत कठिन काम है

जैसे कोई पूछे
ठीक-ठीक बोलो
तुम्हारा क्या नाम है

और वह बिना डरे बोल जाय
तो इनाम है

(रात अब भी मौजूद है)

जगूड़ी ने सातवें शतक के आरम्भ से धड़ाके से लिखना शुरू किया। 'शंखमुखी शिखरों पर' (1964) पढ़ने को नहीं मिला। 'नाटक जारी है' 1972 में प्रकाशित हुआ जिसमें 64 के बाद की कविताएँ हैं। जगूड़ी और विनोदकुमार शुक्ल, धूमिल के साथ उस समय आने वाले समय की कविता लिख रहे थे जब जगदीश चतुर्वेदी तथा पार्टी न जाने क्या-क्या लिख रही थी। युवा जगूड़ी पर धूमिल का एक स्वस्थ असर नजर आता है पर इससे महत्त्वपूर्ण यह है कि वे बीस बरस की उम्र में 'बिल्कुल निजी संवाददाता द्वारा' कविता लिख रहे थे–

छिलके अब नहीं अनुभवोगे
कि डाल में कैसा पानी आ गया है
अनुवाद में नहीं बोलता
इसलिए नहीं समझोगे

जगूड़ी के इस संग्रह में कविताओं के शीर्षक बहुत छोटे टाइप में हैं। लगभग

निराकार। इन कविताओं में विषय नहीं विषयवस्तु है। यह उनकी अधिकतर कविताओं में है। उनके शीर्षक याद नहीं रहते। वे मुकुट की तरह नहीं चमकते। क्या वे शीर्षकों के खिलाफ हैं।

इन कविताओं में अर्थों का एक असंगठित संसार है। कवि शब्दों, वाक्यों के अर्थ-विशेष को लेकर चिन्तित नजर नहीं आता, क्या इसलिए कि उसे वस्तुओं में कोई अर्थ नजर नहीं आता? एक अराजक भाषा और विन्यास से पाठक की मुठभेड़ है और अन्ततः इसी निष्कर्ष पर पहुँचना पड़ता है कि यहाँ शिल्प भी वस्तु है। यह बात जगूड़ी के प्रायः सभी संग्रहों के लिए कही जा सकती है। इसी सूत्र से उनके शिल्प में प्रवेश पाया जा सकता है, उससे जान-पहचान बढ़ायी जा सकती है, यूँ ये कविताएँ बेहद अन्तर्मुखी हैं, लम्बी हैं और अपने समय को परिभाषित करने का प्रयास करती हैं। यह जानकारी काफी महत्वपूर्ण है कि कवि शुरू से ही अपने शिल्प ही नहीं, अपने विषय की समस्याग्रस्तता को भी भाषा की भाषा में चिह्नित करने का प्रयास करता रहा है–

भाषा के जमे हुए पानी में सूराख बनाते हुए
मैं सोचता हूँ यह तिप-तिप नदी कैसे होगी?

(नाटक जारी है)

जगूड़ी की कई कविताएँ ऐसी हैं जहाँ 'शब्द' शब्द-मात्र न होकर सम्पूर्ण चरित्र है। यह शब्द को दो प्रकार से देखना है। अज्ञेय के लिए कविता अन्ततः शब्द थी (भूमिका : दूसरा सप्तक), जगूड़ी के लिए भी कविता अन्ततः शब्द है पर वह शब्द जो अन्ततः मानवीय स्थिति है।

साठोत्तरी दौर में न जाने ऐसी क्या गड़बड़ थी कि दौर खत्म होने के बाद बिरले ही बचे रहे। शायद वही जिनकी वस्तुनिष्ठता बराबर विकसित होती रही। जगूड़ी उनके से एक हैं। दरअसल बाद में तो वे परवान चढ़े। इतना ही नहीं उनका हरापन गहराता चला गया। जगूड़ी का जादू बाद के संग्रहों में देखिये। 'घबराये हुए शब्द' (1981) के पहले पेज पर कवि ने लिखा है–

अनुभव में तात्कालिक, स्वभाव में तत्त्वदर्शी, शैली में सभी विधाओं का प्रतिनिधित्व करने वाली, कथ्य में सबकी आवाज लिए हुए, विन्यास में सर्वाधिक नाटकीय और असर में धर्म-सरीखी मैं हर बार एक कविता लिखना चाहता हूँ, क्योंकि कविता ही है जो हर युग में अपना धर्म सबसे पहले पहचान लेती है।

कवि ने हमारे लिए यह लिखा बाद में पर इसे आप 'इस यात्रा में' (1974) में पा सकते हैं। यह छोटी-सी कविता जो मुझे बहुत पसन्द है–

हमेशा नहीं रहते
पहाड़ों के छोये
पर हमेशा रहेंगे
वे दिन

जो तुमने और मैंने
एक साथ खोये

(अ-मृत, पृ. 24)

इस संग्रह में अपेक्षाकृत छोटी और छोटी कविताएँ हैं। स्फीति की जगह सघनता है। साठोत्तरी मोहभंग भी है पर आत्म-खोज का एक सिलसिला भी आरम्भ होता है। 'अस्तित्व' की उपस्थिति है। प्रेम है, 'प्रेमान्तरण' है, स्मृतियाँ हैं, अवसाद और निराशा है। इसी संग्रह में जगूड़ी की अपनी विशिष्ट भाषा और मुहावरे को आकार मिलता है। अमूर्तता और सुर्रिलियिस्टिक चित्रण का एक संसार है जो अपने अर्थों में एक यात्रा के लिए निमन्त्रित करता है। ये कविताएँ, और जगूड़ी की अधिकतर कविताएँ पाठ-केन्द्रित अध्ययन की माँग करती हैं। एक अप्रस्तुत, विचलन का शिल्प और भाषा जिसमें नेपथ्य के स्वर हैं—कई कविताओं में पूर्व-कथन हैं, कोष्ठकों में।

जगूड़ी जहाँ से हैं, उन पहाड़ों की उपस्थिति के रूप में इन कविताओं में देखे जा सकते हैं। इन्हीं कविताओं में कविता के नये युग-धर्म की अग्रप्रस्तुति है—परिवार और प्राकृतिक परिवेश। याद रहे पेड़ और बच्चे और चिड़ियाँ—समकालीन कविता में उन्हें जगूड़ी ने प्रवेश दिया था—परम्परा की नींव डाली थी जिसे न जाने असंख्य जाने-अनजाने कवियों ने निभाया और आज तक निभा रहे हैं। इसे आप इसी संग्रह में देख सकते हैं। उनकी भव्य प्रस्तुति क्या जगूड़ी के अलावा किसी और से सधी है? याद नहीं पड़ता। शायद कुछ हद तक राजेश जोशी में, अन्यथा कविता के हाल के इतिहास में ऐसी और प्रतीकारात्मक रूढ़ियाँ कम ही रही हैं जिन्हें अति-प्रयोग से हास्यास्पद बना डाल दिया गया हो।

समकालीन कविता के काव्यशास्त्र की स्वायत्तता और समाजशास्त्रीयता की अभी व्यवस्थित और गहरी पहचान आरम्भ नहीं हुई है। इसलिए नयी काव्यभंगिमाओं पर कोई ठोस, वैज्ञानिक राय न बनाकर भी निःसन्देह कहा जा सकता है कि जगूड़ी में ये नये काव्य-उपकरण अनूठी काव्यात्मकता के साथ उपस्थित हुए हैं। कवि के अपने शब्दों में—

उसने अपना व्यक्तिगत जन्म लिया है
वह केवल प्रतीक के रूप में नहीं उगा

(पेड़, पृ. 51)

जगूड़ी ने काफी समझदारी, सन्तुलन और सामर्थ्य के साथ खुद को साठोत्तरी कविता के कई अतिवादों से बाहर रखा है। उनकी कविताओं में प्रक्रियाएँ समाप्त नहीं होतीं। शायद इसीलिए उनकी काव्य-वस्तु निरन्तर उपजाऊ रहती है। बहरहाल, साठोत्तरी मोहभंग की मूर्खताओं से वह बिना क्षत-विक्षत हुए बाहर आ जाता है और 'जो है उससे बेहतर चाहिए' के आगामी काव्य-विश्वासों में न केवल ढलता है बल्कि उसे काव्यात्मक नेतृत्व प्रदान करता है। इसे संग्रह की अन्तिम कविता 'वहाँ जरूर कोई

दिशा है' तथा अगले काव्य-संग्रह 'रात अब भी मौजूद है' में देखा जा सकता है। यह महत्त्वपूर्ण है कि इस संग्रह का प्रकाशन आपात्काल के दौरान (1976) हुआ। जगूड़ी की कविता में जो एक चौंकाने का शिल्प है उसे आप इस संग्रह में खूब पायेंगे। भाषा की सृजनशीलता के नये स्तर इस संग्रह में हैं। यह फिर से एक सार्वजनिक कविता है और अपने कथ्यात्मक उद्देश्य में 'नाटक जारी है' के करीब है किन्तु, फैंटेसी का प्रयोग करके भी शिल्प के स्तर पर कवि ने अपने से मुठभेड़ करने की कोशिश की है। उनकी चौंकाहट इस मुठभेड़ से बाहर नहीं है। 'हत्या' लम्बी कविता है और उसकी नाटकीयता उसकी विशिष्टता है। कवि जो कुछ भी करना चाहता है उसमें से एक काम देखिये—

अन्तःपुर पर
मरे हुए हैं जो अनेक कवि
मैं उन्हें बाहर लाना चाहता हूँ

ताकि
जनता की जमीन पर
उन्हें रफा-दफा किया जा सके
और जिनमें थोड़ा भी प्राण हो
उन्हें खड़ा किया जा सके।

(जनता की जमीन पर, पृ. 38)

'बची हुई पृथ्वी' भी आपात्काल (1977) में छपा। सम्भव है कुछ महीने आगे-पीछे। यह मेरा प्रिय संग्रह है। पहले पेज पर लिखा है—

अपने जन्म से 35 वर्ष और आगे चलकर
मिट्टी का हिस्सा बनने से पहले
वह कोख थी
कभी जिसकी वजह से मैं संसार में आया
जिसका नाम शाकम्बरी था
उस अनाथ लड़की को

मेरे जेहन पर यह पंक्तियाँ छायी रही हैं। व्यक्तिगत कारण भी हो सकते हैं। पर मैंने माँ के लिए इतना मार्मिक निवेदन और कहीं नहीं देखा। इस ढंग से नहीं देखा। ढंग को मैं रेखांकित करता हूँ। जगूड़ी की कविता का सार यूँ है—ढंग से मार्मिक निवेदन।

जगूड़ी के काव्य-संग्रहों के शीर्षक सदा अभाव को सूचित करते हैं, पर कविताएँ ऐसी ही हैं, यह नहीं कहा जा सकता। इस संग्रह की कविताओं में एक आत्म-लय, खिलंदड़पन, उत्साह, उछाह को देखा जा सकता है। इसमें कल्पना का रोमांस है। कवि

विक्षुब्धता से स्निग्धता की ओर आता है। स्मृतियाँ हैं, स्मृतियों की तरह उठती हुई और वर्तमान में फैलती हुई। बाहरी यथार्थ से एक बिल्कुल निजी सम्बन्ध है। कविता भाषा के स्तर पर घटित होती है। मेरे मत से इस काव्य संग्रह में जगूड़ी अपने काव्य-व्यक्तित्व को पूरी तरह प्राप्त कर लेते हैं। लगभग हर कविता खास है, पूर्ण है और जादू डालने वाली है। जादू जो एक नये काव्य-दशक का आधार रखता है और एक पूरी पीढ़ी के सिर चढ़कर बोलता है। बच्चों, औरतों, लड़कियों के बारे में सबसे बढ़िया कविताएँ हैं। किशोर-वय लड़की के बारे में 'निगाह में रखी हुई' एक बेहद सूक्ष्म और बहु-आयामी, बहु-स्तरीय कविता है यह कविता आज भी जगूड़ी ही लिख सकते हैं। जहाँ से स्थिति का यथार्थ पकड़ में आता है वह वहाँ से उसे छोड़ देते हैं और जहाँ से छूटता है वहाँ से पकड़ते हैं। इस सबमें उनके काम आती है उनकी विलक्षण भाषा-संवेदना और भाषा-लय संवेदना। 'अन्तर्देशीय' की याद भी बनी रहती है—

सारा मुद्दा
सारा पत्र
पोस्टमैन का रक्तहीन चेहरा है
जो रोज गाँजा जा रहा है
और जिसे
शाम को वह जमा भी नहीं कर सकता

'बलदेव खटिक' में एक बेहतरीन कला-फिल्म के गुण हैं। अच्छा रचनाकार यथार्थ को लिखता-भर नहीं उसे खोजता है। इस कसौटी पर कितने कवियों को खरा पाओगे? 'निजी संवाददाता...' में कह दिया था कि अनुवाद की भाषा नहीं बोलता जगूड़ी। क्या रचना, कविता स्वयं में कोई ज्ञान-शास्त्र नहीं है? क्या चह समाजशास्त्र का उल्था-भर है? जगूड़ी की यह कविता तथा और बहुतेरी कविताएँ उन पाठकों के लिए हैं जिनके जेहन में ये सवाल हैं। इस प्रकार जगूड़ी की कविताएँ साहित्य सम्बन्धी उठ सकने वाले नये सवालों के जवाब की दुनिया की कविताएँ हैं। जहाँ ये सवाल हैं जगूड़ी की कविताएँ बेहद प्रासंगिक हैं। ये सवाल जितने उठेंगे जगूड़ी की कविताओं के कवितार्थ उतने उजागर होंगे। अन्यथा वे 'पहाड़' हैं जिनमें 'पहाड़िये' ही जायेंगे।

'घबराये हुए शब्द' (1981) शीर्षक भी भ्रामक है। शब्द वैसे घबराये हैं नहीं इन कविताओं में। यह संग्रह अपेक्षाकृत छोटी कविताओं का छोटा संग्रह है। इसमें भी बच्चों को लेकर अत्यन्त महत्त्वपूर्ण कविताएँ हैं (बच्चा और राजनीति)। बच्चों के संसार में कवि की रुचि का कारण? क्या यह मनुष्यता के बचपन में जाने का प्रयास है जैसा ग्रीक-कलाओं की प्रासंगिकता के बारे में मार्क्स ने कहा था? क्या यह कवि के स्कूल अध्यापक होने से जुड़ा है? क्या यह एक तरह का बुढ़ापा है? और क्या यह मात्र प्रतीक है आपात-काल के आगे-पीछे उभरे जन-उभार से पैदा आशावाद का? फिलहाल कहना कठिन है, पर इस ओर अन्य कई कविताओं में (दूसरे संग्रहों में भी) कवि ने

बच्चों के विकास को बहुत गौर से देखा है। वे केवल प्रतीक भर नहीं हैं। आखिरकार वे भविष्य हैं और उनका भौतिक, मनोवैज्ञानिक और नैतिक भविष्य निश्चित रूप से कई तरह के दबावों में फँसा है। मेरे खयाल से जगूड़ी की बच्चों सम्बन्धी कविताओं को अलग से संकलित किया जाये तो वे बच्चों, बच्चों और वयस्कों के सम्बन्ध तथा बच्चों से सम्बन्धित वयस्कों की परेशानियों को समझने में मदद दे सकती हैं। 'बच्चा और राजनीति' में बच्चों के चालाक वयस्क-जीवन में ढलने की जटिल और अबूझ प्रक्रिया का अत्यन्त व्यंजक विवरण है। अनायास जैनेन्द्र की 'पाजेब' कहानी याद आती है। मेरे मत से इस दृष्टि से हिन्दी कविता में बच्चे का आना और उसे देखा जाना ज्यादा प्रासंगिक होगा।

बाद के संग्रहों में जगूड़ी का परिवेश-बोध निश्चित रूप से गहराता गया है-माने अपना टिहरी, जोशीपाड़ा का परिवेश। पेड़, पहाड़ आदि को केवल प्रतीकार्थ में ही नहीं इस दृष्टि से भी देखा जाये। यूँ वह वैसा मूर्त्त नहीं जैसा मंगलेश डबराल की कविताओं में, पर कविताओं के पूरे शरीर में गहरे बसा है। आप उसकी साफ हवा को सूँघ सकते हैं। 'पेड़ की आजादी' (घबराये हुए शब्द) में यद्यपि पेड़ प्रतीक है पर उसके व्यक्तित्व के ब्योरे गहरे परिवेश-बोध के बिना सम्भव नहीं। एक पेड़ के ब्योरे आप पहाड़ पर रहकर ही जानते हैं (यदि वहाँ पेड़ बचे रहें)। एक पेड़, जंगल, हवा, खामोशी में उतने ब्योरे हो सकते हैं जितने चाँदनी चौक में। यह एक आश्चर्यजनक विडम्बना है कि जंगल में रहकर आप जंगल के ब्योरे देख, दर्ज कर सकते हो पर शहर में ऐसा हो, अनिवार्य नहीं है। बहरहाल, आश्चर्यजनक यह है जगूड़ी में कि पहाड़ी रास्तों की बनावट पर नजर रखते हुए भी उनकी चेतना में सैकड़ों तरह के और ब्योरे भी हैं। उन सबके बीच वह जैसा एकतान सम्बन्ध ढूँढ़ लेते हैं और वह भी खेल-खेल में और खेल करते हुए वह महत्त्वपूर्ण है। आप कह सकते हैं कि पेड़-पौधे, पहाड़ प्रतीक-मात्र नहीं जीवन-मात्र के एक आयाम और विकास लगते हैं। यह स्वयं कविता का विषय है। प्रकृति में मनुष्य की छवि है पर मनुष्य में प्रकृति की नहीं।

'छोटी नदी' इस परिवेश-बोध को लेकर आने वाली विशिष्ट और अद्‌भुत कविता है। इसी तरह 'बूढ़ा पहाड़' है। ये कविताएँ दो स्तरों पर रची रहती हैं। फिर भी पिछले संगंहों की तुलना में इन कविताओं में अपने परिवेश की विशिष्ट स्मृतियाँ स्पष्ट हैं। जगूड़ी के ताजा कविता-संग्रह 'भय भी शक्ति देता है' (1991) में ये स्मृतियाँ और प्रकट और मूर्त्त हैं।

अब आते हैं इसी संग्रह पर। निश्चित रूप से यह जगूड़ी की काव्य-यात्रा का नया स्तर है। जगूड़ी काफी हद तक बदल चुके हैं। यूँ उनकी वस्तु अभी भी लय-पूर्ण है पर उनकी अभिव्यक्ति गद्य के काफी नजदीक आ चुकी है। सुना है दिल्ली में इसकी काफी चर्चा है। यह निश्चित रूप से एक उम्दा काव्य-संग्रह है, पर मेरे मत से श्रेष्ठतम नहीं। इन कविताओं पर उम्र का दबाव स्पष्ट है। पुनरावलोकन की शुरुआत है। प्रश्न

उठता है क्या ये ढलान की कविताएँ हैं? उत्तर है नहीं। कवि का अन्त:संघर्ष अभी भी प्रखर है। कवि की साँस अभी भी लम्बी है। एक गहरी दार्शनिक जिज्ञासा इस संग्रह की उपलब्धि है जो समकालीन हिन्दी कविता के परिदृश्य में लगभग अनुपस्थित है। दरअसल इसी स्तर पर यह संग्रह उनके काव्य-विकास का अगला चरण बनता है।

इस संग्रह के अलग होने के समाजशास्त्रीय कारण भी खोजे जा सकते हैं—उनका लखनऊ-वास जो टिहरी से एक अलग दुनिया है। इसलिए कविताओं के सन्दर्भ बदल गये हैं। 'पेड़ का आत्मसाक्षात्कार' पेड़ से कवि का दूसरा साक्षात्कार है। वह पेड़ जिसके माध्यम से कवि ने अपनी पूर्ववर्ती कविताओं में जीवन-संग्राम के अनेक अर्थों और कोनों पर रोशनी डाली थी, यहाँ बिल्कुल विपरीत अर्थ-संसार लेकर आता है—

उत्थित दंड की तरह जो हर वक्त तना हुआ रहता हो
मैं ही हूँ वह उद्दण्ड।
छिपा नहीं पाता हूँ अपना अहंकार अपनी आत्मस्थ लाठियाँ
रह-रह कर फूल उठता हूँ खिल उठता हूँ आत्मप्रशस्ति में

यह संग्रह पहले के संग्रहों से कई और मायनों में अलग है। बिल्कुल पहले संग्रह के बरक्स रखकर देखें तो बिल्कुल दूसरी दुनिया नजर आती है। वहाँ से यहाँ तक आना जीवित रहने का प्रमाण है। बहरहाल, इस संग्रह की वस्तु और शिल्प में काफी विविधता है (जिसकी खोज कवि को रही है), अपनी कविताओं को उन्होंने पहली बार खंडों में बाँटकर पेश किया है। एक पूरा खंड 'हाथी और पहाड़' पहाड़ के बारे में है बिना किसी प्रतीकत्व के। 'पहाड़ पर रास्ते' कविता रास्ते बनने और जीवन चलने की प्रक्रियाओं के आपसी रचाव को एक तात्विक स्तर पर उभारती है। 'प्रस्थान' पहाड़ों से मैदानों के संग्राम में आने को विवश स्त्री-पुरुषों का एक मूर्त्त सन्दर्भ लेकर आती है।

'ओ मेरी पुरानी चिड़िया' का प्रतीकार्थ है। अब चिड़िया वो नहीं है जो 'बची हुई पृथ्वी' में थी पर कवि उसकी उपस्थिति को अब भी पाता है—

ओ मेरी पुरानी चिड़िया तुम कभी मरती नहीं हो
जब भी देखता हूँ तुम कोई रूप ले चुकी होती हो।

पुनरावलोकन की जो चर्चा की थी 'उन दिनों की कथा' खंड में लगभग इसी प्रकार की ही कविताएँ हैं। 'अन्तरराष्ट्रीय बाजार' में पश्चिमी बाजार की अन्तरराष्ट्रीयता के सन्दर्भ में अपनी हैसियत को देखने की कोशिश है।

बावजूद इसके कि इस संग्रह में चीजों के अभिधार्थ को साफ रखने की प्रवृत्ति है, अन्विति के स्तर पर हल्की टूटन है। यह एक विरोधाभास है। मूर्त्त को अमूर्त्तन की भाषा में प्रकट करने में प्रवीण जगूड़ी में यह अन्विति नहीं टूटी थी। यह विरोधाभास गहरे अर्थों में है।

अब जगूड़ी की कविता की कुछ सामान्य विशेषताएँ। एक ओर जगूड़ी प्रकृति के मूल तत्त्वों–आकाश, वायु, आग, जंगल, पृथ्वी, समुद्र, रात, दिन–समय और मनुष्य से बराबर अपने को जोड़े रहते हैं दूसरी ओर डर, हत्या और मृत्यु की उपस्थिति को उनकी विशेषताओं में बराबर पाया जा सकता है। यह एक दुर्लभ सह–उपस्थिति है। हमारे समय के ज्वलन्त प्रश्न भी जगूड़ी की कविता में 'तत्त्व' बनकर आते हैं। इससे उनकी कविताएँ तात्कालिकता को फलाँगकर हमारे ख़ून में गहरे उतरने का सामर्थ्य रखती हैं। वे तात्कालिकता को तात्कालिकता से हल नहीं करते।

जगूड़ी रचना से बाहर को 'रचना' में वहन करते हैं 'रचना' पर नहीं। यह उनका बहुत निजी व्रत है। इसको लेकर वे किसी विवाद में नहीं फँसे हैं। रचनात्मक धरातल पर। जैसा कि कई कवि करेंगे जो कविता में कविता का घोषणा–पत्र देंगे, आदि। अपनी रचनात्मकता के प्रश्नों का वे सामना करते अवश्य नजर आते हैं, पर अपने निजी कक्ष में। अपने नये कविता–संग्रह में उन्होंने अपनी रचनात्मक–सोच को काफी तब्दील किया है पर वह दबाव के तहत किया गया बदलाव प्रतीत नहीं होता। उसे उनकी पूर्ववर्ती रचनात्मकता की आवयविक संगति में ही देखा जा सकता है। यह कवि–चरित्र की बड़ी शक्ति है।

जगूड़ी की कविता, विशिष्ट अर्थों में, निरन्तर एक स्वस्थ से दूसरे स्वस्थ तक गयी है। वह निर्दोष चाहे न हो पर रोग–मुक्त कविता है। वे पिछले तीस वर्षों से एक समकालीन कवि हैं, यह तथ्य महत्त्वपूर्ण है। दशकों की कविता के युग में और भी। यह समकालीनता उनके अपने व्रतों के बीच से और उनकी वजह से ही सम्भव हुई है। पहले के होकर भी वे आज के महत्त्वपूर्ण कवि हैं। यह सीखने की बात है।

जगूड़ी की कविता में डर है पर आतंक नहीं, भय है पर भगदड़ नहीं, थकान है पर जड़ता नहीं। वे डर और भय को वस्तुगत रूप में देखने में सक्षम हुए हैं। वे जान चुके हैं कि डर में रचनात्मकता के स्रोत होते हैं। भय भयभीत को कुछ नहीं देता पर जो उसे निबाह सकते हैं उन्हें कई चीजें दिखाता है तथा रचनात्मकता के उत्प्रेरक का कार्य करता है। वह आस्था का कवि है, उसे साफ–साफ प्रकट भी करता है पर उसका शोर नहीं मचाता। वह चुपके से उसे कविता में रख देता है और फिर मानो उसके असर को देखता है। वह जगाने का काम करता है, करना चाहता है पर उसको लेकर स्वप्न–जीवी नहीं है।

वह उम्र का कवि भी है। उसकी कविताओं के रचना–काल तथा उनकी उम्र के मिलान से रोचक तथ्य सामने आयेंगे। उसकी कविता पर उसके विशिष्ट अस्तित्व का सीधा असर है।

उसकी कविताओं में आध्यात्मिकता नजर आती है पर वह ईश्वरवादी नहीं है। न ही यह आध्यात्मिकता किसी परम की खोज है। यह प्रकृति के मूल तत्त्वों तक पहुँचने की खोज और जिज्ञासा है जिसमें मनुष्य और समाज भी शामिल हैं।

उसकी कविता में सत्ता, सभ्यता और उसमें जीने वाले साधारण-जन की स्थिति का गहरा विश्लेषण है जो हमारी पूर्ववर्ती समझ को बढ़ाता है।

जगूड़ी के बारे में फिलहाल बात का अन्त उनके ताजा संग्रह की कविता से किया जाये। मान लीजिये कि यही पेड़ है जिसमें उसकी समस्त रचनाशीलता फूलती रही है या यही मोटी कुंजी है उन्हें ढूँढ़ने के लिए। कविता का शीर्षक है, 'रोर'—

एक अगाध कुआँ जिसके तल पर नदी बह रही हो
जिसमें से एक समुद्र की आवाज शंखों-सी आ रही हो
ऐसा अनुभव ऐसी भाषा
जिसका अदृश्य, दृश्य से बड़ा हो
और अश्रुत श्रव्य-सा खड़ा हो
अक्सर मैं सुनता हूँ ऐसी भाषा का रोर
अपने सपनों में

कविता में मीडिया से मुठभेड़

परमानन्द श्रीवास्तव

साठोत्तर कवियों में अलग पहचान बनाने वाले कवि लीलाधर जगूड़ी की कविता का इतिहास आधी सदी में फैला है। संग्रह कई हैं, अपनी स्वायत्त पहचान के साथ। 'शंखमुखी शिखरों पर', 'नाटक जारी है', 'इस यात्रा में', 'रात अब भी मौजूद है', 'बची हुई पृथ्वी', 'घबराये हुए शब्द', 'भय भी शक्ति देता है', 'अनुभव के आकाश में चाँद', 'महाकाव्य के बिना', 'ईश्वर की अध्यक्षता में', के बाद 'ख़बर का मुँह विज्ञापन से ढका है' जगूड़ी का दसवाँ कविता-संग्रह है जिसमें इक्कीसवीं सदी का मीडिया अपने चरम उन्माद में कविता से संवाद करता है। कविता भी मीडिया से मुठभेड़ करती नजर आती है। शीर्षक खास अर्थ में बहुलार्थी है–'ख़बर का मुँह विज्ञापन से ढका है'।

इक्कीसवीं सदी में कविता ने मीडिया के साथ नया विमर्श बनाया है। प्रायोजित समय में मीडिया कविता के विन्यास में तोड़फोड़ की पहल करता है और सरलता को गूढ़ के समानान्तर अर्थवान बनाता है। यह विस्मरण का समय है। लोग भूल गये हैं–मुहावरा रघुवीर सहाय के साथ बहुतों का हो गया है। जगूड़ी एक कविता 'कवि की कठिनाई' में कहते हैं–'कठिन परिस्थितियों में सरल कुछ बोलना/कहीं परिस्थितियों से भी कठिन न हो जाए बोलते ही/(उलझती जाती है गुत्थी ज्यों-ज्यों सुलझाता हूँ मैं) इसलिए मैंने अपने मन का कोई प्रश्न वहाँ नहीं उठाया/कि क्या कविता/जीवन में घटित घटनाओं के साथ एक काल्पनिक युद्ध है...'। शिल्प भी अब पहले जैसा हुनर नहीं। 'शिल्प के नाम पर भाषा को हराते कवि से नया अर्थोदय माँगा है/हार न मानती हुई भाषा ने नयी सरलता माँगी है।' यह भाषा-विवेक कविता का मीडिया के साथ नया सलूक है। कविता 'आधुनिक शब्द' संकेत है कि जिस समय में कवि रह रहा है वह उत्पादकों का नहीं, सबसे बड़े उपभोक्ताओं का समय है। विडम्बना यह है कि बिकना महत्त्वपूर्ण है–'चाहे जितनी दूर पैदा हों चीजें पर बिकती इसी इलाके में हैं।' व्याख्या जरूरी नहीं कि कवि को कुछ और कहना पड़े–'बिकना ही पैदावार का बेहतर नतीजा है।' उपभोक्ता समय में मूल्य ही गुणवत्ता का निर्धारक है। कामकाज की पाँच

से बीस रुपये की झाड़ू बिजली की झाड़ू हो तो कीमत साढ़े तीन हजार की हो सकती है। वह काम में आये न आये। अब गाँव से महानगर तक का बदलाव विस्मित करता है। जगूड़ी इस बदलाव को एक नये उपद्रव की तरह देखते हैं। 'शहरों में कूड़े की तरह रहते हुए गाँवों से आये लोग/घास की सींक-टेक्नोलॉजी को घर-घर पहुँचाकर/कोई कूड़ा अपनी किस्मत का भी बुहारना चाह रहे थे।' यह एक महत्त्वाकांक्षी समय है जब कूड़ा भी नया कूटपद है। कर्ज और कमाई के अर्थ बदल गये हैं। कर्ज भी सफलता की कुंजी है। यह डालरों का समय है। जेनेटिक विरोधाभासों को अलंकार बनाने वाला समय। जगूड़ी का समय-विमर्श एक बृहत्तर स्पेस पाता है। 'इतना कम अँधेरा किसी को छिपा पा रहा/सब इस मरे उजाले में चमक से रहे हैं।' क्या इशारा कुछ पहले के इंडिया शाइनिंग से है।

इन दिनों आतंकवाद वैश्विक है। सार्वजनिक स्थानों पर सूचनाएँ हर पल दुहरायी जाती हैं कि लावारिस पड़ी कीमती चीजों को भी न छुएँ। कभी भी कोई हादसा हो सकता है। शीर्षक कविता समय का एक बड़ा वृत्तान्त है, जिसमें महानायक है तो उसके 'मारक हथियार' भी हैं। राष्ट्रीयताएँ हैं तो जमीनी, आसमानी, समुद्री। वस्तुएँ एक चमकीले समय में वहीं नहीं रहतीं। चाहे आलू कचालू, चाहे शिकंजी, चाहे जलजीरा। क्रयशक्ति बढ़े तो विश्व नागरिकता आसान हो जाएगी। एक अंश 'ध्यानाकर्षण के नाम से/छोटे से ब्रेक विज्ञापन में बताया गया कि आतंक की छाया में/भी सच्चा प्रेम पल सकता है। एक अन्य जघन्य विज्ञापन में/बताया गया कि आतंक के कारण सतयुग वापस आ गया है/एक बड़े नगर के रेलवे स्टेशन पर पड़ी-बड़ी अटैची को/तीन दिन, तीन रात से किसी ने नहीं छुआ। आतंक से यह समाज/नैतिक हुआ है/अगर आप अब भी न मानें तब तो गये काम से।' शोध ने एड्स का डर फैला दिया तो पतियों पत्नियों में एकनिष्ठता सम्भव हुई। विश्व-चिन्ता पेचिश की खबरों को बढ़ा-चढ़ाकर दिखाये तो नयी दुनिया में नयी दवाइयाँ ईजाद हो जाती हैं। यह है मुनाफे की संस्कृति। कविता का अन्त इस प्रकार है–

"वे हत्याएँ और संक्रामक रोगों को आतंक का दूत बनाकर/अपने सारे विज्ञापनों को खबर या फीचर में छपवाकर/हत्या को हथियार के मुफ्त विज्ञापन/में बदलवाते हैं/षड्यन्त्र तो पहले ही फिट है/तन्त्र के मसले में जीवन का मसला किस यन्त्र से देखें?"

लीलाधर जगूड़ी की कविता में खबरें और विज्ञापन मिलजुलकर समय का विमर्श बनाते हैं। यह निपट गद्य प्रधान कविता है। बाजार है तो तकनीक भी है, चीजों की बहुतायत है, दातून बेचती टुनकी बाई है, गरीब वेश्या है, चाँद पर चित्रकार है, समय के सपने हैं। यह गद्य के ढाँचे में लम्बे-लम्बे अटपटे वाक्यों का इस्तेमाल जगूड़ी के साथ, विष्णु खरे, देवीप्रसाद मिश्र ने अपनाया है। रघुवीर सहाय, कुँवर नारायण ने मुक्त छन्द में छन्द या लय का निर्वाह किया है। शुद्ध कविता की बात दिनकर से आगे किसी कवि ने नहीं की। मुक्तिबोध, शमशेर ने भी अपने स्तर पर काव्यविन्यास

में तोड़फोड़ की। युवा कवि फिर गद्य-लय के कायल हैं। अनामिका, नीलेश रघुवंशी, उमाशंकर चौधरी, यतीन्द्र मिश्र, जितेन्द्र श्रीवास्तव, संजय कुन्दन के यहाँ लय की अपनी सम्भावना है। मंगलेश डबराल, वीरेन्द्र डंगवाल, नरेन्द्र जैन के यहाँ भी गद्य का अराजक विस्फोट नहीं है जैसा जगूड़ी के यहाँ है। यह नहीं कि जगूड़ी एकदम जानबूझ कर पढ़ी गयी कविता की वाचकता की अवज्ञा कर रहे हैं। जैसे 'साठ पार करते हुए' कविता में अपनी सादगी भी है। संख्या का खेल अलग प्रसंग है—

'आज ही मैं साठ का नहीं हुआ हूँ/पिछला एक-एक दिन, पिछली एक-एक रात इसमें शामिल है/पचास के बाद सीधे साठ का नहीं हो सकता था/उन कई जचों को जिये बगैर जो इस दस वर्षों में जीने पड़े/अठावन के बाद भी सीधे साठ का नहीं हो सकता था मैं/अगर बीच में उनसठवाँ न होता...'। आगे किताबों की दुनिया का प्रसंग है। पर उनसे भी महत्त्वपूर्ण है वसन्त और पतझर, अपने विरुद्ध षड्यन्त्र। यह स्वर आत्मदया का नहीं है। जगूड़ी पहाड़ के कवि हैं, इसलिए जंगल तो आता ही है—जंगल का वसन्त। कविता यहाँ चकित करती है—'जंगल में ही विश्वव्यापी घरेलूपन लगता है/वसन्त में जो पालतू नहीं होता/साठ साल के जंगल में अल्हड़ घरेलू वसन्त/जो जड़ों से आता है। चिड़िया की तरह उड़कर नहीं।' यह जंगल-गाथा साठ के पके हुए अनुभवों के बिना असम्भव थी। प्रकृति, पर्यावरण, नागरिकता और बाजार सभी जगूड़ी के लिए प्रलोभन हैं। यहाँ भी विज्ञापन बनाने वाली टीम कविता के फलक को विस्तार देती है।

सांस्कृतिक पत्रकारिता थी तो अपराध-पत्रकारिता थी। देश-विदेश। क्रान्ति के नाम पर लपट-झपट। मीडिया के साथ है बाजार, तो साड़ियों के भी विज्ञापन। साड़ियाँ ब्राण्ड हो गयी हैं। वर्गभेद इस नयी सामाजिक संरचना में आकस्मिक नहीं है। 'वे छन्द, लय, संगीत और चित्रकला को कम्प्यूटर के हवाले करते हुए/किसी कन्या को कामिनी बना देते थे। उनका लक्ष्य सौन्दर्य के समान बेचवाना था/वे स्त्री की नहीं किसी ब्रांड की पहचान बना रहे थे/पूरे ब्रह्माण्ड में/शरीर को दरी की तरह बिछाते हुए/जिसे विश्व सुन्दरी बेचती थी/गरीब खरीददार के मन में महँगी खरीदारी की/खुंदक पैदा करने के लिए...'। जगूड़ी के कवि स्वभाव में खबरों को संकलित करते हुए वस्तु विनिमय को विचार-विनिमय में बदलने की कला है। सब जानते हैं कि विश्वसुन्दरी की मार्केटिंग की जाती है। इस खेल में पूँजीतंत्र शामिल है। नाम आते ही अनुबन्ध कर लिया जाता है कि चुनी गयी विश्वसुन्दरी दुनिया की किस कम्पनी का माल बेचेगी। कविता में खबर है—

'और बताया कि विश्व बाजार के लिए/एक नयी 'सेल्सगर्ल' चुनी गयी जो भारतीय है/आज उसी को पहनाया उन्होंने विश्वसुन्दरी का ताज/नये किस्म के व्यवस्थित जीवन के उद्देश्य से।' तमाम ब्योरों के बीच कविता एक सूत्र देती है—'खबर वाले जानते हैं यह किस मतलब का विज्ञापन है/विज्ञापन वाले जानते हैं यह किस मतलब की खबर

है। दो गलियाँ दस गलियों वाले बाजार में बदल गयी हैं।' यही है समय–दुनिया खुद एक बाजार हो गयी है। मूल्य बिकाऊ है–ब्रांड है। लीलाधर जगूड़ी के लिए काव्य-विषय का चुनाव चौंकाने का हुनर है। 'बार में एक बार', 'बीमारी जो गरीबी है'–ऐसी ही कविताएँ हैं। 'आत्मा की कमीज' जैसे प्रयोग जगूड़ी के अपने हैं। कभी उनके यहाँ ऐसे प्रयोग थे–आत्मा किस अठन्नी की माँग है। कुछ-कुछ ऐसा ही ढंग था कहने का–'आत्मा किस अठन्नी का नाम है।' 'बार में एक बार' कविता की शुरुआत यों है–'थोड़ी-सी मैं घर से लगा के चला था जाड़े की वजह से/इतनी कम कौटसूल से नहीं बनती आत्मा की कमीज'। 'पृथ्वी पर ऐसी जगहें बना दी गयी हैं/जहाँ नशे में नशा मिलाया जाता है/जिसे बार ही कहते हैं बार बार/नशे में नशा जैसे संगीत में शराब/इस काकटेल को याद कर मैं उतर पड़ता हूँ/और घुस ही जाता हूँ हुसैनगंज के बार में।' जगूड़ी के यहाँ स्मृति और विस्मरण को कोई भी नाम दिया जा सकता है। कविता में सुन्दर उदासी और सात्त्विक क्रोध, प्रेरणा का पल्लू जैसे प्रयोग हैं। उनकी एक और दूसरी कविता में फर्क करना कठिन है क्योंकि घुमावदार मन्तव्य एक जैसे हैं। जगूड़ी के यहाँ कविता असम्भव कल्पना है। अप्रत्याशित कौंध है।

'कविता किसी की कविता हो सकती है, कविता में कविता के कई रूप हैं।' 'कविता कोई कीर्तन नहीं कि तमाम तरह की तुकों में/बेतुकी बात की झाँझ बजायी जाती रहे'... 'केवल शिल्प या कौशल ही नहीं है कविता/कही-सुनी-झेली का नया अन्दाज भी वह हो सकती है/टेरीलीन की पैंट की तरह/बहुत घिसाई के बाद भी/क्रीज पहनने लायक रह जाती हो जिसमें।'

'बीमारी जो गरीबी है' कविता में 'मनुष्यता' का प्रयोग अटपटा है–जहाँ बीमारी है और गरीबी भी : कवि के शब्द हैं : 'जो लोग कहते हैं कि अपराध बढ़ रहे हैं वे एक बार भी नहीं कहते कि/गरीबी बढ़ रही है/हर ठोकर के बाद वह दोहराता है/कि आदमी गुजारे लायक अमीर और कष्ट उठाने लायक बना रहे/तो मनुष्यता फिर से कामय की जा सकती है।' यह 'वाक्स्फीति है तो कविता का अपना तर्क भी।' हालाँकि अटपटापन-ऐसा जैसे कि वह अभ्यास भी हो और कौतुक-विनोद भी। यह 'लगभग जयहिन्द' (विनोद कुमार शुक्ल) से अलग तरह का अतर्क्य शिल्प है। आदिम और आधुनिक के घालमेल से एक कविता कई समयों में आती-जाती है। भूमंडलीकरण भी है तो स्थानीयता भी।

पहली ही कविता 'अपनी सरस्वती की अन्दरूनी खबर' में लक्ष्मी-सरस्वती संवाद चौंकाने वाला है–'अपनी सरस्वती की अन्दरूनी खबर और उस पर कड़ी से कड़ी नजर/इस ज्ञान निर्भर युग में हरेक को रखनी चाहिए/जिन्होंने मनुष्य जाति के लिए इतने बड़े खतरे पैदा किये/यह नहीं कहा जा सकता कि लक्ष्मी की उन पर बड़ी कृपा थी/और सरस्वती उनसे रूठी हुई थी।...कुशलता भी भूमिगत हो गयी है/बाधाएँ भी सफलता का श्रेय शातिर बुद्धि को ही दे रही हैं/आखिर बूझो तो हर किसी की सूझ

ही तो उसकी सरस्वती है।' यह उक्ति चातुर्य से अधिक है। उक्ति चातुर्य भी कवि का चुनाव है–'ऐन उसी वक्त जटिलताएँ दिमाग में अंकुराएँगी/तब पता चलता है मूर्खता का गोबर अपनी रासायनिकता में/कितना जैविक है।' कवि फलदायी मूर्खताओं के लिए सरस्वती के प्रति कृतज्ञ हैं।

लीलाधर जगूड़ी एक रेखीय सरलता के कवि नहीं हैं। त्रिआयामी विन्यास में कविता सुर्रियलिस्टिक दिखती है। कभी काफ्का ने कहा था–रास्ता सुनिश्चित नहीं है। रास्ता क्या है–वह हिचकिचाहट। जगूड़ी इतने बड़े विमर्श में अतर्क्य पर भरोसा करते हैं। कविताएँ लम्बी हैं जैसे पटकथा हों। सूचनाओं के विस्फोट में जो गुम है, वह विचार कभी-कभी अप्रत्याशित तनावों की सन्धि में प्रकट होता है। यथार्थ की मिथकीयता कविता के लिए आश्चर्य लोक है, जिसे उद्घाटित करने में सावधानी जरूरी है। तनिक भी चूक किसी कवि को खुशफहमी का शिकार बना सकती है। सनसनीखेज तरीके से सूचना को विचार या विचार को कविता में बदलना कठिन है। आवेग को सतर्क ढंग से विन्यस्त करके ही स्वतःस्फूर्त कविता को नियन्त्रित किया जा सकता है। यहाँ भ्रम न हो जगूड़ी स्वतःस्फूर्त कवि नहीं हैं, न बकवास को काव्यानन्द मानते हैं। पर एक साथ पाठ को तार्किक अतार्किक के बीच पुल बनाना कठिन है। ऊब को कविता बनाने के लिए भी काव्य युक्ति का चुनाव जरूरी है।

कई बार लीलाधर जगूड़ी के लिए 'भटकाव' उनका अपना चुनाव है। कवि अपने भटकाव का भेद बताता है। 'विपत्ति में पुल' की पंक्तियाँ हैं, 'मैं घर से एक रास्ते की तरह निकलता हूँ और भटक जाता हूँ/तब समझ आता है कि जिस तरह सभी रास्तों पर घर नहीं होते/सभी घर रास्ते पर नहीं होते उसी तरह।' इसी कविता में आगे स्थानीयता से तंग आकर उस विराट समय में जाने की बेताबी है जो बैलगाड़ी, साइकिल, कार और जेट में एक साथ रहकर/आगे बढ़ लेता है। जगूड़ी की कविता में प्रवेश आसान नहीं है। एक तो काव्याभिरुचि बाधक हो सकती है, परम्परा भी। पर जगूड़ी अपनी मुश्किल जानते हैं। उनकी कविता इसी पर टिप्पणी है–'वह सीढ़ी खुद बनानी होती है : सीढ़ी की लय में साधना पड़ता है कई बार का चला हुआ रास्ता/अपनी ही पदचाप में सुनाई देती हैं कई और आहटें/आस-पास कई प्रलयों का पानी चमकता है।'...अन्त में : 'अदृश्य डंडों वाले इस रास्ते को हर बार/नाजुक/सीढ़ी की तरह/साधना पड़ता है/एक-एक कदम चलकर/तब कहीं एक कविता उतर पाती है पृथ्वी पर/और चढ़ पाती है बिना शीर्षक के/शीर्ष पर भी।'

क्या लीलाधर जगूड़ी की कविता में विचार-तत्त्व उलटपुलट कर भी बना हुआ है और प्रतिरोध की आँच कम हुई है। या कि प्रतिबद्धता कवि को रास नहीं आती। या अब प्रतिरोध धूमिल और कुमार विकल की तरह कविता में आने से रहा! ये सवाल प्रसंगवश उठेंगे। जाहिर है, उत्तर के लिए हमें जगूड़ी की कविता के भीतर प्रवेश करना होगा। इस संग्रह में एक कविता है–'छूटे हुए को साथ लेने का गीत।' अन्त में ये

पंक्तियाँ शायद हमें प्रतिबद्धता की लय के निकट लगें–

'मोचीराम ने संस्कृत पढ़ी, वेद पढ़े–गजब हो गया/सलमान ने संस्कृत पढ़ी, वेद पढ़े–गजब हो गया/जितने लोग पढ़ेंगे वेद, उतने अर्थ लगेंगे रोज/सबके दिमाग में होने दो अर्थवान हलचल/आ मेरी कविता आगे आ, चल मेरी कविता पीछे चल/मनु मार्क्स और महात्मा को जाने बगैर/लेटेस्ट नहीं हो पायेंगे वेदों के भाष्य/जिन्होंने ज्ञान की टहल की वे जानते हैं पूरी तरह/निकाले गये कैसे समस्याओं के एक से एक हल/आ मेरी कविता आगे आ, चल मेरी कविता पीछे चल।'

पर यह एक रंग है। एक मात्र रंग नहीं है। ब्राड्स्की आश्वस्त न थे कि एक-सी लय कविता को वांछित ऊँचाई दे सकेगी। ठीक इनके पहले की पंक्तियाँ हैं, जहाँ प्रतिरोध-विमर्श तीखा है–

'स्त्रियों ने भी संस्कृत पढ़ी, वेद पढ़े, गजब हो गया/औरत ने वेद पढ़े, अपवित्र ने वेद पढ़े–गजब हो गया जो हर माह रक्त से शुद्ध होती है उससे क्या खलल/आ मेरी कविता आगे आ, चल मेरी कविता पीछे चल।' क्या लीलाधर जगूड़ी की कविता एक नये समय में नये काव्यशास्त्र की प्रस्तावना है! जहाँ गद्य भी छन्द का विकल्प हो, बौद्धिकता राग तत्त्व को छोड़कर काव्योपयोगी बन सके! जहाँ कविता सूचना प्रौद्योगिकी पर भरोसा तो करे, पर उससे जिरह भी कर सके! जहाँ रास्ते कई हों, पर चुनने को कवि स्वतन्त्र हो!

रोज़ चीज़ें उलट-पुलट रही हैं

मैं खुद को
हमेशा ही बस्ता लादे हुए देखता हूँ
मैं खुद को हमेशा ही
दौड़ते हुए देखता हूँ

और देखता हूँ कि धरती
एक बस्ते की तरह मेरी पीठ पर लदी हुई है

'अनुभव के आकाश में चाँद' से जब कविता का रास्ता ज़्यादा आसान समझा जा रहा हो–इस हद तक, कि 'कोई कवि बन जाए सहज सम्भाव्य है'–उस समय लीलाधर जगूड़ी जैसे कवि का अपनी कविता कीर बुनियादी दुरूहता पर टिके रहना कविता के हित में जान पड़ता है। 'भय भी शक्ति देता है'–जगूड़ी के इस संग्रह की कविताएँ पढ़ते हुए जहाँ दृष्टि अचानक टिकी, वे 'मोड़' कविता की आख़िरी पंक्तियाँ थीं :

मुझे सुन्दर लगते हैं मोड़ चाहे सड़क पर हों चाहे वृक्ष में चाहे ज़िन्दगी में

इन्हीं में से होते हैं कुछ अच्छे कुछ ख़राब कुछ विचित्र मोड़
जिनके बिना कुछ दूर तक ही भली लगती है सपाट सड़क
फिर आना ही चाहिए कोई नया मोड़
बस आता ही होगा कोई नया मोड़

क्या इन पंक्तियों के सहारे हम जगूड़ी के काव्यादर्श तक पहुँच सकते हैं। क्या 'मोड़' वह वक्रता है जिसके समावेश से कविता अर्थ सघनता प्राप्त करती है। क्या 'मोड़ों' के बिना कविता की सड़क जगूड़ी को सपाट लगती है। और अन्ततः वक्रता के प्रति यह नयी उत्सुकता जिस दुरूहता को सम्भव तथा सार्थक बनाती है, वह महज़ शिल्प के दायरे की चीज़ है या अपने समय की किसी गहरी, बड़ी चिन्ता का परिणाम है। संयोग है कि जगूड़ी के संग्रह 'भय भी शक्ति देता है' के साथ ही इधर की कविता के महत्त्वपूर्ण कवि विनोदकुमार शुक्ल के संग्रह 'सबकुछ होना बचा रहेगा' की कविताएँ पाठकों के बीच पढ़ी जा रही हैं। ऊपर-ऊपर वहाँ इतनी सरलता दिखाई देगी कि सरलता का नया सौन्दर्य शास्त्र रचने का प्रलोभन समीक्षा के दूसरे मूल्य-मानों पर भरी पड़ने लगे, पर सतर्क पाठ में वह सरलता भी अपने ढंग की दुरूहता का सार्थक उदाहरण जान पड़ेगी। कविता के इतिहास में दुरूहता के आतंक वाले लम्बे आधुनिकतावादी दौर के बाद, प्रगतिशील ढर्रे की सरलता की लीक भी काफ़ी पीटी जा चुकी है। कहना न होगा कि कविता की बुनियादी सरलता के निहितार्थ भी कुछ और हैं। जगूड़ी जैसे कवि भी उसकी मूल्यवत्ता से अनभिज्ञ न होंगे, जिनके यहाँ कविता के रूप या शिल्प की चिन्ता अपेक्षया अधिक दिखायी देती है।

(1)

औसत अच्छी कविता के विरुद्ध जिस काव्यात्मक दुरूहता का विकल्प जगूड़ी ने चुना है, वह अपने समय के प्रति कठोर जिज्ञासा का परिणाम है। 'जितना मुझे मालूम था' कविता में दुहरायी जाने वाली पंक्तियाँ हैं—'क्योंकि जितना मालूम है/उससे कहीं ज़्यादा मालूम होना चाहिए था।' याद आते हैं मुक्तिबोध : "दंड हमीं को मिला/बाग़ी करार दिये गये/बन्द तहखाने में—कुओं में फेंके गये हमीं लोग/क्योंकि हमें ज्ञान था/ज्ञान अपराध बना।" (एक भूतपूर्व विद्रोही का आत्मकथन) जगूड़ी के पाठक उलझन में होंगे, यह देखकर कि 'कठोर सच्चाई या हादसे को जान लेने के बाद भी 'ज्ञान' यहाँ एक तरह की 'पलायन वृत्ति' की ओर ले जाना चाहता है। "डरा मैं और मरा मेरा पड़ोसी/मेरी वजह से उजड़ा है एक घर/मेरी वजह से कमज़ोर बने हैं कुछ लोग/ठीक जैसे कि कुछ लोग शक्तिशाली/क्योंकि जितना मालूम है/उससे कहीं ज़्यादा मालूम होना चाहिए था मुझे/कुछ दिन मुझे यहाँ से दूर चला जाना चाहिए/जहाँ किसी मौत

का लयबद्ध विलाप न हो।'' क्या भय का स्वीकार महज़ आत्मदुर्बलता का सूचक है। एक कमज़ोर कायर मध्यवर्गीय मानसिकता पर व्यंग्यप्रेरित टिप्पणी। या उसी में कहीं कोई नैतिक शक्ति भी छिपी है। जगूड़ी के संग्रह का शीर्षक ही संकेत है कि आज के जटिल भयानक दौर में 'भय' और 'शक्ति' को एक-दूसरे के विरोध में रखकर देख पाना अर्थवान नहीं रह गया है। 'शक्ति' के भी रूप, प्रकार और संस्करण अनेक हैं। 'एक डरी हुई आत्मा' कविता में यह पंक्ति साभिप्राय है : ''क्योंकि जो हैं वे भय के कारण ही साहसी हैं।''

काव्यविडम्बना के लिए जगूड़ी का आकर्षण उनके पाठकों से छिपा नहीं है पर अगर उनकी विचारधारा और काव्यतर्क को एक साथ ध्यान में रखें तो हम देख सकेंगे कि काव्य विडम्बना भी नैतिक सच के साहसपूर्ण बयान का ही एक ढंग है। कवि के लिए ऐसा 'सच' पहले से प्राप्त प्रदत्त वस्तु है भी नहीं। वह एक कठिन समय के साक्षात् के क्रम में निरन्तर खोज और परीक्षण का विषय है। और यह सब, कवि की अपनी मुश्किलों-विफलताओं-संघर्षों के बीच ही। कवि को यह सीधा सादा सच या तथ्य छिपाना नहीं है वह एक परिवारवाही व्यक्ति है जिस पर हज़ार आफ़तें लदी हैं। पर यह कहा जा रहा है, बग़ैर कोई शहीदाना अन्दाज़ पैदा किये हुए। है तो वह वही मामूली आदमी, जो धंगड़ गाँव जाते हुए अपने को देखना चाहता है—उन जंगलों को देखना चाहता है, जिनकी छाया से गुज़र रहा है। पर उसे अपनी कठिन भयानक शताब्दी के हादसों का पता है, अपनी इसी दुनिया के नरक का पता है, अपने समय के मायाजाल का भी पता है। वह जानता है और डरता है, डरता है इसलिए और जानना चाहता है। प्रकृति और पर्यावरण से आगे वह युद्ध के बारे में जानना चाहता है। अन्तर्राष्ट्रीय बाज़ार के बारे में जानना चाहता है। पूँजी और हिंसा के बल पर ताक़त हासिल करने वाली रहस्यमयी संस्थाओं को जानना चाहता है। जानने के जो भी तरीक़े सम्भव और सुलभ हैं उन सबका उपयोग करते हुए वह अपने जटिल त्रासद समय को जानना चाहता है। अब उसकी मुश्किल यह है, कि वह चाहे भी तो तटस्थ पलायन सम्भव नहीं है। सम्भव है 'मध्यान्तर' और 'मन्दिर लेन' जैसी कविताओं में वह 'सिनिकल' जान पड़े पर अन्धलोकवाद और भयानक साम्प्रदायिकता वाले दौर के प्रति उसका क्षोभ और आक्रोश पाठकों से छिपा न रहेगा।

ईश्वर के कपड़े बचाने का मतलब है अपनी खाल बचाना

ईश्वर के जूते नहीं रह गये हैं। मंजन ख़त्म हो गया है
ईश्वर के चरण उस इलाके में घिसट रहे हैं
जहाँ एक भी आरोग्य पेड़ नहीं रह गया है...

आवागमन भंग है। यातायात ज़ोरों पर
रातें ब्लैकआउट में भटकीं
कोई भक्त उसे दायें से बायें पहुँचा दे...

अपने अन्तर्विरोधों और विसंगतियों से भरे उस समय और समाज को व्यक्त करने या सम्बोधित करने का एक ढंग यह है। निषेध मूलक। नकारात्मक। सिनिकल। अगर यही एकमात्र ढंग हो तो कवि के अनुभवों की दुनिया खीझ, चिढ़ और ऊब से भी भरी जान पड़ेगी। जीवन को स्वीकार करने का, जीवनासक्ति को समुचित महत्त्व देने का दूसरा ढंग भी जगूड़ी के काव्यानुभव से पूरी तरह ग़ायब नहीं हो गया है। 'पाठ्य पुस्तक पर झुका हुआ बच्चा सो जाता है/सपने में पत्ती वाली किताब की जगह मिलती है उसे एक फुटबॉल/सारे बस्ते से बनी हुई एक फुटबॉल/ग्लोब की तरह/दूर उड़ती दिखाई देती है एक पत्ती/फिर हजारों-लाखों पत्तियाँ/जिन्हें सिर उठाये आ रहा है एक अन्धड़...।' कल्पना में कई बार ऐसे आवेगमय चित्र उदासी और हताशा के साथ आते हैं। आवेग और उमंग का स्वर धीमा पड़ जाता है। हताशा का स्वर भारी होता जाता है। शब्द पत्थर की तरह सख्त, भारी, स्थिर। 'भय' और 'शक्ति' की तरह जगूड़ी की दृष्टि में 'सुन्दर' की भी अपनी पहचान है। "समस्या न्यायपूर्वक सुदृढ़ सुन्दर होने और जीने की है/क्योंकि न्याय ही सुन्दर हो सकता है।"

(2)

जगूड़ी ने इस संग्रह को जिन शीर्षकों (बुरे वक़्त की कविता, मन्दिर लेन, उन दिनों की कथा, दूसरे शरीर की खोज, अन्तर्राष्ट्रीय बाज़ार, हाथी और पहाड़) में विभाजित किया है वे जगूड़ी की काव्यवस्तु और काव्याभिव्यक्ति की विविधता के सूचक हैं। वे जगूड़ी की साहसपूर्ण प्रयोगशीलता की झलक भी देते हैं। सभी कविताओं को मिलाकर देखें तो चुस्त चमकीले काव्यबिम्ब, मुहावरे, चमत्कारमूलक अतिरंजना, अतर्क्य फैलाव, नाटकीयता, शिशु कल्पना, क्लासिकी अनुशासन, लय और आवृत्ति जैसी विशेषताएँ अथवा युक्तियाँ ध्यान आकृष्ट करेंगी। निस्सन्देह जगूड़ी का झुकाव अतिकल्पना प्रेरित काव्य चमत्कार की ओर है जो पहले निर्दिष्ट कविता की बुनियादी दुरूहता के निकट है। कविता जगूड़ी के लिए भावात्मक प्रतिक्रिया नहीं, सचेत जिज्ञासा प्रधान बौद्धिक निर्मिति है। कथ्य की माँग के अनुरूप कवि को निस्सन्देह इस दिशा में यथेष्ट छूट दी जा सकती है पर एक सीमा के आगे वह कवि के अन्त:बाह्य संसार की विश्वसनीयता का संकट भी जान पड़ती है। साहसपूर्ण प्रयोगशीलता पर अतिरिक्त बल देने वाले कवियों ने कई बार कविता को 'हुनर' और प्रकारान्तर से निरीह काव्याभ्यास बनते देखा है। जगूड़ी इस संकट से अनजान न होंगे। कृत्रिम प्रयोगवाद के अगले चरण के

रूप में 'अकविता' जैसे आन्दोलन की व्यर्थता भी उन्होंने देखी है। अभी तो अद्‌भुत वास्तविकता की पूँजी भी उनके यहाँ यथेष्ट है, कच्चे माल के रूप में अनुभव-वस्तु का जो वैविध्य उनके यहाँ है, शायद ही उनके समकालीनों में किसी कवि के पास हो, फिर क्या कारण है कि उनकी कविता की प्रभाव क्षमता बहुतों की दृष्टि में कम हुई है। यहाँ सवाल सरल लोकप्रियता का नहीं है—दुरूह दिखते काव्य संगठन के ज़रूरी काव्य संगठन के रूप में सजग पाठकों के बीच स्वीकृति प्राप्त करने का है। अपने माध्यम को बराबर अपर्याप्त मानने वाले और निरन्तर जाँचने वाले जगूड़ी जैसे कवि के सामने ये प्रश्न सहज ही रखे जा सकते हैं। कविता की बुनियादी दुरूहता को काव्यगत सरलीकरण के विरुद्ध मूल्यवान मानते हुए अगर ये प्रश्न उठ रहे हैं तो आज के काव्य संकट को और गहराई से जाँचने की जरूरत है।

(3)

अब एक बार फिर हम उस कठिन चुनौती भरे समय को देखें, जिसे कहने के लिए जगूड़ी ने ख़ास तरह की काव्यात्मक तैयारी का प्रमाण दिया है। और, औसत अच्छी कविता के विरुद्ध दु:स्वप्नों को शब्दों में संगठित करने वाली अशुद्ध ख़राब कविता का विकल्प चुना है। यह ख़राब कविता भी एक अर्थ में दुरूह कविता है।

अच्छी कविता तुममें कोई झंझट नहीं
जबकि ख़राब कविता और मुझमें कई झगड़े हैं
कई बार हम एक दूसरे को ख़त्म कर देना चाहते हैं

कहते हैं मुक्तिबोध ने महत्त्वपूर्ण लम्बी कविताओं के कई-कई पाठ-रूप या ड्राफ्ट तैयार करते हुए उनसे भिड़ने-टकराने जैसी कोशिश की। इस लम्बे संघर्ष की महत्तर सार्थक काव्यात्मक फलश्रुति उनके यहाँ मौजूद है। युग की भयावह विसंगतियों को जिस परिप्रेक्ष्य में उन्होंने मूर्त किया है वह आज के कठिन त्रासद यथार्थ को समझने में भी सहायक है। फैलाव कई बार वहाँ भी है। तर्कातीत स्थितियाँ भी हैं। पर चौकन्नी अन्तर्दृष्टि के साथ विश्वदृष्टि मुक्तिबोध की कविता को सार्थक प्रभावशाली और ग्राह्य बनाती है। दुरूहता के बावजूद ग्राह्य और एक विशेष अर्थ में लोकप्रिय। मुक्तिबोध की कविता के लिए 'लोकप्रिय' जैसा विशेषण बहुतों को स्वीकार्य न होगा पर सच्चाई यह है कि एक विशेष प्रकार का पाठक वर्ग लगातार मुक्तिबोध की कविता को समझने के लिए दिमाग़ पर ख़ासा ज़ोर डालने के लिए तैयार है। मुक्तिबोध की कविता का जो जादुई प्रभाव छाया हुआ है वह क्या अकारण है, आकस्मिक है। जगूड़ी को पढ़ते हुए दूसरे कवि रघुवीर सहाय याद आएँगे-हिंसा और भाषा वहाँ भी एक-दूसरे के आमने-सामने हैं-भाषा की प्रतिरोधक शक्ति भी वहाँ समझ में आने वाली है। वे भी बहुतों की दृष्टि में एक हुनरमन्द कवि हैं। उनका भी मैनरिज़्म है। पर वे एक अर्थ में

लोकप्रिय भी हैं। उनके अपने पाठक कम न होंगे। क्या इसका कारण यह नहीं है कि जटिल यथार्थ की विडम्बनाओं की सब तहें और शक्लें सँभाले हुए ये मूर्त्त सन्दर्भों के कवि हैं। चमकीले बिम्बों की सुघड़ गठन से परे, भाषा को तोड़ते बदलते, वे उस मूर्त्त वास्तविकता से उलझ रहे होते हैं जिसका नाम जीवन है। जगूड़ी के यहाँ चुस्त चमकीले सुघड़ बिम्बों की गठान आकर्षक है पर सब मिलाकर उसकी दिशा काव्यात्मक अमूर्तन है। फ़ंतासी-जैसी युक्ति यहाँ अमूर्तन को ही पुष्ट करती है। जीवन का बहुत गहरा अध्ययन-पर्यवेक्षण कभी महज़ अलंकरण की तरह दिखने लगे तो विचार करना चाहिए कि कविता का संकट कहाँ है। पर जगूड़ी के यहाँ अमूर्तन एक सघनतर युक्ति है। वह जीवन के सकारात्मक पहलुओं को उजागर करने के लिए है। यह तथ्य अब प्रकाशित एक और नये संग्रह 'अनुभव के आकाश में चाँद' से अधिक प्रकट होकर एक नये मुहावरे को जन्म देने वाला है। निरे सरलतावाद और सतह पर दिखते आशावाद का प्रत्याख्यान एक सार्थक कोशिश है।

जगूड़ी की कविताएँ सन्दर्भहीन और जीवन शून्य नहीं हैं। वे वर्ग-विभक्त समाज की चिन्ताओं को, संघर्ष रूपों को सीधे भी व्यक्त करती हैं—"वापस आ गये हैं वे जन्मजात देवता/जो नाल कटवाते ही वरदान देने लगते हैं/हमारों को तो टिटनेस हो जाती है/और एक-एक साँस के लिए लड़ना पड़ता है।" ..."वापस आ गये हैं वे जिनकी स्त्रियों का/प्रसव में मरने का एक भी क़िस्सा नहीं है हमारे पास।" वे उस समाज व्यवस्था को सीधे भी कठघरे में ला खड़ा करती हैं जिसने हिंसा को प्रश्रय ही नहीं दिया, उसे सुन्दर बनाकर भी पेश किया। हत्यारा उनके यहाँ आता है तो हत्याओं के बारे में तमाम सुन्दर मज़बूत विचारों के साथ आता है। ज़ाहिर है विचार-व्यवस्थाएँ भी उसके कब्ज़े में हैं। जो अतार्किक कथन जगूड़ी के यहाँ सनक जैसा जान पड़ता है उसके बारे में उनका अपना तर्क यह है—"सनक ने बनाया हमें निश्चित धारणाओं वाला/मुखौटों से पहचानी हमने खोई हुई आकृतियाँ/(जिन पर शक्ति का डर चित्रित था।)" (अवदान) जहाँ-तहाँ सहज जीवन प्रत्यक्ष ही सहज स्फूर्त काव्यानुभव है और सम्प्रेषण कोई समस्या नहीं है—"तब तुम लम्बी उड़ानों से लौटोगी/तो पाओगी कि जंगल के अन्दर घुसे हुए खेतों में/फसलें पक रही हैं/तुम्हारे बच्चों के लिए भी धरती ने/बहुत कुछ उगा दिया है/कई लम्बे और बेटूट तिनके तुम्हें खुशी से भर देंगे/कोई कीड़ा तुम्हें नीचे बुला लेगा।' (ओ मेरी पुरानी चिड़िया) सम्भव है यह स्वर जगूड़ी की कविता का मुख्य स्वर न हो। उनकी मुख्य काव्यदृष्टि के बारे में राय बनाने के लिए हमें 'दूसरे शरीर की खोज' जैसी लम्बी कविताओं की बनावट, यथार्थ और फ़ंतासी के सम्बन्ध, बिम्ब और अमूर्तन के सम्बन्ध-विवेक की जाँच-पड़ताल ज़रूरी जान पड़े। पर आख़िर अनुभव वस्तु और रूप शिल्प की विविधता एक ही कवि के काव्य संघर्ष का

फल है। इस पूरे संग्रह की कविताओं को पढ़ते हुए जो सवाल मुख्य रूप से कविता के पाठकों के बीच उठेग, वह यही, कि क्या सरल सम्प्रेषण के विरुद्ध अलोकप्रिय होने का ख़तरा उठाकर भी जगूड़ी की कविता की बुनियादी दुरूहता पर ही अधिक भरोसा करते हैं। इस दुरूहता के रूपों के बारे में दुनिया के तमाम काव्य चिन्तकों ने जितना विचार किया है उसका सारतत्त्व यह है कि वह दुहरी मार करती है। कभी वह उस अतिरंजना की तरह होती है जो यथार्थ को अधिक तीखी मूर्तता दे सके, उसे और अधिक जानने में सहायक हो सके और कभी उस प्रच्छन्नता की पोषक कि सही और ग़लत, अच्छे और बुरे में फ़र्क़ करना मुश्किल हो जाए। पहले प्रकार की दुरूहता यथार्थवाद के बाहर की चीज़ नहीं है। प्रेमचन्द और निराला का काम भी अतिरंजना के बिना नहीं चलता और निराला तो काव्यात्मक दुरूहता की हिकमत का इस हद तक इस्तेमाल करते हैं कि उनका पाठ बार-बार ज़रूरी लगने लगे—गुत्थी को खोलने जैसा सतर्क रहस्यमय खेल। इसके सबसे सटीक उदाहरण कविता की यथार्थवादी अन्तर्वस्तु और अयथार्थवादी शिल्प का विवेक प्रमाणित करने वाले कवि मुक्तिबोध ही हैं। दूसरे प्रकार की दुरूहता वह कलावाद है जिसके विरुद्ध हमें सावधान करते हुए मुक्तिबोध का ही कहना है—"चक्करदार गलियों में चलने वाले को चक्कर नहीं आने चाहिए और मकान मिल जाना चाहिए।" उम्मीद की जानी चाहिए कि जो कवि कविता के आसान रास्तों को छोड़ने वाले हों, रूढ़ियों के विरुद्ध हों, वे दुरूहता को भी कविता के ज़रूरी बुनियादी तत्त्व के रूप में ही महत्त्व देंगे, उसे महज़ अलंकरण या कविता पर आवश्यक बोझ न बनने देंगे।

(4)

जगूड़ी की काव्यात्मक दुरूहता जीवन वास्तव के साक्षात्कार का सोचा-समझा कारगर माध्यम है। यह दुरूहता 'देखे मुख भावे अनदेखे कमलचन्द' वाले केशवदास की दुरूहता नहीं है। यह आज के यथार्थ की जटिलताओं की सकारात्मक अर्थबहुल पहचान कराने वाले नेरुदा, पाज़, ओसिप मान्देलस्ताम के ढंग की दुरूहता है। जगूड़ी लगातार कविता के अपने ही रूप को तोड़ने बदलने वाले कवि हैं। उनके लिए कविता एक निरन्तर संघर्ष है। एक विलक्षण खोज। और अनिवार्य सघन विमर्श। परम्परा से और अपने समय के यथार्थ से जगूड़ी की मुठभेड़ निरन्तर है। जीवनासक्ति सरल आश्वासन नहीं है जीने के असंख्य रूपाकारों से सम्पर्क और सामना है। 'कई बार' 'इस जीवन में' 'याद की याद' कविताएँ अलग-अलग भी पढ़ी जाएँ तो एक जीवन-लय बनाती हैं जो जीवन को बहुत तरह से देखने से ही सम्भव है। जगूड़ी का अपना अनुभव है कि अचानक ख़त्म होने के पहले 'अंजुली भर पानी में/सिकुड़ते आकाश की तड़प की

तरह/जीना और समाना पड़ता है कई बार/रिसना पड़ता है उड़ जाना पड़ता है/छीजना पड़ता है कई बार/मिट्टी के गुण का शिकार/हवा के गुण का शिकार/पानी के गुण का शिकार/जीवन में जीवन का शिकार होना पड़ता है कई बार।' अर्थात् सरल निसर्ग सादा जीवन ही नहीं है जिसे हम विचार मानकर सन्तुष्ट हो लें। जीवन निर्भर है क्रयशक्ति के बढ़ने और घटने से। विज्ञापन उसमें कोई मदद नहीं करता। वह तो एक और ही केलि की दुनिया की ओर उकसाता है–(काम शक्ति बढ़ाने का विज्ञापन बगल में है)। अनुभवहीनता के अनुभव में निसर्ग को जानने जीने की यादें ही एक तरह से ढाढस बँधाती हैं–कि "लाल होता हुआ अँधेरा हरे पत्तों में दिन भर पीला चमकेगा।" इस उम्मीद भरी याद में : "घने अँधेरे में भी याद आते हैं पके हुए जामुनों के रंग/स्लेट पर चलते हुए बच्चों के साथ.../लौ की तरह उजली अँगुलियाँ.../" फिर भी "पंख छिपाए रहते हैं/थोड़ा-सा अपना अँधेरा अपनी त्वचा के पास/अँधेरा फुनगियों पर बैठा जड़ तक पैठा रहता है।" द्वन्द्वमय जीवन की स्तर बहुलता जगूड़ी की कविता का निरन्तर पाठ है। मिथक स्मृति स्वप्न फंतासी एकालाप सब हिकमतें इसी पाठ को विस्तृत परिदृश्य देती हैं। यथार्थवाद से अतियथार्थवाद (सुर्रियालिज़्म) एक निरन्तर सक्रिय चुस्त आवाजाही अबोधता से ज्ञानमीमांसा तक कविता का एक अन्तः सम्प्रेषण मार्ग बनाती है। यह एक बीहड़ मार्ग है जो एक ओर सुन्नसिखर जैसी कबीर की रहस्यमय शब्दावली तक जाती है, दूसरी ओर आक्रामक बाज़ार और उपभोक्तावाद के खेल-कौतुक तक। जगूड़ी में जीवन वैचित्र्य भरपूर है पर उसमें निहित रहस्यमय जटिलताओं की समझ और स्वीकृति के साथ। 'बाजार में' कविता में ही आत्मा और जीवन के बुनियादी द्वंद्व हैं। आत्मा कभी किसी अठन्नी का नाम है–लिखने वाले कवि के पास आत्मा कोई रागद्वेष शून्य पवित्र अमूर्तन नहीं है। अजर-अमर आत्मा के विरुद्ध देह में फँसी आत्मा ऐसी ही है कि उसकी भी क़ीमत लगायी जा सके। दार्शनिक विमर्श का मुहावरा यहाँ खेल है–आत्मा और मन पर पड़ने वाली अदृश्य लताड़।

यह मृत्युलोक एक बाज़ार है आत्माओं का
बिना देह के आत्माएँ भटकती हैं यहाँ
हर चीज़ उन्हें दिखती है देह में
कुछ आत्माएँ खरीददार आत्माएँ होती हैं
कुछ आत्माएँ आमरण बिकाऊ
आत्माएँ मरणोपरान्त भी
जीवित लागों से अपना काम साध लेती हैं

'अनुभव के आकाश में चाँद' से

जगूड़ी की दुनिया में तेज़ी से चीज़ें उलट-पुलट होती हैं। एक दूसरी में फँसी। अतर्क्य। अस्त-व्यस्त। हादसे लगातार हैं–'इतनी सारी लाशों के बीच वसन्त आता है' (वसन्त

आया), 'मौत में भी दिखाई जाती है असफलता' (ख़बरें), 'जामा मस्जिद के पास चीख़ती है औरत' (सुबह का फोटू), 'कई ऐसी मिठासें हैं जो हमारा सारा नमक खा जाती हैं' (तुम रोबो नहीं हो)। पर जीवन टूट बिखरकर अंकुरित होता हुआ, ज़िद्दीपन के साथ ढंग बदलकर तमाम हादसों के बरक्स खड़ा हो जाता हो। जगूड़ी बिना नास्टेल्जिया बिना भावुक सरलीकरण में गये उम्मीद से भर जाते हैं। एक पहाड़ी स्वभाव-संस्कार का ज़िन्दगी से निरन्तर लगाव एक बड़ी जिजीविषा का दम भरता है। भोपाल की खुशियों को 'ताल' में नहीं 'तेंदू पत्ते' में देखता हुआ, विराट बंजर में खुशियाँ तलाश करता हुआ यह कवि समय के संस्थान में मौसम को व्यापारी की तरह देखता है। पर अहसास कराना चाहता है कि सूचना तंत्र के चार महानगरों में राष्ट्रीय मौसम बताने के अधिकार को चुनौती दी जा सकती है। मौसम की बाज़ारू व्याख्या बताती है कि "वह फलाँ चीज़ का भूखा है/उसकी भूख से तुम भी भूखे हो जाओ।" पर जीवन भूख, प्यास, प्यार चाँद के अपने इरादे क़ायम रखता है। अनुभव के आकाश का एक अकेला चाँद यहाँ मार्गदर्शक है।

क्योंकि जो छोटा हो और बड़ा हो जाय
बड़ा हो जाने पर भी छोटा हो जाय
जो होते हुए भी ग़ायब रह सके
और ग़ायब रहकर भी चमक जाय

अनुभव के पाताल के लिए भी
अनुभव के आकाश में
पहले एक चाँद ज़रूरी है

पहले एक चाँद ज़रूरी है

आज के समय का यह मुखर परिदृश्य है क्रूर बर्बर विलास और अन्याय के उत्तेजनों से भरा हुआ। विकास और प्रगति के नक्शे में अनैतिक विभाजन है—गरीबी में ईमानदारी बनाये रहने का संकल्प—यह भी विज्ञान है जिस पर शायद किसी की दृष्टि नहीं जाती। समृद्धि और विलासिता में ऊभचूभ दिखने का विज्ञापन जो पूरे क्षितिज पर होर्डिंग की तरह टँगा है। यह है एक उत्तर-आधुनिक समय जब मनोबल, समय और रूमाल में चुनाव कठिन है। यह समय है जब ईश्वर लगातार कठघरे में है (जैसे आकाश, जो जूते में घुसा है)—उसका ध्येय ताकतवर के पक्ष में जाता है। कथाएँ हैं और ईश्वर है। मिथक हैं और ईश्वर है। एक कवि उससे इतने रूपों में जुड़ा है कि सीधे पूछ सकता है—

हे ईश्वर तुम गर्मी हो या जाड़ा
अँधेरा हो या उजाला

अन्न हो कि गोबर हो

ईश्वर तुम आश्चर्य हो कि विस्मय

यह तल्ख़ प्रतिक्रिया नागार्जुन के-से विक्षोभ की याद दिलाती है। हादसे हैं, हत्याएँ, क्रूरताएँ, असह्य दमन। पर जीवन भी–जो ख़त्म नहीं होता और उम्मीद के विरुद्ध के उम्मीद का सकारात्मक दर्शन भी। साहसपूर्ण स्वीकार।

वह शतरूपा स्त्री बदल देती है मुझे एक ही जीवन में अनेक बार
नाभि से जिसकी खिलता है हज़ार पंखुड़ियों वाला कमल
एक सिर एक उदर एक विवर ढाँपे वह रूपांबरा दिखती है
मुझे सृष्टि के अनुरूप मुक्त करती हुई

पलट कर देखती है हर बार वह प्रथम शतरूपा एक नज़र में मुझे सौ बार
और सृष्टि के मूल से बाँध देती है।

वह शतरूपा

समय बार-बार अपनी क्रूर शक्लों में बेतरतीब विडम्बनाओं के साथ जगूड़ी की कविताओं में आता है। इसके बावजूद कि ये कविताएँ अलग-अलग अपनी संरचना अपने अर्थ सन्दर्भ में मुकम्मल हैं, पर कभी इन्हें पढ़ते हुए एक कविता-शृंखला जैसा अनुभव होता है। कहते हैं वाल्टह्विटमैन एक ही कविता लिख रहे थे एक असमाप्त दृश्यालेख की तरह! या मुक्तिबोध की सब कविताएँ मिलकर एक ही कविता का जटिल संगठन या संगुम्फन बनाती थीं। जगूड़ी का विचार तर्क एक कविता से दूसरी कविता में, दूसरी से तीसरी कविता में निरन्तर संक्रमित दिखाई देता है। कैसा है यह जीवन जिसमें हम रह रहे हैं—जहाँ जीवन से बड़ा है जीवन का उत्पाद! जहाँ जीवन के घाटे आर्थिक फ़ायदे से आँके जाते हैं। जहाँ शिकार होने में जीवन सार्थक होता जान पड़ता है। कैसा है समय—जिसमें बहुतों की खुशियाँ विराट बंजर में हैं। कैसा है समय का संस्थान—जिसमें 'मौसम एक व्यापारी है/जिसे घर में ढूँढ़ो तो सन्दूक में चला जाता है/तुलना में ढूँढ़ो तो बन्दूक में चला जाता है/इतनी कम बराबरी में मौसम आता है और खर्च बढ़ जाता है/कुछ सामान आकाश में कुछ सामान पाताल में चला जाता है।' कैसा है समय, जिसमें मिठासें सारा नमक खा जाती हैं। यह समय है या समयों का गड्डमड्ड जो एक अनवरत फंतासी है। जगूड़ी की कविता में जहाँ समय-विमर्श ख़ासा जटिल क़िस्म का है और वह महानगरों से लेकर पहाड़ी अंचलों तक के विस्तृत फलक के अध्ययन के आधार पर बना है, वहीं कविता की संरचना या काव्य-प्रक्रिया के भीतर एक प्रश्नोन्मुख क्रीड़ावृत्ति के कारण भी दिलचस्प और उत्तेजक है। इतिहास को विकृत करने, अधिगृहीत करने, कूड़े को इतिहास में, इतिहास को कूड़े में बदलने का जो प्रायोजित व्यापार सत्ताएँ चला रही हैं उस पर एक तीखी आलोचनात्मक दृष्टि

जगूड़ी की फ़ंतासी को अर्थमय, कभी-कभार अर्थबहुल बनाती है। क्रीड़ावृत्ति और स्फीति में अगर एक तनावपूर्ण रिश्ता न बने, तो बहुत-सी संरचनाएँ एक संदिग्ध किस्म के आनन्द की ओर ले जा सकती हैं। आख़िर एक महत्त्वपूर्ण कवि को अपनी मुक्ति अपने दृष्टि सम्पन्न काव्यानुशासन में ही खोजनी और पानी है। जगूड़ी अपने काव्यमुहावरे को भी तोड़ते बदलते रहते हैं इसलिए माना जा सकता है कि उन्हें इस तनावपूर्ण सम्भावना की गहरी समझ है।

भय के विरुद्ध हस्तक्षेप

अरविन्द त्रिपाठी

सातवें दशक के दौर में जिन युवा कवियों ने 'युवा कविता' आन्दोलन को एक नयी गति और आक्रामक दिशा दी उनमें जगूड़ी का नाम उल्लेखनीय है। सम्भवत: उस दौर में धूमिल, देवेन्द्र कुमार, जगूड़ी और कुमार विकल की कविताएँ सबसे ज्यादा चर्चित और उल्लेखनीय मानी गयीं। ये चारों कवि नक्सलवादी आन्दोलन के उभार के साथ कविता की दुनिया में दाखिल हुए जिनका मुख्य स्वर असन्तुलन, क्षोभ और गुस्सा था। यह स्वर व्यवस्था से उपजे तीव्र मोहभंग से पैदा हुआ था। धूमिल अपने समय के सबसे प्रखरतम और गुस्से वाले कवि के रूप में मशहूर हुए। लगभग यही स्वर देवेन्द्र कुमार, जगूड़ी और कुमार विकल का भी था। पर धूमिल की असामयिक मौत ने उस समय की कविता के रुख को बदल दिया। इस बदलाव का स्वर आप कुमार विकल और जगूड़ी दोनों में देख सकते हैं।

यहाँ लीलाधर जगूड़ी के सातवें कविता संग्रह 'भय भी शक्ति देता है' की कविताएँ पढ़ते हुए उनकी कविता के स्थापत्य में आये बदलाव को देखने–समझने में मदद मिल सकती है। हालाँकि उनकी कविता में बदलाव 1977 में प्रकाशित काव्य संग्रह 'बची हुई पृथ्वी' से आ गया था। पर उनकी इधर की कविता में जो मुख्य बदलाव व्यापक स्तर पर हुआ है वह है–कविता में सिर्फ सत्ता और व्यवस्था का उग्र विरोध करने की जगह अपनी पूरी सामाजिक, आर्थिक, सांस्कृतिक संरचना की गहन छानबीन। फलत: उनकी कविता उग्र और आक्रामक होने की बजाय कम बोलने वाली और ज्यादा कहने वाली साबित हुई है। पहले की अपेक्षा उनकी कविता में रेटारिक कम हुआ है। सच्चाई यह है कि इस संग्रह में जगूड़ी ने अपने रेटारिक को लगभग तोड़ दिया है। कविता की दुनिया में उन हदों तक जाने की कोशिश की है जिसको पाने के लिए हर समर्थ कवि भरसक कोशिश करता है। यह हद है–अपने रेटारिक को तोड़ कर कविता की आत्मा में प्रवेश करने की कोशिश, जिसे पाने में जगूड़ी कामयाब भी हुए हैं। पर यह कामयाबी उनकी दुरूहता नहीं है, जैसा कि परमानन्द श्रीवास्तव ने जगूड़ी के इस संग्रह की समीक्षा करते हुए लिखा है–"औसत अच्छी कविता के विरुद्ध जिस काव्यात्मक

दुरूहता का विकल्प जगूड़ी ने चुना है, वह अपने समय के प्रति कठोर जिज्ञासा का परिणाम है।'' सवाल यह है कि अपने समय के प्रति कठोर जिज्ञासा क्या है? क्या कठोर जिज्ञासा को जानने के लिए काव्यात्मक दुरूहता का विकल्प जरूरी है? शायद हिन्दी के तमाम प्रगतिशील कवियों ने अपनी कविताओं में इस कठोर जिज्ञासा भरे प्रश्नों से ही मुठभेड़ की है। पर उनमें दुरूहता कहीं नहीं है। कम से कम नागार्जुन, त्रिलोचन और केदारनाथ अग्रवाल की कविताएँ तो यही कहती हैं।

गौर किया जाए तो जगूड़ी की कविता शुरू से ही जिज्ञासा के बजाय समाज और जीवन के यथार्थ से सीधे मुठभेड़ की रही है। उनकी कविताओं की सपाटबयानी भरी आक्रामकता और व्यंग्य की आसन्न मुद्राएँ उन्हें अपने समय का सबसे बेचैन कवि साबित करती हैं। यह बेचैनी इस संग्रह में भी पाठकों को मिलेगी। वर्ना लीलाधर जगूड़ी जैसे कवि भय में शक्ति खोजने का साहस नहीं बटोरते। क्योंकि भय का मनोविज्ञान अन्ततः दूसरे के डर का होता है। दिलचस्प बात यह है कि इस संग्रह की अधिकांश कविताएँ भय से भरे आज के समाज और राजनीति में अन्याय और अत्याचार की स्थितियों से टकराने के लिए शक्ति के संकल्प सहेजती हैं। संग्रह की पहली कविता 'बुरे वक्त की कविता' आज के समय के क्रूर यथार्थ को सामने रखते हुए कविता के सम्मुख आने वाली चुनौतियों का बेलाग इजहार है–''अच्छी कविता क्या इसे इस तरह कहूँ कि अहा!/किस सरलता से मरने का इन्तजाम किया है/खदेड़े जाने को मैं कैसे कलात्मक बताऊँ/क्या कला की हत्या कर दूँ/उसके बिना कहने की कोई कला लेकर/पूरा जीवन केवल एक बात कायदे से कहने के लिए/कितनी बार नष्ट करने की जरूरत है।''

जाहिर है जगूड़ी की ये पंक्तियाँ कविता की कलावादी सोच वाले कवियों पर तीखा व्यंग्य हैं जिन्हें पूरी दुनिया केवल सुन्दर-सुन्दर दिखती है। स्पष्ट है कि जगूड़ी कलावादी चेतना के विरुद्ध हैं, फलतः वे कविता में जटिलता और अमूर्तन के भी खिलाफ हैं।

अगर इस संग्रह की कविताओं के संसार का जायजा लिया जाए तो इसमें इतनी विविधता है कि उसकी सिलसिलेवार पड़ताल सम्भव नहीं है। पर इन कविताओं का मुख्य संघर्ष-स्वर समाज में आखिरी मनुष्य के लिए मुक्ति का है। कविताओं में सिर्फ व्यवस्था की ही निर्मम चीरफाड़ नहीं है, बल्कि समाज के कथित भद्र और कुलीन वर्ग की पाखंडी मुद्राओं का तीव्र व्यंग्य भरा उपहास है। दरअसल, व्यंग्य की यह महीन मार जगूड़ी की बहुत परिचित मुद्रा है। 'अब इतने दिन बाद' कविता की ये पंक्तियाँ देखिए–''नैतिकता/ब्रह्मचर्य/उपकार/सेवा शुश्रूषा/सहिष्णुता उदारता और विश्वास/हजारों साल से चला आ रहा है इनका आग्रह/क्यों नहीं आ जाते जीवन में/अब इतने दिनों बाद ये अनायास?''

व्यवस्था की चीरफाड़ तो जगूड़ी का प्रिय विषय शुरू से ही रहा है। वे आरम्भ

से ही एक प्रतिबद्ध सामाजिक कवि के रूप में हमारे सामने आते हैं। शुरू में उनकी कविताएँ सत्ता विरोध ज्यादा करती थीं। पर इधर की कविताओं में एक गुणात्मक परिवर्तन यह आया है कि अब कवि ने सत्ता के विरोध के बजाय व्यवस्था के पूरे तन्त्र को बेनकाब किया है, जिसमें पुलिस तन्त्र के भयानक अत्याचार प्रमुख हैं। इस दृष्टि से जगूड़ी की इमरजेंसी के दौरान पुलिस तन्त्र को बेनकाब करती 'बलदेव खटिक' कविता अत्यन्त महत्त्वपूर्ण रही है। इस लिहाज से 'बयासी का बसन्त' कविता की इन पंक्तियों को पढ़ा जा सकता है, जहाँ पुलिस के संहार के बाद की स्थितियों का तीव्र प्रतिकार है–"जहाँ-जहाँ गोलियाँ दागी गयीं क्या वहाँ वहाँ फूल दाग दूँ/घावों पर कसीदे काढ़ दूँ/चुराये गये बच्चों के लिए लिख दूँ कि उनके चेहरे फूलों जैसे थे/लापता लोगों के लिए कह दूँ/कि वे कहीं मौज मार रहे हैं/यह नहीं कहूँगा कि उनकी मार से आप मौन धारण करें/बल्कि कहूँगा कि बस जरा याद करें/याद करें कि किन मरे हुओं को मरे हुए/किन खोए हुओं को खोए हुए/आज कितना बरस हो गया/कुछ को तो एक हफ्ता भी नहीं हुआ है अभी।"

पुलिस तन्त्र के ही बर्बर समाज का एक असामाजिक चरित्र है–हत्यारा। आज के समाज में हत्यारों की संस्कृति ने जिस तरह समाज और राजनीति में 'पावर' और 'मनी' के सहारे अपना प्रभुत्व कायम कर लिया है, उससे हमारा पूरा परिवेश भयाक्रांत हो गया है। यह आकस्मिक नहीं है कि आज पूँजी और राजनीति के शिखर पर हत्यारों की संस्कृति हमारी अर्थव्यवस्था में अपने पाँव फैला चुकी है, जिसका कोई ठोस उपचार नहीं है। जगूड़ी की कविता 'हत्यारा' ने इसी तन्त्र को बेनकाब किया है। कविता की व्यंग्यधर्मिता हत्यारे के व्यक्तित्व के उद्घाटन में महत्त्वपूर्ण हो उठी है–"हत्यारा पहने हुए है महँगे कपड़े / हत्यारे के सारे दाँत सोने के हैं / पर आँतें पैदाइशी / हत्यारे के मुँह में जीभ चमड़े की मगर चम्मच चाँदी का है / हत्यारे का पाँव घायल मगर जूता लोहे का / हाथ हड्डी के मगर दस्ताने प्लेटिनम के हैं / हत्यारे के पास करने को हैं कई वारदातें / कई दुर्घटनाएँ / देने को हैं कई जलसे, कई समारोह / कई व्यवस्था विरोध और कई शोक सभाएँ / मगर अब तो वह विचार भी देने लगा है / पहले विचार की हत्या के साथ।"

इस संग्रह में सामाजिक यथार्थ की जो अनेक कविताएँ हैं, उनमें मन्दिर लेन, मध्यान्तर महत्त्वपूर्ण हैं। 'मन्दिर लेन' वस्तुतः सामाजिक यथार्थ की एक ऐसी कविता है जिसमें धर्म के ठेकेदारों की जमकर धज्जियाँ उड़ाई गयी हैं। कैसे मन्दिर लेन, कब्रिस्तान और गिरजाघरों के आसपास जरायम फैलता है। हत्या-बलात्कार को इसी जगह अंजाम दिया जाता है। देखा जाय तो ऐसी जगहें अब अपराध कर्म की निरापद जगहें बन गयी हैं। जगूड़ी की यह कविता इन आपराधिक जगहों की क्रूरता पर दृष्टिपात करती है और उस सच्चाई को सामने लाती है जिसको हमारा भक्त समाज मूर्तियों से आज भी ढके हुए है–"जी हाँ यही है मन्दिर लेन जो कब्रिस्तान को जाती है / तेरह

साल से भरे जीवित आदमियों के गिरोह से / निकलकर गंगू चमार मुखबिर बनने के बाद इसी में पागल हुआ।''

इस कविता में गंगू चमार, मिठाई लाल, सरोवर सिंह, रामपिरीत बनवारीलाल जैसे आम आदमी के चरित्र को उजागर करके कवि ने धार्मिक पाखंड से घिरे समाज में आम आदमी की हालत का इजहार किया है। 'मध्यान्तर' ईश्वर के अस्तित्व की शिनाख्त के बहाने कोई भक्तिरस की कविता नहीं, जिसमें आध्यात्मिक अर्थ ढूँढ़े जाएँ बल्कि यह कविता ईश्वर के अस्तित्व की निर्मूल्यता का बयान करती है जिसने हमारे अधिकांश भारतीय दिमाग को अपने कब्जे में करके उन्हें कापुरुष बना दिया है। आज धर्मान्धता के दौर में यह कविता हस्तक्षेप की तरह है—''ईश्वर के कपड़े बचाने का मतलब है / अपनी खाल बचाना / ईश्वर के जूते नहीं रह गये हैं / मंजन खत्म हो गया है / ईश्वर के चरण उस इलाके में घिसट रहे हैं / जहाँ एक भी आरोग्य पेड़ नहीं रह गया है / ईश्वर अपने गन्दे दाँतों से पावर हाउस की हड़ताल पर / हँसने में कई कारणों से असमर्थ है।''

संग्रह में राष्ट्रीय-अन्तर्राष्ट्रीय घटनाओं पर भी कविताएँ हैं। पर कहना होगा यहाँ कविता रिपोर्टिंग का काम ज्यादा करती है। फलतः ये कविताएँ ज्यादा प्रभावित नहीं करतीं। लीलाधर जगूड़ी जैसे जागरूक कवि को यह बात ध्यान में रखना ही चाहिए कि कविता में सब कुछ कहना अगर जरूरी है तो वह कविता की शर्तों पर होगा। कविता से इतर कविता का अस्तित्व कुछ और हो सकता है, कविता नहीं। संग्रह के अन्त में लोकजीवन की कुछ बहुत अच्छी कविताएँ जगूड़ी ने लिखी हैं। यह पहाड़ का लोकजीवन है—जहाँ जगूड़ी का घर है।

जाहिर है अपनी जमीन से कवि का रिश्ता उसकी इधर की कविताओं में काफी प्रगाढ़, आत्मीय और प्रेम से भरा हुआ साबित हुआ है। इधर की कविता में लोकजीवन की स्मृतियाँ काफी सघन हुई हैं। प्रायः हर कवि लोकजीवन की तरफ लौटा है। जगूड़ी की कविता में लोकजीवन का तत्त्व पहले से ही गहरे स्तर पर मौजूद है। खासतौर से पहाड़ के कठिन जीवन-संघर्ष के प्रतीक और बिम्ब जो वहाँ की लोकभाषा के साथ उभर कर आते हैं वह कविता को ज्यादा पठनीय और उत्तेजक बनाते हैं। संग्रह की लोकगीत, पनघट पर भगीरथ, हाथी और पहाड़, निरुत्तर पहाड़, काखड़, सपने में दादी, पहाड़ के रास्ते, प्रस्थान, जैसी कविताओं में लोकजीवन के बहुत सजीव बिम्ब उभर कर आते हैं। यहाँ मैं दो कविताओं 'लोकगीत' और 'सपने में दादी' का हवाला देना चाहता हूँ। लोकगीत कविता में पहाड़ के अथाह संघर्ष की गाथा छिपी है, जिसमें निराशा की जगह हमेशा आशा की आस्था मौजूद है। कुएँ पर पानी भरती एक स्त्री का यह चित्र अद्‌भुत है—

''कुएँ पर झुकी एक स्त्री / बैलगाड़ी की रूँ-चूँ और पाताल लोक से आता हुआ / एक बाल्टी पानी / प्यासे दुख जिनकी प्रतीक्षा में हैं / इस अनोखे जड़ चित्र को निहारने

में रत्ती भर रुचि अब नहीं है / हिलती हुई लालटेन के बावजूद / घसियारी स्त्री के सिर पर बोझ और पेट में बच्चे के बावजूद।'' 'सपने में दादी' कविता में कवि ने दादी माँ के उस कठोर और कठिन संघर्ष के दिनों को याद किया है जो आज उनके जीने के लिए जरूरी आस्था है, जिसे कवि सहेज कर रखना चाहता है–''बरसों पहले मरी हुई मेरी दादी / जंगल में लकड़ियाँ बीन रही है / मैंने कहा अब घर में गैस है, बिजली है / चीड़ की छेलियाँ क्यों बटोर रही हो।'' जाहिर है कविता में दादी और पोते में हुआ संवाद काफी दिलचस्प है, जिसमें दादी की आस्था और संघर्ष की कहानी आज की आधुनिक सभ्यता के सामने एक चुनौती है। इस तरह यह कविता पुरानी और नयी पीढ़ी की आस्थाओं के अन्तर्द्वन्द्वों को प्रकट करती है।

जगूड़ी का यह संग्रह कथ्य के बहुविध संसार की रचना के लिहाज से बेहद दिलचस्प और पठनीय है। इन कविताओं को एक साथ पढ़ते हुए हमें जगूड़ी की कविता के विस्तृत संसार का अन्दाजा लगता है, जिसका सामना उनका कवि बहुत सचेत ढंग से कर रहा है। पाठकों को शीर्षक देखकर चौंकना नहीं चाहिए कि इस संग्रह में 'भय' के संसार की सृष्टि की गयी है, बल्कि कविताओं में जैसे-जैसे आप प्रवेश करते हैं तो पता चलता है कि इन कविताओं में भय से लगातार मुठभेड़ है, वह चाहे मनुष्य के भीतर हो या फिर समाज या जहान में। जिनसे लड़ना आज हमारे समाज के लिए सबसे कठिन चुनौती है, जगूड़ी इन कविताओं में बखूबी लड़ते दिखते हैं।

कविता को घेरता भय

लीलाधर मंडलोई

मुक्तिबोध ऐसे कवि हैं जिन्हें बीसवीं सदी की आपदाओं ने सर्वाधिक झकझोरा। विशेषतः द्वितीय विश्वयुद्ध के बाद मनुष्यता पर आये संकटों से मुक्तिबोध अपने रचना-संसार में जूझते रहे। यह जूझना सदी को दूर-दराज तक सूक्ष्म संवेदना से आकलित करना था। बाद में 'बची हुई पृथ्वी' में इस भय को रेखांकित करने वाले एक कवि हैं—लीलाधर जगूड़ी। उनका संग्रह 'भय भी शक्ति देता है' 1991 में आया। इस संग्रह पर कम ध्यान गया, किन्तु सदी की चिन्ता में डूबा यह संग्रह अब अधिक महत्त्वपूर्ण इसलिए भी है कि 1991 के बाद प्रकाशित संग्रहों का स्वर इसी चिन्ता से जन्मा लगता है। सदी के इस अन्तिम दशक में मूल्यांकन के स्वर भी कुछ बदल गये हैं। विनोद कुमार शुक्ल, चन्द्रकान्त देवताले, सुदीप बैनर्जी और कुमार विकल के संग्रहों को पढ़कर सदी की भयावह तस्वीर कहीं ज्यादा पारदर्शिता में समझ में आ रही है। यहाँ तक युवा-कवियों की चिन्ताएँ भी इसी काव्य-धरातल को कहीं अधिक सक्रियता से घेरने लगी हैं। ऐसे में जगूड़ी की कविताएँ अगर ज्यादा प्रासंगिक और अर्थवान लगें, तो इसमें आश्चर्य नहीं होना चाहिए।

बीसवीं सदी की स्विस कविता (चयन तथा अनुवाद : विष्णु खरे) में भय, आतंक और अँधेरे के बीच जन्मते साहस का बार-बार जिक्र आता है। जगूड़ी के काव्य संसार में भी भय की तस्वीर और उसमें से अँखुआती शक्ति की स्थिति का वर्णन मिलता है। कविता शायद इसी तरह विश्व में एकरूपता की तरफ अग्रसर होती है। एकरूपता भय की...आतंक की...चिन्ता की...साहस की। बकौल आन्द्रीपिअर—

जिसकी हममें कमी है दोस्तो,
वह है साहस
उस समय बोलने का साहस
जब शब्द जल रहे हों
पत्थर को पत्थर कहने का

ख़ून को ख़ून
और डर को डर

कहना न होगा जगूड़ी की काव्य-संवेदना इन पंक्तियों से काफी एकरूप है। जब समूचे विश्व की जीवन-स्थितियाँ एक-सी होने की ओर अग्रसर हों, तो कंसर्न भी एक से होने लगते हैं। कवि भौगोलिक सीमाओं का अतिक्रमण कर उस स्वर में बोलने लगता है, जो सार्वदेशिक और तदुपरान्त सार्वकालिक होने का संकेत देता है। जगूड़ी के काव्य-संसार में जगह-जगह उगते, सर उठाते भय को देखना विचारणीय है...और साथ में भय से लड़ने के लिए उपजते साहस को पहचानना भी; यथा–

- *डरा मैं और मरा मेरा पड़ोसी*
  मेरी वजह से उजड़ा है एक घर
  मेरी वजह से कमजोर बने हैं कुछ लोग
  हत्या किसी और की नहीं हुई
  इस जगह को नयी ज़मीन में बदलते हुए
  इस हत्या से जन्म लेना चाहिए मुझे
- *हो सकता है आप भी एक डरी हुई आत्मा हों*
  मेरी तरह सशरीर साहस की तलाश में हों
  क्योंकि जो हैं वे भय के कारण ही साहसी हैं
- *इस डर के मारे कि यह इससे भी बुरी हो सकती थी*
  क्या यह न सोचा जाए कि ज़िन्दगी कभी-कभी
  जरूरत से ज्यादा बढ़िया भी होती है

जगूड़ी को बाज़ दफ़ा भय पस्त करता है, पराजित करता है...वे मौत के लयबद्ध विलाप से भाग जाने की कल्पना करते हैं किन्तु बार-बार जिजीविषा से भरे जीवन मे लौटते हैं साहस लिए...और यह साहस तब निश्चित ही अर्थवान है जब भय और आतंक अपने चरमोत्कर्ष पर शासनरत हो।

जगूड़ी का संग्रह 6 उपशीर्षकों में विभाजित है क्रमश: 'बुरे वक़्त की कविता', 'मन्दिर लेन', 'उन दिनों की कथा', 'दूसरे शरीर की खोज', 'अन्तर्राष्ट्रीय बाजार' और 'हाथी का पहाड़'। इन उपशीर्षकों से जगूड़ी का काव्य-केनवास स्पष्ट होता है। पहाड़, राज्य से लेकर अन्तर्राष्ट्रीय स्तर पर घटित होते समय व जीवन का ग्राफ। साथ में कवि की संवेदना और संघर्ष का उभरता चित्र...। जगूड़ी एक जटिल कवि हैं। वे फॉर्म के साथ छूट और रिस्क लेने वाले कवि हैं। कई बार उनकी कविता में सूक्तियाँ दिखाई देती हैं...(लोक और आधुनिक) जैसे निबन्ध में होती हैं...बेशक ललित निबन्ध वाली नहीं...सूक्तियाँ जैसे परसाई के निबन्ध में...। कविता में यह प्रयोगधर्मिता जगूड़ी का निजत्व है, कुछ उदाहरण–

- नैतिकता/ब्रह्मचर्य/उपकार/सेवा-शुश्रूषा/हजारों साल से चला आ रहा है इनका

आग्रह।

- लाश औरत की हो और पूरी हो सबको अचरज था।
- जिन्दा ददुआ या तो सरकार होता है या पहुँचा हुआ महात्मा।
- शरीर का धर्म नरक है और इसी के पुण्य से बना है स्वर्ग।
- हम पैदाइशी नरकवासी सीधे स्वर्गवासी ही हो सकते हैं।
- मृत्यु और जीवन नरक और स्वर्ग ऐसे ही पास-पास सटे हुए हैं इस पृथ्वी पर जैसे रूस, अमेरिका और हम। जैसे सत्ताधारी दल और विपक्ष। जैसे पुरानी दिल्ली और नयी दिल्ली।
- ईश्वर के कपड़े बचाने का मतलब है अपनी खाल बचाना।
- ईश्वर को टाइफाइड है। ईश्वर को मलेरिया है। एड्स की भी जाँच चल रही है।
- दिन नहीं व्यक्ति उदास होता है व्यक्ति बीतता है।
- बूढ़े कभी अपना जिक्र नहीं करते सिर्फ तजुर्बों का जिक्र करते हैं।
- ऐसे मैदान जिनमें रास्ते नहीं होते भाग्यहीन व्यक्ति की तरह लगते हैं।
- पर यदि हटा दिये जाएँ पहाड़। तो क्या हिन्दुस्तान के सिर पर अल्मोनियम का पतीला रखेंगे?
- युद्ध चाहता है इन्द्रियविहीन अपार सहनशीलता। और प्राणविहीन समपूत प्रतिरोध...

इन पंक्तियों को पढ़ते हुए नहीं लगता कि ये कविता की पंक्तियाँ हैं। जगूड़ी कविता में गद्य को तिरोहित करने की रिस्क लेते हैं। पाठ की कंटीन्युटी में गद्य का एहसास जरूर तिरोहित होता है, किन्तु स्मृति में वह परसाई की सूक्तियों की तरह चमकता है। इसमें व्यंग्य है, करुणा है, रिक्तता है, विरक्ति है और दर्शन है...। समकालीन कविता में यह गुण अपेक्षाकृत कम है और इसे अलग से रेखांकित करने की जरूरत है।

साम्प्रदायिकता, बर्बरता, युद्ध और अन्तर्राष्ट्रीय बाजार की विभीषिका आदि पर जगूड़ी ने पर्याप्त लिखा है और समय से पूर्व लिखा है। बाज़दफ़ा लगता है वे पूर्वाभास में लिख रहे हैं। जैसे 'मन्दिर लेन' में साम्प्रदायिक शक्तियों की तरफ 1986 में इशारा...। सदी की भयावह सम्भावित तस्वीर जगूड़ी मानो डेढ़ दशक पहले से देखने लगे हों। सदी की इस तस्वीर में फ्रांस, अमेरिका, जर्मनी और इंग्लैंड में पनप रही साजिशों की तरफ संकेत स्पष्ट हैं। भारत की विसंगत स्थितियाँ तो जगूड़ी दर्ज़ करते ही हैं, महत्त्वपूर्ण यह है कि वे 'ग्लोबली' देखते हैं और वैचारिक रूप से सही आकलन करते हैं—

- हत्यारा चाहता है तमाम सुन्दर और मज़बूत विचार हत्याओं के बारे में।
- जी हाँ यही है मन्दिर लेन जो क़ब्रिस्तान को जाती है।
- अमेरिका के बच्चे चड्डियों में पिस्तौलें लटकाए घूम रहे हैं पर मैं चीख न

सका।

- तब मैं मनीप्लांट के हंटर से प्रेज़िडेंट को बताऊँगा हर पिटने वाली चमड़ी रात की तरह काली होती है।
- हमने कपड़ों के डिज़ाइन बदल दिये हैं और गारंटी है वह कभी दुखी नहीं हो सकता।
- न्यूयॉर्क के बाजार में एक हिन्दुस्तानी नर-कंकाल ने कहा इंक़लाब जिन्दाबाद।
- हवा में उड़ते हुए एक भस्म आदमी ने कहा–तुम सब युद्ध हो।

जगूड़ी की दृष्टि न केवल दूरगामी वरन सूक्ष्म भी है। वे प्रत्यक्ष के पार देखते हैं। अदृश्य टटोलते हैं। तर्क करते हैं समय से, स्वयं से और मनुष्य विरोधी किसी भी हरकत को त्वरित गति से नोट करते हैं...यही वजह है कि अमंगलकारी शक्तियाँ चाहे पहाड़ हों, भारत में अथवा कैसा भी लबादा ओढ़े पृथ्वी पर कहीं घूम रही हों, जगूड़ी दर्ज़ करते हैं। सी.आई.ए. तथा के.जी.बी. जैसी शक्तिशाली संस्थाओं के चरित्र पर अँगुली रखते जगूड़ी घबराते नहीं वरन पके हुए राजनीतिज्ञ की तरह टिप्पणी या चोट करते हैं। अमेरिका का नाम आते ही वे कविता में जैसे अतिरिक्त रूप से सतर्क हो जाते हैं और अमेरिका की साम्राज्यवादी हरकतों तथा उपभोक्तावादी षड्यन्त्र को जैसे अनावृत्त करने को अधीर हो उठते हैं। उन्हें उपभोक्तावाद से गहरी चिढ़ है कि इस संस्कृति के प्रवेश ने भारत की लोक-सभ्यता को अत्यधिक क्षतिग्रस्त किया है। इसी वजह से आज हमारी सांस्कृतिक अस्मिता कठघरे में खड़ी है...और हम बेखबर हैं जबकि अमेरिका मुस्कुरा रहा है...।

जगूड़ी का पहाड़ से गहरा रिश्ता है, प्रेम है जो तलछट की हद तक जाता है। अगर स्थानीयता में उनकी पैठ मजबूत न होती तो वह इस तरह वैश्विक भी न होती। अपनी स्थानीयता के एवज़ में वे कुछ स्वीकार नहीं करते। शायद पहाड़ के इतने ढेरम-ढेर शेड्स को आत्मसात करने की प्रक्रिया ही जगूड़ी की कविता के केनवास को अधिक खुला और सघन बनाती रही है। लोकबोली के शब्द बिम्ब, प्रतीक और अनोखे तथ्य उनकी कविता में नैसर्गिक आवाजाही करते हैं। यह आवाजाही ही उन्हें अपनी जड़ों में बनाये रखती है। किन्तु जगूड़ी लोक का इस्तेमाल नहीं करते वरन कविता में नैसर्गिक आवाजाही के आलोक में उसे जीते हैं। जगूड़ी में पर्यटकीय दृष्टि के उपयोग का निषेध है जो स्वागतेय है–

- बूढ़ा बैल उठा और मारे डर के पोंकता हुआ ऐसा दौड़ा कि जवान हो भय भी शक्ति देता है।
- प्यार और परिवार और इनसेट एक-बी से घनिष्ठता के बावजूद।
  मुझे कुकरैल नाले का एक लोकगुण याद आया।
  बच्चा पैदा हो सकता है पर नहीं हो सकता एक लोकगीत।

इस तरह हमने अपने लोकगीत खाये प्रायोजित गीतों के भरोसे
बने-बनाये संवादों के भरोसे खोई अनकही
बने-बनाये संगीत के भरोसे खोए नये लय-ताल
हमारी कहानी केवल मन-पसन्द विवाह न कर पाने की कहानी है।

- खुली टोंटी के नीचे खुले में नहा रहा है भिखमंगा
आगे-आगे भगीरथ पीछे-पीछे गंगा।
- बड़ा स्वाद है वहाँ की उड़द में
अदरख सबसे अच्छा होता है वहाँ
सोचा कि यहाँ का नाम आदराखाल होना था।

यह देखना दिलचस्प है कि जगूड़ी लोक की मोहक ग्रेफ्टिंग करने के प्रति सचेत हैं। वे लोक की आवाजाही के बीच सदैव प्रयत्नशील दिखते हैं कि लोक की वर्णनात्मकता कविता का हिस्सा न बने, वह बने कविता की स्पिरिट और कवि की चेतस् संवेदना। यही कारण है कि लोक से आती वस्तुओं के समय वे तार्किक हो उठते हैं और व्यंग्य कविता में एक गुण की तरह प्रगट होता है, जो प्रहार करने से बाज नहीं आता। लोक के सन्दर्भ में जगूड़ी की कविता एक तरह से खुरदुरी है उसमें तीखे कोने हैं...वह अन्य कवियों की तरह मुलायम और रेशमी अनुभव लोक में नहीं ले जाती...। जगूड़ी इसी धरातल पर अपने समकालीनों से एकदम अलग दिखायी देते हैं।

जगूड़ी की काव्य-संवेदना में एक विशिष्ट गुण यह है कि वे 'आब्जेक्ट' को देखकर बिल्कुल अलग ढंग से रिएक्ट करते हैं। उनकी दृष्टि में चीजें संवेदना के स्तर पर एकदम अलग तरीके से कौंधती हैं। उनके समकालीनों में यह गुण बनिस्बत कम है। मसलन-

- लड़का सपने में एक पौधे की तरह खड़ा होता उसमें एक पत्ती किक करती है।
- गये-बीते सारे लोग सबसे ज्यादा मूल्यवान पदार्थ हैं।
- जमीन के तहे-दिल से उस वृषभाकार बीज का एक सुई-जैसा अंकुर उठा।
- बैल अपना बीज नहीं बो सकता जबकि वह पूरी जमीन बो सकता है।
- वयोवृद्ध मरते नहीं पराजित होते हैं या जीतते हैं।
- रात न घर है न घोंसला। रात खुद एक विराट गुफा है जिसके अन्दर एक साथ कई उद्विग्न महाद्वीप सोते हैं।
- वे स्त्रियाँ सुन्दर होती हैं जो निकम्मी नहीं होतीं।
- मारे स्वाद के वह अपना राष्ट्रगान भूल गया।
- मेरे अरब पड़ोसी ने देखा कि मैं एक अमर हरियाली में बदल गया हूँ।

इन पंक्तियों से जगूड़ी की तार्किक संवेदन दृष्टि का पता चलता है। उनकी कविता में बच्चों, स्त्रियों, बूढ़ों और लोक-चरित्रों के लिए खास जगह है, जहाँ उनकी

सहानुभूति और सरोकारों का पता चलता है। उनके यहाँ लोक-वस्तुओं, लोक-पात्रों और लोक-संस्कृति के दुर्लभ होते चित्र सहज दर्शनीय हैं। लोक-शब्दों का उपयोग कुछ इस तरह से देखने में आता है जैसे वे समय के बहाव में खोते जा रहे इन शब्दों को बचा लेना चाहते हैं। लोक-व्यवहार के ऐसे शब्दों के उपयोग रेखांकनीय हैं जैसे-कमेरा, रामपिरीत, फज़ल चिरानी, नौवा, पितर, खिकोला, धुमैला, भड़पकी, अगेछेनियाँ, भूग, अगेला आदि। लोक-सभ्यता से जो कुछ भी छूटता जा रहा है उसकी चिन्ता में जगूड़ी डूबे लगते हैं, किन्तु वे लोक से मोहासक्त हों, ऐसा पता नहीं चलता और यह सुखद है।

जगूड़ी उन थोड़े से कवियों में से हैं जिन्होंने शिल्प और भाषा के स्तर पर लगातार जोखिम उठाया है। उन्होंने एक ओर तकरीबन छन्द को स्पर्श किया है तो दूसरी तरफ गद्य कविता को भी सम्भव किया है। ऐसा गद्य जो निबन्ध में होता है, बिना किसी उद्घोष के कविता के आधुनिक फ्रेमवर्क में उपस्थित हो, चमत्कृत करता है। ठेठ जातीय काव्य-भाषा के साथ आधुनिक कविता की भाषा का ऐसा समावेश जो ठहरने, ठिठककर पढ़ने को विवश करता है। जगूड़ी समकालीन कविता के एक गतिशील कवि हैं। जो सृजनरत हैं और किसी जड़ता की खबर नहीं देते।

दो दिन लीलाधर जगूड़ी के साथ

ओम नागर

एक शख्स जिसकी कविताएँ आज के दौर की कविताओं के हुजूम से हमेशा भिन्नता लिये रही हैं, जिन्होंने हिन्दी साहित्य में अपना अलग मुकाम केवल और केवल कविता के माध्यम से हासिल किया है। एकबारगी पढ़ने पर कविता किसी दृष्टि से कविता नहीं लगे बल्कि कैनवास पर उतरा कोई चित्र लगे और पूरा परिदृश्य आँखों के समक्ष तैरने लग जाए। जिसकी कविताएँ परत-दर-परत खुलती हुई, नवीन भाव-बोध का परिचय कराती हो। जिसके कथ्य की सरलता कविता की अभिव्यंजनाओं को एक-एक कर उघाड़ती दिखती हो। जिनका मानना भी यही है कि सरल हो जाना कठिन है। कविताओं को पढ़कर लगा कि सरल और सहज हो जाना ही इस कवि के जीवन का मूल मंत्र है। यह बात और पुख्ता हो गयी जब इस सख्स से इत्तेफाकन मुलाकात हो गयी। मिलना भी नहीं हुआ, पूरे दो-दिन इस शख्स से बतियाने और साथ रहने का अनमोल अवसर भी मिला। वो शख्स है आज की हिन्दी कविता के ख्यातनाम हस्ताक्षर लीलाधर जगूड़ी।

लीलाधर जगूड़ी जितने सहज अपनी कविताओं में नजर आते हैं इससे हजार गुना सरलता उनके व्यक्तित्व में दिखी। उनसे मिलने के पश्चात् यह अपने-आप स्पष्ट हो गया कि अभिव्यक्ति की सरलता के लिए अन्तस् की सरलता अधिक जरूरी है। जगूड़ी के साथ दो दिन रहने का सन्दर्भ रहा शहर के उच्च शिक्षण संस्थान, वर्धमान महावीर खुला विश्वविद्यालय, कोटा के हिन्दी विभाग के सौजन्य से आयोजित राष्ट्रीय-संगोष्ठी। संगोष्ठी के उद्घाटन सत्र में मुख्य अतिथि के रूप में आमंत्रित थे लीलाधर जगूड़ी। संगोष्ठी के आयोजन में सक्रिय भागीदारी के कारण मुझे अतिथियों की निकटता का तभी अवसर मिला। इस अवसर के मूल में विश्वविद्यालय के कुलपति प्रो. (डॉ.) नरेश दाधीच एवं हिन्दी विभागाध्यक्ष डॉ. मीता शर्मा का साहित्यानुराग ही महत्त्वपूर्ण था।

लीलाधर जगूड़ी शहर के सर्किट हाउस में ठहरे हुए थे। उनसे मिलने का यह उत्साह ही था कि मैंने उनसे कार्यक्रम स्थल पर मिलने का इरादा छोड़ सर्किट हाउस की राह पकड़ ली। प्रातः 09:00 बजे सर्किट हाउस पहुँचकर कमरा नम्बर 16 (सोलह)

पर दस्तक दी जिसमें वो ठहरे हुए थे। दस्तक सुनकर अन्दर से आवाज आयी–'आ जाइये...।' अन्दर प्रवेश करते ही सामने हाथ में कुछ कागज पलट रहा एक औसत कद का शख्स नजर आया, सोफे पर बैठा हुआ। जो लगा ही नहीं कि उम्र के सत्तर वसन्त पार कर चुका हो। गौर वर्ण पर फबता हुआ लम्बा रंगीन कुर्ता, सफेद पायजामा, पैरों में वैसी ही सादा चप्पलें। सब सादगीपूर्ण। चेहरे पर सुखद चमक, अपनेपन से मुस्कराता हुआ चेहरा। जैसा कि किताबों में पढ़ा है कि अनुभव व समझ अपने-आप बोल पड़ती है किसी नामी आदमी के चेहरे को देखकर, उसकी भाव-भंगिमाओं में अजब-सा जादू, जो बना लेता बरबस रिश्ते जो अपने-आप निभते चले जाते हैं, यूँ ही साल दर साल, कदम दर कदम।

मैंने बिना पूछे अपना परिचय दे दिया और साथ ही साथ उनकी कविताओं के कुछ शीर्षक और एक साहित्यिक पत्रिका के अंक में छपी उनकी और मुकेश नौटियाल की बातचीत का जिक्र भी कर दिया। वह प्रसन्नता का और मैं आनन्द का अनुभव कर रहा था। उनकी प्रसन्नता उनकी सहजता के रंग से लबरेज थी और मेरा आनन्द उनके साक्षात्कार से स्पन्दित। इन्हीं क्षणों में मैंने अपना नवीन प्रकाशित हिन्दी कविताओं का संकलन 'देखना, एक दिन' उनको भेंट किया। संग्रह के पृष्ठ पलटते रहने के दौरान ही मैंने जैसे ही विष्णु नागर जी का जिक्र किया कि पुस्तक के फ्लेप पर टिप्पणी उन्हीं की है, उन्होंने पुस्तक पर सरसरी निगाह डालते हुए कहा कि नागर जी मेरे अच्छे मित्र हैं, उन्होंने तुम्हारे लिए सही लिखा है कि कविता के प्रति अधिक समझ व अनुभव से ही परिपक्वता हासिल होगी।

मैंने जैसे ही निजी चर्चा शुरू की कि मैं मूलतः ग्रामीण परिवेश से जुड़ा हुआ हूँ, माता-पिता खेती-बाड़ी करते हैं तथा पूरे जातीय परिवेश में किसी का साहित्य सर्जना से सरोकार नहीं रहा। उनकी जिज्ञासा गाँव के प्रति बढ़ गयी। उन्होंने जानना चाहा कि बदलते हुए परिवेश में गाँव आज कहाँ खड़े हुए हैं। मैंने भी उनसे पूछा कि क्या कभी वे इससे पूर्व भी राजस्थान आये हैं? यह जानकर मुझे सुखद आश्चर्य हुआ कि उन्होंने अपने जीवन के ग्यारह वर्ष प्रदेश के शेखावटी अंचल में गुजारे हैं। उन्होंने राजस्थान की विभिन्नताओं पर अचंभित होते हुए कहा कि यह प्रदेश अजब निराली लोक संस्कृति का धनी है। एक ओर जहाँ रेत के धोरे पसरे हैं तो दूसरी ओर चम्बल की सम्पन्नता अपने शबाब पर है। ढाणियाँ, ठाणियाँ, कुएँ, चने, ग्वार की फली और बाजरे की कलगियाँ। चारों ओर ऊँट के कूबड़ों में बड़ी समानता दिखती है।

राजस्थान का जिक्र आया तो अन्तस् में एक प्रश्न उठ रहा था–आखिर कहाँ गढ़वाल और कहाँ राजस्थान? क्या कुछ कारण रहे जो राजस्थान की राह लेनी पड़ी? पहले तो बोले–क्यों कुरेद रहे हो नागर, यह राजस्थान नहीं अपनाता तो शायद लीलाधर शर्मा आज लीलाधर जगूड़ी नहीं होता। बोले–मेरा जीवन घटनाओं की पाठशाला है। मैं जब ग्यारह वर्ष का था तभी शादी हो गयी। जाहिर है बाल-विवाह था। ऐसे में गाँव

के साथियों ने चिढ़ाया। बचपन तो था ही, घर छोड़ दिया और चल पड़े। दिल्ली आ गया। जेब में एक पैसा नहीं था। भूख सामने खड़ी थी। एक आदमी ने कहा होटल में नौकरी करोगे। मैं तैयार हो गया। पर उस आदमी के प्रति मन में शंका के भाव हुए। इसलिए मैं उसे चकमा देकर पुरानी दिल्ली रेलवे स्टेशन भाग आया। वहाँ जो गाड़ी सबसे पहले चलने वाली थी उसी में बैठ गया।

संयोग से वह गाड़ी जा रही थी। पास बैठे आदमी ने मेरे बारे में जानना चाहा तो मैंने कहा कि संस्कृत का विद्यार्थी हूँ। उन्होंने बताया कि कांसली में वैद्यनाथ आयुर्वेद वालों के स्कूल चलते हैं। मैं उसके कहे अनुसार डाबला स्टेशन पर उतर गया। अब तक की यात्रा बेटिकट थी। अब मामला बस का था। जैसे-तैसे ड्राइवर-कण्डक्टर को मनाया। मेरी छोटी उम्र को देखकर वे पसीज गये। बस स्कूल के सामने रुकती थी। मैं वहीं उतर गया। वहीं कुएँ पर पानी पीया। वह राजस्थान की धरती का पहला पानी था। वह पानी मेरे लिए दूध था। वहीं कुछ विद्यार्थी खेल रहे थे। मैंने एक विद्यार्थी से पूछा, उसने मुझे आचार्य जी के पास पहुँचा दिया। मैंने कहा, उत्तराखंड से आया हूँ। यह सुनकर वह बहुत प्रसन्न हुए। मैंने उनसे कहा कि मैं पढ़ना चाहता हूँ। उन्होंने पूछा खाने-पीने का क्या करोगे? उस दिन तो उन्होंने स्कूल हॉस्टल से इन्तजाम करवा दिया। साथ ही यह सुझाव दिया कि मुझे बोहरा जी से मिल लेना चाहिए। मैं बोहरा जी के पास गया। वे पहले से ही एक गरीब छात्र की मदद कर चुके थे। उन्होंने असमर्थता जतायी। वापस आचार्य जी के पास लौटा। कांसली में ही एक मन्दिर था। उसके पुजारी थे महन्त प्रेमदास। उन्हीं से आचार्य जी ने कहा कि इस गरीब बालक की व्यवस्था करो। मैं सुबह-शाम आरती करता। इस तरह मेरे पढ़ने का सिलसिला चल निकला। मैं इतना छोटा था कि ठाकुर जी के सिंहासन तक नहीं पहुँच पाता था। अतः पूजा सांकेतिक होती थी। इस मन्दिर में भगवान की सेवा-पूजा करते हुए कांसली, पुष्कर, पिलानी, बग्गड़ में पढ़ते हुए लीलाधर शर्मा के नाम से हाई स्कूल पास किया। उम्र के इक्कीस साल के बाद अपने धंगण गाँव वापस आया।

बातचीत के दौरान उन्होंने अल्पाहार और चाय की इच्छा व्यक्त की। हम कमरे में ताला लगाकर सर्किट हाउस की कैंटीन की तरफ बढ़ लिये। कैंटीन की टेबल पर अल्पाहार और चाय के साथ-साथ चर्चा। चर्चा में आज के परिदृश्य में बदलता हुआ गाँव और वहाँ की अपनी लोक संस्कृति, परम्पराएँ, जीवनबोध, सब कुछ। इस वक्त उनकी जिज्ञासा देखते ही बनती थी और मैं कि बोलता जा रहा था। उनकी नजर में सही मायने में रचनाकार वही है जो खुद जिज्ञासा पैदा करे। ऐसी जिज्ञासा और प्रश्न जो आप में भीड़ से अलग होने का विश्वास खड़ा करें। इसी बीच उनका अजीब सा सवाल आया 'ओम, गाँव जो नित-नूतनताओं को अंगीकार करता जा रहा है, कैसा महसूसते हो? कि गाँव बदल रहा है? विकास की ओर...? उनकी बात को बीच में

काटते हुए मैंने जवाब दिया, 'हाँ सर, गाँव बदल रहा है पर चिन्ता इस बात को लेकर अधिक है कि वह अपनी मूल संवेदनाओं को भी खोता जा रहा है। पूरा का पूरा गाँव कविताओं में अभिव्यक्त होना चाहता है।' बातों ही बातों में हम एक-एक कप चाय पी चुके थे। पता नहीं क्यों आज चाय पहले से अधिक स्वाद लग रही थी। उनकी रसभरी बातें जैसे चीनी बन मिठास घोल रही हों। गाँव के परिवेश, पीड़ा व उत्सव को अभिव्यक्त करने की मेरी जिज्ञासा, चिन्ता को भाँपते हुए उन्होंने कहा कि तुम्हें इन संवेदनाओं पर अपनी कलम चलानी चाहिए। क्योंकि जिस परिवेश में आप रचे-पले होते हैं उनकी अनुभूति भी गहरी होती है इसलिए अभिव्यक्ति की सार्थकता अपने-आप नजर आ जाती है।

बातचीत का सिलसिला यूँ ही जारी रहा। दूसरी बार उन्होंने सिम्पल चाय लेनी चाही। बिना दूध की। उनका मानना है कि लिखने से ज्यादा पढ़ने पर ध्यान देना चाहिए। पढ़ने से ही अनुभव की नवीन जमीन तैयार होती है। लिखो कम, पढ़ो ज्यादा। साथ ही हमेशा उस तरह से कहने का हुनर पैदा करो जिस तरह से आज तक न कहा गया हो। अपना कथ्य, अपना मुहावरा, शिल्प और तरीका भी। लीक से हटकर सार्थक कह पाना ही मौलिकता है और अन्तस् की अपनी लय भी। क्योंकि कविता को आज भी नयी बात, नयी दृष्टि और नये सलीके की तलाश है। दस बजने को थे। ग्यारह बजे संगोष्ठी का उद्घाटन सत्र था। मुझे भी आयोजन स्थल पर समय से पूर्व पहुँचना था। इसलिए वो अपने कमरे की ओर चल पड़े, मैं अपनी राह।

संगोष्ठी सभागार। सभागार में बैठे सभी प्रतिभागियों के आकर्षण का केन्द्र लीलाधर जगूड़ी। सभी उनके आज की हिन्दी कविता और वैश्वीकरण पर सम्भाषण सुनने को प्रतीक्षारत। मैं भी। उन्होंने अपना उद्बोधन आरम्भ किया-'कविता प्रतिवाद से शुरू होती है और साहित्य के सरोकार हमेशा वैश्वीकरण से रहे हैं। विश्व के प्रति उदार दृष्टि, हमारी परम्परा बहती नदी की तरह है जो तट बनाती है, जिसे सेतु निर्माण की प्रेरणा मिलती है। शब्दों में मन्त्र जैसी शक्ति होती है।' उन्होंने वैश्वीकरण के सन्दर्भ में कहा है कि 'वसुधैव-कुटुम्बकम्' तो हमारा मुहावरा है। पाश्चात्य रंग-ढंग में जो वैश्वीकरण आया है उसके अर्थ में व्यापक उत्पादन है। आज युद्ध व प्रेम के व्यापार में भी बाजार महत्त्वपूर्ण है इसलिए कविता को आर्थिक विश्व का भी हिस्सा बनना पड़ेगा। विश्व बाजार और विश्व सूचना तन्त्र जैसे-जैसे शक्तिशाली हुए हैं वैसे-वैसे विश्व एक परिवार हो गया है। भू-मण्डलीकरण शब्द में विभाजन की झलक दिखती है इसलिए वैश्वीकरण शब्द ज्यादा सटीक है। मगर! दुनिया का छोटा हो जाना उसके वैविध्य को समाप्त कर देगा। विविधताओं का रोमांच खत्म हो जायेगा। वैश्वीकरण के चलते सारी दुनिया के एक जैसा हो जाने का भी डर है। परन्तु परिवर्तन सनातन है। ऐसे में कविता की आत्मीय भूमिका की आज ज्यादा आवश्यकता है। वैश्वीकरण

के समय में हमारी खुशियाँ आयातित हैं। उस पर दाम का टैग लगा है। भाषा और बीज दोनों अशुद्ध होने से अधिक फैलते हैं। जिस जन के पास जाना है हमें उसी की भाषा को अभिव्यक्त का साधन बनाना होगा। आज विचार व तकनीकी में सामंजस्य की आवश्यकता है क्योंकि वैचारिक विश्व को आर्थिक विश्व का भी हिस्सा बनना है। बाजार आज आम-आदमी की पहुँच से बाहर हो गये हैं। इसलिए कविता का आत्मीय हस्तक्षेप आवश्यक हो गया है।' पूरे आयोजन के दौरान मैं साहित्य के प्रति उनकी चेतना का साक्षात्कार पाता रहा।

इसी आयोजन के दौरान आयोजित काव्य सन्ध्या में उन्होंने अपनी पाँच-सात कविताएँ सुनायीं। उनकी बारीक दृष्टि व कहने और पढ़ने का सलीका हमेशा की तरह लाजवाब था। लगा कि 1960 से 1962 तक गढ़वाल रेजीमेंट में सिपाही के रूप में सेवाएँ दे चुके लीलाधर जगूड़ी अपनी रचनाओं में अभिव्यक्ति के प्रति भी उतने ही अनुशासित लगे जितने व्यक्तित्व से आभित।

दूसरे दिन फिर पहुँच गया वादे के मुताबिक ठीक नौ बजे सर्किट हाउस। कमरा नम्बर सोलह में। इसी दौरान बातचीत में उन्होंने कहा कि एक पाठक और रचनाकार के बीच संवाद स्थापित होना चाहिए ताकि लेखन की सार्थकता उजागर हो। एक समय में न स्वीकारा गया रचनाकर्म किसी भी कालखंड में स्वीकारा जा सकता है। इसलिए लेखन की प्रासंगिकता हमेशा सम्भावित रहती है। मैंने उनसे बीच में प्रश्न करते हुए कहा कि कविता का भविष्य क्या है? उनका कहना था कि कविता का भविष्य भी मानव समाज जैसा ही होगा। आने वाले समय में लोग आज से बेहतर जियेंगे और समय के अनुरूप बेहतर कविताओं का सृजन भी करेंगे। इसलिए आने वाले समय में कविता का रंग-रूप, कथ्य वैसा होगा जैसा भविष्य का समाज होगा। साहित्य हमेशा से मनुष्य की आत्माभिव्यक्ति है, उसके विचारों, उसकी सोच का दर्पण है। इसी दरमियाँ एक और सवाल मेरे जेहन में चल रहा था कि आखिर लोग कवि क्यों हो जाते हैं? मेरे सवाल का जवाब उन्होंने कुछ इस तरह से दिया कि विपत्तियों का चयन स्वयं नहीं करना होता, विपत्तियाँ आपका स्वयं चयन करती हैं और कवि होने की जो विपत्ति मेरे हिस्से आयी है वह परिस्थितियों का ही करा-धरा है। उनका मानना है कि मैं कवि न होता तो मेरा जीवन अधूरा और काफी हद तक निरर्थक होता। कविता के प्रति ऐसा जुड़ाव अपने अनुभव की पूँजी से मनुष्यता को समृद्ध करता है। इसलिए हमें मूल्यांकन समय पर छोड़ देना चाहिए। ऐसे ही साहित्य और साहित्य से अन्य विषयों पर बातचीत का सिलसिला चलता रहा। इधर संगोष्ठी के प्रारम्भ होने का समय हो गया था। यह दिन भी उन्हीं के सान्निध्य में गुजरा। उनके साथ यह दो दिन कब सुर्र से निकल गये, पता ही नहीं चला। जगूड़ी शाम को दिल्ली के लिए रवाना हो गये।

तीसरे दिन तीस मार्च को प्रातः दस बजे मेरा मोबाइल बजा। जगूड़ी जी कह रहे

थे 'पहुँच गया हूँ दिल्ली...वाणी प्रकाशन जा रहा हूँ...नयी किताब आयी है।' 'खबर का मुँह विज्ञापन से ढका है' तुम्हें भिजवाऊँगा, ठीक है, फिर मिलते हैं...पढ़ना अधिक, लिखना कम। इसी समय उनकी एक कविता 'वह सीढ़ी खुद बनानी होती है' की कुछ पंक्तियाँ याद आती हैं—

'निकलता ही जा रहा हूँ एक रास्ते की तरह आगे और दूर/ पर पीछे से उतना ही मौजूद हूँ मैं हर कदम, हर मोड़ के साथ।/ उस कहावत को समझना जिसमें रास्ते रह जाते हैं और मुसाफिर चला जाता है।'

प्रचलित मुहावरों के विरुद्ध

मदन कश्यप

सरलीकरण पर आधारित हिन्दी आलोचना के लिए लीलाधर जगूड़ी हमेशा ही एक कठिन चुनौती बने रहे हैं। यही कारण है कि ग्यारह कविता संग्रह और साहित्य अकादेमी पुरस्कार के बावजूद, सुजान आलोचकों ने उनकी कविता पर गम्भीरता से विचार करने की जहमत नहीं उठायी जबकि हिन्दी कविता के सुधी पाठकों का जो भी एक छोटा-सा समूह है, उसमें लीलाधर जगूड़ी शायद केदारनाथ सिंह के बाद सबसे ज्यादा लोकप्रिय हैं। इस लोकप्रियता का सबसे बड़ा कारण मेरी समझ से उनकी अत्यन्त समृद्ध काव्य-भाषा और जीवन का व्यापक अनुभव है। बाबा नागार्जुन के बाद वे दूसरे कवि हैं जो संस्कृत के प्रकांड पंडित हैं मगर कभी उनके व्यक्तित्व से डराने वाले पांडित्य का बोध नहीं होता है। इसका कारण है व्यापक जन और जीवन से उनका गहरा लगाव, समय के संकटों की सही समझ और संवेदना का वह विस्तार जो ज्ञान की सत्ता निर्मित नहीं होने देता। एक छोटी-सी 'तो' कविता से हम उनकी प्राथमिकता को परख सकते हैं—

'जब उसने कहा कि अब सोना नहीं मिलेगा
तो मुझे कोई फर्क नहीं पड़ा
पर अगर वह कहता कि अब नमक नहीं मिलेगा
तो शायद मैं रो पड़ता।'

जगूड़ी की मूल चिन्ता जीवन में नमक को बचाये रखने की चिन्ता है। उनके पचास साल के रचनाकाल में इस नमक को बचाये रखने के संघर्ष के विविध रूपों को देखा जा सकता है। जीवन उनकी रचना के केन्द्र में है, वह भी तब जबकि शुरुआत उन्होंने अकविता से की थी जिसमें इस जीवन का ही निषेध था। 1960 के आस-पास लिखना शुरू करने वाले कवियों की मुश्किल यह थी कि एक तरफ वह आजादी, नेहरू और नयी कविता से मोहभंग का दौर था तो दूसरी तरफ कोई ऐसा जनान्दोलन नहीं था जो आज़ादी के बाद 'नेहरू अभिनन्दन ग्रन्थ' के नायकों द्वारा परे धकेल दिये गये प्रगतिशील कवियों—नागार्जुन, केदार, त्रिलोचन आदि को पुनर्प्रतिष्टित कर सके,

इस हद तक कि वे नये कवियों के प्रेरणास्रोत्र बन सकें। यह ऐतिहासिक कार्य तो नक्सलवाड़ी से प्रभावित किसान आन्दोलन के हिन्दी क्षेत्र में फैलने के बाद ही सम्पन्न हो सका, जिसके बारे में अलग से विचार करने की जरूरत है। यहाँ केवल इस बात का उल्लेख करना ही पर्याप्त है कि 1960 से 1967-68 की अवधि में जितने भी नये कवि सामने आये उनमें से लगभग सब पर अकविता का गहरा असर था अथवा वे स्वयं भी इस आन्दोलन के प्रवर्तकों-पुरोधाओं में शामिल थे। केवल विजेन्द्र और किसी हद तक कुमारेन्द्र पारसनाथ सिंह—दो ऐसे तब के युवा कवि थे जो न तो 'नयी कविता' के अवशिष्टों से ग्रस्त थे न ही अकविता के नारों से प्रभावित। इन दोनों ने, विशेष रूप में लोकजीवन से गहरे जुड़े विजेन्द्र ने नक्सलवाद से प्रभावित कवि पीढ़ी को पुराने प्रगतिशील आन्दोलन और परम्परा से जोड़ने का ऐतिहासिक दायित्व निभाया। इस दृष्टि से इनके भी कवि-कर्म का मूल्यांकन नहीं किया गया है। दूसरी तरफ, अकविता के कवियों में उन कुछ कवियों का खास महत्त्व है जिन्होंने उसके वृत्त को तोड़ते हुए कविता की धारा को आगे ले जाने का कुछ वैसा ही उपक्रम किया, जैसा उसी दौरान नयी कविता के वृत्त को तोड़ने वाले रघुवीर सहाय, केदारनाथ सिंह, सर्वेश्वर आदि ने किया था। इन कवियों में राजकमल चौधरी, धूमिल और जगूड़ी के साथ-साथ चन्द्रकान्त देवताले और ऋतुराज उल्लेखनीय हैं। इनमें भी लीलाधर जगूड़ी का योगदान सबसे ठोस है क्योंकि अपने समय में अधिक चर्चित होने के बावजूद धूमिल अकविता के मुहावरों से मुक्त नहीं हो पाये और राजकमल तो केवल अपनी अन्तिम कविता 'मुक्ति प्रसंग' में ही उस आन्दोलन को पार करते दिखायी दिये। दुर्भाग्य से इन दोनों कवियों के असामाजिक निधन ने भी उन्हें बहुत कुछ करने का अवसर नहीं दिया।

1974 में लीलाधर जगूड़ी का तीसरा कविता संग्रह आया—'इस यात्रा में'। वह धूमिल के मुहावरों के चमकने का दौर था। दो साल पहले ही धूमिल का पहला संग्रह 'संसद से सड़क तक' आया था और उनके मुहावरे और रेटोरिक नक्सलवादी आन्दोलन से प्रभावित युवा कवियों के लिए भी काफी अनुकूल और ग्राह्य थे। स्वयं लीलाधर जगूड़ी के इसके पहले के संग्रह 'नाटक जारी है' की कविताएँ भी कुछ वैसी ही थीं। परन्तु अकविता के दौर की कविताएँ उस उल्का की तरह थीं, जो आँखों को चुँधिया देने वाली तेज चमक बिखेर कर क्षण भर में लुप्त हो जाती हैं। इसका कारण यह था कि ऐसी कविताएँ पश्चिमी प्रभाव और फैशन के तहत लिखी जा रही थीं, जीवन से उनका कोई रिश्ता नहीं था। इतना भी नहीं जितना 'नयी कविता' का था।

लीलाधर जगूड़ी के उस संग्रह में न केवल प्रचलित मुहावरों के विरुद्ध वह रचनात्मक संघर्ष है, जिसमें नये मुहावरों के बीज हैं, बल्कि जीवन की वह नयी सच्चाइयाँ हैं जिनका विस्तार 'आठवें दशक' की कविता में दिखलाई देता है। इस तरह, राजेश जोशी, अरूण कमल आदि की पीढ़ी ने जो कविता की नयी ज़मीन आठवें दशक में तैयार की थी उसका आधार इस संग्रह की कविताएँ तैयार करती हैं। एक

चर्चित कविता है–'दंडस्वरूप'।

'भूख ऐसी लगी हुई है। जैसे गड्ढे में पेड़
जैसे पेड़ में पत्तियाँ
जैसे पत्तियों में रंग।

भूख ऐसी धँसकर लगी हुई है जैसे जमीन के नीचे जड़ें
ऐसी फैली हुई है जैसी आकाश में हवा
ऐसी चुभी हुई है जैसे रिकार्ड पर सूई।

तमाम इच्छाएँ। मुझे बटन की तरह खोल रही हैं
और नसें तनाव की भाषा में बोल रही हैं।'

इस कविता की भाषा में अकविता के अवशिष्ट के बावजूद बदलाव और ताज़गी को साफ–साफ लक्षित किया जा सकता है। आगे 'अ–मृत' और 'बसंत' जैसी कविताओं में भाषा और ज़्यादा बदल गयी है।

'हमेशा नहीं रहते। पहाड़ों के छोये
पर हमेशा रहेंगे। वे दिन
जो तुमने और मैंने। एक साथ खोये'

इसी तरह मंगलेश डबराल की प्रसिद्ध कविता 'बसंत' के बीज को हम इस संग्रह की इसी शीर्षक की कविता में देख सकते हैं। कुल मिलाकर, आजादी के बाद की कविता के सबसे महत्त्वपूर्ण दौर की शुरुआत के लिए आधार तैयार करने की ऐतिहासिक भूमिका जगूड़ी की कविताओं, विशेष रूप से 'इस यात्रा में' की कविताओं, की रही है। इस दृष्टि से देखने पर ही उसका महत्त्व समझा जा सकता है। बात यहीं समाप्त नहीं होती है। जगूड़ी लगातार लिखते रहे हैं और अपने हर संग्रह के साथ उन्होंने कुछ नया जोड़ने का प्रयत्न किया है। 'घबराये हुए शब्द' में तीन पंक्तियों की यह कविता से काफी लोकप्रिय हुई थी।

'बच्चा सोता है
हिलाने से
राजा जागता है'

ध्यान देने की बात है कि जगूड़ी लम्बी कविताओं के कवि हैं और उन्हें अपनी बात कहने के लिए वर्णन का विस्तार चाहिए, परन्तु इस और ऐसी कई अन्य छोटी कविताओं से पता चलता है कि महज–सात–आठ शब्दों में ही बड़ी बात कह जाने की ताकत भी उनकी कविता में है।

'बची हुई पृथ्वी' उनका एक और महत्त्वपूर्ण संग्रह है, जिसमें उनकी एक समय की चर्चित कविता 'बलदेव खटिक' भी शामिल है। इस संग्रह के साथ वे एक महत्त्वपूर्ण

राजनीतिक कवि के रूप में सामने आते हैं। उनके अगले संकलन 'भय भी शक्ति देता है' की प्रसिद्ध कविता 'मन्दिर लेन' को भी इसी कड़ी में देखा जा सकता है। 'बलदेव खटिक' से 'मन्दिर लेन' तक आते-आते चीजें काफी जटिल हो गयी हैं और उन्हीं के अनुपात में कविता भी। बदलेव खटिक नक्सल आन्दोलन के प्रभाव वाले दौर की कविता है। तब विद्रोह का एक सूत्रबद्ध जैसा स्वरूप है और मध्यवर्ग निराशा का शिकार हो चुका है, आन्दोलन सत्ता की दमन चक्की में पिस गया है और चारों तरफ अपराध का बोलबाला है। असंगठित अपराध ही सबसे ज्यादा संगठित है। बाकी सारी संगठित कार्रवाई ध्वस्त हो चुकी है। इस पतन को जगूड़ी संवेदना के स्तर पर पकड़ते हैं और उसको पूरी जटिलता के साथ दर्ज करते हैं। यही कारण है कि किसी गहन विश्लेषण में गये बगैर ही वे राजनीतिक और सामाजिक जटिलताओं को व्यक्त करने में सफल होते हैं। इस सूत्र के आधार पर उनकी कविता की विस्तृत व्याख्या करने की जरूरत है। तभी कवि के रूप में उनकी भूमिका को समझा जा सकता है।

एक डग भीतर जाने के लिए सौ डग बाहर आना पड़ता है

शिवप्रसाद जोशी

लीलाधर जगूड़ी अपनी ही कविता में एक नवागन्तुक की तरह दाखिल हो रहे हैं और भीतर जितना पड़े हैं उससे कहीं यादा बाहर खड़े हो गये हैं, इसकी झलक असद ज़ैदी के सम्पादन में निकल रही जलसा के पहले अंक में ही दिख गयी थी। 21वीं सदी का पहला दशक पूरा हो गया था जब वो अंक निकला था। और उसकी थीम थी—अधूरी बातें। उनके अलावा इधर-उधर कुछ कविताएँ और पढ़ लेने के बाद हाल में यानी सुमित्रानन्दन पन्त की मई में जयन्ती के देहरादून में हुए समारोह से एक दिन बाद ही जगूड़ी की कुछ नयी कविताओं का एक छोटा-सा पुलिंदा मेरे हाथ आया था।

कुछ इस तरह कि वो पुलिंदा लगभग खिन्नता और खीझ में भरकर उन्होंने कार की पिछली सीट पर फेंक दिया था। ये लो यार ये फोटोकॉपी फिर हम लोग साथ एक दावत में चले गये थे। हमारे साथ जगूड़ीजी के मित्र कवि मंगलेश डबराल भी थे। मैंने सोचा कि वे कविताएँ मंगलेशजी के ले जाने के लिए थीं, मैंने माँग लीं तो इससे जगूड़ीजी को थोड़ा अटपटा लगा होगा। घर पहुँचकर कविताएँ पढ़ीं और उनकी शख़्सियत की आभा में उन्हें देखा तो जाना कि अब आप जब भी जाएँगे यक़ीनन एक नये जगूड़ी के पास जाएँगे। जिसके पास न सिर्फ़ आधुनिक हिन्दी जगत की पन्त, निराला, मुक्तिबोध, धूमिल के दौर से लेकर अब तक की यादें जमा हैं। जिनके पास शब्दों का शायद कभी न ख़त्म होने वाला एक सिलसिला है, ठीक उस नदी की तरह जो उनके उत्तरकाशी शहर और गाँव के पास से गुज़रती है जिसे भागीरथी कहते हैं और ठीक उस पानी के बहते जाने की ज़िद की तरह जगूड़ी भी अड़े हुए हैं और इस अड़ियलपन को वो अब भागीरथी को विकास से जोड़ने के आन्दोलन तक खींच ले आये हैं। सत्तर पार जगूड़ी को गर्मी से भरी सुबह-दिन-दोपहर-शामों में देहरादून, हरिद्वार में गंगा और धर्म के नाम पर नकली आस्था के दुष्चक्र के ख़िलाफ़ धरना देते, भाषण देते, फटकार लगाते और नारा लगाते देखा जा सकता है। हिन्दी की एक पीढ़ी के प्रतिनिधि कवि लीलाधर जगूड़ी उत्तराखंड में विकास की आकांक्षा वाले एक नये क़िस्म के आन्दोलन में प्रमुख भागीदार बन गये हैं। कहाँ वो एक समय सरकार में एक भागीदार थे और कहाँ अब

सत्ता सिस्टम को आगाह करने अपनी कविता की तरह बाहर निकल आये हैं।

वे अपने साथ जुड़े तमाम विवादों, बतकहियों को जैसे अतीत में टाँग आये हैं। अब उन पर हम उनके कथित विवादों के हवाले से टिप्पणी नहीं करते रह सकते। एक डग भीतर जाने के लिए सौ डग बाहर आना पड़ता है। और जगूड़ी ये बता रहे हैं कि भीतर जितना पड़ा था उससे कहीं यादा बाहर खड़ा हूँ मैं। यानी आलोचकों के लिए और निन्दकों के लिए और कुछ और अभियानपरस्त फ़जीहतवादी प्रचारकों के लिए जगूड़ी का ये निवेदन भी है और चुनौती भी और शायद ऐलान भी। भाषाओं से ही नहीं आशाओं से भी नापो मुझे।

वे कविताएँ मेरे पास संयोगवश इधर जगूड़ी की शख़्सियत में आ रही खिन्नता, हल्का-सा गुस्सा, चिढ़ कई तरह की छटपटाहटों और बेचैनियों की मिलीजुली रंगतों का इज़हार करते हुए आयी हैं। ज़ाहिर है उनके कुर्ते के रंग भी हैं जो अब जगूड़ी को दूर से पहचाने जाने के लिए सबसे उपयुक्त प्रतीक हो गये हैं। जो जगूड़ी के काव्य से परिचित हैं वो इन कविताओं को देखकर चौंक सकता है और सुखद आश्चर्य में जा सकता है कि जगूड़ी अपने काव्य के इतने दशकों बाद भी कितनी ताज़गी और नयी ज़मीनों को खोदने की सामर्थ्य से भरे हुए हैं।

इन कविताओं में उन्होंने एक जैसे बड़ी छलाँग लगाई है। साहित्यिक-राजनैतिक सांस्कृतिक छलाँग। उम्र के इस पड़ाव पर ये छलांग उन्हें वर्तमान से भविष्य की ओर निकाल ले गयी है जहाँ हिन्दी कविता की एक नयी बिरादरी का लेखन चल रहा है और नया लेखन और आयेगा। एक नया समाज बनबिगड़ रहा है, एक नया समाज और बनेगा। और जगूड़ी की तरह कोई कह सकता है कि मेरे साथ मेरा दर्द है और मेरी मृत्यु। ये हमारे समय के संकटों पर शायद सबसे क़रीबी और सबसे माक़ूल वक्तव्यों में एक है। अपने सहित बहुत दूर निकल आना कहकर जगूड़ी ने एक चैलेंज की तरह अपने समकालीनों और इधर नयी पीढ़ी के सामने एक ज़िद पेश कर दी है। अपनी नयी रचनाओं में जगूड़ी इसलिए बहुत बाहर जाकर जैसे वहाँ से अपने शब्द फेंक रहे हैं। वे अब गुच्छे जैसे भी नहीं हैं। वे जैसे छिटककर निकल गयी किरचियाँ हैं और उनमें चुभन है। फोड़े में ही भरा हुआ है फोड़े का दर्द। और जगूड़ी इतने जिद्दी हो गये हैं कि कह रहे हैं कि—

अगर आँखों से न आ रहे हों
शब्द कानों से आ रहे हों
अर्थ का कोई रंग, मुँह का कोई स्वाद
कर्म की कोई कठिनाई ला रहे हों
रंग की ध्वनि और ध्वनि के रंग
को अलग अलग बतला रहे हों
तब अनुभूति के कागज के लिए

स्याही कम पड़ जाती है
नये कर्मों के लिए शब्दों की उगाही
करते हुए पृथ्वी छोटी पड़ जाती है

मुझे थोड़ा बड़ा होना है
पृथ्वी के साथ अगला पृष्ठ आकाश का जोड़कर।

लीलाधर जगूड़ी की ताज़ा कविताओं में कुछ हिडन स्वीकारोक्तियों वाली उदासी भी है। उदासी का ऐसा फैलाव जगूड़ी की कविता में इधर कब कैसे चला आया इस पर और अध्ययन की ज़रूरत है। और तीसरी बात उनमें शब्दों की और अर्थों की अतिशयता से परहेज़ है और चौथी बात वे निस्पृह हैं। उनमें रूखापन है और एक ख़ुशी है और एक विह्वलता है। वे जैसे बनने से यादा न बनने की ओर उन्मुख हैं। उन्हें हड़बड़ी है और ये कोई विचारहीन हड़बड़ी नहीं जैसे सुनियोजित है। उनमें शोर नहीं है, आवाज़ें बहुत धीमी हैं और हाहाकार भी उस तरह से फाड़ता हुआ नहीं आता जैसा हम उनकी पुरानी प्रसिद्ध कविताओं में देख चुके हैं।

असल में जगूड़ी की नयी कविताएँ इसीलिए चौंकाती है कि उनमें अचानक एक चुप्पी ने भी जगह बनाई है। वो जैसे एक शर्मीलापन है एक संकोच। आवाज़ को ऊँचा न उठाने की हिचक। थोड़ा बड़ा होने की ज़रूरत। जैसे ये हमारे समय के धुरन्धर कवि लीलाधर की नहीं किसी संकोची लेकिन तीक्ष्ण दृष्टि वाले नये कवि की कविताएँ हैं। अपनी कविताओं में इस तरह आगन्तुक की तरह आना वाकई हैरानी वाली और स्वागत वाली बात है। यानी आप जिस ज़मीन पर हल चला चुके, बीज बोकर फसल काट चुके, उन ज़मीनों पर आप एक नये हलवाहे की तरह लौटते हैं। बल्कि आप अन्य ज़मीनों की ओर भी बढ़ रहे हैं। वे जितना अपनी ज़मीनों की ओर जा रहे हैं उतना ही बाहर निकलने का न सिर्फ आह्वान कर रहे हैं बल्कि उनकी छटपटाहट हो गयी है कि सबको बाहर की आज़ादी मिलनी चाहिए। पत्थर सा शोक में डूब कर भी बाहर चला आता हूँ कुछ और बनने।

जगूड़ी की नयी कविताएँ एक और दिलचस्पी जगाती हैं। वो ये कि और ख़ासकर उनके लिए जो उन्हें कवि के रूप में और एक नागरिक के रूप में और इधर आन्दोलनकारी और सरकारी–गैरसरकारी कार्यक्रमों में धुआँधार शिरकत और धुआँधार उद्घाटन अध्यक्षता करने वाले प्रतिष्ठित व्यक्ति के रूप में या फिर एक मित्र के रूप में जानते देखते आये हैं, उन्हें दिखेगा कि कैसे एक आदमी के भीतर इतने सारे आदमी हलचल कर रहे हैं। समय की सांस्कृतिक सियासत को सूँघता हुआ, उसमें टहलता भटकता और उसके बारे में बोलता हुआ। अब कुल मिलाकर ये सब कुछ इस तरह से घटित होता है कि क्या दुनिया को और दुनिया में रहने वाले व्यक्ति को अलग ढंग से

सोचा जाए। वैसे ही इस दुनिया को कुछ और तरह से भी सोचो कि तुम्हीं वह एलियन हो जो बाहर से आये और यहीं के होकर रह गये।'' और जब ख़ुद से इस तरह बाहर निकलकर खड़ा हुआ और रहा जाए और फिर एक-एक कर तमाम घटनाओं, हादसों, साज़िशों, शैतानियों और हिंसाओं और उनके प्रतीकों को उनकी विकरालता में समझने की कोशिश की जाए। यानी—

धर्म की खोज में शुरू हुई इस दुनिया में
धर्मों की खामियों में सोचो
मनुष्य होने के धर्म को पृथ्वी
सहित कैसे बचाया जा सकता है
बटोरी हुई ख़ूबियों को और सँजोए हुए मूल्यों को
ढहाकर बिखराने वाले संस्थाबद्ध धर्मों और ठेकाबद्ध आतंकों के बारे में सोचो
कोई और तरह का विस्फोटक ढूँढो जो धर्म न हो

जगूड़ी की ख़ुद से पीछा छुड़ाने की इस नयी कोशिश के साये में ही उनका नया दुस्साहस देखा जा सकता है जो इधर भूमंडलीकरण की भयावह अतिशयता के बीच ताक़तवर और कई तरह की शक्तियों से लैस हो चुकी सन्त कही जा रही बिरादरी-लॉबी के ख़िलाफ़ गंगा के अविरल प्रवाह और निर्मलता शुद्धता के मामले पर सामने आया है। ऋषिकेश, हरिद्वार और उससे आगे साधुओं की आलीशान विलासिताओं और भव्यताओं पर जगूड़ी ने खुलेआम तीखे हमले किए हैं। ये कविता से बाहर सम्भव हुआ है। वोट पॉलिटिक्स और संसदीय लोकतन्त्र के समूह महिमागान के किनारों पर खड़े होकर अरुन्धति रॉय शायद हमारे समकालीन समय में सबसे पहली रचनाकार हैं जिन्होंने साहित्य से परे जाकर (उसे कमोबेश दाँव पर लगाकर) खुलेआम आवाज़ उठाई है। बेशक हिन्दी में (लेकिन कविता या चुनिन्दा आलेखों-निबन्धों में ही—) ये काम यूँ उनसे पहले और आज भी होता रहा है। लेकिन रचना से बाहर हिन्दी का कोई लेखक ऐसा कर पाएगा, फिलहाल तो लगता है जगूड़ी ने ये दरवाजा खोला है।

जगूड़ी ने अपनी काव्यभाषा और शिल्पगत अनुभव में जो नयी चीज़ तलाश की है या वो दरअसल अपनी कविता की पहचान को पुनर्परिभाषित करने की एक्सरसाइज़ है कि एक कविता हमें कई दरवाजों और कंई खिड़कियों से होते हुए कई सच्चाइयों से रूबरू कराती है। एक कविता है मिसाल के लिए अँधेरा-उजाला। उसका हर स्टैंज़ा (पैरा) इस तरह से बुना गया है कि कविता चढ़ाइयों और ढलानों और फिर चढ़ाइयों और अन्ततः एक सार्थक लेकिन अधूरी उड़ान की ओर जाती है। क्योंकि उसे फिर लौटना होता है एक नयी सार्थकता और एक अधूरी छूटी उड़ान को पूरा करने के लिए। दो भागों में विभक्त ये कविता इस आज़माइश का एक बेहतरीन नमूना कही जा सकती है।

मेरी ही परछाईं में दुबका हुआ है सृष्टि का सारा अँधेरा
अपनी अनुपस्थिति का नाम उजाला सुनने के लिए

और जगूड़ी फिर लौट आये हैं अपनी चिरपरिचित सावधानियों और ज़रूरी छींटाकशियों के साथ। लेकिन अन्दाज़ इस बार अलग है। क्योंकि बीसवीं सदी के आम आदमी जैसा नहीं रहा, इक्कीसवीं सदी का आम आदमी।

सड़क का चौड़ीकरण हो
चाहे आधुनिकीकरण नगदीकरण नहीं तो
यह बेगार भला क्यों फ़र्जीफ़िकेशन होता रहे
और हम उफ़ भी न करें....

और कुछ इस तरह पतन हो गया है कि

इक्कीसवीं सदी का आम आदमी
भ्रष्टाचार में अपना हिस्सा माँग रहा है
बरसों भारत माता क्यों रोई
कितनी दूर बिना ईंधन चल पायेगा कोई
हर कोई लोकतन्त्र में अपना हिस्सा माँग रहा है।

तो हमारे समय में लोकतन्त्र के दर्शन की फ़जीहत का उससे खिलवाड़ का और उसकी प्रासंगिकता, सार्थकता और नैतिकता का ऐसा जुलूस निकला है कि सबकुछ गड्डमड्ड हो गया है। कहने का ही लोकतन्त्र है क्यों न कह दिया जाय–पैसे बिन अब रहा न जाय।

इक्कीसवीं सदी का आम आदमी कैसा था ये उनकी कविता में हमने देखा अब ये सदी कैसी है इस पर भी जगूड़ी ने अपने रचनाकर्म के शुरुआती दिनों से एक तुलना करते हुए कविता लिखी है।

कमज़ोर आवाज़ को पहचान की हद तक उठाने का हल्ला था
...समय की कोई सांस्कृतिक सियासत थी कि
दो अकेले भी दोस्त हो जाते थे भले ही समूह झगड़ रहे हों
अब आवाज़ें बुलन्द और सड़कें चौड़ी हैं
रुलाई की जगह गुस्सा है
सिसकने की जगह हल्ला नहीं हल्ला बोल है
शोक खानदानी बदले में बदल गये हैं...

नये नये प्रकार के गुरूर असहमति को घृणा में
घृणा को विचारधारा में बदल रहे हैं

समूहों में दोस्ती हो रही है
खुले विचारों वाले अकेले व्यक्तियों के ख़िलाफ़।

कई चीज़ें अजीब ढंग से नयी होती चली गयी हैं। एक नवधनाढ्य नव उदारवाद, नव पूँजीवाद, नव साम्राज्यवाद, नव उपनिवेशवाद, नव बाज़ारवाद, उत्तरआधुनिकतावाद। नये-नये प्रकार के गुरूर। एक-दूसरे से टूटते एक-दूसरे पर टूटते लोग—अपनी ही नफ़रतों और शंकाओं और नादानियों और खुराफ़ातों को सहलाते हुए। एक नवबर्बरता, नवनात्सीवाद के हवाले खुद को करते हुए। घृणा को ये विचारधारा बनाते हुए। धर्म और जाति के लाभ से झुके हुए। हालाँकि ये दौर तत्काल प्रकट हुआ नहीं है। जगूड़ी अपने संघर्ष के दिनों से इन दिनों की तुलना करते हुए देख रहे हैं, निश्चय ही भयावह स्थिति है लेकिन ये मानने में उन्हें भी इंकार न होगा कि ये नौबत वहीं से बनती आयी है। या उससे पहले से भी। अपनी-अपनी आग के फूलों सहित हर चीज़ का आकार नये सिरे से खींचना पड़ता है अपनी यादों में।

और जगूड़ी की कविता में इधर जो नवगतियाँ आयी हैं उनमें जो एक बाहर को निकलने की बेचैनी से भरी हुई युक्तियाँ आयी हैं उनकी इस नवआवाज़ की उनके इस नयेपन की एक प्रतिनिधि कविता कही जा सकती है तो वो है कला की ज़रूरत। यूँ इस कविता में ऊपरी तौर पर लगता है कि ये जगूड़ी का अपने शिल्प का रिपीटिशन है उससे एक लगाव है जो खिंचा चला आ रहा है जबकि कविता उससे बाहर आना चाहती है। लेकिन ये कविता वाकई बाहर निकल आयी है और वे दुहराव दरअसल उस खींच के निशान हैं। अपने को कुछ दरियाफ़्त कुछ आग्रह कुछ विनती में छुड़ाने के लिए जख़्मी होने के मद्धम निशान। बस कुछ इधर-उधर की खरोंचें। ये हिन्दी कविता में लीलाधर जगूड़ी की नयी आवाज़ है जो कहती है

यह होने की कला
अपने को हर बार
बदल ले जाने की कला है
कला भी ज़रूरत है
वरना चिड़ियाँ क्यों पत्तियों के झालर में
आवाज़ दे-देकर खुद को छिपाती हैं
कि यकीन से परे नहीं दिखने लगती है वह

जगूड़ी का ये नया काव्य दर्शन या उनका नया पोएटिक स्टेटमेंट कहा जा सकता है। उसे हम कुछ नीचे दर्ज उनकी कुछ कविता लाइनों के नमूनों से समझने की कोशिश करते हैं। यानी वो कुछ इसी तरह बना हुआ दिखता है—

–सिर्फ़ ताकने से नहीं नापा जा सकता आसमान

–विदाई की शान्ति के कुछ दिन बाद अपने ही किसी सुख की याद में नये पैरहन का प्रफुल्लित रस लेकर वही पेड़ भीतर से उल्लसित हो उठता है

– मुझे थोड़ा बड़ा होना है पृथ्वी के साथ अगला पृष्ठ आकाश का जोड़कर

–बाहर मैं निकल आया हूँ...मेरे साथ खड़ा है मेरा अन्तर्बाह्य

–तभी तो दिमाग कुछ रास्तों से सिर पर पैर रखकर भागने के लिए कहता है

– मगर सबको बाहर आज़ादी मिलनी चाहिए

–उनके मरे हुए शरीर में मौजूद है अपने को बचा न पाने की आखिरी ऐंठन जैसे वे अब भी पीछे की ओर जोर मारकर आगे की ओर सरक जाना चाहते हों

– जब मैं आया था तेज़ कदम झुके माथे के बावजूद सँकरी गलियों और चौड़े रास्तों पर

बकौल जगूड़ी ये सही है कि ''इस कोठरी इस बिस्तर और चीज़ों को छोड़कर काव्यभाषा भी बहुत दूर नहीं जा सकती'' लेकिन वो लौटती है नयी होकर। उपरोक्त लाइनों में आप देखते हैं वहाँ कैसी जाने की बेकली है, निकलने की उद्दाम आकांक्षा। बार-बार खुद को बदलने की बदलते रहने की खुद को भूल जाने और नया हो जाने की तीव्र लेकिन अंडरकरेंट उत्तेजना। एक नयी मुक्ति की तलाश। यानी कई बार इस हद तक नयी कि ''अगली बार किसी और नये सिरे से पैदा होने को बताती हुई।'' यही आज के लीलाधर जगूड़ी की कविता है। नयी राजनीति नयी अभिलाषा और नयी खिन्नता से भरी हुई। अपनी चतुराई से आप ऊबी हुई।

अनुभव और भाषा के बीच

ओम निश्चल

आज जब लगभग अधिकांश कविता शब्दों की स्फीति का कारोबार बनती जा रही है, लीलाधर जगूड़ी उन कवियों में आते हैं, जिन्होंने अनुभव और भाषा के बीच कविता को जीवित रखा है। अनुभव के आकाश में उड़ान भरने वाले वे हिन्दी के एक मात्र ऐसे कवि हैं जिनके यहाँ शब्द किसी कौतुक या क्रीड़ा का उपक्रम नहीं हैं, वे एक सार्थक सर्जनात्मकता की कोख से जन्म लेते हैं। बार-बार दुहराई गयी, भोगी हुई जीवन पद्धति से दुहे गये अनुभव को नये-नये रूपाकारों में व्यक्त करने का काम जगूड़ी वर्षों से कर रहे हैं, कुछ इतनी तल्लीनता और तार्किक एकाग्रता के साथ कि अनुभव की वह पूँजी, संवेदना और भाषा का वह स्रोत सर्वथा अजाना, अनछुआ और अ-व्यक्त लगे। अनुभव को भाषा और संवेदना की नयी प्रतीतियों में बदलने में निष्णात जगूड़ी जैसे कवि को भी अक्सर किसी नयी बात को कहने के लिए किसी गूँगे के शब्दकोश-सा अवाक् रह जाना पड़ता है। सरलता और सहजता के हामी कदाचित् जान पाएँ? कि कितना कठिन है कितने ही कठिन पर सरल-सा कुछ बोल देना। वे लिखते हैं—अपना मुख आईने में, आईना अपने हाथ पर/फिर भी अद्भुत वाणी-सा यह यथार्थ पकड़ में नहीं आता। वे भाषा को एक जैसे किटप्लाई में बदलने के खिलाफ हैं। एकरसता, एकरूपता और एकीकरण रचनात्मकता के लिए क्षरण और ऊब के कारक हैं। अनुभव, भाषा और संवेदना के वैविध्य के लिए ही उन्होंने कहा है— *भाषाएँ भी अलग-अलग रौनकों वाले पेड़ों की तरह हैं। सबका अपना-अपना हरापन है, कुछ उन्हें काट कर उनकी छवियों का एक ही जगह बुरादा बना देते हैं।*

इस तरह एक बात तो तय है कि नवीनता, जगूड़ी का पहला लक्ष्य है। अनुभव में, भाषा में, संवेदना में, कथ्य में नवता। किन्तु केवल नवीनता ही कविता बनने का अचूक उपाय नहीं है। भाषा की नवीनता मात्र कविता नहीं है, न ही संवेदना के नयेपन से कविता का कोई रूपाकार बन सकता है। वह तभी बनता है जब कुल मिला कर यह लगे कि वाकई एक नयी कविता का जन्म भी हुआ है। हर बार कलफदार भाषा, वक्रता का प्रभावी उदाहरण नहीं हो सकती यदि वह अनुभव में पगी हुई न हो। जगूड़ी

ने भाषा को एक रचयिता की तरह बरता और माँजा है। उसका निर्माता बनने का दम्भ उनमें नहीं है, गोकि अपने समकालीन कवियों में भाषा के सर्वाधिक नये प्रयोग उन्होंने ही किए हैं।

(1)

ग्यारह-बारह संग्रहों के विराट काव्यन फलक पर जगूड़ी को देखें तो वे एक महाकवि की सामर्थ्य रखने वाले कवि के रूप में दिखते हैं। जगूड़ी ऐसे कवि हैं जो हर बार नये प्रयोग, नयी हिकमत, नयी दृष्टि के साथ कविता के मैदान में उतरते हैं। यथार्थ के बहुस्तरीय छिलके उतारते हुए वे हर बार अपने अनुभवों पर नया रंदा लगाते हैं। उनकी भाषा की बुनावट इकहरी नहीं है, वे कहीं भावुक कवि की तरह पेश नहीं आते, बल्कि निरन्तर नये और पेचीदा अनुभवों के साथ जीते हैं। उनके लिए एक रचनात्मक झूठ भी सर्जना का एक बड़ा सत्य बन कर उभरता है। उनकी तमाम लम्बी कविताओं से हम यह समझ सकते हैं कि वे केवल लम्बी कविताओं के फैशन से परिचालित नहीं हैं बल्कि अनुभव की, समय की, तात्कालिक परिस्थितियों का एक घना प्रतिबिम्ब उनमें समाया है। ठीक से देखें तो वे आधुनिक भारत और उसके लोकतन्त्र की एक निर्मम और निर्भय व्याख्या की तरह लगती हैं।

कवितामय जीवन के वरण के शुभारम्भ में ही उनके भीतर प्रकृति को, ऋतुओं को, देश को, पहाड़ को, सौन्दर्य को, प्रेम को समझने-बूझने की एक अद्भुत व्यग्रता दीख पड़ती है, और इस बातचीत में कहे अनुसार, अगले जन्म में भी कवि-जीवन ही उन्हें काम्य है। उनके पहले ही संग्रह 'शंखमुखी शिखरों पर' की ज्यादातर कविताएँ मंत्र की तरह गूँजती और सम्मोहित करती हैं। वे लिखते हैं– 'मेरी आकाशगंगा में कभी बाढ़ नहीं आयी/ मेरे पास तट ही नहीं है जिन्हें मैं भंग करने की सोचूँ/एक साँवला प्यार है मेरे पास सेबार जैसा/ जिसे पाने के लिए बहुत बार भेजे हैं/ धरती ने बादलों के उपहार।' यही वह रोमांचक दौर है जब प्रकृति के साथ उन्होंने मानवीय सम्बन्धों की छुवन महसूस की। इस यात्रा में संकलित अ-मृत में वे इस अनुभूति की बानगी देते हैं–'हमेशा नहीं रहते पहाड़ों के छोये/ पर हमेशा रहेंगे वे दिन जो तुमने और मैंने एक साथ खोए।' (इस यात्रा में) यह स्वप्निल, रोमानी और कोमल गांधार की सी अनुगूँज वाली पंक्तियाँ जगूड़ी के भीतर के बुनियादी स्वभाव का भी एक परिचय देती हैं। फिर जगूड़ी स्निग्धता के कवि नहीं हैं, वे अनुभव के जटिल पठारों पर यात्रा करने वाले कवि हैं, जहाँ जीवन का अयस्क और खनिज बिखरा है। यथार्थ की यह वह विन्ध्याटवी है, जिसमें सेंध लगाने से प्राय: कवि घबराते हैं। पर जगूड़ी अपनी कविताओं में यथार्थ की अपनी विन्ध्याटवी रचते हैं। वे स्वप्निल-सी शुरुआती दुनिया छोड़ कर धूमिल के संग-साथ तुरत-फुरत आजाद हुए देश के लोकतन्त्र का एक नक्शा खींचते हैं, तो तमाम विद्रूपता उनका पीछा करती हैं। 'नाटक जारी है' इन्हीं दिनों और

ऐसे ही खुरदुरे अनुभवों की उपज है।

सन् साठ आजादी के बाद के मोहभंग का एक ऐसा मोड़ है जिसने केवल राजनीति की दिशा ही नहीं बदली, साहित्यिक विधाओं के कथ्य और फैब्रिक को भी दूर तक प्रभावित किया। कविताओं को देखें तो साठोत्तर पद इसी मोड़ का परिचायक है। अकविता के उन्माद को चीर कर आगे बढ़ना तब वाकई कठिन था। पर धूमिल और जगूड़ी ने एक रास्ता बनाया। विक्षोभ और मोहभंग को तार्किकता में रूपायित करने की चेष्टा की। 'संसद से सड़क तक' में यदि धूमिल अपने समय को रूपायित करते हैं तो 'नाटक जारी है' में जगूड़ी अपने समय को। बाद के दिनों में प्रकाशित 'रात अब भी मौजूद है', 'बची हुई पृथ्वी', 'घबराए हुए शब्द', 'भय भी शक्ति देता है'—उस वक्त की राजनैतिक, आर्थिक और सामाजिक हलचलों, अन्तर्ध्वनियों का ही काव्यात्मक विस्फोट हैं। भय भी शक्ति देता है, अनुभव के आकाश में चाँद और ईश्वर की अध्यक्षता में जैसे बेहतरीन संग्रह जगूड़ी ने दिए पर उन्हें समझने वाला समाज न मिला। उनकी कविताओं को लेकर भरोसेमन्द टीकाओं का अभाव है। कदाचित् यह कारण हो कि वे बहुत ही पेचीदा, जटिल और बहुस्तरीय अनुभवों के कवि हैं, जिन्हें समझना कठिन है। उनकी कविताएँ एक बार में ही पूरा नहीं खुलतीं। जितना हम उन्हें समझने का दावा करते हैं, उतना ही अबोध वे हमें घोषित करती हैं। यों तो हर अच्छी कविता की विशेषता यही है कि वह बार-बार पढ़ी जा कर भी नयी की नयी बनी रहे। उसकी भाषा-संवेदना हर बार ताज़ा लगे। जगूड़ी की कविताओं में यह खूबी है। वे अपने प्रतीकों, बिम्बों, उपमानों, उत्प्रेक्षाओं को मैला और बासी नहीं होने देते। यही वजह है कि पेड़ और बच्चे के प्रतीक और बिम्ब से रची उनकी अनेक कविताएँ ऊब का निर्माण नहीं करती हैं। वे रोमांचित कर देने वाली अनुभूति और प्रतीति कराती हुई एकरसता का भंजन करती हैं। उस समय की एक कविता का एक आखिरी हिस्सा है—

जड़ों के सत्संग से लौटकर
मौसम के सामूहिक कीर्तन में हिल रहे थे पेड़। या

पेड़ कविता का यह अंश—

उसकी आँखों में अनेक इच्छाओं के कोमल सिर हैं
जिन्हें जब वह निकालेगा तो बचपन की मस्ती में
हवा, रोशनी और सारे आकाश को दूध की तरह पी जायेगा...
आओ और मुझे सिर ऊँचा किए हुए उससे ज्यादा जूझता हुआ
उससे ज्यादा आत्मनिर्भर कोई आदमी बताओ
जो अपनी जड़ें फैला कर मिट्टी को खराब होने से बचा रहा हो।

वे जीवन से ही नहीं, पौराणिक सन्दर्भों तक से आधुनिक चेतना को खँगालते हैं और राजनीति, धर्म, साहित्य, अर्थतंत्र और बाज़ार के जीवन पर पड़ने वाले प्रभावों को एक कवि की तरह आँकते हैं। लम्बी कविताओं के तो वे जैसे बेहद लोकप्रिय कवि

माने जाते हैं। 'बलदेव खटिक' के अनेक मंचन हुए—कविता के रंगमंच को विकसित करने में इस या इन जैसी तमाम कविताओं की अपनी भूमिका है। 'महाकाव्य के बिना' में संकलित तमाम लम्बी कविताएँ इस बात का परिचायक हैं कि ये कविताएँ रचनात्मक आपद्धर्म का परिणाम हैं। लम्बी कविताओं की थियरी रचने के बजाय उन्होंने कविताओं में ही उसकी सैद्धान्तिकी और निर्मिति के बीज बोए हैं। यों तो वे लम्बी कविताओं के विस्तार में जितनी बौद्धिकता और तार्किकता के साथ कथ्य के विराट फलक पर खेलते हैं, उनकी छोटी कविताएँ भी उतनी ही प्राणवान और संवेदना-सिक्त लगती हैं। इसका एक उदाहरण तो शीर्षक कविता है—

जब उसने कहा कि अब सोना नहीं मिलेगा
तो मुझे कोई फर्क नहीं पड़ा
पर अगर वह यह कहता कि अब नमक नहीं मिलेगा
तो शायद मैं रो पड़ता।

यह कवि के सरोकारों को जताने वाली कविता है।

'भय भी शक्ति देता है' की दर्जनों कविताएँ आधुनिक अर्थतन्त्र, बाजारवाद और भूमंडलीकरण की आगत आहट को लेकर लिखी गयी थीं, जब उदारीकरण और भूमंडलीकरण की चर्चाएँ भी शुरू नहीं हुई थीं और अब उनके नवीनतम संग्रह 'खबर का मुँह विज्ञापन से ढका है' को देखें तो यह संग्रह न तो पुराने संग्रहों की जूठन से रचा गया है न पुराने अनुभवों का नवीन विस्तार है। यहाँ पुरानी सारी प्रविधियों को अलग रखते हुए सर्वथा नये ढंग से बात कहने की कोशिश है। फूलों की खेती और उदासी, प्राचीन भारतीय संस्कृति को अंतिम बुके, सौ गालियों वाला बाज़ार, खबर का मुँह विज्ञापन से ढका है तथा कर्ज के बाद नींद ऐसी कविता? हैं जो जगूड़ी जैसे कवि के भीतर बसे समाजशास्त्री, अर्थचिंतक और मनोविश्लेषक से रूबरू कराती हैं। कवि आज केवल कल्पना जगत का प्राणी नहीं रहा, उसे भी जगत गति व्यापती है। बिना सांसारिक हुए जीवन की विविधताओं, विशिष्टताओं और व्याधियों से परिचित नहीं हुआ जा सकता। कवि यथातथ्य के गान के लिए नहीं बना है। वह तुकें और अन्त्यानुप्रास भिड़ाने वाला प्राणी नहीं है। सूखे समाज में लहरें पैदा करने वाली विज्ञापन टीम पर उसकी पैनी नज़र है। विज्ञापन जैसा समाज बना रहे हैं, जैसी आक्रामकता और मोहक शब्दजाल से वे हमारी जीवन-शैली में घुसपैठ कर रहे हैं, जगूड़ी की उस पर पैनी नज़र है।

शुद्ध कविता की खोज का यह समय नहीं रहा। कविता में आज का समय बोलना चाहिए। आज का वैश्विक परिदृश्य बोलना चाहिए। कविता में आज के बदलाव को लक्षित किया जाना चाहिए। कविता से जिन्दगी का खमीर गायब हो रहा है, जगूड़ी को चिन्ता इस बात की है। वे बदलाव, विकास, आधुनिकता, तकनीक, आविष्कार और किसी भी वैचारिक नवाचार का विरोध नहीं करते, उसकी पूरी नोटिस लेते हैं। चार्वाक ने भले ही इसकी संस्तुति की हो, पहले कर्ज लेना बुरा माना जाता था। अभावग्रस्तता चल

सकती थी, ऋणग्रस्तता नहीं। आज कर्ज तरक्की का, आार्थिक विकास का परिचायक है। इसलिए हर जगह कर्ज और कमाई ढूँढ़ते अत्याधुनिक मनुष्य तक के मिजाज की पड़ताल जगूड़ी करते हैं। कर्ज के बाद नींद कविता में आधुनिक अर्थतन्त्र की आवाज सुन पड़ती है। सरस्वती पर उनकी कुछ बेहतरीन कविताएँ 'ईश्वर की अध्यक्षता में' और 'खबर का मुँह विज्ञापन से ढका है' संग्रह में हैं। आज जिस तरह लोगों ने अपने हितों के लिए सरस्वती का दुरुपयोग किया है, जगूड़ी उसे एक सुव्यस्थित रूपक में बदलते हुए इस प्रवृत्ति की पड़ताल करते हैं।

(2)

जगूड़ी की कविता न तो पारम्परिक कविता की लीक और लय पर चलती है न आजमाए हुए बिम्ब-प्रतीकों का अवलम्ब ग्रहण करती है। यह कवित-विवेक के अपने खोजे-रचे प्रतिमानों और सौन्दर्यदायी मानदंडों फर टिकी है। रीति, रस, छन्द और अलंकरण के दिखावटी सौष्ठव से परे यह आधुनिक जन-जीवन में खिलती प्रवृत्तियों, उदारताओं, मिथ्या मान्यताओं, व्याधियों, किंवदन्तियों, क्रूरताओं का खाका खींचती है। इसमें बरते गये शब्द आधुनिकता के स्वप्न और संघर्ष की पारस्परिक रगड़ से उपजे हैं। पर्यावरण को ये कविताएँ चिन्ताओं और सरोकारों के नये धरातल से देखती हैं। इनमें सब कुछ के लुट जाने का और लुटते हुए को बचा लेने का हाहाकारी शोर और रोर नहीं है। क्रूरताओं और हिंसा के चितेरों को ये कविताएँ चेतावनियाँ नहीं देतीं क्योंकि ये जानती हैं—यह काम कवि का नहीं, व्यवस्था और प्रशासन का है। जिस तरह प्रशासन और कानून के जिम्मे एक स्वच्छ नागरिक पर्यावरण का निर्माण है, इन कविताओं का काम नागरिकता के विरुद्ध होते पर्यावरण की शिनाख्त है और जगूड़ी यह काम संजीदगी से अंजाम देते हैं। मानवीय क्रूरताओं का रंगमंच बनती हुई दुनिया की शिनाख्त केवल कवि ही कर सकता है। यदि पूछा जाए कि जगूड़ी ने हिन्दी कविता को क्या दिया है तो यह सहज ही कहा जा सकता है कि उन्होंने कविता को भाषा और अनुभव के जितने झटके दिए हैं (ऐसा वे खुद भी कहते हैं), उतने ही अर्थपूर्ण मुहावरे और सुभाषित भी। बात-बात पर ऐसी उद्धरणीयता जो मायकोव्स्की जैसे क्रांतिकारी कवियों की कविताओं में देखने को मिलती है। समकालीनता का शोर इन दिनों हिन्दी कविता में सबसे ज्यादा है पर सच्ची समकालीनता जगूड़ी जैसे कवियों के यहाँ ही पायी जाती है। वे समकालीन कवि ही नहीं, समकालीनता के कवि हैं। जगूड़ी ने लिखा है, एक अच्छी कविता कर्म, विचार शैली और सौन्दर्य का सम्पूर्ण विलयन अपने में लिए होती है। कविता का लक्ष्य किसी अनुभव की तत्काल अदायगी नहीं है। वह जीवनानुभवों का उपार्जन है।

चालीस में जन्मे जगूड़ी ने अब तक की सुदीर्घ काव्य-यात्रा में समय के बदलते हुए चेहरे को नजदीक से देखा है। आजादी उनके पैदा होने के सात साल बाद मिली,

पर वयस्क होते-होते उन्हें आजादी की निरर्थकता समझ में आने लगी। विकास का नेहरूवियन मॉडल लोकतन्त्र के निस्तेज चेहरों की परवाह नहीं करता था। लिहाजा पंचसाला योजनाएँ बेशक चलाई गयीं, उनके उपयुक्त परिणाम नहीं मिले। समय-समय पर चलाए गये आर्थिक कार्यक्रमों का भी कोई बड़ा प्रभाव देश के स्वास्थ्य पर नहीं पड़ा। पचहत्तर की इमरजेंसी ने बताया कि सत्ता की निरंकुशता किस हद तक जा सकती है। नक्सलवाद का कोई हल आज तक नहीं निकला है। गये वर्षों में गरीबी हटाओ के मुग्धकारी नारे के बावजूद, गरीबी रेखा भले ही थोड़ी ऊपर उठी हो, गरीब हमेशा उस रेखा के नीचे ही रहता आया है। धीरे-धीरे गरीबी ही बीमारी का रूप लेती गयी और गरीब को यह लगने लगा कि जिस बीमारी से वह ग्रस्त है, उसका नाम गरीबी है और उसे डाक्टर नहीं मिटा सकते। देश पर लदे कर्ज का हिसाब यह है कि तमाम सामाजिक आर्थिक और शैक्षिक परियोजनाएँ विश्व बैंक के अनुदान से चलायी जा रही हैं। विज्ञापनों ने न केवल सतही लोकरुचि के निर्माण में दिलचस्पी ली बल्कि एक रणनीति के तहत, कवि के शब्दों में वे चुपचाप हर चीज़ में घुस गये/ पहाड़ में, रेत में, खेत में और अभिप्रेत में/ वे घास और काई की तरह स्वाभाविक लगने के बजाय जंग की तरह स्वाभाविक लग रहे थे। समाज का हाल यह कि एक अप्रत्याशित सीधा-सादा मगर कारगर गुंडा सामाजिक न्याय बाँटने वाले के रूप में दिख सकता है। हम अक्सर सभ्यता-समीक्षा की बात दुहराते हैं। खबर का मुँह विज्ञापन से ढका है—के जरिए लीलाधर जगूड़ी एक बड़े सामाजिक सत्य से पर्दा उठाते हैं। वे जताते हैं कि जैसे स्वर्ण पात्र से सत्य का मुँह बन्द हो जाता है उसी तरह खबर का मुँह विज्ञापन ने ढक लिया है। यानी जो खबर है वह खबर नहीं, विज्ञापन है। अर्धसत्य है। जगूड़ी की कविता तमाम अर्धसत्यों का उद्‌घाटन है। वह मानव सभ्यता का वाच टावर है जहाँ से वे समाज की व्याधियों, विडम्बनाओं, क्रूरताओं का सटीक जायज़ा लेते हैं।

भले ही लीलाधर जगूड़ी का जन्म 1 जुलाई, 1940 को हुआ हो लेकिन उनके कवि का जन्म 1960 के आस-पास हुआ। पचास वर्ष की निरन्तर काव्य-यात्रा में उन्होंने हमें साक्षात्कारों के एक संकलन सहित 12 कविता-संग्रह दिए। उन्होंने समय-समय पर कविता, समाज, समय, व्यवस्था, धर्म, राजनीति और पर्यावरण पर जो लेख लिखे हैं उनके संकलन आने बाकी हैं। उनकी डायरियों में उनका पचास वर्ष का जो सोच-विचार अंकित है, वह संग्रहाकार प्रतीक्षित है। लीलाधर जगूड़ी के बारह कविता-संग्रह हिन्दी कविता के बारह पड़ावों की तरह हैं। हर संग्रह में एक नयी शुरुआत दिखायी देती है। उन्होंने अपनी तरह की कविताएँ लिखी हैं। बहुत-सी तो ऐसी हैं जो अलग तरह की आलोचना दृष्टि पैदा करने की क्षमता रखती हैं और वे भविष्य की कविताएँ लगती हैं। समकालीनता से दीर्घकालीनता में जाने का अद्भुत गुण उनकी कविताओं में मौजूद है।

(3)

1960 से हर दशक में उनकी कविता ने हिन्दी में एक काव्यान्तर पैदा किया है। जगूड़ी एक ट्रेंड-सेटर कवि के रूप में अग्रगामी रहे हैं। चाहे आजादी के बाद का अकाल, भुखमरी, अव्यवस्था और बेरोजगारी हो, चाहे आपात्काल का समय हो, उन्होंने हर बार एक नयी काव्य भाषा अर्जित करके हिन्दी कविता के अभिव्यक्ति कौशल को अत्यधिक सामयिक रखते हुए भी अपने समय को लाँघने की मार्मिकता के साथ रचा है। उनकी कविताओं से नये शब्दों, मुहावरों का चयन किया जाए तो एक अलग कोश बनाने लायक सम्पदा वहाँ है। उनकी कविताओं में सूक्तिपरकता और उद्धरणीयता इतनी अधिक है कि सूक्तियों का भी एक अलग कोश तैयार किया जा सकता है। आपात्काल में 'रात अब भी मौजूद है', 'बची हुई पृथ्वी और घबराए हुए शब्द' के माध्यम से उन्होंने 'चिड़िया', 'माँ', 'फूल', 'चाँद', 'बच्चे' और 'बलदेव खटिक' जैसी रचनाएँ देकर एक बार हिन्दी में इन शब्दों को ही मुहावरे में बदल दिया था। प्रकृति के बिम्ब उन दिनों कविता से विदा हो चुके थे, लेकिन उनको, अपनी कविता की भट्ठी में डाल कर उन्होंने नया धात्विक रूप प्रस्तुत किया। याद आती है इमरजेंसी के दिनों में 'भेद' कविता में उस पुलिस वाले की जिसे खेल ही खेल में कुछ बच्चे रस्सी से बाँध देते हैं और पुलिस लाइन में पुलिस पर पुलिस हँसती है।

ऐसी ही एक अविस्मरणीय कविता 'अन्तर्देशीय' है, जो इमरजेंसी के आतंक को एकदम अलग ढंग से व्यक्त करती है। इस पत्र के भीतर कुछ न रखिए—इस सरकारी छपित वाक्य से कविता शुरू होती है और पूरी तत्कालीन भारत सरकार, बिना नाम लिए उस कविता के घेरे में आ जाती है। लीलाधर जगूड़ी की कविता में बच्चे और पुलिस बिल्कुल अलग ढंग से आते हैं। इमरजेंसी में चिड़िया उनकी कविता और आजादी दोनों का प्रतीक बन गयी थी। बाद में सारी हिन्दी कविता माँ, बच्चे और चिड़ियों से भर गयी। जगूड़ी की इस देन को अलग से रेखांकित किया जाना चाहिए कि हर दशक में उन्होंने कविता को नयी भाषा और नये सन्दर्भों की कमी से उबारा है। उनके कविता-संग्रहों के नाम ही एक कथा का आख्यान करने लगते हैं। उनकी कविता में कथा उस तरह चलती है जैसे वह किसी नाटक में घटित हो रही हो।

अगर किसी आलोचक ने अपने समय में उनकी कविताओं को अपनी पत्रिका में सबसे ज्यादा जगह दी तो वे हैं डॉ. नामवर सिंह। लेकिन यह भी आश्चर्यजनक तथ्य है कि वे ही जगूड़ी की कविता के बारे में सर्वाधिक मौन दिखायी देते हैं। हमें यह नहीं भूलना चाहिए कि अपने समय के किसी महत्त्वपूर्ण कवि और उसके अवदान के प्रति आलोचक का मौन रहना भी आगे चलकर उसकी संवेदना और गुट-निरपेक्ष दृष्टि को कठघरे में खड़ा कर देता है। वैसे भी हिन्दी के बड़े आलोचकों ने जगूड़ी के जमाने से प्रारम्भ करने वाले किसी भी कवि पर अलग से कोई काम किया ही नहीं है। अब

समय आ गया है कि कवियों और आलोचकों के पिछले पचास वर्षों के अवदान पर खुल कर बात की जाए।

लीलाधर जगूड़ी जैसे कुछ और कवियों को भी अलग तरह का होने का दंड उनकी उपेक्षा करके देने का प्रयास इन कवियों की प्रचंड प्रतिभा से ध्वस्त हो गया है और होकर रहेगा। आखिर रचना ही है जो हर काल में कवि को पुनर्जन्म देगी। जगूड़ी का बृहद् रचना संसार आज विशद विवेचन की माँग करता है और उसी में से कविता के अगले सूत्र भी निकलेंगे। खबर का मुँह विज्ञापन से ढका है—यह संग्रह इक्कीसवीं सदी की काव्यप्रवृत्तियों का जनक संग्रह लगता है। बाजार और अर्थशास्त्र, बाजार और समाजशास्त्र के बीच लीलाधर जगूड़ी की कविताओं की सीधी और कहीं-कहीं सांकेतिक आवाजाही, सब कवियों से भिन्न तरह की है। प्रेम में प्रवेश को वे प्रेम में निवेश मानते हैं। जगूड़ी की आज की कविताओं को मुक्तिबोध, धूमिल अथवा अज्ञेय और रघुवीर सहाय की कविताओं जैसा नहीं समझा और व्याख्यायित किया जा सकता। उनकी कविताओं का संसार और उस संसार की चिन्ताएँ बिल्कुल अलग तरह की हैं। उनकी कविताओं से ही उनके अन्तरराष्ट्रीय बाजार की व्याख्या के सूत्र निकाले जा सकते हैं। आज उन्हीं के यहाँ अपनी सरस्वती की अन्दरूनी खबर ली जा रही है। लीलाधर जगूड़ी इक्कीसवीं सदी की हिन्दी कविता का एक आधुनिक मोड़ हैं। उनमें हर बार एक नयी छलाँग, एक नया आत्मोल्लंघन दिखायी देता है।

भारतीय कविता की जड़ों से जगूड़ी का गहरा परिचय है। यही कारण है कि वे अतीत की अभिव्यक्ति सम्पदा और भविष्य के तकनीकी गूँगेपन को एक साथ रख पाते हैं। आधुनिक विकासवादी और परिवर्तित होते मनुष्य समाज को उनकी कविताओं में बिल्कुल अलग ढंग से देखा जा सकता है। एक समय था, जब कर्ज के बाद मनुष्य का सारा चैन नष्ट हो जाता था, लेकिन उनकी कविता के चित्रित पात्र को कर्ज के बाद नींद आती है। सामाजिक अनुभूतियाँ किस तरह बदल रही हैं। बैंकों द्वारा दिए जाने वाले ऋण से जो आत्मनिर्भर खुशहाली लोगों के जीवन में आ रही है—इस तरह के विषयों को हिन्दी कविता प्रतिरोध या प्रसन्नता के लिए कहीं भी छूती हुई नहीं दिखायी देती। टेक्नालॉजी वाले समाज के जो सुख-दुख हैं, उनकी आहट सबसे पहले और सबसे ज्यादा जगूड़ी की कविताओं में सुनायी देती है। उनकी कविताओं की स्त्री का अलग ही रंग-ढंग है। पूरी हिन्दी कविता में वैसी स्त्री या स्त्रियाँ नहीं मिलेंगी। जगूड़ी सत्तर वर्ष के होने जा रहे हैं। वे अब ऊर्ध्व रेता हो गये हैं। उनकी कविता साठ पार करते हुए एक विचित्र इतिहास से गुजरने का मौका देती है जिसे लगता है कि समय ने बनाया है लेकिन जब हम उनकी काव्यभाषा से गुजरते हैं तो लीलाधर जगूड़ी के अनुभव के कायान्तरण को देख और समझ पाते हैं। तब उनके सृजन का नवोन्मेष और कलावन्त रूप सामने आता है।

(4)

जगूड़ी को पढ़ने समझने के लिए चिर सजगता चाहिए। इसके लिए कान खुले रखने पड़ते हैं। इन्द्रियों की लगाम थामे रहनी होती है। एक भी पंक्ति की चूक आस्वाद भंग कर सकती है। वे कविता में जो कहते हैं उसका समसामयिकता से ज्यादा लेना-देना नहीं होता। वे इतने पते की बात कहते हैं कि हमारी अक्ल के बन्द दरवाजे भी खुल उठते हैं। 'रोज एक कम' कविता में रोज एक न एक के चले जाने की बात करते हुए वे जब कहते हैं, ताज्जुब है कभी भी उस एक का खाना नहीं बचता/ कभी भी उस एक के सोने की जगह सूनी नहीं रहती—तो पूरी कविता हमें विचलित कर देती है और बताती है कि इस दुनिया में कोई भी अपरिहार्य नहीं है। हत्यारा और तानाशाह को लेकर हिन्दी में तमाम कविताएँ होंगी। पर जगूड़ी की कविता 'हत्यारा' बिल्कुल अलग है। हमारे समय में ऐसे तत्त्वों को जो नायकत्व हासिल हुआ है, उसे पूरी सांकेतिकता से जगूड़ी हमारे सामने रखते हैं। इस तरह कि हम उन हत्यारों को लोकेट कर सकते हैं। उनकी लड़ाई कविता अपने दौर की चर्चित कविताओं में है जिसमें उन्होंने लिखा है—दुनिया की सबसे बड़ी लड़ाई आज भी एक बच्चा लड़ता है/ पेट के बल, कोहनियों के बल और घुटनों के बल।' और इस कविता की इन पंक्तियों के लिए आज भी उन्हें याद किया जाता है—

मेरी कविता हर उस इंसान का बयान है
जो बन्दूकों के गोदाम से अनाज की ख्वाहिश रखता है
मेरी कविता हर उस आँसू की दरख्वास्त है
जिसमें आँसू हैं

इसी कविता में उनका यह भी कहना है कि दुनिया का मैदान लड़ाई का मंच न बने क्योंकि यह बच्चे के खेल का मैदान है। कवि की यह शुभाशा उसके स्वच्छ, निर्मल मन की गवाही देती है। 'पेड़ की आजादी' के माध्यम से उन्होंने एक नागरिक की स्वतन्त्रता की अभिलाषा से जुड़े कुछ सवाल उठाए हैं जिससे यह पता चलता है कि आजादी सिर्फ उत्सवता की एक संज्ञा भर है, सचमुच की आजादी से उसका लेना-देना नहीं। मुझे अफ्रीकी कवि डान मातेरा की एक कविता याद आती है, जिसमें शासक गुलाम व्यक्ति को यह अहसास दिलाते हुए कि वह कुछ माँगे, वह खेत माँगता है, रोटी और कपड़ा माँगता है और यह सब उसे मिलता भी है। फिर धीरे-धीरे शासक की उदारता पर भरोसा करते हुए एक दिन आजादी की ख्वाहिश कर बैठता है। यही बात शासक को स्वीकार्य नहीं है। वह खेत वापस ले लेता है और उसे जंजीरों में जकड़ देता है। आजादी इतनी आसान होती तो अफ्रीका में अफ्रीकी नेशनल कांग्रेस को एक लम्बा संघर्ष न छेड़ना पड़ता। अंग्रेजों से ही आजादी पाने में हमें कितने बरस लगे। इसलिए 'पेड़ की आजादी' कविता पढ़ते हुए स्वतंत्रता और

शोषण के व्यापक भावबोध से गुजरना पड़ता है। 'गुमशुदा की तलाश' भी एक ऐसी ही कविता है।

शहरों में रोज-ब-रोज दाखिल होते ऐसे बेशुमार चेहरों की भीड़ देख सकते हैं जिनके पास खोने को कुछ नहीं है और पा सकना भी एक दु:स्वप्न है। कवि को वह घबराए हुए शब्द की तरह लगता है। क्या हमें ऐसे चेहरे अक्सर नहीं दिखाई देते जो होते हुए भी गुमशुदा जैसे हैं। आजादी के इतने सालों बाद भी हम इन्हें वह सम्मानजनक पहचान और रिहाइश नहीं दे पाये हैं जिनके ये हकदार है। रवीन्द्रनाथ ठाकुर ने लिखा था, भगवान अब भी बच्चों को धरती पर भेज रहा है। इसका अर्थ यह है कि वह मानव जाति से अभी निराश नहीं हुआ है। जगूड़ी लिखते हैं, बच्चा पैदा होने का मतलब है फिर एक आदमी खतरे में पड़ा। वे भविष्य के कबि हैं। उन्हें भविष्य में रोटी, कपड़ा, मकान, पानी, अन्याय और विषमता के तमाम संकट अभी से दीख रहे हैं। जीवन की आगामी मुश्किलों का उन्हें अन्दाजा है।

(5)

जगूड़ी की कविता में भाषा अलग से चमकती है। पर वह भाषा का उत्सव नहीं है। वह दुर्निवार अभिव्यक्ति के लिए भाषा का कारगर इस्तेमाल है। 'आत्मविलाप' कविता में जैसा जगूड़ी लिखते हैं यह उस कौल करार का एक निर्वचन भी है जिसके जरिए वे शब्दों को पुनरुज्जीवित करना चाहते हैं। यह एक जीवन्त कवि का कर्तव्य भी है कि वह शब्दों का परिष्कार करे और देखे कि भाषा में फूटते नये कल्ले शब्द की कोशिकाओं को पूरी आक्सीजन दे रहे हैं—

अपनी छोटी और अन्तिम कविता के लिए
मुझमें जो थोड़ा-सा रक्त शेष है
मैं कोशिश करूँगा वह दौड़ कर
शब्द के उस अंग को जीवित कर दे
जो भाषा की हवा से मर गया है

ऐसा नहीं कि जगूड़ी की कविता किसी तार्किक निष्कर्ष तक पहुँचाने वाली कविता है किन्तु वह दूध का दूध और पानी का पानी करने की क्षमता से अवश्य लैस है जहाँ रूढ़िबद्ध, पवित्र, और नैतिकता के ताप से समुज्ज्वल परम्परागत आशय भरभरा कर गिर पड़ते हैं और साफ दिखाई देता है कि गिरावट, अवसरवादिता, मूल्यहीनता और क्रूरता किस हद तक हमारी जीवन शैली में घुस गयी है।

समय के एक बड़े अन्तराल में ऐसा कभी-कभी ही होता है कि कोई कवि अपनी भाषा, शैली और कथ्य के बल पर हमारे समय की व्याधियों, विडम्बनाओं से टकराता है और अपनी अभिव्यक्ति के लिए सर्वथा एक नयी सरणि चुनता है। समकालीनता के रूढ़बद्ध व प्रचलित रास्ते पर न चल कर अभिव्यक्ति के खतरे उठाने के जोखिम से

गुजरते हुए वह इस बात से बिल्कुल अनासक्त रहता है कि उसके प्रयोग पारम्परिक काव्यास्वाद में रमे-जमे पाठकों पर क्या प्रभाव डालेंगे। जगूड़ी का कविता संग्रह 'खबर का मुँह विज्ञापन से ढका है' बिल्कुल आज की काव्यभाषा का एक नया मसौदा है।

हिन्दी में कविता का समाज दिनोंदिन सिकुड़ता जा रहा है। कविता का समाज विकसित हो, हृदय-संवेद्य कविता से लेकर बौद्धिकता से निर्मित कविता तक को सुनने-सराहने वाला समाज बन सके, ऐसा कोई उद्यम हिन्दी हल्के में नहीं हुआ। ऐसे में लीलाधर जगूड़ी की कविताएँ, उनकी ही नहीं, हिन्दी कविता के ढाँचे और साँचे से बिल्कुल अलग नज़र आती हैं, लगभग अलग तरह के अनुभवों, संशयों, तार्किकताओं, वक्रताओं और प्रेक्षणों की उपज हैं, बल्कि कहें कि उनकी कविताएँ स्वनिर्मित काव्य भाषा का विरल उदाहरण हैं। अपने काव्यात्मक कौशल से अर्जित यह काव्यभाषा प्रेक्षण के बहुस्तरीय प्रयत्नों का प्रतिफ़ल लगती है जहाँ कोई भी शब्द भावना के वशीभूत होकर किसी कविता में नहीं आ टपकता, बल्कि उसका होना, कविता के स्थापत्य के औचित्य से सुनिश्चित होता है। कहना न होगा कि कविता में यह विरल लीक जगूड़ी ने खुद के बलबूते खींची है जो अब एक अकेले कवि की परम्परा बनती जा रही है, और यह अच्छी बात है।

(6)

जगूड़ी की कविताओं की यह उल्लेखनीय विशेषता रही है कि जब वे संग्रह प्रकाशित करने के लिए चयन करते हैं तो अपने सृजन संसार में हर बार एक मोड़ पैदा करने की कोशिश करते हैं। सूचनाओं के विस्फोटक प्रसार के समय में जहाँ मीडिया तरह-तरह के लांछनों और व्यावसायिक प्रयोगों के दौर से गुजर रहा है, जहाँ खबरें भी कमाई का जरिया बनती जा रही हैं, ऐसे समय में 'खबर का मुँह विज्ञापन से ढका है' का प्रकाशन हमारी आधुनिक सांस्कृतिक चेतना को झकझोर कर रख देता है। ऐसे समय में जहाँ, रोज़ सर्वनाश की ख़बरें उड़ रही हों, जहाँ गद्य का मतलब केवल कहानी हो और कविता का मतलब भी नीरस गद्य हो, वहाँ लीलाधर जगूड़ी की कविता अपने अलग तरह के प्रयासों से हमारे डर को कुछ कम करती है। इन्हें पढ़ते हुए कविता के अल्पसंख्यक मगर महत्त्वपूर्ण पाठक अपने लिए कविता समझने की और उसको अपने बीच घटित होते देखने की नयी दृष्टि पाने की प्रक्रिया से गुज़र रहे होते हैं। कविता का यह भी कर्तव्य रहा है कि वह अपने पाठक को किसी रूढ़ संस्कार से भी मुक्त करे। कविता इसी अर्थ में सम्भवत: हमारी पहली मुक्ति का प्रयास करती है।

परिदृश्य में उपस्थित कवियों के बीच लीलाधर जगूड़ी को एक ऐसे कवि के रूप में देखा जाता रहा है जो केवल हृदय से नहीं, समस्त बौद्धिक इंद्रियों से कविताएँ लिखता है। उन्हें देख कर ही यह उक्ति चरितार्थ होती है: कविर्मनीषी परिभू स्वयंभू। जगूड़ी ने अपने अनुभवों को बहुत आँजा और माँजा है। कविता को कविता जैसा न

दिखने देने के लिए अनुभव और संवेदना से गहरी मुठभेड़ें की हैं। अपनी काव्यभाषा पाने के लिए जगूड़ी ने यथार्थ के बहुस्तरीय रूपान्तरणों के मध्य संतरण किया है। वे कविता की कंडीशनिंग को तोड़ते हुए लगातार आगे बढ़ते रहे हैं और कविता में समाज के प्रतिबिम्ब के साथ परिस्थितियों का प्रतिबिम्ब उकेरते रहे हैं। उनकी कविता की जटिलता दरअसल परिस्थितियों और पारिस्थितिकी की जटिलता है।

अपना कौशल, अपना हस्ताक्षर, अपनी शख्सियत और अपनी काव्यभाषा ही कवि होने का प्रमाण है। निराला की काव्य भाषा के लिए एक ही उदाहरण देना पर्याप्त होगा—'क्षीण का न छीना कभी अन्न/ मैं लख न सका दृग वे विपन्न/ अपने आँसुओं अत: बिम्बित/ देखे हैं अपने मुख-चित/ दुख ही जीवन की कथा रही/ क्या कहूँ आज जो नहीं कही।' यहाँ हम क्षीण को किसी दूसरी संज्ञा से स्थानापन्न नहीं कर सकते। लख न सका क्रिया उनके लिए निर्विकल्प है। यहाँ देखने भर से बात नहीं बनने वाली। दृग से टपकते दारिद्र्य के लिए विपन्न से ज्यादा ठोस कोई शब्द उन्हें नहीं सूझता। पूरी की पूरी कविता का ढाँचा अविच्छिन्न मति से अर्जित है। इसी भाँति जगूड़ी की कविता आँजे हुए जीवनानुभवों से मँजी हुई काव्य-भाषा का उपार्जन है।

जगूड़ी कहते हैं, कविता हमारी आत्मा का इतिहास बताती है, हमारी आत्मा की खबर देती है। किन्तु 'खबर का मुँह विज्ञापन से ढका है', यानी दूसरे शब्दों में-हिरण्मयेन पात्रेण सत्यस्यापिहितम् मुखम् अर्थात्, सत्य का मुँह सोने के पात्र से आच्छादित है। ऐसे में, सचाई से रूबरू हो पाना कितना मुश्किल हो गया है। सर्वम् सत्ये प्रतिष्ठितम् के प्रचलित विश्वास को भंग करता हुआ यह नव कथन सत्य पर पूँजी के अन्तर्निहित दबावों का उद्‌घाटन है। सर्वे गुणा: कांचनमाश्रयन्ति की तरह जहाँ सारे जीवनादर्श और मानवीय गुणधर्म पूँजी के प्रलोभनों से घिरे हैं, कवि सच्चाई पर पड़े स्वर्णपात्र को हटा देना चाहता है, ताकि पूँजी के भार से दबे सत्य का अनावरण किया जा सके। यह सच के लिए लोहा लेने वाले कवि का आत्मचिन्तन है, आधुनिक सभ्यता के धब्बों की निशानदेही करने वाले कवि के सत्य के साथ किए गये कुछ अनूठे प्रयोग हैं। अपना पूर्वज होने का संस्मरण में वह कहता है—पृथ्वी जानती है/कैल्शियम पहचानने के लिए कितना मैंने लोहा लिया/ जो अब नहीं रहीं, वे परिस्थितियाँ जानती हैं/ कब किस धातु का कब किस मिट्टी का बना निकला मैं। ये कविताएँ बिना बाजार-बाजार चिल्लाए बाजारवाद की व्याधियों की निशानदेही करती हैं। भाषा के हिंसक और रौद्र रूप का इस्तेमाल किए बिना निष्करुण मीडिया और हिंसा की सूक्ष्म से सूक्ष्मतर गतिविधियों को पहचान पाती हैं। बड़े देशों की आक्रामकता और भूमंडलीकरण की हकीकत को दर्ज करते हुए गरीब देशों पर लादे गये पेटेंटीकरण के व्यापारिक भाईचारे का हश्र भी जानती-बूझती हैं।

जगूड़ी की इन कविताओं का प्रारूप बहुत बदला हुआ है। इससे पूर्व के संग्रह 'ईश्वर की अध्यक्षता में' की कविताओं का साँचा इस सीमा तक बुद्धि-बल से शासित

नहीं था। यहाँ कवि की चिन्ता किसी भावुकता का अवलम्ब नहीं ग्रहण करती, वह चीजों की तह में जाती है, गहन अनुसंधान करती हुई अलक्षित अर्थ के बीहड़ों में उतरती है। मीडिया, बाजार, उदारतावाद, मानवीय उच्चादर्श, प्रचलित विश्वास और अवधारण के विरुद्ध कवि कोई वक्तव्य बाजी नहीं करता है, बल्कि उसे वह प्रतीतियों के आस्वादन में बदल देती है। जगूड़ी की कविता में झटके बहुत हैं—कह सकते हैं कि लटके-झटके दोनों। पर दोनों सचेत भंगिमाओं के साथ प्रकट हुए हैं। यह सच है कि कविता का जन्म स्वाभाविक रूप से व्यथा की कथा कहने के लिए हुआ है, किन्तु व्यथाएँ भी जटिल से जटिलतर हुई हैं। यहाँ शब्दों का संयोजन और समन्वय भर नहीं है, बल्कि कविता की सुसंयत पारिभाषिकी—द बेस्ट वर्ड्स इन वेस्ट आर्डर को निरर्थ बनाते हुए अनुभव के अन्वय से बनी कविता का आस्वादन मिलता है। यह कविता का नया सेन्टेकक्स है। बौद्धिक मांसपेशियों को उद्वेलित और सक्रिय करने वाली कविता, जहाँ व्यर्थ का रुदन और भावात्मक आस्फालन नहीं है। इसमें जितनी समसामयिकता और तात्कालिकता है, उतनी ही दीर्घकालिकता। यह समय को लाँघते अनुभवों का रोमांचक दस्तावेज़ है।

(7)

लीलाधर जगूड़ी दरअसल कविता के ऐसे वैद्य हैं जो समाज की नाड़ी-संरचना का अध्ययन कर रुग्णताओं की पहचान करने में सिद्धि रखते हैं। उनका काव्य कविता के प्रतिमानीकरण में लगे आलोचकों के आगे चुनौती फेंकता है और महज शब्दों की शोभायात्रा सजाते कवियों को *हा धिक्* की नज़र से देखता है। यह वही जगूड़ी हैं जिसने 'रात अब भी मौजूद है' में लिखा था, 'जो अब तक की हर हरियाली के हम अन्तिम परिणाम हैं/ हम जब जलेंगे तो धरती दूर से ही काली दिखाई देगी/ काली और उपजाऊ।' और आज वे कहते हैं, 'केवल शिल्पज या कौशल ही नहीं है कविता/कही सुनी झेली का नया अन्दाज भी वह हो सकती है/टेरीलीन की पैंट की तरह/बहुत घिसाई के बाद भी क्रीज पहनने लायक रह जाती हो जिसमें।' उन्हें मालूम है कि कविता का अमीर और गरीब से कोई ताल्लुक नहीं है क्योंकि हो सकता है अमीर की कविता से जिन्दगी का खमीर गायब हो। यहाँ यह देखना रोमांचक होगा कि कवि किन-किन नयी घटनाओं से मुलाकात करता है। हर बार भिन्न, अजानी, अज्ञात किस्म की विषय वस्तु, यहाँ तक कि फंतासियों तक में वह घुसपैठ करता है और हर बार वह अपने अनुभव को भाषा के नये सामाजिक अन्वयों में बदल देता है। चाँद पर चित्रकार की फंतासी गढ़ता हुआ कवि पृथ्वी की पीड़ा को महसूस करना चाहता है जो तमाम निर्मम जलवायु के बावजूद कारखानों के बोझ से झुकती जा रही है, पोर-पोर में जहरीले रसायन और तेज धार हथियार चुभे हैं, उर्वर भूमि अनुर्वर कालोनियों की भेंट चढ़ रही है। खुशबुओं के प्रणेता फूलों की उदासी की अपनी वाजिब वजहें हैं। यह फूल-जैसी पृथ्वी के उदास होने

के लक्षणों की पहचान करना भी है।

इस संग्रह की कविताओं से पता लगता है कि कविता कितनी आवश्यक है लेकिन कवि-कर्म की कठिनाइयाँ, जिम्मेदारियों के रूप में, कितनी बढ़ गयी हैं। उस पर भी कवि ने अपने लिए जहाँ से रास्ता निकाला है, वह बताता है कि सचमुच हम मानवता को समाप्त करने के सर्वाधिक हिंसक दौर में पहुँच गये हैं। अर्थात् हम इक्कीसवीं सदी में पहुँच गये हैं। जो दुविधाएँ हैं उनमें से एक यह कि हथियारों के साये में मातृभूमि के साथ सम्बन्ध नैतिक कैसे रह सकते हैं ? ...हमने गुस्से को भी नि:शस्त्र नहीं रहने दिया है।... विश्व बैंक तो वीर्य बैंक भी खोल देगा पर सहवास नहीं सिर्फ निषेचन चलेगा...ये चिन्ताएँ साधारण हिन्दी कविता में देखने को नहीं मिलतीं।–अराजकता, हथियारों के सस्ते होने के कारण है।...दिखाया जाता है छह-सात सौ ग्राम फैला ताजा रक्त शोकमग्न दिखता है रंगीन टीवी...मारे गये व्यक्ति की कोई सन्तान न थी...भ्रष्टाचार का उन पर एक भी आरोप न था-यह कहते हुए दिखाई गयी मृतक की विधवा बीवी। यथार्थवादी विचारक भी आयुध विशेषज्ञ की तरह घटनाओं का विश्लेषण कुछ इस तरह करते हैं–इस घटना को भी देखो तो उत्पादन की गुणवत्ता प्रयोग से ही सिद्ध होती है। हत्यारे के पास सिर्फ एक कलम निकली (पेन पिस्तौल), जो लिखने के नहीं, बोलती बन्द करने के काम आती है। यह उस हथियार का सफल हो जाना है, जिसकी कम्पनी पिछले साल से पड़ी हुई थी दिक्कत में... एक अन्य जघन्य विज्ञापन में बताया गया कि आतंक के कारण सतयुग वापस आ गया है। एक बड़े नगर के रेलवे स्टेशन पर पड़ी बड़ी अटैची को किसी ने नहीं छुआ–आतंक से कितना यह समाज नैतिक हुआ है। ये व्यंग्य केवल इक्कीसवीं सदी की सामाज़िक विडम्बना की ओर ही संकेत नहीं करते बल्कि हमारी मन:स्थितियों की नासमझी पर परिवर्तनकारी गुस्सा भी दिलाते हैं। ऐसे अनेक स्थल इस कविता संग्रह में हैं जिन्हें हिन्दी कविता की स्थापित आलोचना की परम्परा से व्याख्यायित नहीं किया जा सकता। मीडिया आज कम्पनियों की और बाजार की नीतियों का शिकार कैसे हो रहा है–एड्स के डर को कहीं ज्यादा फैलाकर पत्नीव को पतिव्रता और पति को पत्नीव्रत बना दिया/ जो कोई धार्मिक कथा न कर पायी/ इसका श्रेय कंडोम बनाने वाली कम्पनियों को जाता है/ जो अपने मुनाफे का पाँच प्रतिशत एड्स के प्रचार पर खर्च करती हैं।' इस तरह के अखबारी और रोज़मर्रा के चिन्ताजनक विषय कविता में आते हैं तो लगता है कि समाज की आबो-हवा वाकई बाजार की मुट्ठी में है। समाचार माध्यमों को भी बाजार ने अपने प्रचार का कारगर हिस्सा बना लिया है।–'वे हथियारों और संक्रामक रोगों को आतंक का दूत बनाकर/अपने सारे विज्ञापनों को खबर या फीचर में छपवाकर/ हत्या को हथियार के मुफ्त विज्ञापन में बदलवाते हैं...'

कविताओं की निर्मिति और उगाही का जगूड़ी का तौर तरीका बिल्कुल अलग है। 'अपनी सरस्वती की अन्दरूनी खबर' से लेकर 'खबर का मुँह विज्ञापन से ढका

है' तक चौंतीस कविताओं का भाष्य बहुआयामी है। ज्ञान-निर्भर युग में सरस्वती की भूमिका बदल चुकी है। वरदपुत्रों की फलदायी मूर्खताओं से लेकर मनुष्य जाति के लिए खतरे पैदा करने वाले लक्ष्मीपुत्रों तक पर उनकी असीम कृपा है। कवि की कठिनाई को लेकर व्यक्त कविता में सरलता की हाँक लगाने वाले तत्त्वों की पूरी खबर ली गयी है। वे कहते हैं—'भाषाएँ भी अलग अलग रौनकों वाले पेड़ों की तरह हैं। सबका अपना-अपना हरापन है।' किन्तु जगूड़ी की शिकायत उन लोगों से है जो उन्हें काट कर उनकी छवियों का बुरादा बना रहे हैं और भाषा को एक जैसी किटप्लाई में बदल रहे हैं। उनकी चिन्ता यह है कि कहीं कविता जैसी कविता गढ़ने की सरल बेसब्री कविता के माहौल को एकरस न बना दे. जगूड़ी की कविता इसी एकरसता के विरुद्ध बदलती जीवन शैलियों, आपराधिक वृत्तियों, चीजों, वस्तुओं, आदतों, राजनीतिक व्याधियों, फलश्रुतियों, जैव तकनीकी से फूलों की खेती में फूल-फल रही उदासी, फूलों के सामूहिक संहार के आनन्द में निमग्न सांस्कृतिक अनुष्ठानों और विदेशी फूलों की खेती के इस दौर में मधुमक्खियों की मधुकरी पर होते वज्रपात का बारीक अध्ययन और निरूपण है। यहाँ पर्यावरण की चिन्ता को नये परिप्रेक्ष्य में देखा गया है।

जगूड़ी जहाँ तमाम अपराधों के पीछे गरीबी की बीमारी को न देख पाने वाली व्यवस्था को रेखांकित करते हैं, वहीं फर्नीचर की एक दूकान के गूँगे कारीगर से संवाद के जरिए एक कविता उठाते हुए कहते हैं—'गूँगे कारीगर के बातूनीपन से इतना वह पलँग मुखर हो उठा था/ कि छटपटाते मन का आखिरी विश्रामालय लगने लगा था।' (गूँगे का शब्दकोश) आर्थिक उदारतावाद की छाया में पनपते आधुनिक अर्थतन्त्र की आवाज कर्ज़ के बाद नींद में सुन पड़ती है। कविता कहती है: 'एक से एक नया रास्ता जानने वाले पुराने मनुष्य के भीतर/ हर जगह कर्ज और कमाई ढूँढ़ता एक अत्याधुनिक मनुष्य चल रहा होता है/ जो गाँव में भी लोन पाने की जुगत में पाया जाता है।' जगूड़ी ने इस कविता में जेनेटिक विरोधाभासों को अलंकार बनाने वाली कुदरत की बात की है। वे खुद कविता की जेनेटिक्स के इंजीनियर कहे जाते हैं जिन्होंने पारम्परिक आस्वाद वाली कविता को आमूल बदल दिया है। उनके लेखे मातृभूमि का आज वही अर्थ नहीं रह गया है, जैसा कोशकार बताते हैं। एक सप्लायर के लिए मातृभूमि का वही अर्थ नहीं है जो टिम्बर व्यापारी, प्रापर्टी डीलर अथवा एक ठेकेदार विधायक के लिए है या एक चरवाहे, एक डाक्टर के लिए है। बाढ़ और सूखे और अन्य प्राकृतिक आपदाओं से निपटने के बहाने राहत कोषों की लूट की कामधेनु बनी मातृभूमि के अलग-अलग निहितार्थ हैं। कवि अपने साठ-साला सफर में प्रकृति और परिस्थितियों के मिले-जुले कितने ही पतझरों का साक्षी है। उसके पास अपनों की दी हुई विपत्तियों के बहुतेरे अनुभव हैं। इस तरह साठ पार करते हुए वीर्य के ऊर्ध्व रेता होने की कविता है—साठ-साला नागरिकता और अनुभव के एकान्त में तिकड़में तलाशते लोगों के बीच जोखिम के साथ जिए गये जीवन की कथा है। उसे सामाजिक न्याय बाँटने वाले व्यक्ति के भीतर

छुपा गुंडा अचरज में नहीं डालता, न ही सूखे समाज में लहरें पैदा करने की योग्यताएँ रखने वाले विज्ञापन टीम के सदस्य क्योंकि उसे खबर और विज्ञापन की दुरभिसंधियों की पूरी खबर है। आखिरकार कवि के ही शब्दों में, खबर वाले जानते हैं यह किस मतलब का विज्ञापन है/ विज्ञापन वाले जानते हैं, यह किस मतलब की खबर है।

'खबर का मुँह विज्ञापन से ढका है' में आज का ज्वलन्त परिदृश्य रेखांकित हुआ है। हमारे समय की सच्चाई को निरावृत करने की बेहद काव्यात्मक कोशिश का परिणाम है यह कविता। भिखारी समस्या पर केन्द्रित 'जुर्माना' कविता वास्तव में संग्रह की उपलब्धि है, जिसमें धैर्य धनी भिखारी से लेकर लोगों की करुणा के किवाड़ तोड़ते खुद के लिए दया और सुनने वाले के लिए शर्म पैदा करते भिखारियों की पूरी जमात का दृष्टान्त मिल जाता है। एक सुघर आख्यान के रूप में रची यह कविता सम्भवतः हिन्दी कविता परिसर में अकेली कविता होगी जो भिखारियों के आचरण का इतना बारीक विश्लेषण करती है। और तो और, जमाने में होते बदलाव से उनकी कविता अत्यन्त वाकिफ एवं चौकस दिखती है। 'सौ गलियों वाला बाज़ार' कविता दस अनुच्छेदों में है और हमें अनोखे ढंग से एक से एक पेशेगत व्यवसाय के अन्तःपुर में ले जाती है। कबीर अपने को बाजार में खड़ पाते थे, लेकिन जगूड़ी अपने को अन्तर्राष्ट्रीय बाजार में खड़ पाते हैं। कबीर के हाथ में लुकाठी थी, जगूड़ी के हाथ में भाषा का कैमरा है, जो मनुष्य और मनुष्यता के अन्तिम पतन-बिन्दु तक उसका पीछा करता है।

यह कविता विपणन की नयी से नयी तकनीक के परिणामों का खुलासा है। समाज में तब्दीली की कछुआ रफ्तार विज्ञापन युग के रणनीतिकारों को स्वीकार्य नहीं है, जिन्होंने ठीक से साक्षर भी न हुए समाज को विज्ञापनों से बदल डालने का बीड़ा उठा लिया है। फलतः पानी के संकट से जूझते समाज में लहरें पैदा करने की तरकीबों को अंजाम देने का काम जिस बखूबी चल रहा है, उसमें अचरज नहीं कि स्त्री किसी ब्रांड की पहचान बन चुकी है, देह को दरी के रूप में विपणन योग्य बनाने की कार्रवाई चल रही है। आज के विपणनकारों व कारपोरेट सौदागरों के लिए विचार-विनिमय वस्तु-विनिमय की सीढ़ी-भर है। चवन्नी भर ढकी लड़कियाँ अठन्नी भर मूड बोने के लिए हैं और बिना बीमे की मौतें आर्थिक हानि के नमूने के रूप में देखी जा रही हैं। मीडिया और विज्ञापकों की परस्परता ने एक ऐसे अतियथार्थवाद को जन्म दिया है जो सच्चाई से कोसों दूर है, यानी ऐसे युग में ही यह कहा और बर्दाश्त किया जा सकता है कि—इस कम्पनी की साड़ियाँ स्त्रियों को आत्महत्या से बचाती हैं। बकौल कवि, 'वे चुपचाप हर चीज में घुस गये/ पहाड़ में, रेत में, खेत में और अभिप्रेत में। वे घास और काई की तरह स्वाभाविक लगने के बजाय जंग की तरह स्वाभाविक लग रहे थे।'

आज का समय हर तरह से आर्थिक समय है। भारत में पहले भौतिकवादी होना गाली माना जाता था, लेकिन आज नहीं माना जाता। यह प्रगतिशील विश्लेषणों का

परिणाम हो या आर्थिक चिन्तन का, लेकिन यह परिवर्तन निस्सन्देह मनुष्य के बेहतर सामाजिक जीवन का प्रतिबिम्ब–कर्ज के बाद नींद–कविता में उस पिता के रूप में साकार हो उठता है जो अपने बेटे के बेहतर व्यवसाय और जीवन के लिए कर्ज लेने की फिराक में है, लेकिन पिता-पुत्र के दृष्टिकोणों में जो द्वन्द्व है वह हमारे घरेलू अर्थशास्त्र को और आवारा पूँजी के हस्तक्षेप को अत्यन्त रोचक ढंग से प्रस्तुत करके स्मरणीय बना देता है। इस संग्रह की एक विलक्षण कविता है, 'आधुनिक शब्द'–जो इस तरह शुरू होती है कि–'आधुनिक शब्द में ही ठोकर-सी है जिससे चाल बदल जाती है/ और देखना सँभल जाता है।'–यह कविता विलक्षण इस मामले में है कि आधुनिकता के विश्लेषण के ऐसे लक्षण न पूर्ववर्ती किसी कविता में मिलते हैं और न ज्ञात विश्व कविता में। इस कविता से टकराने के बाद सचमुच एक ठोकर-सी लगती है और आलोचक का भी देखना सँभल या बदल जाता है। निराशा भी यहाँ आशान्वित करने लगती है। इस कविता को पढ़ कर कोई समझदार पाठक एक और कविता 'सपने का सपना' की यह पंक्ति दोहरा उठेगा कि 'सपनों को जब सपने देखने होते हैं मेरे जीवन में चले आते हैं।' जीवन और जगत की सारी निरर्थकताओं के बीच से कविता को कैसे नये सिरे से पाया और लाया जा सकता है, यह कोई जगूड़ी से सीखे। उन्हीं के स्वर में स्वर मिलाकर कहने की इच्छा होती है कि 'अन्याय को ईश्वर की तरह सर्वव्यापक देखकर, आज मैंने स्वयं से घृणा की।' यह घृणा सारी निरर्थकता को सार्थकता में बदल देती है।

(8)

सन् 1960 के आसपास जो आम आदमी हिन्दी कविता में आया था, वह आम आदमी आज किस स्थिति को प्राप्त हो गया है, इसे दृष्टि से ओझल नहीं किया जाना चाहिए। राजनीतिक एजेंडे पर सदैव महिमामंडित आम आदमी को समझने के सूत्र श्रद्धांजलि कविता में दिखायी देते हैं। इक्कीसवीं सदी वाला आम आदमी, मोबाइल वाला आम आदमी है। यहीं कवि की एक और चिन्ता का सूत्र हाथ लगता है 'एक और नामकरण' कविता में, जब वह कहता है कि–'श्मशान से लौटते हुए सोच रहा था/ मरने के बाद होना चाहिए हरेक का एक और नामकरण।' इसी तरह बार में 'एक बार' कविता भी एक नशे से दूसरे नशे के बीच हमारी स्मृतियों का जो कॉकटेल बनता है, उसको चित्रित करती है और ऐसी कविता लिखने के लिए जिस धैर्य और प्रतिभा की जरूरत होती है, वह जरूर कवि में है तभी वह ऐसी विरल कविता लिख पाया है।

सारांश यह कि जगूड़ी की कविता न तो पारम्परिक कविता की लीक और लय पर चलती है न आजमाए हुए बिम्ब-प्रतीकों का अवलम्ब ग्रहण करती है। यह कवित-विवेक के अपने खोजे-रचे प्रतिमानों और सौदर्यधायी मानदंडों पर

टिकी है। रीति, रस, छन्द और अलंकरण के दिखावटी सौष्ठव से परे यह आधुनिक जन-जीवन में खिलती प्रवृत्तियों, उदारताओं, मिथ्या मान्यताओं, व्याधियों, किंवदन्तियों, क्रूरताओं का खाका खींचती है। इसमें बरते गये शब्द आधुनिकता के स्वप्न और संघर्ष की पारस्परिक रगड़ से उपजे हैं। पर्यावरण को ये कविताएँ चिन्ताओं और सरोकारों के नये धरातल से देखती हैं। इनमें सब कुछ के लुट जाने का और लुटते हुए को बचा लेने का हाहाकारी शोर और रोर नहीं है। क्रूरताओं और हिंसा के चितेरों को ये कविताएँ चेतावनियाँ नहीं देतीं क्योंकि ये जानती हैं—यह काम कवि का नहीं, व्यवस्था और प्रशासन का है। जिस तरह प्रशासन और कानून के जिम्मे एक स्वच्छ नागरिक पर्यावरण का निर्माण है, इन कविताओं का काम नागरिकता के विरुद्ध होते पर्यावरण की शिनाख्त है, कविता को रिपोर्ट की शक्ल देना नहीं। हाँ, इनका काम खबर में छिपी कविता को निकाल लेना है। 'पलटवार' और 'एक खबर'—खबरों के अंबार से ही निकाली गयी कविताएँ हैं। पलटवार कविता में एक निरपराध व्यक्ति का अपराधी बन जाना आज के समाज की हकीकत का डरावना वर्णन है—

पीटे जा रहे शरीफ आदमी को लगा कि कर्मठ कल्पनाशील जीवन
जिसके लिए माँ-बाप दवा और दुआ करते नहीं थकते
फिचकुर फेंकता जिबह होने जा रहा है
अगली चोट ने मौत की आखिरी चेतावनी दी
जीवित रहने की अन्तिम इच्छा ने वहीं के वहीं पलटवार किया
पता नहीं कैसे हत्यारे के हथियार ने ही हत्यारे की हत्या कर दी...

और मनुष्य के भीतर छिपी पशुता और पशुओं के भीतर छिपी मनुष्यता का प्रतिशत ज्ञात कर लेना जैसे कवि का बुनियादी ध्येय हो—और ऐसी ही परिस्थितियों में ही 'टुनकीबाई' और 'गरीब वेश्या की मौत' जैसी कविताएँ जन्म लेती हैं।

लीलाधर जगूड़ी की कविता विपत्ति में भी एक पुल का निर्माण करती है। वे बेहद तात्कालिक सामाजिक विषयों को जीवन-पद्धति से अदृश्य कारणों तक ले जाते हैं जहाँ चीजें भी मनुष्यों के बारे में सोच रही होती हैं। इसीलिए कवि कहता है कि चीजों के बारे में सोचना अब सरल नहीं रह गया है। इसी की तर्ज पर मैं कहना चाहता हूँ कि कविता करना और समझना भी अब वैसा सरल नहीं रह गया है, जैसा हमने उसे समझना सीखा था। जगूड़ी की प्रत्येक कविता का कथ्य और विन्यास देख कर लगता है कि अब कविता खुद अपने नये औजार पैदा कर रही है। उन्हें पुराने औजारों से नहीं जाँचा जा सकता। कविता की यह सीढ़ी, कवि कहता है कि मुझे रोज बनानी पड़ती है। फिर आलोचक या समीक्षक ही अपनी पुरानी नसैनी से यहाँ कैसे चढ़ सकता है—'पहाड़ों पर, खाइयों में, नदियों में रास्ते-सी सीढ़ियाँ गिरी पड़ी दिखती हैं/ फिर भी जिस-जिस रास्ते से जाना होता है/उसे वह सीढ़ी खुद बनानी होती है/ एक-एक कदम कविता में जैसे छोटे-छोटे वाक्य/ हर नये कदम पर नये डंडे बिठाने पड़ते हैं—हवा में/....तब

कहीं एक कविता उतर पाती है पृथ्वी पर...और चढ़ पाती है बिना शीर्षक के शीर्ष पर भी।'–यही सीढ़ी उस रास्ते तक पहुँचाती है जो एक मजदूर दम्पति के जीवन में जाता है लेकिन जिस रास्ते से वे बिल्कुल किनारा किए रहते हैं। उसी तकलीफ को समझने से पत्रकारिता की भाषा में वह कविता लिखी जा सकी जो एक रिपोर्ट जैसी है और जिसका उद्देश्य न प्रथमतः, न अन्ततः कविता होना नहीं था। भाषा, हालत का साथ नहीं दे रही है। जैसे रखे-रखे उड़ गया हो पानी का बोझ और गुस्सा।

बेशक, दुनिया का सबसे बड़ा रचनात्मक झूठ एक कवि ही लिख सकता है, किन्तु रचनात्मकता में ज़मीनी हकीकत भी वही बोता है। 'फूलों की खेती और उदासी', तथा 'प्राचीन संस्कृति को अन्तिम बुके' जैसी कविताएँ लिख कर जगूड़ी ने यह सिद्ध कर दिखाया है कि वे रचनात्मकता के उत्खनन में अभी बूढ़े नहीं दिखते। उन्हें किसानी तथा देश के अर्थतंत्र की पूरी समझ है। वे देश के मालियों की माली हालत और मधुमक्खियों को मधुकरी (जीविका) के मौलिक अधिकार का मामला कविता की संसद में उठा कर यह जताते हैं कि जो कुछ भी उनकी कविता बना रही है, उसका सामाजिक खराबियों से कोई न कोई सम्बन्ध अवश्य है। एक बात यह भी कि कविता में नयी प्रतीतियों और नये प्रतीकों की आमद कुछ इधर घट गयी-सी लगती थी, लेकिन लगभग आठ-दस साल के अन्तराल से प्रकाशित लीलाधर जगूड़ी का यह कविता संग्रह एक अलग तरह की खुशी और दृष्टि दोनों देता है। जगूड़ी का यह सारा काव्यात्मक उपक्रम भाषा की एक-जैसी किटप्लाई तैयार करने के विरुद्ध अपने देशी रंदे के इस्तेमाल से एक ऐसी काव्य भाषा रचना या पाना है जो किसी स्थापित भाषा के अदेखे-अ-सुने को प्रकट करने के लिए गूँगे कारीगर के अन्दाजे-बयाँ जैसा हो। तभी शायद कविता भी छटपटाते मन का विश्रामालय बन सके।

(9)

''मेरी आत्मा लोहार है

ज़िन्दगी से रोज लोहा लेती है

मेरी आत्मार धोबी है
मन का मैल आँसुओं से धोती है

मेरी आत्मा कुम्हार है
सपनों की मिट्टी से आकार बनाती है
मेरी आत्मा बढ़ई है
रोज़ कोई न कोई विचार खराद देती है

किसी भी आत्मा की कोई एक जाति नहीं होती
यहाँ किसी भी एकराम से काम नहीं चलने वाला
मैं आत्माराम भी हूँ, सिर्फ मोचीराम ही नहीं
रोटीराम भी हूँ, सिर्फ रामरोटी ही नहीं।"

ये पदावलियाँ लीलाधर जगूड़ी के नये कविता-संग्रह 'जितने लोग उतने प्रेम' से उद्धृत हैं। जिन्हें भाषा की शक्तियों से, शब्दों की निस्सीमता से खेलना आता है, शब्द से अर्थ और अर्थ से अनेक अर्थात् बना लेने की जिनमें क्षमता है जो शब्दों के बीहड़ से अभिप्रायों की नदी बहा सकता है, जो भाषा को हवा की तरह बाँधे लेने में हुनरमन्द है, वह कौन हो सकता है भला—लीलाधर जगूड़ी के सिवा। कविता के शिल्प में उत्तरोत्तर बदलाव की जिसकी चुनौती धूमिल ने भी स्वीकारी थी, जो 'गरीबी हटाओ' की तर्ज पर भूख को एकदम से खत्म करने की माँग के सर्वथा विरुद्ध रहा है और जो यह कहता हो : "आपदाओं में कुछ अच्छी गुण वाली आपदाएँ भी होती हैं/ जिन्हें खोना नहीं बल्कि बोना चाहती हूँ सब में जैसे कि भूख/ भूख मिट जाए भले ही पर मरे न कभी, वरना मेरे तुम्हारे रोमांच मिट जाएँगे।" अमिट भूख के रोमांच से कविता के विरल रोमांच तक संतरण करने वाले इस कवि की कल्पनातीत होती पतंग को सहज ही काट पाना मुमकिन नहीं है। लीलाधर जगूड़ी के पिछले संग्रह 'खबर का मुँह विज्ञापन से ढंका है' पढ़े हुए कई साल हो गये, पर लगता है उसे पढ़ने का रोमांच अभी ताज़ा है। इस ताज़ा ताज़ा रोमांच को शब्द और शब्दों के रोमांच को अभिप्रायों के रोमांच में बदलने वाले जगूड़ी का यह संग्रह 'जितने लोग उतने प्रेम', 'जितनी आत्माएँ उतने ख़तरे', 'जितने रास्ते उतने कुशल क्षेम' की अवधारणाओं के साथ सामने आया है।

परिस्थितियों से पारिस्थितिकी तक जगूड़ी के शब्द यात्रा करते हैं और इन्हीं शब्दों, अभिप्रायों में जगूड़ी का कवि विचरता है : 'परिभू स्वथयंभू' कवियों की तरह जो मजबूत से मजबूत लोहे जैसे विचार को भी शब्दों के घन से पीट-पीट कर एक लचीली काया में बदल देता है।

प्रेम एक ऐसा विषय है जिस पर जितने मुँह उतनी बातें। प्रेम का अनुभव हर एक का अपना होता है, उसके बखान के तरीके अलग हो सकते हैं। जो अपने अनुभव का बखान नहीं कर सकते वे भी इसके संक्रमण को महसूस करते हैं। जो जीवनानुभव का परिणाम है, लीलाधर जगूड़ी उसे अपने 53 वर्ष के काव्यानुभव का नतीज़ा मानते हैं—जीवनानुभव से काव्यानुभव तक प्रेम के इस संक्रमण, अनुभव और प्रस्फुटन को उन्होंने एक नयी अवधारणा में पिरोया है : 'जितने लोग उतने प्रेम' कह कर।

अपने पसन्दीदा कवि को पाठक उसके उत्स से समझना चाहता है। बरसों जगूड़ी के सान्निध्य में रह कर यह जानना मुश्किल नहीं है कि वे कविता में निरन्तर रचनात्मक तोड़फोड़ करने वाले कवि रहे हैं। 'नाटक जारी है' से लेकर आगे के सभी संग्रहों में उन्होंने अपने को उत्तरोत्तर बदला है। कहा होगा अज्ञेय ने—'राही नहीं, राहों के अन्वेषी।'

पर जगूड़ी के इन प्रयोगों में भाषा, अनुभव और कथ्य का एक सर्वथा बदला हुआ संसार दीखता है। वे निरन्तर ही नहीं, उत्तरोत्तर अपने प्रयोगों में प्रगति की कामना से भरे दिखते हैं कविता लिखते हुए वे वस्तु और रूप की समस्या से भी मुक्त दिखते हैं। फिर जो कवि 'कविता जैसी कविता से बचो'—का हामी हो और जो भाषा को उत्तरोत्तर नये ढंग से बाँधने के उपक्रम में तल्लीन हो, उसके प्रयोग निस्सन्देह भाषा और कथ्य की अजानी-अपहचानी युक्तियों के अनाविष्कृत संसार तक ले जाते हैं। एकरसता और ऊब के निर्माण के विरुद्ध उनकी कविता हर बार अपना चेहरा-मोहरा बदल लेती है जैसे करवटें सुकूनदेह नींद के लिए जरूरी हैं-जगूड़ी की कविता बार-बार उद्विग्नता में करवटें बदलती है, जो हर पल कवि की व्यग्रता-नया रचने और रूढ़ियों को तोड़ने की हिकमत का परिचय देती है।

प्रेम जीवन में एक ही बार होता है, ऐसा कहने वाले बहुतेरे होंगे पर जितने लोग उतने किस्म के प्रेम की अद्वितीयता का अपना खास अर्थ है। हर व्यक्ति के भीतर प्रेम, करुणा तथा अन्य मानवीय भावनाओं का उदय और प्रकट अपनी तरह से होता है—यानी अपनी प्रकृति, अपने व्यवहार, अपनी समाहित और चेतना में किसी भी दूसरे से भिन्न—इसीलिए जगूड़ी का यह चिन्तन प्रेम की एक ही मनोभूमि पर 'जितने लोग उतने प्रेम' की अवधारणा लेकर सामने आता है। कहने के लिए यह ऊपर से प्रेम कविताओं के संग्रह जैसा दिखायी देता है, पर यह प्रचलित अर्थों में प्रेम की रूढ़िबद्ध छवि से बाहर निकलने की कोशिश भी है। इतने चालू, सतही, दैहिक और सांसारिक खानापूर्ति की तरह लिये जाने वाले प्रेम से जगूड़ी पहले ही अपना पल्ला झाड़ते हुए चलते हैं। इसीलिए वे उस रास्ते पर जाने को बरजते हैं जिस रास्ते का निर्माण और खोज पहले ही की जा चुकी है। कविता में, जीवन में, प्रेम में—नयी-नयी सरणियों और प्रमेयों की खोज कवि को काम्य है जिससे कवि के शब्दों में—नयी साँसों के लिए धड़कते हुए संघर्षरत जीवन की भाषा मिल जाए और आलोचक को नया जन्म मिल सके।

जगूड़ी की कविता यह बताती है कि वे अभिव्यक्ति के लिए किस हद तक जोखिम उठाते हैं। मुक्तिबोध जब यह कहते हैं कि 'अभिव्यक्ति के ख़तरे उठाने ही होंगे/ तोड़ने ही होंगे मठ और गढ़ सब'—तो केवल स्थूल अर्थों में ही नहीं, आभ्यांतरीकृत चेतना के सभी स्तरों पर वे परिवर्तन और उथल-पुथल की माँग कर रहे होते हैं। प्रायः कवियों की यह कामना होती है कि उन्हें व्यापक रूप से समझा और सराहा जाए। वे जन-जन तक सम्प्रेषित हों। किन्तु हिन्दी के कुछ कवि ऐसे हैं जो अपनी शर्तों और धुन पर कविता लिखते हैं। विनोद कुमार शुक्ल के बाद जगूड़ी ही ऐसे कवि हैं जो कविता लिखते हुए कविता लिखने जैसे किसी रोमांच के वशीभूत नहीं होते। विनोद कुमार शुक्ल ने 'खिलेगा तो देखेंगे' उपन्यास लिखा था; जगूड़ी की एक कविता का शीर्षक है : 'लिखे में भी न खिले मेरी उदासी तो'। उन्होंने अपनी एक कविता को किसी प्रकार

की भावुकता की आबोहवा में नहीं खिलने देकर भाषा के अजाने रहस्यों, अनखिले अर्थों और अभिप्रायों की क्यारियों में खिलने दिया है। परम्परागत अर्थ देने वाले मंतव्य उनके यहाँ लगभग पस्त नज़र आते हैं। कवि के रूप में उन्होंने कभी अच्छी तुकें खोजी हैं तो कभी नये गद्य की गढ़न का सुख भी लिया है, जैसे वे 'कविता जैसी कविता' न लिखे जाने का बीड़ा उठाए हुए हैं, वैसे ही वे अपनी कविता के लिए 'आलोचना जैसी आलोचना' को नाकाफी मानते हैं। वे चाहते हैं, जैसे उनकी कविता शब्दों के अजाने अभिप्रायों में ले जाती है, वैसे ही कुछ जोखिम आलोचना भी उठाए। वे गद्य को लय और श्वासानुक्रम से बाँधने के प्रयासों के तुलसी के बीजमंत्र 'भाषानिबद्धमतिमंजुलमातनोति' से प्रेरणा लेते दिखते हैं।

(10)

जगूड़ी ने भाषा को सदैव कविता में एक आयुध की तरह बरता है। उनके यहाँ जीवनानुभव भाषा का अनुभव बन कर प्रकट होते हैं। उनकी कविता अपनी परम्परा खुद निर्मित करती है; वह निरन्तर अनुसन्धान और अभ्यास का प्रतिफलन भी है। इसीलिए साधारण पाठक के वह ज्यादा काम की नहीं दीखती। जगूड़ी की विचारधारा पर जिन लोगों को संशय हो, उन्हें उनकी 'मिलाप' कविता पढ़नी चाहिए। जिसमें वे कहते हैं, 'थोड़ी सी श्रद्धा। थोड़ी सी मातृभूमि। थोड़ी सी राष्ट्रभक्ति, से भरे जो मनुष्य मिलते हैं हमेशा मुझे संशय में डाल देते हैं।' वे परिसीमित राष्ट्रीयता के विरोधी हैं। इसलिए उनका कहना एक उदारचरित कवि का कथन है : 'सीमित नागरिकता के बावजूद मेरे पास असीम राष्ट्र है/ और असीम मातृभूमि/ मुझे आल्प्स से भी उतना ही प्यार है जितना हिमालय से।' जगूड़ी की कविताओं में जितनी आधुनिकता दिखती है, परम्पराओं से उनका कवित्व उतना ही संवलित भी जान पड़ता है। 'न ययौ न तस्थौ' जैसी कविता का जन्म परम्परा की इसी ज़मीन पर हुआ है। संस्कृत काव्य के क्लैसिकीय तत्वों से उनका गहरा परिचय रहा है। तभी तो वे 'संकट के बादल' में लिखते हैं : 'कवियों से मिलना हो/तो पहाड़ झेलते कवि के पते पर रहते हैं/ कालिदास, नागार्जन और बादल।' किन्तु हर बार कविता की एक नयी प्रजाति को जन्म देने के आकांक्षी जगूड़ी यह कहने से गुरेज़ नहीं करते कि ''विचारों के ओम-तोम और जीनोम से पैदा हुआ/ परम्पराओं का आधुनिक संस्करण हूँ मैं।''

कवि का जन्म ही शायद शब्दों, प्रतीकों, अलंकरणों, रसों, भावों, अनुभावों और भाषा के सौन्दर्यविधायक तत्त्वों से खेलने के लिए होता है ताकि सार्थक कुछ का जन्म हो सके। कविता की अदायगी विनोद कुमार शुक्ल के यहाँ भाषा के भीतर से प्रकट होती है—मन्द-मन्द खुलती और उद्‌घाटित होती हुई तो ज्ञानेंद्रपति के यहाँ वह शब्दयुग्मों से खेलती नज़र आती है। जगूड़ी कविता-कला की इंजीनियरिंग के उस्ताद

लगते हैं, वे भी कहीं-कहीं 'विस्मित' से 'सस्मित', 'चोचक' से 'रोचक', 'जिया' से 'पिया' और 'चला' से 'खला' की तुक मिलाते दिखते हैं। वे छाते को केवल भीगने से बचाव का उपकरण नहीं मानते बल्कि भाइयों में छाते की तरह अपने बड़े होने और अब व्यक्तिवादी और अकेली हो चली छतरियों से लेकर आसमान को एक उड़े हुए छाते के रूप में देखते हुए धूप में पेड़ जैसे लगते छातों तक की परिकल्पना कर लेते हैं। हमारा अड़ोस-पड़ोस जहाँ एक-दूसरे की पोलीथीन की आवारा थैलियों और टीवी के शोर से तनातनी में रहता हो वहाँ परस्पर सौहार्द के नाम पर कैसे किसी खुरपे से करुणा की पीठ खुजलाई जा सकती है? कवि पूछता है। जगूड़ी का कवि अपनी जिद और धुन में प्रयोगों का हामी बेशक हो, वह जीवन के अन्दर और अभावों के नेपथ्य और स्त्री की सुबकियों में किस खूबी से जा घुसता हैं, 'दर्द भरे नाले' कविता इसका परिचायक है। पानी के अभाव को लेकर केदारनाथ सिंह की 'पानी की प्रार्थना' और 'पानी था मैं' जैसी मार्मिक कविताएँ हम पढ़ चुके हैं। 'पानी का प्लांट' जगूड़ी की जल-चिन्ता का एक नया दृष्टिकोण है। 'पानी-पत्ता' में वे पानी के गिरने और पत्ते के गिर कर उड़ने और धूल में लिथड़ने तक से सीख लेने को प्रेरित करते हैं। पर जगूड़ी के इस कविता-कौशल में जब हम उनकी संवेदना की जमा-तलाशी लेते हैं तो बहुत कम कविताएँ हाथ आती हैं। जबकि मंगलेश डबराल जैसे कवियों में संवेदना का रसायन अब भी अक्षुण्ण है। 'नये युग में शत्रु' तक उनकी संवेदना शब्दों की मार्मिकता को सम्हाले रहती है। उनकी एक कविता 'आखिरी मुलाकात' है जिसमें मरणासन्न माँ को देखने आने वाले बेटे का बयान दर्ज़ है। 'उस कहानी' में अपना गीत और गद्य ओढ़ती-बिछाती हुई दादी का चित्रण मिलता है तो 'सुन्दर स्त्री के दुख' मध्यवर्गीय स्त्री का एक रोचक वृत्तान्त है। कई अन्य स्त्री विषयक कविताओं सहित 'कुछ स्त्रियाँ याद आती हैं' स्त्री की नियति का हालचाल बताने वाली कविता है जिसमें जीवन के खटराग से जूझती हुई स्त्रियों के वृत्तान्त हैं। पर इनमें भी वह चुम्बकीय संवेदना नहीं है जो हृदय को बाँध लेती हो। हाँ, वह कवि के ज्ञान से अभिभूत अवश्य करती है।

'जितने लोग उतने प्रेम' को पढ़ते हुए जगूड़ी के भीतर पैदा होती कविता की यांत्रिकता हमें विस्मित भी करती है तो चकित भी। यों तो 'छब्बीस जनवरी 2009', 'अधःपतन', 'सार्वजनिक औरत', 'गिलहरी और गाय', 'एकोहंबहुस्यामः', 'जवाबी चेहरा', 'नये जूते', 'एक छिपुर की डायरी', 'प्रेम' व 'नीरस जमाने में सरस कवि' जैसी कविताओं में हम जगूड़ी के कवित्व के आरोह-अवरोह को पूरी यति-गति में अवलोकित कर सकते हैं पर कहीं न कहीं यह प्रश्न अवश्य उठता है कि ये आखिर किस प्रजाति के पाठकों की कविताएँ हैं। जोखिम उठाकर रच रहे लीलाधर जगूड़ी ने बहुतेरी कालजयी कविताएँ लिखी हैं तो अपने लिए दुरूहता की चुनौती-भरी खाइयाँ भी उत्खनित की हैं जिन्हें लाँघ पाने में आलोचक तक लड़खड़ा पड़ें। यह 'कविता को कविता जैसा न रचने' की उनकी हिकमत का प्रमाण भले हो, रेत से तेल निकाल

पाने जैसी मशक्क़त भी यहाँ पाठकों को कम नहीं करनी पड़ती। अचरज नहीं, कि प्रायोजित समालोचना के इस दौर में जगूड़ी जैसे ज्ञान-सिद्ध कवि से आलोचक पहले से ही दूर भागते रहे हैं, ऐसे में जिस भोगे-भुगते और अध्ययन-जुगते आलोचक की बात वे अपनी भूमिका में करते हैं, ऐसे समर्पित आलोचक अब इने-गिने ही होंगे। नयी कविता रचने की तरह नये आलोचक पैदा करने की जगूड़ी की यह कोशिश बेशक एक सद्प्रयास है किन्तु कविता में नवाचार की यह जुगत उन्हीं के शब्दों में 'चित्त विहीन आलोचक' को कहीं और 'चित' न कर दे।

कठिन रास्तों का भविष्य

अग्निशेखर

लीलाधर जगूड़ी हिन्दी कविता के फलक पर एक महत्त्वपूर्ण नाम हैं जो सातवें दशक से हमारे बीच एक नैतिक उपस्थिति की तरह हैं। उनके बारे में कुछ भी लिखने या बोलने की सोचते ही कई बातें एक साथ कौंधने लगती हैं। उनके परिवेश, उनके सतत संघर्ष, उनके जीवट सम्बन्धी पढ़ी अथवा सुनी हुई बातें...। अपनी एक कविता 'न होने का होना' में एक जगह कहते हैं–'जीवित होना अपने किनारों को काटते चलना है'। इस सन्दर्भ में भी उनके कृतित्व का आकलन करो तो आप पायेंगे कि 'नाटक जारी है' के प्रकाशन से लेकर आज तक उन्होंने समग्रता में अपने कथ्य, शिल्प और अपनी भाषा की सीमाएँ लगातार अतिक्रमित की हैं। उनकी काव्य-यात्रा में जितने भी मोड़ हैं वे उनकी विशिष्टता के आयाम खोलते हैं। प्रसंगवश मुझे उनकी कविता 'मोड़' की ये पंक्तियाँ याद आती हैं–

'मुझे सुन्दर लगते हैं मोड़ चाहे सड़क पर हों, चाहे वृक्ष में
चाहे जिन्दगी में
इन्हीं में से होते हैं कुछ अच्छे कुछ खराब
कुछ विचित्र मोड़
जिनके बिना कुछ दूर तक ही अच्छी लगती है सपाट सड़क
फिर आना ही चाहिए कोई नया मोड़
आना ही चाहिए कोई नया मोड़
बस आता ही होगा कोई नया मोड़
आता ही होगा कोई नया मोड़।'

कोई चाहे तो उनकी काव्य-यात्रा में आये मोड़ों को बारीकी से देखने के लिए उनके 'शंखमुखी शिखरों पर', 'इस यात्रा में', 'बची हुई पृथ्वी', 'भय भी शक्ति देता है', 'अनुभव के आकाश में चाँद' सहित सभी संग्रहों का अध्ययन कर ले...। हम कहीं न कहीं उनके जीवन में आये मोड़ों का भी अनुमान कर सकते हैं। कवि दस-ग्यारह वर्ष के आयु में घर से भागता है। घर भी कहाँ... टिहरी जिले के धंगण गाँव में। पहाड़ी

बच्चा। कई-कई शहरों और इलाकों में भटकता हुआ। आजीविकाएँ बदलता हुआ। डाँट-डपट खाता हुआ। साथ-साथ में पढ़ने-लिखने की ललक मन में सँजोए हुए संघर्ष करता हुआ। एक बेचैन प्रश्नाकुल आत्मा। जिजीविषा से भरा हुआ। कभी शिक्षण, कभी गढ़वाल रेजीमेंट में रंगरूट, कभी एक्टिविस्ट, कभी जेल...। और एक दिन 1970 में बाढ़ और भूस्खलन में गेंवला गाँव में मौत का तांडव... परिवार के छह लोगों की इति। कवि एक कविता 'फिर वही शून्य' में विषम परिस्थितियों में भी अपनी आस्था बचाये हुए कहता है, 'शिखर पर शून्य/जैसे अँकुराया हुआ बीज/बाढ़ में अंकुर/अंकुर में झाड़/झाड़ पर एक लोकगीत (परिवार टूटने से बँधी हुई कमर का)। हर कहीं दिखता है हर दिशा का शून्य/हर कहीं से दिखता है हर दिशा का शिखर।'

लीलाधर जगूड़ी एक सनातन वृक्ष की तरह धरती के अन्दर गहरे तक अपनी जड़ें फैलाए हुए भविष्योन्मुखी कवि हैं। वह एक साथ अतीत और समकाल से रस-संचय करते हैं। मिथकों और पुरातन प्रतीकों की ओर भी जाते हुए मिलते हैं और बाजार, प्रौद्योगिकी, भूमडंलीकरण, सामाजिक और सांस्कृतिक विघटन से भी विचलित होकर चुनौती देते हुए भी नज़र आते हैं। अपने समय और समाज की पेचीदगियों, उसके मूल्यहीन तेवरों, उसके कठिन प्रश्नों और संकटों की परतों की समझ उन्हें एक विचारक रचनाकार की छवि देती है। आप उनसे एक बार ढंग से मिल लें तो आप मेरी बात से सहमत होंगे। हमारे समय में कितने ऐसे साहित्यकार रह गये हैं जो चिन्तक भी हों। लीलाधर जगूड़ी का होना अपने में एक आश्वासन सा लगता है बात करते हुए या जब कोई बीज-भाषण या विस्तार-भाषण अथवा अध्यक्षीय भाषण देने लगते हैं तब आप उनकी व्यापक दृष्टि से अवगत हो जाते हैं। भाषा के स्रोतों से, मिथकों से, प्रतीकों से, तुलनात्मक अध्ययन से, काव्योक्तियों से, कहाँ-कहाँ से विषयगत उदाहरण और तर्क ले आते हैं। जैसे कोई गोताखोर हों। इससे उन्होंने अपनी रचनात्मकता का वैचारिक आधार भी गढ़ लिया है।

लीलाधर जगूड़ी को मैंने अपने विश्वविद्यालय के दिनों में पहली बार तब पढ़ा था, जब पुस्तकालय की किताबें पलटते-छाँटते हुए 'रात अब भी मौजूद है' हाथ लगी थी। आपात्काल के दिन थे और मैं जयप्रकाश नारायण की लोक संघर्ष समिति के एक एक्टिविस्ट के नाते सक्रिय था। मुझे संग्रह के शीर्षक में एक सांकेतिक अर्थ ने अपनी तरफ खींच लिया था। फिर 'बची हुई पृथ्वी' की कविताओं ने धीरे-धीरे कवि के संसार से परिचित कराया था। उन दिनों अपने कई समकालीनों की तरह लीलाधर जगूड़ी की चर्चित कविता 'बलदेव खटिक' के कई-कई काव्यांश मेरी जुबान पर थे। एक खास विद्रोही इमेज थी उनकी मन में। और जब मैंने उनकी कविता 'अन्तर्देशीय' पढ़ी थी तो मुझे लगा था कि जैसे आपात्काल के विरुद्ध उनका बलदेव ही नये अन्दाज में, सहमी और आशंकाओं से भरी भाषा में बोलता है—

'इस पत्र के भीतर कुछ न रखिए
न अपने विचार
न अपनी यादें
इस पत्र के भीतर कुछ न रखिए
...न कोई विस्फोटक शब्द
न बच्चा पैदा होने की खबर
न कोई आकस्मिक मृत्यु...'

धीरे-धीरे लीलाधर जगूड़ी की काव्यदृष्टि की जटिल परतें मेरे लिए इस तरह खुलती गयीं कि ग़ालिब के शब्दों में कहें तो 'मुश्किलें आसाँ हो गयी जैसा अनुभव होता गया।' एक नया काव्य-अस्तित्व, ज़िसे उन्होंने अपने जीवट, भाषा, संवेदन, शिल्प, विचार और विश्वास से निर्मित किया है। यह कितनी बड़ी बात थी, विशेषकर मेरे लिए जब मैं अभी कविता में नौसिखिया ही था, कि मुझे वह प्रत्येक अनुभव को कविता और कविता को अनुभव में तब्दील करते दिखते थे। चीज़ों को आर-पार, अन्दर-बाहर एक साथ देखने की जो कला उनके पास थी और आज भी, कहीं और ज्यादा विकसित रूप में है, उससे उनकी बात में गहराई आती है।

'शिकार होने में सार्थकता दिखने लगती है
इस जीवन में
अनुभव हीनता का अनुभव ही सही
इससे भी प्रेरणा ली जानी चाहिए।' (इस जीवन में)

लीलाधर जगूड़ी के काव्य पर दृष्टि डालता हूँ तो वे मुझे अपने समकालीनों से अलग खड़े मिलते हैं। हर बात में कथ्य में, उसके निर्वाह में, शिल्प में।

उनसे मैं पहली बार 1995 की जून में जोशीबाड़ा में मिला। उनके घर पर। उत्तरकाशी में। मैं बद्रीनाथ-केदारनाथ की यात्रा पर था। हिमालय के उत्तुंग 'शंखमुखी शिखरों पर' से घने पेड़ों से होकर उतरती ठंडी बयार, धूप... अलकनन्दा, विष्णुप्रयाग, रुद्रप्रयाग, पहाड़ी तलहटियाँ, गरुड़-चट्टी, हनुमान-चट्टी, घुमावदार पहाड़ी खेतों पर बलखाती लहरों से मींडें, खिलखिलाती मुस्कान... हरियाली, निरभ्र आकाश, वनस्पतियों की गन्ध, पंछियों का कलरव, पसीना बहाते श्रमिक, बाल-मजदूर, खेती करती, बोझ ढोती महिलाएँ, जोगी, संन्यासी... कल-कल करती गंगा...। ऐसे में मैं सहसा जोशीबाड़ा के बाज़ार में बस से उतरा। न फोन नम्बर था, न अता-पता। दुकानदारों से, राहगीरों से पूछते-पाछते सीधे उनके निवास पर पहुँचा था—वह घर नहीं थे। मैं थोड़ी देर बाद लौटा तो कवि मेरी बाट जोहते मिले। उनके चेहरे पर अद्‌भुत अभिनन्दनीय मुस्कान थी। विस्मय था। प्रेम था।

हमने रात भर बातें कीं। छत पर टहले। संगीत सुना। आकाश में तारे इस कदर टिमटिमा रहे थे जैसे उत्तरकाशी के किसी पाठशाला के शरारती बच्चे हों। कभी जब

लीलाधर जगूड़ी आकाश की ओर क्षणिक दृष्टिपात करते तो मुझे वे आकाश की पाठशाला के रोबदार मुख्य-अध्यापक से लगते जिनकी झलक से ही सहमकर शोर मचाते बच्चे चुप हो जाते हैं। लेकिन उनकी कुछ न चल रही थी। वे चिन्तित थे कश्मीर के हालात से। वहाँ से लाखों मूल निवासी कश्मीरी हिन्दुओं को बेदखल किये जाने से, देशवासियों की उदासीनता से, सरकारों के रवैये से, हिन्दी साहित्यकारों, बुद्धिजीवियों के अवसाद से, प्रमाद से, राजनीति से। उन्होंने मुझे 'अनुभव के आकाश में चाँद' कविता-संग्रह भेंट स्वरूप दिया। उसमें लिखा–'अपने देश में ही शरणार्थी होकर रहने वाले कश्मीरी हिन्दुओं में से एक, अपने कवि मित्र अग्निशेखर के लिए–कई शुभकामनाओं के साथ। आज उत्तरकाशी में पहली मुलाकात की स्मृति में।'

प्रसिद्ध कश्मीरी कवि, चित्रकार गुलाम रसूल सन्तोष की एक कविता का अनुवाद सुनाया जो उन्होंने किसी अन्य भाषा से हिन्दी में किया था। फिर हमने अनुवादों की जटिलताओं और चुनौतियों पर बात की। वे गुलाम रसूल सन्तोष के बारे में जानना चाह रहे थे। मैंने उन्हें अपनी समझ और अपने सीधे अनुभव से निकाले गये निष्कर्षों के बारे में बताया। उनके रंगों का लाजबाव आलोक, उनके शैवागमों से प्रेरित प्रतीक, उनकी कविता, उनका गद्य, उनके उपनाम 'सन्तोष' के पीछे की प्रेरणा, उनकी कश्मीरी हिन्दू पत्नी सन्तोष... इत्यादि।

उन्होंने पूछा, गुलाम रसूल सन्तोष की विस्थापन में सोच के बारे में। उनकी भूमिका के बारे में। मैंने मुम्बई की जहाँगीर आर्ट-गैलरी में उनसे अपनी उस मुलाकात के बारे में बताया, जहाँ उनकी एकल प्रदर्शनी चल रही थी। विस्थापन ताज़ा-ताज़ा ही था। घाव अभी रिस ही रहे थे। अपमान से रोम-रोम भरा था। खतरा उन्हें भी था। मुझे मालूम था कि उनके समकालीन कश्मीरी कवि, रहमान राही, गुलाम रसूल नाज़की आदि उनके गैर-मुस्लिम आख्यानों से, प्रतीकों से, शैव तंत्र से, कहीं न कहीं उनके सन्तोष उपनाम से भी, उनसे अन्दर-अन्दर मानसिक दूरी बनाते थे। उन्हें पीठ पीछे 'रामजू' कहकर भड़ास निकालते थे। यह मैंने एक बार सात दिवसीय लेखक शिविर में जाना था।

गुलाम रसूल सन्तोष मुझसे, मेरे मित्रों से गर्मजोशी से मिले थे। लेकिन मेरे संघर्ष से, पुनः कश्मीर की माँग से सहमत न थे। मैंने उनकी राय पूछी तो बोले थे– 'हमको एकजुट होकर वापस जाना चाहिए, मैं आगे-आगे चलूँगा। लालचौंक में जाकर बैठ जाएँगे... उनसे (आतंकियों/ अलगाववादियों से) क्षमा याचना करेंगे.. वहीं रहेंगे...'

मैं दंग रह गया था। मैंने देखा मेरे अनुभव से लीलाधर जगूड़ी भी मुझे देखते रह गये थे। तभी उन्होंने कहा, 'शानी ने मुद्दा उठाया है कि हिन्दी कहानियों-उपन्यासों में मुसलमान पात्रों की लगभग अनुपस्थिति का... आप भी हिन्दी साहित्य में कश्मीरी हिन्दुओं को लेकर बरती जा रही चुप्पी की बात पूछिये...'

मैंने उन्हें शानी के साथ अपनी उस मुलाकात के बारे में बताया जो कुछ ही महीने पहले साहित्य अकादेमी के उनके कार्यालय में हुई थी। शानी जी तब सम्पादक थे

'समकालीन भारतीय साहित्य' के। उनमें गज़ब की शिद्दत थी। मुझे पूरी दिलचस्पी और संवेदना के साथ उन्होंने देर तक सुना था। नि:शब्द। मेरे पास ढेरों लोमहर्षक बातें थीं। चीखें थीं। तकलीफें थीं। हिंसा, अपहरण, आगज़नी, बलात्कार, लूटपाट, हत्याओं की दास्तानें थीं। सामूहिक निर्वासन था। धर्मनिरपेक्षता की उड़ाई गयी चिंदियाँ थीं। शानी जी ने एक भी शब्द न कहा। वे बस चुप थे। और उनकी चुप्पी में एक मुखरता थी।

तभी प्रसंगवश उन्होंने रघुवीर सहाय पुरस्कार पाने के बाद की उस मित्र-गोष्ठी के बारे में सुनाया जो दिल्ली में किसी के घर पर सजी थी। मंगलेश डबराल, असद ज़ैदी, विष्णु सागर आदि थे। चर्चा समान आचार संहिता के मुद्दे पर चल निकली थी। उन्हें इस बात की हैरानी थी कि सिविल कॉमन कोड को लेकर उनके समर्थन का विरोध मंगलेश डबराल ने किया था।

रातभर हमारी बातें चलती रहीं। ललद्यद के वाख, कश्मीरी के प्रतिनिधि कवियों के अवदान, शास्त्रीय संगीत.. मालिनी शिरोड़कर, भीमसेन जोशी, बेग़म अख्तर.. पंडित भजन सोपारी और पंडित शिवकुमार शर्मा का संतूर वादन.. हरिप्रसाद चौरसिया.. और बाहर कल कल करती गंगा का ब्रह्माण्डीय संगीत..। एक उपलब्धि की तरह है वो रात कवि के घर में, उसके घर-आँगन में, उसके आकाश के नीचे। यहीं से उसके साथ मेरा रिश्ता आत्मस्थ हुआ। फोन फिर मुलाकातें। कभी 'नया ज्ञानोदय' के सम्पादक के कमरे में, कभी संगोष्ठियों में, कभी भारत भवन भोपाल में काव्य-गोष्ठियों में, कभी हिमाचल के मण्डी में, कभी कहीं... कभी कहीं...।

वे उन कम लोगों में से हैं जिनसे संवेदन विस्तार पाता है। यही कवि का कई मायनों में सामाजिक उत्तरदायित्व भी होता है, और प्रभाव भी। यों तो अपने से बड़े कवियों की काव्य-प्रक्रिया और सार्थकता को बार-बार परखते रहने की चुनौती से दो चार तो होते ही रहना चाहिए। इससे हम उनके काव्य से अपने सम्बन्ध को जाँचते परखते हैं। इससे आत्मविस्तार की गुंजाइश बनी रहती है। मैं लीलाधर जगूड़ी के साथ अपने सम्बन्ध को इसी दृष्टि से देखता हूँ।

मेरे लिए यह हर्ष की बात है कि लीलाधर जगूड़ी के साथ मेरा सम्बन्ध केवल मुझ तक की सीमित नहीं है। मेरे बच्चों के साथ भी वे जुड़े हुए हैं। विशेषकर मेरी बिटिया भाषा के साथ जिसे हम प्यार से ठुमरी कहकर बुलाते हैं। फोन आयेगा तो ठुमरी के बारे में, उसकी पढ़ाई-लिखाई के बारे में जरूर पूछेंगे। क्षमा तो मुझसे भी पहले उनके काव्य से जुड़ी हैं।

वर्ष 2007 में जम्मू-कश्मीर की कला, संस्कृति और भाषा अकादमी के लेखकीय शिविर में लीलाधर जगूड़ी जम्मू आये। और हमारे पूरे परिवार को घर में भी उनका सान्निध्य मिला। शिवरात्रि के दिन थे। पूजा, वटुकनाथ भैरव का मांगलिक कलश... बेल पत्रों, पुष्पों से घर तो सजा रहता है... साथ ही साथ सामिष आहार रोगनजोश, कलिया, मफ, मछली, यखनी आदि से अलग ही उत्सवधर्मिता का भाव घर में रहता

है। उन्हें आज भी वो खाना और उसका स्वाद नहीं भूलता। साथ में कवि सुलतान अहमद और उनकी बीवी भी थीं। लीलाधर जगूड़ी को उस स्मृति का वो स्वाद नहीं भूलता और हमें उनका सान्निध्य नहीं। क्योंकि उन्हीं के शब्दों में–

'जो सड़क बन जाते हैं वे मुझे पुरखों की तरह
याद आते हैं
देखता हूँ कि कितना सुन्दर था उन कुछ कठिन रास्तों का
भविष्य'

जीवन की ख़बर लेता अन्दरूनी कविता-राग

शिरीष कुमार मौर्य

पर्वतराग के सम्पादक भाई गुरमीत बेदी ने मुझे लीलाधर जगूड़ी की कविता के बारे में सोचने-लिखने का एक अकस्मात और औपचारिक मौका दिया है। अकस्मात इसलिए कि मैंने फ़िलहाल दूर-दूर तक नहीं सोचा था कि अपने इस प्रिय कवि पर कुछ लिखूँगा! क्या करूँ, मैं शायद उन कुछ लोगों में हूँ जिनके लिए जीवन के कई अहम कामों का किया जाना हरहमेश बाक़ी रहता है! औपचारिक इसलिए कि यह एक सम्पादक का सुविचारित प्रस्ताव है और किसी वरिष्ठ कवि पर लिखना किसी युवा कवि के लिए अमूमन औपचारिक ही होता जाता है। फिर कवि केन्द्रित विशेषांक में तो लगता है कि किसी वृंदगान के बीच हम खड़े हैं, उस प्रशंसापरक समवेतता को महसूसते—यह सब कुछ ठीक उस तरह का है, जिससे मेरा स्वभावगत विरोध है। जो मेरी फ़ितरत या कहें कि फ़ितूर के ख़िलाफ़ है। लेकिन मैं इस प्रस्ताव से खुश हूँ लेकिन इस शर्त के साथ कि मैं वृंदगान से अलग अपना कोई मुक्तिगान गाना पसन्द करूँगा। यहाँ अलग से अकेला या निजी का अर्थ कदापि न लगाया जाए। मेरे लिए कविता में सामूहिकता, स्थानीयता और सार्वजनीनता जैसे पद जीवनमूल्य सरीखे हैं। शुरुआत में ही एक बात यह भी कि कविता सम्बन्धी कवि के विचार उनके कई साक्षात्कारों में सूत्रबद्ध हैं पर मैंने उनकी सहायता न लेने का संकल्प किया है। मुझे लगता है कि इसके लिए सिर्फ़ कविता को ही शरण्य बनाना उचित होगा।

जगूड़ी जी की कविता से पिछले कई साल से एक ऐसे प्रशंसक की तरह जुड़ा रहा हूँ जो कभी-कभी अपनी उम्मीदों या धारणाओं-अवधारणाओं के ख़िलाफ़ कवि को निजी तौर पर कुछ अटपटा करता देख अपने भीतर के प्यार में खीझ भी पड़ता है। हर साल-दो साल में वह वक़्त आता है जब मैं जगूड़ी जी की कविता के जीवन से बेहद प्रभावित होता हूँ और उनके सत्ता केन्द्रों के समीप स्थित सार्वजनिक जीवन की लगातार नये रूप में प्रकट होती अकविता से बेतरह खीझ भी पड़ता हूँ। जगूड़ी जी के ही पद में कहूँ तो 'इस ज्ञान-निर्भर युग' में शायद मैं ही कुछ अधिक अवगत हो जाता हूँ। लेकिन वास्तविकता और जगूड़ी जी की कविता की ताक़त तो यह है कि यह खीझ

आश्चर्यजनक ढंग से मुझे जगूड़ी जी से दूर ले जाने की बजाय और क़रीब ले आयी है। वैसे भी किसी पाठक की धारणाओं पर खरा उतरना हमेशा ही कवि का कर्त्तव्य नहीं है। कभी-कभी है। किसी कवि की निजता से उसके कविकर्म को घुलामिला देना भी शायद पाठक का एकतरफ़ा प्रेम ही है। लेकिन जब कोई कविता सम्भव होती है तो एक उम्मीद भी सम्भव होती है। उम्मीद एक-ऐसी सघन आर्द्रता है, जो कविता की तराई से लगातार कवि के व्यक्तित्व के ऊबड़खाबड़ पठारों-पहाड़ों की तरफ उठती है और यह हमारे समय के बड़े कवियों के लिए एक बड़ी चुनौती भी है कि वो अपने भीतर वैचारिक धूप से उस आर्द्रता का बादल और बरसात बना पाते हैं या नहीं।

जगूड़ी जी की कविता के बारे में सोचना, मेरे लिए पिछले पचास बरस की हिन्दी के कविता और उसके राजनीतिक-सामाजिक सामर्थ्य के बारे में सोचना है। पचास 'वर्ष' नहीं, पचास 'बरस'—विरुद्धों का सामंजस्य नहीं, समंजनों की विरुद्धता। राजनीतिक उथलपुथल, विरूपित-विखंडित होते/किए जाते समाज का विकल हाहाकार, पूँजीगत वैश्विक अन्धकार याने अर्थात् माने बेहद चमकीले बाज़ार, हताश और भयभीत संसार और कुछ मानवीय प्रकाश के साकार 'सरूप' इन पचास बरसों ने हिन्दी कविता को कुछ बड़े और अनोखे कवि दिए हैं, लीलाधर जगूड़ी इनमें से एक हैं। मुझे तो आज लगभग आश्चर्य ही होता है जब कुछ नामचीन बहुपुरस्कृत 'बड़े' नये कवियों की विवरणपरक गद्यात्मकता पर सिर्फ़ और सिर्फ़ विष्णु खरे का प्रभाव बताया जाता है और लीलाधर जगूड़ी को लोग भूल जाते हैं। पवनकरण से लेकर उमाशंकर चौधरी जैसे समर्थ कवियों की कविता जिस भाषा और और मुहावरे से अपना 'अलग दिखता' काव्यसंस्कार रचती है, उस पर लीलाधर जगूड़ी के प्रभाव की छानबीन करने का वक्त अब आ गया है। हमारे महादेश में पचास बरस एक पूरा औसत मनुष्यजीवन रचते हैं और यह जगूड़ी का कविजीवन है। 'ख़बर का मुँह विज्ञापन से ढंका है' नाम से वे अपना तेरहवाँ कविता संग्रह लाये हैं जो अपनेआप में एक ज़रूरी ख़बर की तरह है। उनमें यह रचनात्मक ऊर्जा और प्रचुरता चकित करने के साथ ही आश्वस्त भी करती है। आश्वस्ति यह कि कैसा भी हो जाने के बावजूद समकालीन परिदृश्य में सार्थक कुछ रचने की अब भी बेहद गुंजाइश बची है और कोई अब भी न रच पाये तो इसमें समय का दोष न होकर रचनाकार का अपने भीतर चुक जाना ही होगा। कुछ नयी हत्यारी सैद्धान्तिक अवस्थापनाओं से जूझते हमारे इस वक्त में एक जुझारू रचनाशीलता के लिए एक लगातार उत्तेजना और अवकाश हमेशा मौजूद है। पत्रिकाओं में लीलाधर जगूड़ी की नयी कविताओं से गुज़रते हुए साफ़ पता लगता है कि चौदहवाँ संग्रह भी कहीं बहुत निकट ही उपस्थित है। बहरहाल अभी की बात इस संग्रह पर...

मैं जब पिछले पचास बरस की कविता के बारे में सोचता हूँ तो अपने दुखद प्रस्थान के बावजूद मुक्तिबोध इस समय में निरन्तर गूँजते सुनाई देते हैं। प्रगतिशील कविता के अब नहीं रहे चारों बुजुर्ग कवियों की कई-कई बड़ी कविताएँ यहाँ हैं,

जिन्होंने विचार और मनुष्यता के संघर्ष में गहरे डूबकर अपने आख्यान रचे हैं। रघुवीर सहाय और विजयदेवनारायण साही भी अधबीच में चले गये पर उनका रचा सभी कुछ दस्तावेज़ की तरह संरक्षित-सुरक्षित है। फिर धूमिल, जिनकी कविता की संगत में ही कहीं जगूड़ी जी की आरम्भिक कविताओं के भी सूत्र हैं। पिछले पचास बरस में ही आज के कुँवरनारायण और केदारनाथ सिंह हैं पर मेरे लिए चन्द्रकान्त देवताले, विष्णु खरे और लीलाधर जगूड़ी की कविताएँ मानो एक त्रयी बनाती हैं। मैं वाकिफ़ नहीं हूँ पर यह जानना अत्यन्त रोचक होगा कि चन्द्रकान्त देवताले और विष्णु खरे लीलाधर जगूड़ी की कविता के बारे में क्या सोचते हैं? या खुद जगूड़ी अपने इन दो सहयात्रियों के बारे में क्या कहना पसन्द करते हैं? मेरे लिए तो यह त्रयी समकालीन कविता की सर्वोच्च वास्तविकता है।

याद पड़ता है कुँवरनारायण को ज्ञानपीठ मिलने के अवसर पर युवा साथी गीत चतुर्वेदी ने अपनी एक सारगर्भित टिप्पणी में कुँवरनारायण को 'मिथिहास से निकला ऋषि' कहा है। मिथिहास कविता के सन्दर्भ में एक अनूठा और प्यारा शब्द है। यह कविता की कई परत खोलता है पर ऋषि? यह शायद कविव्यक्तित्व की परत खोलता है लेकिन सवाल यह है कि इन परतों से हमारे यानी समाज के हाथ क्या लगता है? एक दार्शनिक निर्लिप्तता? कोई कहेगा कि दार्शनिकता हमेशा ही निर्लिप्तता नहीं है। अगर यह है तो कहना चाहूँगा कि यह हमारे किसी काम की नहीं। लीलाधर जगूड़ी में के बाद के संग्रहों में भी प्राचीनता के अनुसन्धान की प्रवृत्ति प्रबल रही है लेकिन उनमें प्राचीनता का यह सन्धान हमेशा ही नये अर्थसन्दर्भों में सम्भव होता है जैसे कि इस नये संग्रह का शीर्षक, जिसे वे उपनिषद की विख्यात उक्ति 'हिरणमयेन पात्रेण सत्यस्यापिहितं मुखं' से हासिल किया हुआ मानते हैं।

आधुनिक ज्ञान-विज्ञान के युग में जगूड़ी 'अपनी सरस्वती की अन्दरूनी ख़बर' को अत्यन्त आवश्यक बल्कि अनिवार्य समझते हैं। यह उनके इस संग्रह की पहली कविता है। अपनी सरस्वती की बाहरी ख़बर किंवा उसकी सराहना में रुचि लेने की एक गद्‌गद सामान्य प्रवृत्ति के बीच 'अन्दरूनी ख़बर' यानी आत्मविश्लेषण की प्रक्रिया पर ज़ोर देना लीलाधर जगूड़ी के लिए अब मानो एक बड़ा काव्यमूल्य बन चला है। कितना ज़रूरी और सैद्धान्तिक है यह विश्लेषण कि

जिन्होंने मनुष्य जाति के लिए इतने बड़े ख़तरे पैदा किए
यह नहीं कहा जा सकता कि लक्ष्मी की उन पर बड़ी कृपा थी
और सरस्वती उनसे रूठी हुई थी

पूँजी के नवीनतम औज़ारों के बीच अब निर्ऐतिहासिक और संस्कृतिविहीन हत्यारी सभ्यताएँ पहले से कहीं अधिक शातिर हो चली हैं। उनके साथ तकनीक और आधुनिक ज्ञान-विज्ञान की सरस्वती भी है। किंचित पुरानी कविता को याद करें तो यह वैसा ही है जैसा कि 'राम की शक्तिपूजा' में रावण के साथ शक्ति का होना। एक प्रतिबद्ध कवि

ही अब राजीवनयन हो सकता है। उसी की निगाहें समकालीन जीवनसंघर्ष में उस अनोखी जगह को खोज सकती हैं, जहाँ वो जानता है–

कम जानकारों का बौद्धिक सहयोग ही तिनके का सहारा है
यादा जानकारों ने हमको कहीं का नहीं छोड़ा है

जगूड़ी की एक बड़ी विशेषता यह है कि वे किसी निष्कर्ष तक पहुँचने में कोई हड़बड़ी नहीं करते। उनकी हर कविता लगातार एक गहन चिन्तन प्रक्रिया से गुज़रने का धैर्य धरती है और पाठक को भी उस चिन्तनप्रक्रिया से गुज़रने का अवसर देती है। यहाँ बात 'कम जानकारों' और ' यादा जानकारों' की हो रही है। आख़िर कौन हैं ये? कहीं ये वर्गभेद का कोई नया स्वरूप तो नहीं? मैं एक पाठक हूँ और मुझे पूरा हक़ है कि अपनी पसन्दीदा कविता की मैं अपनी व्याख्या करूँ! मेरी निजी समझ के अनुसार कम जानकार वो हैं, जो अब भी मार्क्स के सिद्धान्तों के अनुरूप जीवन और उसके संघर्षों की व्याख्या करते हैं और यादा जानकार वे हैं, जो देरिदा की राह पकड़ते हुए मार्क्स को प्रेतभर मानते हैं और सभ्यताओं के बीच संघर्ष का भ्रम गढ़ते हैं, जो दुनिया बाज़ारवाद की चपेट में धकेलते जाने का समर्थन करते हैं और चाहते हैं कि मनुष्य उत्तरोत्तर इतिहास और संस्कृतिविहीन होता जाए और भूमंडल के पूँजीवादी एकीकरण की उनकी हत्यारी आकांक्षाएँ प्रतिफलित हो पाएँ। पश्चिम का एक बिका हुआ बौद्धिक तबका अब स्पष्ट रूप से यह चाहता है कि साहित्य अपनी विराट सामाजिक रचनाशक्ति से विलग होकर महज एक पाठ के थोथे विश्लेषण में उलझ जाए। हिन्दी में भी अकादमिक गतिविधियों के नाम पर यह प्रवृत्ति दिनोंदिन बलवती होती जा रही है। कभी हिन्दी की मौलिक रचना और आलोचनादृष्टि का प्रकाशपुंज समझे जानेवाले बड़े विश्वविद्यालय अब नयी दुनिया के नये बौद्धिक आतंकवादियों की शिकारगाह बन चले हैं। इस एकरस साहित्यसमय में लीलाधर जगूड़ी का यह बलाघात कितना अर्थपूर्ण है–

विश्वविद्यालयों से बाहर जब सरस्वती की कृपा होती है
फ़सलें अच्छी होने से चारा अच्छा हो जाता है और पशु दूध बहुत देते हैं
भरपूर रोटी होने से राजनीति यादा समझ में आती है

यहाँ रोटी से राजनीति का रिश्ता भी अलग तरह से सामने आता है। एक तरह की राजनीति है, जो रोटी न होने पर ही समझ आती है पर यहाँ दूसरी कर्मकांडी राजनीति है, जो रोटी भरपूर होने पर ही सूझती है। जाहिर है कि यह सत्ता की राजनीति है। मनुष्य का बुद्धिमान होना उसकी ताक़त है और यादा बुद्धिमान होना शोषकतंत्र की ताक़त है। मेरे एक दिवंगत आत्मीय बुज़ुर्ग मित्र अरुण बनर्जी मुझे यहाँ बहुत याद आ रहे हैं, जो कहते थे आदमी होशियार हो तो अच्छा है पर यादा होशियार होने से वो धूर्त बन जाता है। यादा अक्ल उस ज़रूरी मनुष्यता को खा जाती है, जिसके सहारे आज तक दुनिया क़ायम रह पायी है। जगूड़ी की इस कविता में भी मुझे वही अद्भुत बूढ़ा

बंगाली सुनाई देता है–

बुद्धिमानों की ज़ल्दबाज़ी ने हमें युद्ध में उतार दिया है
शौर्य और धैर्य, सरस्वती और लक्ष्मी सहित मनुष्य का मारा जाना तय है
दानवीय चालाकी के मुक़ाबले मानवीय मूर्खता के सहारे
कुछ बात बन जाए तो भाई बात अलग है!''

इस संग्रह में कुछ कविताएँ ऐसी हैं, जो पिछली छपी कविता का ही अगला आख्यान 'प्रतीत' होती हैं। जैसे इस पहली कविता के बाद की कविता 'प्रतीति की कोई सीमा नहीं'। प्रतीति हमें भरमाती भी है और सच पर पड़े आवरण भी हटाती है। इसमें द्वन्द्व है और द्वन्द्व एक अनिवार्य क्रियात्मक विचार है। ज्ञानतंतुओं के बीच का यह तानाबना उलझता जाता है पर इसके उलझने से कुछ बातें सुलझ जाती हैं। जगूड़ी के शब्दों में यह एक खेल है पर इसकी गम्भीरता भी वहाँ बहुत स्पष्ट है–

यह कुछ का कुछ लगना ही प्रतीत होना है
कोई भी न बहुत मूर्ख होता है न बहुत बुद्धिमान– बस प्रतीत होता है
जबकि कोई भी कम मूर्ख बुद्धिमान प्रतीत होता है
और कोई भी कम बुद्धिमान मूर्ख प्रतीत हो सकता है

महज संयोग नहीं है कि उर्दू के किसी शायर ने भी बहुत पहले इस उलझन को कुछ इस तरह सुलझाया था–

मेरी हिम्मत देखिए मेरी तबीयत देखिए
जो सुलझ जाती है गुत्थी फिर से उलझाता हूँ मैं

मैंने उर्दू शायरी का एक उद्धरण दिया और यह भी महज संयोग नहीं है, क्योंकि जगूड़ी के संग्रह की एक और अहम कविता 'कवि की कठिनाई' ऐसे अनेक उद्धरण देती चलती है। पहली निगाह में यह भी एक खेल लगता है पर ग़ौर से देखें तो समकालीन कवि के भाषाई संस्कार और समकालीन जीवन की कठिनाइयों के कई सूत्र इस खेल में मिलने लगते हैं। कठिनाई के साथ उसके विरोधी पदरूप की तरह सरलता हमेशा ही जुड़ी रहती है। यानी कि वही चिरन्तन द्वंद्वात्मकता...आगे की बात मैं दुहराऊँगा नहीं। जगूड़ी ने अपनी यह पंक्तियाँ तो निश्चित रूप से उनके इर्दगिर्द फड़फड़ा रहे इक्कीसवीं सदी में कविता की पाँख खोलने वाले युवतर हिन्दी कवियों से अपना अनुभव बाँटने के लिए ही लिखी हैं–

शिल्प के नाम पर भाषा को हराते कवि से नया अर्थोदय माँगा है
हार न मानती हुई भाषा ने नयी सरलता माँगी है
अनुभव की गहराई के अनुरूप सरलता
(बेहतर किया है मैंने इस ऐब को हुनर से!)
और इसके आगे भी

भाषाएँ भी अलग अलग रौनकों वाले पेड़ों की तरह हैं
सबका अपना अपना हरापन है
कुछ उन्हें काटकर उनकी छवियों का एक ही जगह बुरादा बना देते हैं
इस तरह वे सारे बसंतों, पतझरों और अरण्य रोदनों सहित
भाषा की एक जैसी किटप्लाई बना लेते हैं
और जो दरवाज़ा दिल की ओर जाता है उस पर फिंट कर देते हैं
दरवाज़े पर किटप्लाई जैसा मज़बूत अरण्य रोदन
(थी ख़बर गर्म कि ग़ालिब के उड़ेंगे पुर्ज़े...)

मैं सोचता हूँ कि कवि चिन्तकों के इस सूत्रवाक्य 'युवा कविता एक जैसी, एक ही कवि की लिखी हुई लगती है' का कोई एक स्पष्टीकरण जगूड़ी की इन पंक्तियों में तो नहीं? भाषा की किटप्लाई मुझे खुद कई जगह दिखाई दी है और मैं कई-कई बार उन मज़बूत बन्द दरवाज़ों से टकरा कर लौट आया हूँ। जो जितना गूढ़, वो उतना सफल! लेकिन मैं जगूड़ी जी और उन सभी कवि चिन्तकों से सहमत होते हुए भी इस बात को ज़ोर देकर कहना चाहता हूँ कि कृपया बहुत ध्यान से देखें हर जगह ही भाषा का यह बुरादा नहीं है। इक्कीसवीं सदी में जन्मे कवियों में भी कुछ हैं, जिनमें भाषा का हरापन बचा हुआ है और प्रचलित अवधारणाओं पर उनका यह हरापन उन्हें कहीं न कहीं हरा भी रहा है। पर वे अड़े हुए हैं, उनकी भाषा हार नहीं रही है। मैं ऐसी कविता को देख पा रहा हूँ तो आप क्यों नहीं देख पा रहे? या देख पा रहे हैं तो क्यों उसे रेखांकित नहीं कर पा रहे? कुछ घरों में अब भी पोर्च नहीं, आँगन हैं। मुझे एक नवजात-सी खुशी होती है, जब नैनीताल के किसी अतिभव्य मकान के ड्राइंगरूम में बाँज के पेड़ को फर्श और छत के आरपार जाता देखता हूँ। समकालीन युवा कविता के भव्य बताए जाते मकान में भी इस तरह के पेड़ आरपार जा रहे हैं। हिन्दीपट्टी के अलग-अलग प्रदेशों में इन पेड़ों के अलग-अलग नाम हैं, उनकी शिनाख़्त करने का काम हमारे बड़े होने के नाते आप लोग करिए ना! आर्किटेक्ट्स के ख़िलाफ़ प्रकृति अपना काम कर तो रही है लेकिन तब, जबकि मनुष्यता के हित में उसकी रचनात्मक ताक़त को पहचानने और उसे बचाने वाले अपनी ज़रूरी ज़िद पर क़ायम रहना ही जीवन का ध्येय बना चुके हैं। यह ज़िद जितनी दिखती है, उतनी सरल है नहीं। कविता में सरलता और बोधगम्यता के सवालों से इस बीच मैं खुद बहुत जूझा हूँ और इस नतीज़े पर पहुँचा हूँ कि अन्दर-बाहर की समूची आग के साथ एक सरल और सुबोध कविता लिख पाना मेरे समय का सबसे जटिल और दुष्कर कार्य है—मेरे भीतर या किसी दूसरे समकालीन युवा के भीतर भी अपने समय, समाज, राजनीति और अजीब-सी लगनेवाली चुनौतियों के बीच जटिलता का परित्याग अकसर काव्यात्मक असफलता में बदल जाता है। मैं तो खुद को असहाय ही पाता हूँ क्योंकि मैं एक साथ कई चीज़ें चाहता हूँ—जैसे कविता और उसके भीतरी सन्दर्भ जनसामान्य की समझ में आने वाले हों, वह अपने कविता

होने के कलात्मक दायित्वों का निर्वहन भी करे, उसमें पॉलिटिकल करेक्टनेस भी हो, उसमें मेरा समाज भी दिखे और व्यक्ति भी। इस तरह मेरे लिए अपनी शर्तों पर एक कामयाब कविता लिख पाना दिनों-दिन असम्भव होता जा रहा है। प्रसंगवश जगूड़ी जी की इसी कविता में आगे आता है–

कहीं ऐसा न हो कि सरलता की घास में उगा सारा ज्ञान
बकरी चरे और सिंह बकरी को खाकर ज्ञानी हो जाय

आज के समय में इस दुर्घटना की गुंजाइश बहुत यादा है। कम से कम मैं तो चारों ओर से खुद को ऐसे ही ज्ञानियों से घिरा पाता हूँ।

अगली महत्त्वपूर्ण कविता 'ख़बर का जन्म' है, जो इस असलियत के साथ खुलती है–

चौबीस वर्ष के विश्वेश्वर प्रसाद ने चौंका दिया
कि यहाँ के अख़बार में यह एक दिन पुरानी ख़बर छपी है
लगा कि मेरा सारा ज्ञान एक दिन पुरानी ख़बरों पर आधारित है

अपने समय को इस तरह से कविता में खोलने की बात हो तो जगूड़ी जी इस फ़न के उस्ताद हैं। वे कब क्या कह कर निकल जाएँ और आप टापते रह जाएँ, यह जानना मुश्किल है। यह हक्का-बक्का कर देने वाली स्थिति जगूड़ी जी को पढ़ते हुए कई-कई बार सामने आती है। पृथ्वी की उम्र की ख़बर से शुरू हुई यह कविता हमें अन्त में ख़बरों के उस बियाबान में पहुँचा देती है, जहाँ मीडिया लोगों का शिकार करता है।

इसके बाद 'एक रिपोर्ट जिसका उद्देश्य कविता नहीं था' शीर्षक कविता है, जिसका आरम्भ कुछ ऐसा है–

रोज़ मैं नये लोगों को पाने और नयी भाषा में जाने की सोचता रहा हूँ
साल के आख़िर में अचानक आरती देवी और मूरतराम से मुलाक़ात हुई
जब उनसे नाम पूछे तो एक ने अरतिया और दूसरे ने मुरतिया बताया

जगूड़ी जी जानते हैं कि नये लोगों और नयी भाषा की खोज दरअसल उन लोगों और भाषा की खोज है, जिन्हें हम या तो भूल गये हैं या फिर जाने कब से अपने बीच बसी उनकी उपस्थिति को अब तक देख नहीं पाये हैं। कहीं बाहर से नहीं, हमारे बीच से ही हमें नया मिलेगा, यह तथ्य शुरुआत में ही स्थापित हो जाता है और अन्त तक आते-आते ऐसे चुभते हुए राजनीतिक-सामाजिक बयान में बदल जाता है–

स्वातन्त्र्य
छः दशकों के योजनाबद्ध अकाल में बदल जाए
जहाँ से अर्थ कमाने गये बच्चों की तरह शब्द अलग चले जाएँ
अनर्थ कमाने

कवि जानता है कि वह रिपोर्ट नहीं, कविता ही लिख रहा है। गो कविता की शुरुआत तो अरतिया-मुरतिया के आते ही हो जाती है। कविता के बीच में अवधिया

संवाद उसे और अधिक कविता बनाता चलता है और फिर ऊपर उद्धृत अन्त! फिर कवि इस कविता को रिपोर्ट से क्यों जोड़ता है—शायद इसलिए कि सरलता-जटिलता का वह चक्र उसके सामने भी है, जिसका जिक्र अपने सन्दर्भ में मैंने पहले किया है।

हमें स्वीकार कर लेना होगा कि हम उस युग में जी रहे हैं, जिसमें 'चीज़ें भी सोचने लगी हैं' जो जगूड़ी जी की एक और अहम कविता का शीर्षक है। इस कविता में सोचने वाली यह चीज़ जूता है। चीज़ों का सोचना भी चीज़ों के बहाने हमारा ही सोचना है, मुश्किल यह है कि समकालीन जीवन की भागमभाग में हमारे पास ठीक से सोच पाने का समय और सलीका कहाँ है। इस कविता को पढ़ते हुए आलोक धन्वा की लम्बी कविता 'कपड़े के जूते' की स्मृतियों के धागे भी साथ-साथ ही फूट पड़ते हैं। फ़र्क़ ये है कि आलोक धन्वा के जूते, वे जूते हैं जिन्हें पहनकर कवि शताब्दियाँ पार करते हैं और जगूड़ी जी के जूते अपने समय में रहते हुए बॉस के कमरे तक ही जा पाते हैं। यह फ़र्क़ भी वस्तुतः जितना दिखता है, उतना फ़र्क़ नहीं है—क्योंकि अन्तिम बयान यहाँ भी उसी धरातल पर आता है, जिस पर आलोक धन्वा की कविता खड़ी है—

और जब बॉस के आफ़िस रूम में किसी काम से पहुँच जाता हूँ
तो वहाँ के बुग्याल जैसे कालीन पर चलने से
जूतों के तल्ले आत्मा से भी अधिक धूल रहित हो जाते हैं
और वे चरमर करने लगते हैं जैसे कि रो रहे हों
उधर बॉस अपने मातहत के बारे में सोचता है
जैसे वह पूरी तरह चूँ-चूँ करता हुआ जूता हो
पर जो मैं नहीं सोच पाता वह मेरे जूते सोच लेते हैं
कि बॉस के जूतों का जन्म निरर्थक हुआ
वे इतने सुन्दर है कि बेकार लगते हैं।

इस अन्त में जगूड़ी जी का वो अनिवार्य और अचूक सौन्दर्यबोध मौजूद है, जिससे मेरा अपना गहरा वैचारिक साम्य (वाद) है। एक सफल कविता की यह परिभाषा हो सकती है कि उसमें सबको अपना कुछ दिखाई दे, ऐसा होना कविता को पाठक के लिए आत्मीय तो बनाता ही है, साथ ही उसे एक अलग महत्त्व और अर्थवत्ता भी देता है।

'विपत्ति में पुल' हमारी 'असेम्बल्ड दुनिया' की व्यथा-कथा कहती है, जहाँ कवि साफ़ देख पाता है कि ...

अलग-अलग पेंच-पुर्जों की तरह क्या मैं पूरी दुनिया में
एक जैसा कहीं फिट हो पाऊँगा
स्थानीय गुंडे की अन्तर्राष्ट्रीय शक्ल देखकर
क्या मैं निडर रह पाऊँगा

दुनिया की जो समकालीन संस्थापनाएँ आज हावी हैं, उनमें जोड़-तोड़ से बनी

संरचनाओं की ओर कवि का यह ध्यानाकर्षण अत्यन्त महत्त्वपूर्ण है। जहाँ से सवाल उठने शुरू होते हैं, वहीं से यह जवाब भी फूटता है–

जो विपत्तियाँ एक दिन किसी को रास्ता नहीं सूझने देतीं
दूसरे दिन हो सकता है वे पुल बनाने की हिम्मत दें
और हो सकता है गुंडे भी उसमें मजदूरी करते दिखाई दें

जगूड़ी जी ने लम्बा और समृद्ध कवि-जीवन पाया है, हमसे यादा जिसकी निशानदेही खुद उनकी इधर की कविताएँ करती हैं। उनके पास अब इस लम्बी रचनायात्रा का एक सारतत्व है। इसी सारतत्व को बयान करने वाली एक कविता है इस संग्रह में 'वह सीढ़ी खुद बनानी होती है'। शुरुआत में ही सीढ़ी नहीं आ जाती, वहाँ पहले कुछ देर चलना होता है–

निकलता ही चला जा रहा हूँ एक रास्ते की तरह आगे और दूर
पर पीछे से उतना ही मौजूद हूँ मैं हर क़दम हर मोड़ के साथ

जब ऊपर चढ़ने की चुनौती आये तब सीढ़ी की ज़रूरत होती है। जगूड़ी जी के लिए ऊपर चढ़ना सामान्य दुनियावी अर्थ में बतौर कवि ख्याति पाना नहीं है। उनके सामने जो कुछ सामने है, उसमें अपनी राह बनाने की चुनौती ही ऊपर चढ़ना है। राह बनाने की दुश्वारियाँ वे बेहतर जानते हैं–

सीधे-सपाट रास्तों पर भी और उतरते-चढ़ते पहाड़ी रास्तों पर भी
क़दम-दर-क़दम डंडे बिछाने पड़ते हैं चलकर
तब सबका रास्ता बनता जाता है अकेले की भी सीढ़ी

जाहिर है कवि के रूप में ऊपर चढ़ना भी चलना ही है। कोई सीढ़ी इस चलने को सीमित नहीं कर सकती, चलने में सहायक भर हो सकती है लेकिन उसके लिए भी चुनौती यह है कि वह सीढ़ी उसे खुद ही बनानी होगी क्योंकि दूसरों की बनाई सीढ़ियाँ जीवन में खड़ी नहीं, गिरी पड़ी मिलती हैं–

पहाड़ों पर खाइयों में नदियों में रास्ते-सी सीढ़ियाँ गिरी पड़ी दिखती हैं
फिर भी जिसे जिस रास्ते से जाना होता है
उसे वह सीढ़ी खुद बनानी होती है
एक-एक क़दम कविता में जैसे
छोटे-छोटे वाक्य...

काफ़ी पहले से ही जगूड़ी जी अपने काव्यचरित्रों के लिए जाने जाते हैं। इस संग्रह में भी ऐसी कविताएँ हैं। एक तो वही अरतिया-मुरतिया वाली है, जिसका मैंने पहले उल्लेख किया और एक और महत्त्वपूर्ण कविता, जो चरित्र के बहाने अपना समय-समाज चुनती और बुनती है, वह है टुनकी बाई। यह रेल में दातून बेचनेवाली एक मामूली औरत है पर हमारे समय की कविता और उसकी असल ताक़त वहीं है, जहाँ यह बचा हुआ मामूलीपन है। जबकि नीम को भी अमरीका द्वारा पेटेंट

करा लिए जाने की ख़बर है, हमारे इस समय में दातून बेचने वाली टुनकीबाई का थोड़ा-कुछ महत्वहीन-सा लगता क्रिया-व्यापार ही कविता की विषयवस्तु है। कविता का मर्म तब सामने आता है जब कवि कविता में अपना अन्तिम बयान देता है—

नीम के पेड़ और झोंपड़ी के बीच में
किनारे की तरफ़ अधलेटी कुतिया, आँखें टुनकी पर टाँके थी
पानी में सटी नावों की तरह पेट पर पिल्ले हिल रहे थे

इस देश को हो या न हो
इस कुतिया को टुनकी से एक टुकड़ा रोटी की उम्मीद है।

अन्त में इतना और कहूँगा कि इस संग्रह का नाम जिस कविता से आया है, वह मुझमें उतनी हलचल नहीं मचा पायी, जितने की मैंने उम्मीद की थी। वह मुझे लगातार दिए जा रहे ब्योरों के बोझ तले दबी हुई-सी लगी। यह मेरी समझ का फेर भी हो सकता है लेकिन साथ ही यह भी स्वीकार करूँगा कि वह एक पंक्ति जो किताब का नाम बन गयी, अपने आप में पूरी कविता है। मैं अपने समय के समर्थतम कवियों में एक आदरणीय जगूड़ी जी को इतने समृद्ध संग्रह की बधाई देता हूँ और चौदहवें की अगवानी में खड़े रहने का भरोसा भी—जैसा कि मैंने इस समीक्षा के आरम्भ में कहा—वह भी कहीं बहुत समीप ही खड़ा है और उसमें ज़रूर 'अध:पतन' जैसी वे कविताएँ भी होंगी, जिन्हें इस किताब में देख पाने की उम्मीद मैं कर रहा था।

पीठ पर धरती-भरा बस्ता उठाए दौड़ती हुई कविता

मधुकर भारती

हमारा समय बहुत अच्छा है, हमारा समय बहुत बुरा है। यहाँ सम्भावनाओं के पंख खिले रहते हैं, यहाँ घोर नैराश्य की कँपकँपाती शीत विद्यमान है। हमारे पास सब कुछ है, हमारे पास कुछ भी नहीं। सब दिशाएँ खुली हैं पर हमारे पास न तो प्रस्थान की कोई जगह है, न पहुँचने के लिए कोई मंजिल। केवल एक दौड़ है हमारी जो दृश्यमान है। इस दौड़ में हमारी पीठ पर धरती भरा बस्ता है। समय और इतिहास का निर्माण और निरन्तर उसका अतिक्रमण करता हुआ यह मानव जीवन निर्विघ्न दौड़ रहा है अनादि से अनन्त की ओर। यह निष्कर्ष है लीलाधर जगूड़ी की अब तक की काव्ययात्रा का। यह कविता महाकाव्य के बिना भी भरापूरा पाठ है जो कई जिज्ञासाओं को जन्म देता हुआ भी प्रश्नाकुल स्थिति में रख देता है, शायद आने वाली कविता में उत्तर पाने की अभिलाषा लिए।

प्रकृति जगूड़ी की कविता में मान सौन्दर्य का दिग्दर्शन नहीं कराती। बसन्त यहाँ खून खौलाया हुआ तमतमाता आता है जहाँ हरियाली अकाल का मुँह धो बाल काढ़ती हुई दहाड़ती आती है। यहाँ झाड़ पर भी (परिवार टूटने से बँधी हुई कमर का) लोकगीत चढ़ा रहता है। यहाँ अपार पंखों वाली विराट चिड़िया अपनी चोंच में सूरज पकड़कर पृथ्वी को अस्त करवाती है। फिर वही चोंच में ओस पकड़े एक अन्य पृथ्वी के उदय की प्रस्तावना तैयार करती है। जगूड़ी का आकाश जितना धरती के बाहर पाया जाता है, उतना ही धरती के अन्दर भी दफन है।

"जैसे पृथ्वी रहती है अपने को ब्रह्माण्डीय जूते में डाले हुए
पर ब्रह्माण्ड को काँटे नहीं चुभते सब काँटे पृथ्वी को चुभते हैं"

जगूड़ी के प्रकृति-चित्रण में पृथ्वी पर मनुष्य के दु:खों की छाया बादलों की तरह विराजमान है। यही बादल अत्याचार व क्रूरता की वर्षा करके जनजीवन को कष्टमय बना देते हैं। मनुष्यता पर आये हुए या आते हुए या आने वाले संकटों की भरपूर ध्वनियाँ इन कविताओं में मौजूद हैं। जगूड़ी समय को हर सम्भव कोण से खँगालते हैं। पाठक को यह भाषा का कौतुक या कवि की वाचालता लग सकती है पर यह अनादि और

अनन्त समय को करोड़ों अन्य कोणों से परखने की बेचैनी ही है जैसे–

''करोड़ों बरसों का खून सेकिण्डों में
बह जाता है इस धरती पर
सपने के करोड़ों बरस खून हो जाते हैं
खून के करोड़ों बरस तोड़ देते हैं सपना''

जगूड़ी बड़ी सजगता से समय के आर-पार देखते हैं। समय के अतिक्रमण के उनके पास कई तरीके हैं। वर्तमान में भविष्य देख लेना या भविष्य से भूतकाल में आ जाना उनकी कविता की विशेषता है। शाम को सूर्य एक गुज़रा वक्त हो जाता है पर अगले सूर्योदय में हर रोज ही हमारे साथ शामिल है। उनकी बहुचर्चित कविता 'मन्दिर लेन' सम्भवत: सन् 1986 में लिखी गयी थी जिसमें वह एक भविष्यवक्ता की तरह सामने आते हैं–

''जी हाँ, यही है मन्दिर लेन जो
कब्रिस्तान को जाती है''

सन् 1992 में तथा उसके बाद इस देश के कितने शहर और कस्बे कब्रिस्तान बन गये थे, यह हम सब जानते हैं। एक अन्य कविता में दार्शनिक अन्दाज़ में वे कहते हैं–

''मेरी जड़ें लाखों साल पीछे हैं
और फुनगियाँ लाखों साल आगे
हजारों किलोमीटर तक बिना उखड़े
झकोरे खा सकता हूँ मैं''

दार्शनिकता उनके काव्य में कूट-कूट कर भरी है। लगभग हर तीसरी कविता दार्शनिक अन्दाज़ की कविता है। इतने निरपेक्ष भाव से कविता लिखते हैं कि कहीं भी रचना में छवि नहीं दिखता। फिर भी, हर कविता का अपना एक व्यक्तित्व जिसके हर शब्द, हर वाक्य, हर पद या उसके समग्र प्रभाव में कवि का चेहरा साफ-साफ चीन्हा जा सकता है। 'ईश्वर' को जगूड़ी मुनष्य की परिकल्पना और सृजनशक्ति का आधुनिक कन्सेप्ट मानते हैं। यह आविष्कार प्रत्यक्ष और अप्रत्यक्ष के द्वन्द्व यानी प्रकृति और ईश्वर के अन्त:सम्बन्ध का परिणाम है। ईश्वर पर उनकी अनेक कविताएँ हैं जिनमें उसका विरोध ही मुखर है। कवि मानता है कि बड़ी मछली से छोटी का शिकार करवाने में ईश्वर का उद्देश्य है कि अशक्त व कमज़ोर विरोध के लिए एक हो जाएँ पर यह ध्येय भी सशक्त के पक्ष में जाता है क्योंकि वह अब एक झुण्ड के झुण्ड ही मारने लग पड़ा है। फिर भी मृत्यु व मुक्ति की ईश्वरीय अवधारणा कवि को बच्चों में दिख जाती है। ईश्वर के साथ कवि का तर्क-वितर्क इस विचार को पुष्ट करता है कि सदियाँ लाँघती ईश्वर की भूख करोड़ों मनुष्यों को दैनिक रोटी के रूप में माँगती है। एक कविता में वे कहते हैं–

"हे ईश्वर, तुम सदियों से वहाँ क्यों नहीं हो
जहाँ तुम्हारी सबसे ज्यादा और प्रत्यक्ष जरूरत है"

लीलाधर जगूड़ी की कविता में समकालीन राजनीति की आवश्यक उपस्थिति है। साठ के दशक में काव्यारम्भ से ही, सम्भवतः मित्र कवि धूमिल के प्रभाव में, राजनीति पर उनकी व्यंग्यात्मक शैली की रचनाएँ बहुत चर्चित रही हैं। तुकों से खिलवाड़ करना जैसे उनका शगल ही था। तब कई आलोचक उनकी काव्यप्रतिभा पर शंकित भी थे। भाषा को मज़ाक का पात्र बनाने के कुछ उदाहरण द्रष्टव्य हैं–

"चारों ओर जो शोर है
इसका जो भी मतलब हो। इस व्यवस्था में
हर आदमी कहीं न कहीं चोर है।"

"सूखा। बाढ़ और जाड़ा। इन सबसे ज्यादा
बीवियों ने इस देश का समाजवाद बिगाड़ा"

"न विद्रोह। न युद्ध। न शासन
कुछ नहीं मिल पा रहा है
न धन्धा। न चन्दा। न राशन"

किन्नौर जिले के भाभानगर में आयोजित कवि–गोष्ठी में एक अनौपचारिक बातचीत में कवि ने स्वयं भी स्वीकार किया था कि तोंद पर इतनी व्यंग्य भरी कविताएँ लिखीं पर अब स्वयं की तोंद बढ़ने से थोड़ी शर्म आ रही है। तब के काव्यालोचक चकित थे कि जगूड़ी की काव्य–पीढ़ी भाषा की क्षमता के प्रति सहज होते हुए भी इतनी अगम्भीर क्यों है कि उसे भ्रष्ट और जड़ बनाने में जुटी हुई है। लेकिन भाषा की कौतुकता का अतिक्रमण कर उसे अनुभव–सम्पन्न, प्रांजल और परिष्कृत रूप में विकसित करना जगूड़ी की प्रगतिशीलता का प्रमाण है। जैसे–जैसे उनका काव्यानुभव समृद्ध होता गया वैसे–वैसे राजनीति व समाज पर उनकी टिप्पणियाँ इतनी शालीन व प्रभावशाली होती गयीं कि विषय की तात्कालिकता भी कविता की शाश्वतता में बदल गयी। उनकी प्रौढ़ भाषा में भारतीय समाज के अन्तर्द्वन्द्व और जीवनसंघर्ष के ब्योरे भी सार्वकालिक उक्तियाँ बन गये। उनकी कविता का मिज़ाज यथास्थिति के विरोध में चला गया जहाँ सत्ता और राजनीति की क्रूरता एक दृढ़ स्वर में उजागर हुई। उनके कई वाक्यों में मुहावरे बनने की सम्भावनाएँ मौजूद हैं जैसे–

"दिन नहीं व्यक्ति उदास होता है, व्यक्ति बीतता है"
"कोई दिशा नहीं छूटेगी इस समाज से"
"एक गिद्ध ही सिद्ध की तरह बोल रहा था"
"मैं अकेला इतिहास नहीं हूँ पर मुझ अकेले

की भी इतिहास में एक जगह है''
''भूखे को भोजन की विद्या दो''
''भय भी शक्ति देता है''
''गिरेंगे भी तो व्रज की तरह''

प्रकृति, बच्चे, जीवन समय, इतिहास, राजनीति और समाज–जगूड़ी की कविता में सब कुछ की जीवन्त उपस्थिति बनी हुई है। उनकी कविताओं में नायक या अनायक पात्र इस तरह मौजूद हैं जहाँ विपत्ति के समय गुण्डे भी पुल बनाने के लिए मजदूरी करते हैं। धूमिल के 'मोचीराम' या रघुवीर सहाय के रामदास की तरह जगूड़ी के बलदेव खटिक व रंगतू भी व्यवस्था के हाथों की कठपुतलियाँ हैं। वे पात्र विडम्बनाओं के शिकार तथा जटिल यथार्थ के मानवीय उत्पाद की तरह सामने आते हैं। यह कविता भारतीय लोकतन्त्र के आलोचकीय पाठ की तरह पढ़ी जाती है जिसका सरल–सा अर्थ यह कि आम आदमी के लिए 'सरकार' कुछ भी नहीं होती, कुछ भी नहीं करती। ऐसी कविताएँ व्यवस्था तथा सरकार के मनुष्यविरोधी चरित्र को उजागर करती हैं। प्रकृति के समस्त उपकरण मसलन जंगल, पेड़, आकाश, चाँद, चिड़िया, तितलियाँ, तोते, झरने, हवा, वर्षा, पानी आदि सभी यहाँ मौजूद हैं यहाँ तक कि चुल्लु भर पानी भी यहाँ भाप बनकर उड़ जाता है फिर बारिश के रूप में वापस आकर अपनी उपयोगिता दर्शा देता है जैसे बीज मिट्टी में दुबक जाने को आतुर बैठा है। जगूड़ी के पास प्रखर वैचारिकता है जिसे वे बड़ी कुशलता से काव्य–संवेदन में रूपान्तरित करते हैं। यह गुण उन कविताओं में और निखरता है जो जीवन की मिठास और पृथ्वी पर उसके नैरन्तर्य के दिग्दर्शन कराती हैं। 'स्त्री और पुरुष' 'शतरूपा', 'तुम अब स्मृति हो', 'मरने का खेल', 'हम जाएँगे' आदि कविताएँ इस मिठास की बानगियाँ हैं। इन कविताओं में मनुष्य जाति की पीढ़ी–दर–पीढ़ी नवीनता पाठक को काव्यात्मक सन्तोष देती है। उदाहरण देखिए–

''हमें कृतज्ञ होना चाहिए उस स्वीकृत अंगीकार का
उस रचनात्मक अश्लीलता का /जिसने हमें चुना''
''हमें कृतज्ञ होना चाहिए उस गुम्फन का
जिसने जन्म दिया जीवन दिया स्मृति दी
समझ दी कल्पना दी भाषा दी''

जगूड़ी की कविताओं में स्थानीयता इतने सुन्दर ढंग से निरूपित है कि वह सार्वदेशिकता का प्रतिबिम्ब बन उभरती है। लोक संस्कृति काव्य की अनुभव सम्पन्नता में घुल मिलकर एक नया अर्थ देती है। 'मुस–भेखड़ा' कविता की पंक्तियाँ देखें–

''कोई तो होना चाहिए अपना
जिसके पंख हों पहाडों की तरह
तो भी बिल में रहता हो मेरी तरह''

इस सम्बन्ध में 'हम जाएँगे', 'सिल्ला और चितला गाँव' जैसी कविताएँ भी पढ़ी जाने को बाध्य करती हैं। जगूड़ी एक ऐसे कवि हैं जिन्होंने अपने समय को उसके ऐतिहासिक, राजनैतिक, सामाजिक, पारिवारिक व दार्शनिक परिप्रेक्ष्य में पहचाना और काव्यात्मक रूप, रस, रंग, गन्ध व स्पर्श में अभिव्यक्त किया। उनकी भाषा के तोड़ और रचाव पर ढेरों ग्रन्थ लिख सकते हैं। उनकी बिम्बात्मकता काव्य की काव्यभंगिमा से उपजी है। उन्हें ऐसा कवि कहना उचित होगा जो पहाड़ों में छिपे रहते हुए भी एक विस्तृत मैदान में अकेले खड़े हैं। आज की पीढ़ी के दर्जनों समर्थ व बड़े कवि उनसे प्रभावित हैं और उनकी भाषा व वाक्य-विन्यास का अनुसरण करते हैं। उनकी कविता के नकलची तो सैकड़ों-हजारों में होंगे। इतिहास में उनका स्थान एक ऊँचे पायदान पर है ही हालाँकि इतिहास तो एक बर्तन, एक हड्डी या मिट्टी की कोई परत भी हो सकता है। स्वयं कवि का कथन है कि–

"ऐसा होने से क्या हो जायेगा और
वैसा होकर भी मैं क्या कर लूँगा"

ऐतिहासिक दिन

(लीलाधर जगूड़ी की कविता 'आज का दिन' पर समीक्षात्मक टिप्पणी)

नवनीत शर्मा

आसान होना हमेशा कठिन और कठिन होना हमेशा आसान है। घटाटोप बिम्बों में कई बार कविता को ढूँढ़ना आसान काम नहीं रह जाता और कई बार कविता इतनी आसान और सपाट होती है कि लगता ही नहीं कि कविता सुनी है। मूल लक्ष्य यह होना चाहिए कि कविता के शब्द सम्प्रेषित हो जाने वाले हों और उसके अर्थ कई स्तरों पर खुलें। एक अच्छी कविता हर पाठक या श्रोता के लिए अलग-अलग अर्थ देकर जाती है।

लीलाधर जगूड़ी की रचनाओं को पढ़ते हुए दोनों बानगियाँ दिखाई देती हैं। उनकी कतिपय कविताओं में भाषा आसान है तो कुछ में कठिन भी। पता नहीं, 'ऐतिहासिक दिन' को जगूड़ी जी प्रतिनिधि कविता मानते हैं या नहीं लेकिन मैं इसी पर बात रखना चाहूँगा।

कविता की शुरुआत ही ऐसी पंक्तियों से होती है जो दौर-ए-हाज़िर में अप्रत्याशित घटनाक्रम से उपजी हैं। इस कविता में विशेष तौर पर स्त्रीविमर्श के हवाले से उनकी नजर तो विसंगतियों और विद्रूप और असामाजिक होते जाते समाज पर है लेकिन खूबी यह है कि ऐसा वह शब्दों के माध्यम से नहीं कहते। छोटी-छोटी घटनाएँ जिन्हें संवेदनशील कवि ने आँख से ही नहीं मन से भी देखा है, उनके माध्यम से कहते हैं। हालाँकि सामाजिक सरोकारों का स्वर मुखर करती कविताओं के साथ एक जोखिम यह रहता है कि वे कब नारा बन जाएँ, पता नहीं चलता। इस कविता के साथ ऐसा नहीं है। भ्रूण हत्या जैसे खुरदरे और गद्यात्मक शब्द को छोड़ दें तो सारे सन्देश दिए गये हैं लेकिन घटनाओं के हवाले से। कविता वही है जो या तो पूरी तरह भावुक कर जाए या फिर वैचारिक स्तर पर उथलपुथल मचाए। जहाँ शब्द लाउड होते हैं, वहाँ अर्थ कमजोर होते लगते हैं। ताकत इसी में है कि शब्द लाउड न हों लेकिन अर्थ जरूर सलीके से पूरी ताकत के साथ पाठक के मन में उतर जाएँ।

इतिहास से शाब्दिक अर्थ है ऐसा हुआ होगा लेकिन ऐतिहासिक से अर्थ हो जाता है कि कुछ महत्त्वपूर्ण या रेखांकित किए जाने योग्य हुआ है जो सामान्यत: नहीं होता। यानी भ्रूण हत्या सामान्यत: होती है यदि किसी दिन ऐसा नहीं हुआ है और वह भी डाक्टर के

इनकार पर तो यह ऐतिहासिक दिन हो सकता है। ध्वनि और लक्ष्य दोनों साफ हैं।

एक ग्यारह साल की लड़की साइकिल सीखने निकली है लेकिन बड़ी बात यह है कि वह अकेली है और पूरे दाँत खोल कर निकली है। यह इसलिए ऐतिहासिक है क्योंकि भय और आपराधिक सुर्खियों के बीच यह हिम्मत नहीं हिमाकत है। और वह भयमुक्त वातावरण भी ऐतिहासिक है जिसमें आफिस जाने वाली अकेली औरत से दूसरी अकेली औरत ने ऐसे पुरुष का पता पूछा है जिसके पूछने वाली के सिवा कोई नहीं जानता। यानी औरत और औरत। जाहिर है, ऐसा ऐतिहासिक दिन कि पुरुष परदे पर है ही नहीं। उधर, अकेली औरत का सुरक्षित होना भी ऐतिहासिक है।...इसलिए है क्योंकि वह सामान्यत: सुरक्षित नहीं है।

कवि का यह सन्देश और मंशा भी इस घटनाक्रम से पूरी सफलता से सामने आती है कि कभी अबोध होने के कारण या फिर किसी भी प्रकार से अक्षम होने के कारण लगने वाली चोट क्षमता अर्जित होने के बाद चोट नहीं रह जाती यानी उसकी पुनरावृत्ति के बाद उसके दुष्प्रभाव की आशंका कम हो जाती है। यूँ कह लें कि चोट से लड़ना आ जाता है। अपनी इच्छा को कवि सपाट शब्द न देकर कह रहा है, 'मैं आज के दिन को ऐतिहासिक मानता हूँ/कि छह महीने की जिस बच्ची ने बिस्तर पर/आधी पल्टी ली थी और चोट खाई थी/आज उसी सात महीने की बच्ची ने/पहली बार पूरी पल्टी ली और चोट नहीं खाई/ आज का दिन ऐतिहासिक ही नहीं अद्भुत भी है/पल्टी खाने के बाद सुना कि वह खुद हँस भी दी....' यानी कवि चाहता है कि नारी अव्वल तो चोट से लड़ने का साहस और क्षमता अर्जित करे इतनी पल्टी खाने के बाद भी हँस दे.... ये पल्टियाँ केवल इतनी सी पल्टियाँ नहीं हैं। वह पल्टियाँ हमें तन्दूर कांडों से लेकर आधुनिक दौर में उसकी ओर बढ़ते पंजों में दिखती हैं।

इस कविता की मूल चिन्ता अन्तिम वाक्य में है जो समाज, व्यवस्था और नारी वर्ग के लिए भी प्रश्न है कि कहीं आज का दिन कहीं सचमुच ही ऐतिहासिक न हो। यहीं आकर कविता कुछ घटनाक्रमों को रिपोर्ट करने, कहानी सुनाने से आगे जाकर अपना पूरा रूप दिखाती है। यह कविता न केवल कहानी जैसा कौतूहल जगाती है बल्कि कुछ स्पष्ट दृश्य भी उत्पन्न करती है। अन्तिम पंक्तियों को छोड़ दें तो कविता 'ज़रा फिर से कहना' के बजाय 'आगे क्या हुआ' का भाव जगाती है लेकिन अन्तिम पंक्ति में कविता इतनी मुखर हो गयी है कि वह सवाल बन कर लम्बे समय तक कचोटती है।

जगूड़ी जी की यह कविता ऐतिहासिक है लेकिन मैं जानता हूँ उनकी महज यही कविता ऐतिहासिक नहीं है।

मन के पृष्ठों में जगूड़ी

नवीन चन्द्र लोहनी

लगभग 20 वर्ष पूर्व श्री लीलाधर जगूड़ी से मेरी मुलाकात जब हुई उस समय वे उत्तर प्रदेश सरकार के सूचना विभाग में वरिष्ठ अधिकारी थे। सूचना विभाग में जगूड़ी के कार्यों और उनके दायित्वों के बारे में जितनी चर्चा थी उससे अधिक चर्चा उनके कवि होने और उनकी कविता पर, उनकी वैचारिक प्रतिबद्धता उनकी कविता भाषा के अलग मुहावरे तथा समकालीन कविता में उनकी सम्मानपूर्ण स्थिति को लेकर थी। मेरी जब मुलाकात हुई उससे पहले उनके दो-तीन कविता संग्रह मैं देख चुका था। व्यक्तिगत मुलाकात होने से पूर्व मेरे मन में जो अवधारणा उनके व्यक्तित्व और सृजन को लेकर थी वह एक निखालिश कवि की ही थी। वे सरकारी अधिकारी हैं और इस नाते भी उनकी अलग पहचान है ये प्रश्न मेरे लिए महत्त्वपूर्ण नहीं था। फिर राष्ट्रीय सहारा अखबार के लिए जगूड़ी के साक्षात्कार की कड़ी में जब मैं उनसे मिला तो उनसे बातचीत हुई। बातचीत इतनी गम्भीर और सन्तोष देने वाली थी कि मैंने अपने मन के पृष्ठों में जगूड़ी का नाम कई तरह से लिखा और वह लिखा हुआ दिन पर दिन और गाढ़ा और गहरा होता गया। जगूड़ी से मैं उस साक्षात्कार के दौरान जिस चीज से सर्वाधिक प्रवाभित हुआ वह था, उनका साफ-गो दृष्टिकोण, विषय के प्रति उनका गहन ज्ञान और कविता, समय और समाज के प्रति उनकी गहरी दृष्टि।

जगूड़ी जी की यह कविता मुझे उस समय के विषय पर एकदम ठीक लगती है—अन्तर्देशीय

इस पत्र के भीतर कुछ न रखिए
न अपने विचार।
न अपनी यादें
इस पत्र के भीतर कुछ न रखिए

पहली मुलाकात उनके कार्यालय में हुई थी, उस मुलाकात के बाद तो जगूड़ी को पढ़ना और उनके बारे में जानना मेरे लिए और अधिक जरूरी हो गया। फिर हम कई जगह मिले। वह हिमाचल विश्वविद्यालय शिमला में एक रिफ्रेशर में मुख्य वक्ता के रूप

में समकालीन कविता पर भाषण दे रहे थे। सच कहूँ, तो मैंने जगूड़ी को दोबारा से समझा और समकालीन हिन्दी कविता को भी। मैं प्राय: हिन्दी कविता में ऐसे कवियों से परिचित था जिनकी लेखन की दुनिया अपने या अपने भाई बिरादरों या अपने कथित वैचारिक समकालीनों तक ही सीमित थी। लेकिन जगूड़ी ने जब कविता पर बोलना प्रारम्भ किया तो उन्होंने हिन्दी कविता के बारे में कई ऐसी महत्त्वपूर्ण बातें कीं, जो न तो मैंने तब तक किसी पुस्तक में पढ़ी थीं और न किसी भाषण में सुनी थीं। मेरे लिए जगूड़ी का भाषण एक प्रकार से समकालीन कविता को समझने के लिए आधार बिन्दु हो गया। यद्यपि इससे पूर्व मैं अज्ञेय की कविता पर डी.फिल् की उपाधि प्राप्त कर चुका था और दिल्ली की साहित्यिक दुनिया को भी थोड़ा जानता था। कविता की समझ इतनी गहरी, इतनी व्यापक, इतनी सहज और इसी सुबोध तरीके से समझने का यह मेरा पहला अवसर था। मैंने पूरे रिफ्रेशर में उससे बेहतर व्याख्यान नहीं सुना। कविता पाठ में जब जगूड़ी का नम्बर आया तो वे और अनूठे अन्दाज में प्रस्तुत हुए। मुझे कविता याद नहीं है, लेकिन उनकी प्रस्तुति करते भाव भंगिमाओं भरे चेहरे की याद मुझे अभी भी है। मेरे कई साथी शिक्षकों ने जगूड़ी की कविता भाषा, परम्परा बोध और कविता के सन्दर्भ में उनके ज्ञान को न केवल सराहा बल्कि जगूड़ी फैंस क्लब में कुछ और हिन्दी मास्टरों की एन्ट्री हो गयी। जगूड़ी को समझने के लिए शिमला के हिन्दी विभाग द्वारा आयोजित यह रिफ्रेशर कोर्स मेरे लिए वास्तव में एक प्रस्थान बिन्दु था।

जगूड़ी से फिर मेरी मुलाकातें कई जगह कई बार हुईं। वह देश की राजधानी दिल्ली से लेकर उत्तराखण्ड से दूर ग्रामीण अंचलों और देश-विदेश में कविता पर बोलते, भाषण देते और अपने दृष्टिकोण पर साफ बहस मुबाहिसे में दिखाई देते। जगूड़ी से मेरी एक और यादगार मुलाकात तब हुई जब वे उत्तराखण्ड सरकार के तत्कालिक मुख्यमन्त्री नित्यानन्द स्वामी के सूचना सलाहकार के रूप में कार्य कर रहे थे। यह पद क्या था इससे भी अधिक जिज्ञासा उनके साथियों, समरायेदारों, राजनीतिज्ञों, कवियों, साहित्यकारों, पत्रकारों के लिए जिज्ञासा का विषय था जनवादी कवि जगूड़ी भाजपाई मुख्यमन्त्री नित्यानन्द स्वामी के सूचना सलाहकार थे। इसी क्रम में सूचना विभाग की पत्रिका में नित्यानन्द स्वामी की प्रशंसा में कहे गये उनके शब्दों पर बहस शुरू हो गयी थी। लोग उन्हें पीठ पीछे गरियाते, मौखिक और लिखित रूप में चोटिल करने की कोशिश करते पर वे कामयाब नहीं हुए। जगूड़ी ने मुझे निजी बातचीत और उसके बाद कई बार हुई फोन की वार्ता में कहा भी कि उनके लिखे को उचित प्रसंग में नहीं देखा गया। जगूड़ी इस गलत तरह से देखे जाने को लगातार अपने टिप्पणियों में बताते रहे परन्तु भाई लोग उनको मौका मिलते ही घसीटते रहे। फिर एक चमत्कार हुआ भाजपाई शासनकाल के जाने के बाद कांग्रेसी साम्राज्य में उत्तराखण्ड में नारायण दत्त तिवारी के मुख्यमन्त्री बनने के बाद उत्तराखण्ड में बनी सांस्कृतिक कला परिषद के वे उपाध्यक्ष हो गये और उत्तराखण्ड में फिर उनकी भूमिका को लेकर चर्चा शुरू हो गयी।

इस बार वो नैनीताल मिले लालबत्ती की गाड़ी में जगूड़ी निखरे हुए थे और दिन भर के कार्यक्रम के बाद रात को जब शाह जी के होटल में कई कवि मित्रों ने मधुपान किया तो दिल्ली, बरेली, इलाहाबाद सहित पहाड़ के कोने-कोने से पधारे कई भाई बन्धु मुखर हो गये। सोमरस का पान हुआ तो सोमपाई कई विषपाई कंठ अपनी-अपनी भूमिका में अवतरित हो उगलने लगे। सामने-सामने कई लोगों ने एक दूसरे पर कीचड़ उछाली। जगूड़ी की बुराई करने वाले बिरादरी के लोग भी कम नहीं थे। यद्यपि उन दिनों कई साहित्यकार, कलाकार जगूड़ी के राजकीय पद के सम्मान में चुप भी थे, परन्तु सारे तर्क-वितर्कों के बावजूद जगूड़ी ने अपनी शालीनता नहीं खोई और निर्वैर भाव से उनको सुनते रहे। मैं जगूड़ी जी के साथ नैनीताल में सरकारी अतिथि गृह में ठहरा था। उन्होंने तब साहित्य कला परिषद को चलाने के अपने अनुभव बाँटे। अपनी प्रशासनिक दक्षता के बारे में वे भिज्ञ थे और नौकरशाही में बिगड़ी उत्तराखण्ड सरकार में वह परिषद अगर कुछ कर पाई तो उसके लिए जगूड़ी का निःसन्देह अपना निजी लगाव और तजुर्बा ही अधिक उत्तरदायी रहा। उनके बाद तो परिषद् परि-षद रह गयी फिर भाजपाइयों के आते ही गायब कर दी गयी जो आज भी गायब है।

इस बीच कवि जगूड़ी को पद्‌मश्री उपाधि मिली। पद्‌मश्री मिलने के बाद फिर जगूड़ी को लेकर कई बहसें शुरू हो गयीं। चौ. चरण सिंह विश्वविद्यालय के हिन्दी विभाग में छात्र-छात्राओं के लिए व्याख्यानों और संगोष्ठियों में जगूड़ी का आना हुआ। इन सभी अवसरों पर उन्होंने अपने अलग प्रभाव छात्र-छात्राओं, श्रोता जगत पर छोड़े। एक बार व्याख्यान के अवसर पर जब वे वापस जा रहे थे तो उन्होंने मुझसे कहा कि "नवीन भाई मैं आपके विभाग में आकर कुछ नया अनुभव करता हूँ और हिन्दी के परम्परागत विभागों को अलग आपने जो नया स्वरूप विभाग को दिया है इसकी आवश्यकता हिन्दी को है।" वास्तव में जगूड़ी यह किसी बाहरी मन या दिखावे के लिए नहीं कह रहे थे। एक दिन मुझे किसी कवि मित्र ने फोन पर कहा कि तुमने कथादेश पढ़ा और मैंने जब कथादेश का अंक मंगाया तो देखता हूँ कि हिन्दी विभाग को लेकर जगूड़ी जो कह रहे थे वह अकेले बैठे लोगों की बातचीत नहीं थी, बल्कि अपने समय के एक बड़े कवि का बड़प्पन और सहज अनुभव उस कविता में था। मेरे नाम का भी उस कविता में उल्लेख हुआ था। संकोच था तो यह कि जगूड़ी ने कविता में मेरे नाम देकर एक प्रकार से इस कविता में मेरे लिए जितना स्नेह था, सब उबाड़कर रख लिया था। उनका यह सम्बोधन मेरे अपने शिक्षक जीवन की एक बड़ी उपलब्धि थी। मेरे लिए कई उपाधियों और कई सर्टिफिकेटों से महत्त्वपूर्ण थी यह कविता। एक दो साथियों ने कनखियों से कविता पढ़ते मुझे देखा और कहा भी कि गुरु क्या तारीफ लिखी है पर मैं उनका चेहरा पढ़ रहा था, ईर्ष्या मिश्रित भाव उनके चेहरे पर साफ पढ़ा जा सकता था। मैंने जगूड़ी को धन्यवाद का फोन किया और उन्होंने धन्यवाद लिया नहीं और बोले कि यह वास्तव

में उनके मन के अनुभव थे। उन्होंने जोर देकर कहा इस कविता पर मैं अगर किसी भी कथित बड़े विश्वविद्यालय के हिन्दी विभाग के किसी और प्रोफेसर का नाम भी कहता या किसी और की प्रशंसा कह भी कैसे सकता था। हिन्दी विभागों का हाल तुम से भी छुपा है क्या? लेकिन इससे कविता बड़ी नहीं होती कविता छोटी हो जाती है। दरअसल मैंने यह सब अपने अनुभव के हिस्से से कही है। हमने इस कविता को बड़े अक्षरों में लिखकर अपने बोर्ड पर चस्पा किया। मित्रों को कई बार सोद्देश्य कविता पढ़ाई। कई लोगों का नाम के साथ इंगित प्रशंसा, स्नेह, ईर्ष्या मिश्रित उलाहना भी सुना पर मैं जानता था कि यह कविता मेरे लिए क्या है? कविता इस प्रकार है–

मेरठ विश्वविद्यालय से निकली उस किसान कन्या ने कहा
निजत्व नहीं सर! निजस्व चाहिए मुझे
ताकि समाज व्यवस्था में अपने को ठीक से व्यक्त कर सकूँ
व्यक्ति के अपने प्रवाह से बनते किनारे मैं बना लूँगी
नदी की तरह
जो मेरी वजह से मेरी गति के अनुकूल हों
मेरे लिए खतरा यह है कि बनाये किनारों वाली
पारम्परिक नहरों में न डाल दी जाऊँ मैं,
जिसे मायके से ससुराल के बीच कोई भी अपने खेत के
लिए तोड़ या मोड़ दे
इतनी चेतना तो हिन्दी साहित्य ने मुझे दी है
नवीन लोहनी सर ने पढ़ाया है हमें
अपने में गहराई और फैलाव चाहती हूँ मैं
ताकि सम्बन्धों के जो भी पुल बनें
आकर्षण की हद तक ऊँचे और डूबने की जद तक लम्बे हों
जिन्दगी को नयी इंजीनियरिंग की जरूरत है सर!
तभी वे पुल इरादों से भी ज्यादा मजबूत
और किसी अनुपस्थित जैसे सम्भावनाओं भरे होंगे
काम हिन्दी वाला हो या संस्कृत वाला
रोमांच दोनों में है
'लोमहर्षक' कुछ भी नहीं चाहती मैं
क्योंकि इस हत्या और बलात्कार के विशेषण के रूप में
इस्तेमाल करते हैं हिन्दी के पत्रकार और आलोचक
'लोमहर्षक' शब्द के प्रयोग से
मारे डर के मेरे रोंगटे खड़े हो जाते हैं
अत्याचार देखकर

किसी का रोयाँ-रोयाँ खुश कैसे हो सकता है सर?

('कथादेश' जुलाई 2008 अंक)

जगूड़ी फ्रांस गये थे साहित्य एकेडमी की ओर से कवि के रूप में कविता पाठ के लिए जब वे भारत लौटे तो मेरी बातचीत हुई। मैंने कहा भी कि आखिर कैसा रहा उनका अनुभव उन्होंने बड़ी साफगोई से वहाँ की यात्रा के कई संस्मरण बताये। मेरे लिए जगूड़ी के ये संस्मरण अपने आप में निराले थे। वे जब भारत और भारत के बाहर भारतीय साहित्य और कविता पर बोल रहे होते थे तो उनका चेहरा स्वयं दमकने लगता था। यों भी जगूड़ी ने अपने समय में जिन-जिन बड़े हस्ताक्षरों के साथ कविता पढ़ी, सुनी, गुनी है वे अपने समय के बड़े हस्ताक्षर हैं। मेरे लिए जगूड़ी के साथ ऐसे कई अनुभव के अवसर आये। वे देहरादून में एक कार्यक्रम में थे और मंच पर थे प्रदेश के मुख्यमंत्री भुवनचन्द खण्डूरी और कोई कवि होता तो मुख्यमंत्री की तारीफ में कसीदे पढ़ता और अपने लिए किसी कुर्सी के पाए का जुगाड़ तलाशता परन्तु जब जगूड़ी के बोलने का अवसर मुख्यमन्त्री के आने से बाधित हुआ और मेरे संचालन में चल रहे कार्यक्रम में मैंने उनसे अपना वक्तव्य निरन्तर रखने के लिए कहा तो उन्होंने रामलीला के मंच पर किए अपने अनुभव को एक नये अन्दाज में प्रस्तुत किया और वह इतना निराला था कि जगूड़ी के भाषण के बाद मुख्यमन्त्री खण्डूरी अपने बाल्यकाल के रामलीला पात्र रहने के अनुभव को तो कह ही गये उनकी तिलमिलाहट भी साफ पढ़ी जा सकती थी। पर जगूड़ी ने परवाह नहीं की, पहली बात यह कि मेरे लिए यह भी एक अनुभव था कि जब लोग अपने किसी लाभ के लिए पदासीन लोगों के कसीदे पढ़ने में व्यस्त हों तब अपने समय को सही तरह से व्यक्त कर पाने की जो उत्कट ताकत जगूड़ी में थी, वह उन्होंने प्रकट की। जनकवि का जननेता के समक्ष न झुकने और बराबरी के बोध का यह सन्दर्भ मेरे लिए एक नये अनुभव को देने वाला था। मैंने कार्यक्रम समाप्त होने के बाद इस पर जगूड़ी जी से चर्चा भी की और पाया कि वह अपने स्टैंड पर कायम थे।

मैं स्वयं को उन सौभाग्यशाली लोगों में समझता हूँ जिनसे जगूड़ी फोन पर बतकही कर लेते हैं। पहाड़ के दाज्यूवाला अनुभव भी उनसे मिलता है तो अपने समयकाल में निजी जीवन को परे रखते हुए साहित्यिक विस्तार में अनन्त ऊँचाइयों को छूने वाले उनके जीवन से कई बार प्रेरणा मिलती है। जगूड़ी मुझे पहाड़ के दूत भी लगते हैं तो पहाड़ की रोमांचित करने वाली प्राकृतिक सांस्कृतिक परम्परा के संवाहक भी 'शंखमुखी शिखरों पर' पहाड़ की कई प्रतिछवियाँ दिखातं भी हैं—

देवदारुघिरा पन्थ झोंके हैं साथ
शंखमुखी शिखरों पर चाँद घुली रात!

पास कहीं बजती है झरनों की बाँसुरी
नयनों में छलक पड़ी एक बूँद आँसुरी
शब्द हीन चरणों से टाँग गयी मेनका
विस्मृति की वेणी पर एक फूल याद का
परिचित सी छाँह हिली श्रृंग के उतार में
मन चाही पीर मिली चीड़ की बयार में
न्योतती दिशाओं के आग्रह का क्षामकंठ
गंधुमी व्यतीत पत्र थमा गया हाथ!

मेरा अनुभव श्रीलाल शुक्ल के साथ जगूड़ी के मिलने का भी है। मैं जगूड़ी जी के साथ एक बार लखनऊ प्रवास में श्रीलाल शुक्ल से मिला। शुक्ल जी उस समय सेवानिवृत्ति के आसपास थे। साहित्यकार और अधिकारी दोनों रूपों में उनका जलवा कायम था। श्रीलाल शुक्ल से जब जगूड़ी मिले तो उन्होंने जिस रूप में जगूड़ी जी के बारे में मुझसे कहा उससे मेरा जगूड़ी के साहित्यकार और व्यक्ति रूप में अधिक प्रभावित हुआ।

मेलों-ठेलों भीड़-भड़ाके भरे समाज में और अपनी आसपास की दुनिया से निरन्तर बेखबर समाज में रहने वाला कोई कवि कब कैसे अपने को व्यक्त करता है वह एक अलग अनुभव है। पर ठेठ पहाड़ के गाँव से दौड़कर सेना सेवा में और फिर जाने जिन्दगी के भटकाव में और उतार-चढ़ाव में कई सीढ़ियों सरहदों को लाँघता उलाँघता जगूड़ी का यह व्यक्तित्व मुझे कई तरह से प्रभावित करता है। मैं उनकी कई कविता पंक्तियों को सूक्तियों की तरह समझता हूँ। 'भय भी शक्ति देता है' वाक्य को मैंने कई बार आत्मसात किया। आखिर भय शक्ति कैसे देता है भय में ताकत कहाँ होती है शब्दार्थ को समझते-समझते एक दिन मुझे उसका निहितार्थ भी समझ में आ गया। ताकत आने के पीछे होने वाला संघर्ष, लगातार संघर्ष में मिलने वाला आघात और बार-बार संघर्ष करने की प्रेरणा देने वाले शब्द की तरह भय की शक्ति महसूस होती है। मैंने अपने अनुभव में जगूड़ी को उत्तराखण्ड की विशाल धरती के वारिशान में लिखा। अपनी निजी जिन्दगी और लेखकीय जिन्दगी दोनों में जगूड़ी से कई-कई बार प्रेरणा मिली। शिक्षक की भूमिका में हिन्दी कविता पर जो बातें समझ में नहीं आती थीं वह कई बार जगूड़ी के एक-एक कथन में समझा। मैंने अखबारों के लिए जगूड़ी के दो साक्षात्कार लिए। उनके एक वाक्य को मैंने कई बार अपने विद्यार्थियों को भी समझाया। ''कविता अपने समय में सबसे बड़ा माध्यम रही है'' और इस वाक्य को समझने के लिए जगूड़ी ने जो ऋग्वेद से लेकर आधुनिक काल तक की बातें सहजतापूर्वक समझाईं कविता के सन्दर्भित मेरी बातें स्वयं स्पष्ट हो गयीं। जगूड़ी ने

एक बार अपने व्याख्यान में कहा, 'यह कहना कि गद्य कविता से बाद में आया गलत है। भारतीय प्रारम्भिक रचनाओं ऋग्वेद आदि की रचना गद्य से ही हुई थी।' उन्होंने कहा इसको समझने के लिए भारतीय मनीषा की अध्ययन परम्परा सुदृढ़ करनी होगी और यह बात मेरी समझ में कई बार स्पष्ट हुई।

कहते हैं कवि मार्गदर्शक होता है और यह भी कहते हैं कि कविता समाज का दर्पण है और अगर इन दोनों को एकसाथ देखना हो तो जगूड़ी के काव्य को पढ़ना जरूरी है ताकि इन दोनों बातों को एक साथ समझा जा सके।

समय के घेरे में कविता : कविता के घेरे में समय

मधुबाला नयाल

उत्तराखण्ड (तत्कालीन उत्तर प्रदेश) का टिहरी जिला; गाँव–धंगण, 1 जुलाई 1944... यहाँ जन्म लिया, उन लीलाधर जगूड़ी ने, जो पहाड़ को सटीक बिम्बात्मक प्रस्तुति देने के साथ ही मुक्त व्यापार नीति और बाजारवाद को समकालीन प्रस्तुति के घेरे में बाँधते हैं। यह भगीरथ ग्यारह वर्ष की अवस्था में घर से भागता है और अनेक शहरों और प्रान्तों में कई प्रकार की जीविकाएँ करते हुए अनियमित शिक्षा क्रम के बावजूद भी हिन्दी साहित्य में एम. ए. कर अपने ज्ञान के प्रति उत्कट समर्पण को प्रकट करता है। दो वर्ष तक गढ़वाल रेजीमेंट में रहा यह सिपाही सेना से अपनी मुक्ति को दुखद स्थिति मानता है–"इससे अधिक दुखद स्थिति और क्या हो सकती है कि जवानी के शुरू में ही घर लौट आया।" 13 सितम्बर, 1970 को गेंवला गाँव (उत्तरकाशी) में आयी बाढ़ एवं भूस्खलन के कारण अपने परिवार के 6 सदस्यों एवं घर तथा खेती पूरी तरह नष्ट हो जाने के बाद भी न केवल उनका परिवार एक बार पुनः जोशियाड़ा में नीड़ के निर्माण हेतु एकजुट होता है, स्वयं कवि भी स्थितियों की विपरीतता के बावजूद लेखन में जुटा रहता है। इसी अध्यवसाय के फलस्वरूप मराठी, पंजाबी, मलयालम, बंगला, उड़िया, उर्दू आदि भारतीय भाषाओं में तथा रूसी, अंग्रेजी, जर्मन, जापानी, पोलिश आदि विदेशी भाषाओं में उनकी कविताओं का अनुवादित रूप अपनी जगह बनाता है।

व्यंग्य, विडम्बना, नाटकीयता, वक्तृत्व का सार्थक और सटीक प्रयोग लीलाधर जगूड़ी की कविता की वैचारिक बुनावट का महत्त्वपूर्ण भाग है। मानवीय श्रम के बीच तत्परता के साथ जन्म लेती भाषा जगूड़ी की कविताओं की भाषा है। आदमी और आदमी की आजादी से सरोकार रखती उनकी कविताएँ, पेड़, चिड़ियों, पहाड़ों, नदियों से युक्त बची हुई पृथ्वी की रक्षा हेतु सन्नद्ध हैं। ये सामान्य कविताएँ नहीं–'हर इन्सान का बयान हैं, हर उस आँख की दरख्वास्त है जिसमें आँसू हैं'। मानवीय यातना और यंत्रणा में हिस्सेदारी निभाती और इन स्थितियों के लिए ज़िम्मेदार शक्तियों के विरोध में खड़ी उनकी कविता के तेवर द्रष्टव्य हैं। यथार्थ के अनेक पहलू उनकी रचनाओं में काव्यानुभव बन उपस्थित हैं। उनकी कविताओं में जीवन तो उपस्थित है ही, उनकी

कविता का स्वयं अपना भी एक जीवन है। परिणामतः अनुभव तलाशते हैं भाषा और, भाषा टकराती है अनुभवों के उलझे रास्तों, तीखे मोड़ों से। फलतः जन्म लेता है—एक नया काव्य-शिल्प, एक अनूठी काव्याभिव्यंजना। कवि दृष्टि "लोकगीतों और मिथकों के मनुष्य से लेकर आज के आर्थिक मनुष्य तक के संकटों से जूझती है; वह एक पहाड़ी बैल के, एक बच्चे के सपने में भी जाती है और दादी की आदिम दुनिया में भी।" इन कविताओं में आधुनिक तकनीकी तंत्र एवं युद्ध जैसे इतिहास-प्रश्नों पर विचार हुआ है। एक सजग कवि के रूप में लीलाधर जगूड़ी की कविता की पहचान के लिए उनकी कविताओं की दुनिया में ही जाना होगा—स्वयं कविता में कविता की जाँच-पड़ताल।

आख़िर कविता है क्या? केवल शिल्प या कही-सुनी-झेली-का नया अन्दाज़? "कविता किसी की भी कविता हो सकती है।" स्वयं कवि के शब्दों में—"कविता भी हवा, पानी और आग के बाद सबसे पुरानी चीज है। एक आदिम कारखाना जहाँ भाषा और जिन्दगी हर बार फिर से ढाली जाती है। एक पुराना पहाड़ जो खोदकर निकालना पड़ता है, एक पुराना समुद्र जो बिस्तर के नीचे भी महसूस करना पड़ता है।"(रचना प्रक्रिया से जूझते हुए) संवेदना के दायरे में प्रविष्ट छोटी-छोटी वस्तुएँ, स्थितियाँ और ऐसे ही अन्य विषय कविता में महत्त्वपूर्ण हो उभरते हैं। यह पृथ्वी न होती, तो क्या यह जीवन सम्भव होता? इससे बाहर खड़े होने की जगह फिलहाल है क्या? अपना सब कुछ दे देने के बाद भी बार-बार खोदी जा रही यह पृथ्वी न खुश है न उदास। सूर्य के साथ अपने लाखों-अरबों-खरबों वर्ष पुराने सम्बन्ध का निर्वाह करती हुई पृथ्वी आज भी परिक्रमा कर रही है—यही है उनकी संगति।

इस पृथ्वी पर उपस्थिति है—चिड़िया की—आजादी की साँस लेती, चहचहाती नन्ही चिड़िया; जो मनचाहे ढंग से सीटी बजा सकती है। जीवन में आगे बढ़ने के लिए 'संगति' की आवश्यकता है; और यह 'संगति' जुड़ कर ही हासिल की जा सकती है। उनकी एक महत्त्वपूर्ण कविता है—'पेड़ की आजादी'। वृक्ष के रूपक में कवि स्वतन्त्रता और विकास से जुड़े प्रश्न उठाता है। विकास पेड़ का हो, व्यक्ति का हो या देश की आर्थिक संरचना का; उसे, उसी जमीन की संरचना से जुड़कर ही धीरे-धीरे अपना रूप-विकास करना होता है। विकास आँधी की तरह उड़कर नहीं आता, पेड़ की तरह वह 'होता', 'दिखता' है—

मैं जिस तरह होता हूँ
जिस तरह दिखता हूँ
उस तरह उतना मैं पेड़ हूँ। (घबराए हुए शब्द)

वृक्ष का विराट् रूप उसके अनवरत संघर्ष का प्रतिफलन है। अपना अस्तित्व बनाये रखने के लिए वह कभी बीज से अपना रास्ता निकालता है तो कभी झुकता है, कभी पत्रहीन हो ठूँठ-सा दिखाई देता है। अपनी फुनगी को आसमान की ऊँचाई तक पहुँचाने

की यह साधना सरल नहीं–"कुछ भी सरल नहीं।" कठोर यथार्थ स्थितियों से टकराती ये कविताएँ अनुभवों से जन्म लेती हैं, जिनकी यहाँ कोई कमी नहीं। कवि अपनी कविता में छोटे-छोटे वाक्य ऐसे बिठाता है जैसे पहाड़ी रास्तों, दरियाओं के ऊपर डंडे बिठाकर मार्ग बनाया जाता है। "कविता रचना-प्रक्रिया के इस मार्ग को भी एक-एक कदम चलकर साधना पड़ता है तब कहीं एक कविता उतर पाती है पृथ्वी पर और चढ़ पाती है बिना शीर्षक के शीर्ष पर भी।" (खबर का मुँह विज्ञापन से बन्द है, पृ. 30) रचना प्रक्रिया पर जगूड़ी जी के ये शब्द अनायास ही मुक्तिबोध की कविता-पंक्तियों का स्मरण कराते हैं–काँपता है वर्ग-मूल-अर्थ भरा/त्रैराशिकी कोई स्मित स्निग्ध !/यथार्थों से चला हुआ /स्वर्गों तक पहुँचता है, गणितों का किरणीला सेतु/ पृथ्वी के हेतु !/ लेकिन, हाँ, उसी के लिए दिन-रात/ नये-नये रन्दों और बसूलों से/ लगातार-लगातार/ मेरी काँट-छाँट/ उनकी छीलछाल अनिवार।" "मेरी काट-छाँट छील-छाल /लगातार। /इसीलिए, मेरी मूर्ति/अनबनी अधबनी अबतक..." (एक आत्म वक्तव्य)

निस्सन्देह हर उस कवि को, जो अनुर्वर होती जा रही संवेदन की धरती को एक बार पुनः उर्वर बनाना चाहता है–'सबके दिमाग में अर्थवान हलचल'–मचाना चाहता है–अपनी कविता को (औजार की तरह पैना) गढ़ना ही होगा। और, जगूड़ी की कविता यह सत्य उजागर करती दीखती है–

"समय इतना अवसरवादी समाज इतना सिद्धान्तहीन
कि संस्कृति माने नाच-गाना और निशाना हो गया लगता था
और साहित्यकार माने सिर्फ पत्रकार रह गया दिखता था"

भारतवर्ष की आजादी के साथ जिस खुशहाली का सपना औसत भारतीय ने देखा था, उसकी क्रियात्मक परिणति आज किस रूप में होती दीखती है–क्या उसका परिचय देने की आवश्यकता जगूड़ी की उक्त कविता या उस जैसी अन्य कविताओं के बाद भी है? ये काव्य पंक्तियाँ मुक्तिबोध की लगभग बासठ वर्ष पूर्व लिखी सम्भवतः अपूर्ण कविता "हे प्रखर सत्य! : दो" को बार-बार ज़ेहन में ला रही है–"राजनीति-साहित्य-क्षेत्र भी/ महा असत्य-शूकरों का है एक तमाशा/यद्यपि बोली जाती मुँह से /भारतीय संस्कृति की भाषा"। तब सवाल उठता है क्या कुछ बदला? शायद आदमी या फिर उसकी नैतिकताएँ ? इन कविताओं का केवल व्यक्ति ही सोचने को विवश नहीं, चीजें और स्थितियाँ भी सोच-विचार को विवश हैं। स्वच्छ और सुरक्षित पैर देखकर जूते अपनी मलिन देह की सार्थकता को सराहते हैं और बॉस के आफिस रूम में पहुँचने पर वहाँ बुग्याल जैसे कालीन पर चलने से "आत्मा से भी अधिक धूल रहित" हो चरमर करने लगते हैं। इस चरमर को कवि शब्द देता है–'जैसे रो रहे हों'। यह चरमराहट कविता पर छाकर उसकी धार को इतना प्रखर, व्यंग्यात्मक बना देती है कि मौजूद व्यवस्था में आफिस में बैठा हुआ बॉस और जूते की तरह चूँ-चूँ करता मातहत–दोनों के चेहरे साफ-साफ दीखने लगते हैं। यह वर्तमान डरा हुआ वर्तमान है–छुटभैया गुंडों

से भरा। इस वर्तमान का अतीत और भविष्य दोनों से बाहर चला जाना कवि को सालता है। (खबर का मुँह विज्ञापन से बन्द है, पृ. 25) यह कैसी आजादी है कि छः दशकों के बीत जाने, योजनाओं के क्रियान्वयन के बाद भी अकाल झेलना पड़ रहा है। गोदामों में भरा गेहूँ सड़ रहा है, पर गरीबों में बाँटा नहीं जा सकता, सुप्रीम कोर्ट के आदेश के बाद भी।

स्वातन्त्र्य, छः दशकों के योजनाबद्ध अकाल में बदल जाय
जहाँ से अर्थ कमाने गये बच्चों की तरह शब्द अलग चले जाएँ
अनर्थ कमाने
अतीत और भविष्य दोनों से बाहर चला गया है वर्तमान।

(खबर का मुँह विज्ञापन से बन्द है)

कैसा है यह लोकतंत्र; कैसे हैं इसके स्तम्भ? ब्रिटेन का औपनिवेशिक शासन तन्त्र तो 15 अगस्त सन् '47 को मिली राजनीतिक आजादी के बाद समाप्त हुआ; पर अर्थ-निवेश के तन्त्र ने क्या कुछ नहीं बदल डाला है। हालात बस जीने पड़ते हैं, चुप हो जाने की लाचारी में बोलकर नहीं—जीकर इन हालातों का मुकाबला करना होता है। इस स्थिति पर कवि का मत स्पष्ट है—''घटना और जीवन को प्रकट होना चाहिए।'' आज अपने अनुभव से अपना रास्ता बनाने की बात ये कविताएँ उठाती हैं। जहाँ रास्ता न दिखे, वहाँ उतरते-चढ़ते रास्तों पर डंडे बिठाकर सीढ़ीनुमा रास्ता बनाने की जरूरत पर बल देती हैं। इस रास्ते पर चलने के लिए 'लय' तो चलने वाले को खुद ही साधनी होगी; 'लय'—जीवन में आगे बढ़ने के लिए, 'लय'—कविता में आगे बढ़ने के लिए।

''सीढ़ी की लय में साधना पड़ता है कई बार का चला हुआ रास्ता।
अपनी ही पदचाप में सुनाई देती हैं—कई और आहटें।
आस-पास कई प्रलयों का पानी चमकता है।''

(खबर का मुँह विज्ञापन से बन्द है, पृ. 30)

कविता में लय जैसे एक और महत्त्वपूर्ण तत्त्व की चर्चा यहाँ आवश्यक है, वह है कविता गढ़ने—कविता-भाषा—का प्रश्न; कुछ ऐसा नया गढ़ने का प्रश्न, जिसमें गढ़ने की सरल बेसब्री न हो—

कुछ ऐसा कि बोलूँ न बोलूँ— भूलना कठिन हो जाय
(सरल को भूलना सरल, कठिन को भूलना कठिन?)

खबर बनती जा रही भाषा विज्ञापनों में कैद हो कर जिस शिल्प को गढ़ रही है क्या वह कवि को हार की ओर धकेल रही है? यदि ऐसा है भी तो—

''क्या इस तरह भी कवि को अनुभूति की जिम्मेदारियों से
कविता वाकिफ़ नहीं कराती''
(गर नहीं है मेरे अशआर में मानी न सही)

अनुभव की गहराई के अनुरूप सरलता का शिल्प साध उसे बेहतर ''इस ऐब को

हुनर'' बनाने का दावा कवि ने स्वयं किया है।

यह व्यवस्था 'दानवीय चालाकी' से भरी हुई है जिसके बीच 'मानवीय मूर्खता' की पक्षधरता करता कवि उसके सहारे अभी भी युद्ध से बच निकलने की राह तलाशता है। कविता को एक नये ढंग से परिभाषित करती ''कवि की कठिनाई'' प्रश्न उठाती है—''क्या कविता जीवन में घटित घटनाओं के साथ एक काल्पनिक युद्ध है?'' कविता युद्ध है (काल्पनिक ही सही), तो इस युद्ध के हथियार भी होंगे। क्या और कैसे हैं ये हथियार? क्या हार न मानती हुई भाषा ? हर कवि की अपनी भाषा है—''अलग-अलग रौनक वाले पेड़ों की तरह, कुछ उन्हें काटकर उनकी छवियों का एक जगह बुरादा बना एक जैसी किटप्लाई बनाते हैं तो कुछ शिल्प के नाम पर उसे ऐसे हरा देते हैं कि अद्भुत वाणी-सा यथार्थ पकड़ में ही नहीं आता।'' कविता को परिस्थिति और भाषा में से बहुत कुछ चूसना पड़ता है। इस प्रायोजित समय की माँग है कि बोलना ''कविता जैसा कठिन'' न हो—''कहानी जैसा कुछ हो तो चलेगा।''

समर्थ रचना से जुड़ा होता है अनुभव; और, अनुभव के मोती जीवन की गहराइयों में जाकर ही प्राप्त होते है—बीज से वृक्ष बनने का अनुभव, जितने गहरे जाओ—उतना ही बाहर आ सिर उठाने की कोशिश, पौधा-वृक्ष बनने की कोशिश सफल होती ही है। ऐसे ही अनुभव शब्द में ढल कविता में बदलते हैं। अनुभव की इस नदी में शब्द शंख से बजते हैं; और बच्चे तो शब्द एकदम सीख लेते हैं—एक नयी चीज की तरह उठा लेते हैं। मानव की शब्द-लोक तक की यह पहुँच-यात्रा लोक-जीवन से आरम्भ हुई है फिर वह चाहे दीवारों पर उकेरी हुई आकृतियाँ हों, जिनमें निहित संदेशों को पकड़ वह भाषा-प्रतीकों की दुनिया में पहुँचा है या अनुभव को विराट् बनाते हुए उन्हें जीवन की लड़ियों में पिरोता चला आया है। मानवीय श्रम के बीच तत्परता के साथ जन्म लेती भाषा जगूड़ी की कविता-भाषा है।

समाज की सबसे महत्त्वपूर्ण इकाई है व्यक्ति; और, व्यक्ति से व्यक्ति का सम्बन्ध समाज-संरचना की पहली सीढ़ी है। इस सम्बन्ध की रक्षा करना मानव-मात्र का धर्म है।

प्रकृति के विविध उपादानों के मध्य तादात्म्य, परस्पर सहयोग और समर्पण भावना व्याप्त है। यह भाव उन्हें शक्ति देता है। वृक्ष जगूड़ी की विचारात्मकता के वाहक बनते हैं—बसन्त देने वाले, मोची, दर्जी बने पेड़, बैल से भी अधिक मोटे चमड़े वाले। पहाड़-नदी उनके सरोकार हैं। कवि की संवेदना का दायरा छोटी-छोटी वस्तुओं, स्थितियों और ऐसे ही अन्य विषयों से लेकर दलित-गरीब-शोषित वर्ग तक फैला है, जिसमें एक बालिका से लेकर बलात्कार का शिकार होती औरत, श्रम करती सुन्दर स्त्रियाँ, फटे पैरों वाली लड़की, दातुन बेचने वाली टुनकीबाई तक की मौजूदगी है; वहीं रुपये कमाने की लालच में पहाड़ से मैदान की ओर भागते कई 'भगीरथ' भी हैं। सरोकारों की यह दुनिया बच्चों के सपने भी समेटे है जिनके माध्यम से कवि बोझिल होते जा

रहे पाठ्य-क्रम और शिक्षण-व्यवस्था की अव्यावहारिकता/कमी को फैंटेसी के माध्यम से खोलता है। यह फैंटेसी अपने पाठकों को अपने साथ उस भागती-दौड़ती दुनिया में ले जाती है, जहाँ सब कुछ अस्थिर-जैसे दौड़ा-उड़ा चला जा रहा है। इसी स्थिति को स्पष्ट करती जगूड़ी जी की एक कविता है—"सपने में पाठ्य-पुस्तक"। सपनों की अपनी एक दुनिया है, जिसमें रहना बच्चे-बड़े दोनों को ही प्रिय है किन्तु बच्चों की सपनों की दुनिया बड़ों से भिन्न होती है। वह चुपके से तोड़ता है एक पत्ती; और उसे सहेज कर रखता है—अपनी पाठ्य-पुस्तक में। हाथों में थमायी गयी पुस्तक में अपनी चेतना को बन्द कर देने को प्रेरित करने वाली इस शिक्षा-व्यवस्था से ऊबा यह बच्चा पुस्तक पर झुका हुआ जब सपनों की दुनिया में पहुँचता है तो पाता है—सपने में पत्ती वाली किताब की जगह एक फुटबॉल—जो ग्लोब की तरह है। उससे थोड़ी दूर उसे एक पत्ती उड़ती दीखती है—

"फुटबॉल उठाकर लड़का दौड़ पड़ता है
उस एक पत्ती को बचाने के लिए जो उसने तोड़ी थी
पत्ती तोड़ने से आया था उसकी जिन्दगी में पहला तूफान"

(भय भी शक्ति देता है।)

—प्रतीकों में अपना अर्थ खोलती यह कविता एक साथ कैसे अपने आस-पास खड़े बहुत से सवालों से जूझती है—यही इस कविता की खूबसूरती है। अपने परिवेश के साथ ही व्यक्ति उस पर्यावरण से भी बहुत गहरे जुड़ा है, जिसमें रहते हुए वह साँस ले रहा है। बच्चे का एक पत्ती को भी बचाने के लिए दौड़ पड़ना उसकी गहरी सम्पृक्ति का सूचक/बायस है। पर्यावरण के प्रति मनुष्य की जिम्मेदारी, जवाबदेही को समझने के लिए क्या यह कविता बेहतर नहीं?

स्त्री विमर्श सन्' 60 के बाद की कविताओं में एक प्रमुख विषय बन कर उभरा है। नागार्जुन, रघुवीर सहाय, चन्द्रकान्त देवताले और स्वयं जगूड़ी स्त्री-जीवन से जुड़े तमाम पहलुओं—चाहे उनका सम्बन्ध समाज और सामाजिकता से हो या परिवार और पारिवारिक जीवन से; वे देह से जुड़ी समस्याएँ हों अथवा मानसिक संत्रास की कारक—हेतु—सभी को अपनी कविताओं के केन्द्रवृत्त में लाते रहे हैं। वह नागार्जुन की 'तालाब की मछलियाँ' हो या चन्द्रकान्त देवताले की 'स्त्री के साथ', 'मैं कौन खास', या 'शाम को लगभग पाँच बजे', 'बालम ककड़ी बेचने वाली लड़कियाँ' या फिर 'हाइ पॉवर नंगे बस्तर को कपड़े पहनायेगा' जैसी बेजोड़ कविताएँ। 'माँ पर नहीं लिख सकता कविता' जैसी अभिव्यक्ति के बाद भी देवताले 'माँ जब खाना परोसती थी' के माध्यम से जीवन की छोटी से छोटी स्मृतियों को सहेजकर कविता में बाँधते हैं। वहीं जगूड़ी 'सपने में दादी' के ज़रिए पहाड़-जीवन की कठिनाइयों के बिम्ब ही नहीं गढ़ते प्रत्युत् 'सभ्यता के जंगल' में भटकते हुए लोक विश्वास की अनुगूँज भी सुनते-महसूस करते हैं, ताकि पेड़ की तरह न ही सही, पर कुछ तो ऊँचा रहा जा सके।

ग्लोबलाइज़ेशन संज्ञाधारी यह फैला हुआ समय 'तरक्की के कमाई से नये गठजोड़' खोजता फिर रहा है। ऐसे में कवि निजी लँगड़ाहट का अनुभव करता है। सफल होना ही बदल जाना है। नये मनुष्य की स्थिति और बात क्या कही जाय, उसे अन्तर्राष्ट्रीय दबावों में ही अपने राष्ट्र को चलते देखना है। भूमंडलीकरण के समय में पुराना मनुष्य भी एक से एक नये रास्ते की पहचान करता कर्ज़ और कमाई ढूँढ़ता भीतर ही भीतर अत्याधुनिक मनुष्य में बदल चुका है। व्यावसायिक कम्पनियाँ स्त्री को आत्मनिर्भर-सुन्दर बनाना नहीं, उनके सौन्दर्य के सहारे अपने उत्पाद-सामान बेचना चाहती हैं। आज "वस्तु विनिमय ही विचार विनिमय है।" इस बाजारवाद में स्वयं स्त्री कहाँ खड़ी है-यह उसे स्वयं ही समझना-विचारना होगा। खबर के शिल्प में घुलता हुनर का शिल्प अमूर्त शिल्प बन खड़ा है।

जगूड़ी की कविताएँ बड़ी तल्ख़ भाषा में अपने समय से किये गये संवाद हैं। यहाँ नाटकीयता तो विद्यमान है ही, कवि-कर्म कौशल भी कहीं कविताओं में सिनेमैटिक प्रयोग के रूप में तो कहीं सीनॉग्रेफिक तो कहीं लैंडस्केपिक प्रयोग में ढला है। 'ख़बर का मुँह विज्ञापन से ढका है' की कविताएँ समय-सन्दर्भ लिए खड़ी जगूड़ी की कविता-यात्रा का अत्याधुनिक पड़ाव है।

बहुआयामी कवि-कर्म

जगन्नाथ पंडित

लालीधर जगूड़ी की पहचान अकविता के कवि के रूप में हुई, फिर जनवादी कवि-रूप में। हिन्दी में यह नयी बात नहीं है कि गहरी वैचारिक प्रतिबद्धता और उर्वर प्रतिभा से सम्पन्न अनेक रचनाकारों की पहचान और उनका मूल्यांकन काफी विलम्ब से हुआ जिसके प्रमाण निराला, मुक्तिबोध, धूमिल जैसे समर्थ रचनाकार हैं। आलोचकों द्वारा लीलाधर जगूड़ी की उपेक्षा के चाहे जो भी कारण हों, हम उसकी पड़ताल में नहीं जायेंगे किन्तु एक ईमानदार और तटस्थ पाठक के रूप में हमें यह स्वीकारने में आपत्ति कि जगूड़ी की कविता बहुरंगी यथार्थ की जमीन पर रचित जिन्दगी की आलोचना है। यद्यपि अपनी आरम्भिक कविताओं में वे अपने अकवितावादी आग्रहों के साथ ही आते हैं, किन्तु इसके बावजूद वे सभी तरह के अन्याय और व्यवस्था की क्रूरताओं के खिलाफ आवाज उठाते हैं। उनकी कविता अकविता के अतिवाद और विकृतियों से पीछा छुड़ाती हुई व्यवस्थागत विकृतियों से रूबरू होती है तथा उन पर झुँझलाहट और आक्रोश व्यक्त करती है। इन्सानी रिश्तों की पहचान को धूमिल बनाने वाले सन्दर्भों और राजनीतिक, सामाजिक, आर्थिक अन्तर्विरोधों को सामने लाने वाली उनकी कविताएँ सही अर्थों में मानवीय चिन्ताओं की कविताएँ हैं। यह जगूड़ी की रचनात्मक अनिवार्यता थी कि अकविता का प्रभाव खत्म होने के साथ वे स्वस्थ सामाजिक परिप्रेक्ष्य से कविता को जोड़ते और पिछले भटकाव को एक रचनात्मक दिशा देते। सतत लेखन द्वारा उन्होंने अनुभव भी किया कि गहराते हुए अन्तर्विरोधों और समस्याओं की दुनिया में अकविता के उपकरण कारगर नहीं हो सकते इसलिए उसे त्यागकर वामपन्थी उपकरण ग्रहण किया।

जगूड़ी की कविताएँ अत्यन्त मुखर हैं जिनमें व्यंग्य का पैनापन है, तन्त्र की धज्जियाँ उड़ाता हुआ कवि का विद्रोही मन है, यथार्थ के विविध गत्यात्मक रूप हैं। उन्होंने अब तक आठ काव्य-संग्रह दिये हैं, जिनकी वस्तु और शिल्प में क्रमशः संशोधन होता गया है, जो कवि के आत्म-शोधन का परिणाम लगता है। अपने काव्य विकास के लम्बे दौर तक वे एक खास तरह की ही कविताएँ लिखते रहे जिनमें अनुभवों का

बिखराव, गाली-गलौज और वक्तृत्व-कला की प्रधानता रही, किन्तु परवर्ती संग्रहों में वे पूर्ववर्ती काव्य-रूढ़ियों से मुक्त होते दिखायी देते हैं। खासकर 'भय भी शक्ति देता है' में। इनके पूर्ववर्ती संग्रहों का आस्वाद ले चुके पाठक को यह आश्चर्य हो सकता है कि वास्तव में ये जगूड़ी की कविताएँ हैं। इतना गुणात्मक परिवर्तन उनके व्यापक अनुभव और सतत लेखन की देन है। सामाजिक, राजनीतिक, आर्थिक के साथ धार्मिक, ईश्वर सम्बन्धी, स्वर्ग-नरक, नैतिक-अनैतिक, बेरोजगारी आदि से जुड़े प्रश्नों और सन्दर्भों को वे सामने लाते हैं। वे कहीं दार्शनिक मुद्रा अपनाते हैं और कहीं पाप-पुण्य पर बहस करते हैं कि जितने पाप मनुष्य ने किये उतने पशुओं ने नहीं। सारी दुनिया पाप और पापियों से भरी है। मनुष्य को मनुष्योचित बनाने की जरूरत पर वे बल देते हैं। यह परिवर्तन उनके काव्य-विकास के नये मोड़ का सूचक है। उनकी स्वीकारोक्ति है कि-मुझे सुन्दर लगते हैं मोड़ चाहे सड़क पर हों चाहे वृक्ष में चाहे जिन्दगी में...फिर आना ही चाहिए कोई नया मोड़ (भय भी शक्ति देता है-138)

धूमिल की तरह ही जगूड़ी भी असहमति और विरोध के कवि हैं। यह असहमति और विरोध-व्यवस्था के अत्याचार और समाज की खोखली जड़ नैतिकता का है, जिसने व्यक्ति को पशुतुल्य बना दिया है। वे कवियों से यह अपेक्षा रखते हैं कि वे विरोध का समर्थन करें-जहाँ तक मैं समझता हूँ/कवि को/हमेशा सड़क पर रहना चाहिए। (जो सबसे बड़ा दुर्घटनास्थल है)/और लिखना ही हो/तो ऐसा हादसा लिखना चाहिए/जिसमें प्रार्थना सम्बन्धी तमाम शब्द/विरोध में चले जाते हों-(इस यात्रा में-69)। ये पंक्तियाँ समकालीन हिन्दी कविता और कवियों के लिए एक गम्भीर चुनौती, दायित्व के रूप में हैं। तात्पर्य कि विरोध का भाव कविता में बना रहना चाहिए क्योंकि इसके बिना अन्याय का प्रतिरोध सम्भव नहीं। जगूड़ी इसी सत्य को काव्यरूप देते हैं। मंगलेश का भी कथन है कि विरोध कविता की नैतिक शक्ति है अत: उसका काव्य में बना रहना अनिवार्य है। प्रतिभा की उपेक्षा और मनुष्य की यातनाओं को पैदा करनेवाली शक्तियों के प्रति जगूड़ी के मन में तीव्र आक्रोश है इसलिए वे अपने लेखन को संघर्षधर्मी बनाते हैं-

वैसे तुमने तो कहा था कि मैं तुम्हारी जिन्दगी बदल दूँगा कर दिया/सचमुच तुम्हारी आत्मीयता ने मुझे/गन्दे मवाद में बदलकर रख दिया/तुम्हारी बगल में जहाँ मैंने अब मुँह निकाल लिया है/यह वक्त है न तुम मुझे सहन कर सकते हो/और न मैं तुम्हें जीवित छोड़ सकता हूँ।

इसी तरह उनका कथन है कि-मेरी भाषा/पंख फड़फड़ायेगी/जब अत्याचार होगा।-बची हुई पृथ्वी-52।

जगूड़ी के अनुसार कविता का प्रयोजन अत्यन्त स्वस्थ और विशिष्ट है। आनन्द देने वाली वस्तु से अलग हटकर वे कविता को मनुष्य के विशेष कार्यों और संघर्षों से जोड़ते हैं। उनकी दृष्टि में कविता पाप की तरह चुभन पैदा करती है और पुण्य की

तरह ढाढस बँधाती है, वह मनुष्य को बदलती है। वह मनुष्य की चेतना, सोच और संवेदना में परिवर्तन लाकर उसके व्यवहार में बदलाव लाती है अत: कविता एक परिवर्तनकारी शक्ति है—

पापी के पाप की तरह एकदम चुभने लगती है कविता/पुण्य की तरह ढाढस बँधाती है राहत देती है/कविता पहले से कहीं ज्यादा बदल देती है/मनुष्य को/जैसे एक पौधा किसी दृश्य को।

मनुष्य को कविता तक पहुँचना है/और उसके बाद वहाँ तक भी/जहाँ तक कविता पहुँचाना चाहती है मनुष्य को (भय भी शक्ति देता है—70)। उनकी कविता गहरी मानवीय संवेदना और आम जन के अभावग्रस्त जीवन से सम्पृक्त है। उनकी घोषणा है—मेरी कविता हर उस आदमी का बयान है/जो बन्दूकों के गोदाम से/अनाज की ख्वाहिश रखता है/मेरी कविता हर उस आँख की दरख्वास्त है जिसमें आँसू है (घबराये हुए शब्द—36)। अत: वे हमें कल्पना के जंगल में नहीं भटकातीं, समस्याओं और चुनौतियों के बीच खड़ा करती हैं। बुनियादी जरूरतों से जूझती ये कविताएँ कवि के जनप्रतिबद्ध होने की गवाही देती हैं।

बाल्ज़ाक का कथन है कि लोग मुझसे अच्छे, स्वस्थ चित्रों की माँग करते हैं किन्तु पूँजीतन्त्र में विकृतियाँ ही विकृतियाँ हैं तो उनकी जगह मैं स्वस्थ-सुन्दर चित्र कहाँ से लाऊँ। धूमिल और जगूड़ी के समक्ष भी यह समस्या है। वे व्यवस्था की विकृतियों पर आदर्श का पर्दा डालकर उन्हें कैसे छिपा सकते हैं। यह तो सत्य को झुठलाने जैसा होगा। जगूड़ी लिखते हैं—

जहाँ-जहाँ गोलियाँ दागी गयीं क्या वहाँ-वहाँ फूल दाग दूँ। घावों पर कशीदे काढ़ दूँ। चुराये गये बच्चों के लिए लिख दूँ कि उनके चेहरे फूलों जैसे थे। लापता लोगों के लिए कह दूँ कि वे कहीं मौज मार रहे हैं। (भय भी शक्ति देता है—14)

अर्थात् जैसा समाज है वैसा चित्रित करना कलाकार का धर्म है। अत: वे कविता में यथार्थ-जगत् के समानान्तर एक दूसरी दुनिया का सृजन करते हैं, जो मूल की ही तरह विसंगतियों से भरी है। इन कविताओं से गुजरकर हम अपने आस-पास की दुनिया से साक्षात्कृत हो सकते हैं। दूसरे शब्दों में उनकी कविता अपनी समग्रता में समकालीन जीवन और व्यवस्था को समझने के लिए एक खुली पुस्तक है।

जगूड़ी अपने को आम आदमी से विशिष्ट नहीं मानते। आम जनता के अभिन्न हिस्से के रूप में अपने को प्रस्तुत करते हुए उन्हीं की तरह अपने को भी शोषण का एक मोहरा मानते हैं। उनका कथन है—मैं भी तुम्हारे साथ उसी जबड़े में हूँ। जहाँ एक चढ़ता है और दूसरा उतरता है। दाँत के नीचे (नाटक जारी है—57)। यहाँ व्यवस्था दैत्य के जबड़े की तरह है जिसके द्वारा हम सब चबाये जाते हैं। कितना मुश्किल है उन जबड़ों से निकल पाना। मानव-मुक्ति के लिए गहरी छटपटाहट को व्यक्त करती है यह कविता। राजनीति की चुनाव प्रक्रिया को कवि अपनी बदतर स्थितियों के लिए

जिम्मेदार मानता है—मुझे ज्ञान ने नहीं/निर्वाचन ने मारा है (नाटक जारी है—58)। इस व्यवस्था में आम आदमी गलत यानी चरित्रहीन नेता के वोट में तब्दील हो जाता है, इसमें नौकरी का आधार पहचान और सिफारिश है, इसमें चोरी की वही सुविधा है जहाँ कोतवाली है, तथा इसमें हर व्यक्ति कहीं-न-कहीं चोर है। कवि इस युग में अर्थ की सर्वव्यापकता को रेखांकित करता है कि अगर वह तुम्हारे पास भी हो तो सारी व्यवस्था को बूट की ठोकर से चला सकते हो। मार्क्स ने अर्थ-व्यवस्था को आधार के रूप में स्थापित किया है, जगूड़ी भी उसकी शक्तिमत्ता को स्वीकारते हैं।

समकालीन जीवन जिन समस्याओं और विडम्बनाओं से जूझ रहा है, जगूड़ी की कविता उन चीजों से जूझ रही है। यह हमारे लिए सन्तोष और अनन्त सम्भावना की बात है कि उनमें जीवन की ऊष्मा बची हुई है। अत: युग से गहरी अन्तरंगता रखने वाली जगूड़ी की कविताएँ युगीन अन्तर्विरोधों और दबावों को अनेक स्थानों पर झेलती हैं। समाज के वर्गविशेष की प्रकृति और चरित्र की उन्हें गहरी पहचान है और उसके अनुकूल वे कभी व्यंग्य का सहारा लेते हैं, तो कभी गाली और आक्रोश का। व्यंग्य और सात्विक आक्रोश का प्रयोग वे असंगतियों और व्यक्तियों के दोहरे चरित्र को उघाड़ने के लिए करते हैं। वे तमाम सन्दर्भों से जुड़े प्रश्नों को उभारकर उन्हें सही परिप्रेक्ष्य में रखते हैं। इन प्रश्नों के प्रति एक वस्तुनिष्ठ दृष्टिकोण है, एक निर्मम अभिव्यक्ति है, जहाँ भावुकता के लिए कोई स्थान नहीं है।

इसका मूल कारण यह है कि जगूड़ी की कविता की बुनियाद में रोमांस, भावुकता नहीं; विचार है। कविता को वैचारिक आधार पर प्रतिष्ठित करने में उनकी विशिष्टता देखी जा सकती है। यदि कविता को व्यवस्था परिवर्तन का माध्यम बनाना चाहते हैं, तो यह अनिवार्य है कि उसे हम सतही भावुकता से दूर रखें। इस अर्थ में जगूड़ी कविता को वैचारिक परिप्रेक्ष्य देकर हमें सोचने को बाध्य करते हैं, जो जनवादी कविता की एक विशेषता है।

मानवीय मूल्यों के ह्रास और बुराइयों के बढ़ते प्रभाव को जगूड़ी ने एक-दूसरे के बरक्स रखकर उसको परखा है। आदर्श, सत्‌गुण, मूल्य, नैतिकता, ब्रह्मचर्य, उपकार, सेवा शुश्रूषा, सहिष्णुता, उदारता, विश्वास जिसका हम हजारों सालों से नारा देते आ रहे हैं किन्तु इतने दिनों के बाद भी ये हमारे जीवन में क्यों नहीं आ जाते? यह सवाल कवि के मन में गूँजता है। उनका आशय है कि नारेबाजी से यह सद्‌गुण हमारे जीवन में क्यों नहीं आ जाते? इसके लिए विचार और आचार में मेल होना अपेक्षित है। अत: जगूड़ी के लिए ऐसे आदर्शसूचक शब्द घिसकर अपनी अर्थवत्ता खो चुके हैं।

'मन्दिर लेन' तीन खंडों में विभाजित उनकी लम्बी कविता है। इसमें वे दिखाना चाहते हैं कि धर्मस्थल ही अपराध का सबसे बड़ा अड्डा है। कानूनपसन्द गंगू, मिठाईवाला, सरोवर सिंह, स्त्रियों तथा बच्चों की लाशें यहाँ मिली थीं। धर्म के आधारभूत तत्त्वों से पृथक होकर किस तरह मनुष्य अपराध की ओर अग्रसर होता है, इसका सबूत पेश

करती है यह कविता। इसमें व्यवस्था की क्षुद्रताओं और समाज के अपराधीकरण तथा धर्म के अवमूल्यन का पर्दाफ़ाश किया गया है। कवि का न्यायपरक स्वस्थ विचार सामने आता है कि धर्म के नाम पर सामुदायिक गुंडापन नहीं चलाया जा सकता। वह प्रतिपक्ष की भूमिका में आकर मुखर होकर कहता है–

खासकर ऐसे मौके पर जब व्यक्ति और धर्म के स्वभाव में/सामुदायिक गुंडापन आ गया हो/तो अकेला भी निषेध कर सकूँ/इतना साहस बचा रह जाए/कि व्यक्ति के सम्बन्ध धर्म और समुदाय से भी बड़ा बन जाए/जो समुदायों और धर्मों से मुझे अलग न कर पाए (भय भी शक्ति देता है–90)।

वह धर्म में हिंसात्मक प्रवृत्तियों के प्रवेश पर फब्तियाँ कसता है। 'धर्मार्थ' (वही–91) कविता में वे कहते हैं कि धर्म का अर्थ यदि स्वभाव है, तो उसे बिगड़ने नहीं देना चाहिए (निहितार्थ यह है कि वह बिगड़ गया है), धर्म का अर्थ यदि आचरण है, तो इसे सुधारते रहना चाहिए (तात्पर्य यह कि उसमें विकृति आ रही है), धर्म का अर्थ अच्छाई है, तो उसे बुराई से बचाना चाहिए (जबकि हम बुराई की ओर जा रहे हैं) और धर्म का अर्थ यदि निजी विश्वास है, तो इसे अपने तक सीमित अर्थात् उसे स्वानुभूति का अंग बनाना चाहिए, रखना चाहिए जबकि आज यह प्रदर्शन की वस्तु है। धर्म में प्रदर्शन और कर्मकांड का प्रवेश होते ही मजहबी विवाद और हिंसा का जन्म होता है, कवि इस हकीकत से वाकिफ़ है। कविता समकालीन परिवेश में धर्म की विकृतियों की ओर इंगित कर उसके मूल रूप की ओर लौटाना चाह रही है। नैतिक पतन की पराकाष्ठा के युग में वे नैतिकता से जुड़े सवाल भी उठाते हैं।

'नाटक जारी है' की अनेक कविताओं में कवि अकवितावादी मुद्रा अपनाता है जिसमें अश्लीलता और असंयम है। नारी सम्बन्धी मुद्दों को वहाँ वे गम्भीरता से नहीं लेते। वे नारी की गरिमा को ध्वंस करते दिखायी देते हैं–

हर दफ़ा घर के देशी अभ्यास में औरत एक सीढ़ी है
जिस पर मर्द चढ़ता है और बच्चा उतरता है (नाटक जारी है–86)
वह जानती है या नहीं मैं उसे नंगा देखना चाहता हूँ (वही–74)

लेकिन 'भय भी शक्ति देता है' में उनका नारी सम्बन्धी दृष्टिकोण बदला हुआ है, जहाँ वे नारी के सौन्दर्य को श्रमशीलता में देखते हैं–

वे स्त्रियाँ सुन्दर होती हैं जो निकम्मी नहीं होतीं/सुन्दर होते हैं जो वे पुरुष निठल्ले नहीं होते/कोरे नौकरी के अलावा भी कुछ काम करते हैं/...जो स्त्रियाँ सुन्दर होती हैं वे हमेशा किसी धुन में रहती हैं' (भय भी शक्ति देता है–89)।

यहाँ श्रम को कवि स्त्री और पुरुष के शृंगार रूप में देखता है। उसके सौन्दर्य को कर्मण्यता में देखता है। यही कर्मशीलता मानव-जीवन का सहज धर्म है। 'स्त्री प्रत्यय' में वे सामाजिक सन्दर्भ में नारी की स्थितियों का जायजा लेते हैं जब शादी के तीस साल बाद भी सड़क पार करते समय स्त्री के पाँव डगमगा रहे हैं और वह पुरुष

को आगे करना चाहती है (वही–92)। तात्पर्य यह है कि नारी की स्थिति अभी भी सुदृढ़ नहीं हो पायी है, आधुनिक सभ्यता से वह अब भी अपरिचित है कि सड़क पार करने जैसे साधारण काम के लिए उसे पुरुषों का मोहताज होना पड़ता है। यह नारी की शोचनीय स्थिति है जिसे जगूड़ी एक सामाजिक विचारक की हैसियत से सामने लाते हैं। सामाजिक नैतिक मर्यादाओं से बँधी व्यवस्था में वह चलना भूल गयी है जैसे नागार्जुन की 'तालाब की मछलियाँ' में मछलियाँ (नारी) तैरना भूल गयी हैं। यहाँ कवि स्त्री के अस्तित्व और पिछड़ेपन की समस्या को संवेदनात्मक और मानवीय स्तर पर अनुभव कर उसे विश्लेषित करते हैं। भारत की नारियाँ आज 21वीं शताब्दी के प्रवेश–द्वार पर पहुँचकर भी पुरुष के नेतृत्व में चलने को अभिशप्त हैं।

स्वातन्त्र्योत्तर काल में व्यंग्य एक रूढ़ि बन चुका है। विवेच्य–काल व्यंग्य के लिए अत्यन्त उर्वर क्षेत्र रहा है। इस काल का कोई भी रचनाकार कमोबेश रूप में व्यंग्य से प्रभावित हुए बिना नहीं रह सका है। व्यंग्य तो वामपन्थी लेखन की मुख्य दिशा है। जगूड़ी की रचनाशीलता का एक बड़ा भाग व्यंग्य को आधार बनाकर चलता है। आरक्षी विभाग की अविश्वसनीयता और नैतिक पतन को वे व्यंग्य के दायरे में लेते हैं–

हरेक पर शक करो/विश्वास केवल दारोगा का करो...दारोगा का करो/उसका निजी कोई विश्वास नहीं (बची हुई पृथ्वी–112)। इसी तरह–'इस दरमियान मैंने जाना/ कि जनतंत्र में बिल्कुल नया जमाना है/और नागरिकता पर सबसे बड़ा रन्दा थाना है' (नाटक जारी है–48)।

समाज और समकालीनता से कटा बुद्धिजीवी विद्वान् उनकी व्यंग्य–दृष्टि से ओझल नहीं हो पाया है। विद्वान् आपस की वैचारिक लड़ाई में अन्य विद्वानों से सम्बन्ध नहीं बना पाता तथा अतीत और वर्तमान से भी कट जाता है, जो एक पलायनवादी प्रवृत्ति है। बुद्धिजीवियों का अहं, उसकी व्यक्तिवादिता और सुविधापरस्ती न व्यक्ति के पक्ष में है न समाज के–खा–पीकर दोनों विद्वान् अप्रभावित हो जाते हैं/समाज से/यहाँ तक कि एक–दूसरे से भी अपना नाता नहीं जोड़ पाते। परे हो जाते हैं कल से और आज से/चले जाते हैं नींद की मुख्य धारा में/तलछट की तरह वे खुद को बचा हुआ पाते हैं। (भय भी शक्ति देता है–105)। चूँकि बुद्धिजीवी व्यक्तिगत समृद्धि पाकर सामाजिक चिन्ताओं से कटकर रचनात्मक कार्यों से विमुख हो जाते हैं इसलिए जगूड़ी कहते हैं–

विद्वान अंडे कम देते हैं और बीट ज्यादा करते हैं। (वही–106)। कवि बुद्धिजीवियों के इन निरर्थक प्रयासों के प्रति विशेष सजग है और उनकी उर्वरा शक्ति तथा रचनात्मकता के क्षीण होते जाने पर चिन्तित भी।

राजनीति में सबसे अधिक असंगतियाँ हैं, इसलिए स्वातन्त्र्योत्तर काल में यह सबसे अधिक व्यंग्य का शिकार हुई है। कवि हड़ताल और प्रजातन्त्र की विफलता तथा नेताओं की मौकापरस्ती पर टूट पड़ता है।

बहुत कुछ करना है अपने स्वागत में/सांकेतिक हड़ताल को दिल में पहनना है/ घने अँधेरे में गन्दे नल के नीचे अपना लोकतन्त्र पछीटना है/कुल मिलाकर मुझे जनता से आना है/और मेल से जाना है–(नाटक जारी है–41)।

आजादी के इतने वर्षों बाद भी हम आर्थिक समस्या का हल नहीं कर पाये फलतः विषमता फूलती-फलती रही। मुट्ठी भर लोगों की आय बढ़ती रही और बहुल वर्ग बुनियादी जरूरत की चीजों से भी वंचित होता रहा। जगूड़ी इन आर्थिक सन्दर्भों को भी काव्य-विषय के रूप में लाकर व्यंग्य के दायरे में लेते हैं–

इस देश की यही क्षमता है कि इसमें पूरी विषमता है–(वही–97)। देश की क्षमता को विषमता का पर्याय मानना कितना सांकेतिक और बेधक है। शासक में रचनात्मक क्षमता की कमी तथा उसके चलते विषमता की वृद्धि एक साथ उघड़ जाती है। वे पुनः कहते हैं–

हलो; अगर बहुत कुछ गड़बड़ हो गया है/और कुछ पता नहीं चल रहा है/तो वहाँ एक शब्द रख दो देश/एक न्याय एक कल्याण/फिर मुट्ठी भर लोगों की आय/और उसके बाद शेष लोगों का अपव्यय, अपव्यय (नाटक जारी है–90)।

ये पंक्तियाँ एक ही साथ देश की दुर्दशा तथा उसके लिए दोषी शासक पर प्रहार करती हैं। जगूड़ी के इन व्यंग्यों का सामाजिक महत्त्व है क्योंकि ये हमें राजनीतिक पाखंड से परिचय कराते हैं, वहीं उससे मुक्ति के लिए प्रेरित भी करते हैं।

जगूड़ी की अनेक कविताएँ फैंटेसीपरक हैं जिनमें यथार्थ को एक कलात्मक आवरण में प्रस्तुत किया गया है। यद्यपि फैंटेसी जगूड़ी की मूल रचना-प्रक्रिया का अंग नहीं है तथापि उन्होंने कुछ बड़ी सशक्त फैंटेसीज हिन्दी कविता को दी हैं तथा मुक्तिबोध की फैंटेसी-पद्धति में इज़ाफा किया है। फैंटेसीज के चलते जगूड़ी की ये कविताएँ बेशक अधिक गम्भीर, अपनी बुनावट में बारीक, कलात्मक और व्याख्यासापेक्ष बन गयी हैं। 'स्वप्नभंग', 'दूसरे शरीर की खोज' आदि फैंटेसीपरक कविताएँ हैं, जो बैल से सम्बन्धित हैं। 'स्वप्नभंग' में बैल गाय की कोमलता ओढ़कर सपना रहा है। वह पेड़ पर चढ़कर नये पत्ते खा रहा है और पेड़ की हरेक टहनी को चबा रहा है ताकि लाठियाँ खत्म हो जाएँ (जिससे उसे पिटाई न पड़े)। इस समय उसके पेशाब में आदमी चींटी की तरह रेंग रहा है। वह गाय को आश्वस्त करता है कि उसके लिए वह बाघखाल ला देगा। वह सोचता है कि अब आसानी से वह गाड़ी में नहीं जुत पाएगा लेकिन स्वप्नभंग होता है तथा बैल अपने को पूर्व स्थिति में पाता है।

'दूसरे शरीर की खोज' कविता में बैल स्वप्न में एक बीज में तब्दील होकर पेड़ के रूप में जन्म लेता है। उसके अंकुर में ऐंठी हुई पूँछ की कड़क और सींगों का पैनापन है। अपने मजबूत शरीर पर उसने प्रतिकूल ऋतुओं के वार को झेला है। अब वह पूर्ण स्वतन्त्रता का अनुभव करता है किन्तु उसने देखा कि सामने वाला पेड़ काटा जा रहा है, उसके मोटे भाग के टुकड़े गाड़ी पर लादे जा रहे हैं। बैल भागना चाहता है

लेकिन उसे पकड़कर जबर्दस्ती गाड़ी में जोत दिया जाता है। उसे आश्चर्य है कि 'वह बैल का बैल ही रह जाय' (भय भी शक्ति देता है—67)।

दरअसल यह बैल और गाय मिहनतकश, निरीह और गुलाम जनता है। दोनों उच्चवर्ग के शोषण के शिकार हैं। बैल अपना शरीर बदलकर गुलामी और बेकारी से मुक्ति का स्वप्न देखता है लेकिन अन्ततः अपने मूल रूप में ही आने को मजबूर होता है। एक बैल को जो अपेक्षा है, उसके स्रोत को ही वह पा लेना चाहता है लेकिन परिस्थितियाँ उसके पक्ष में नहीं हैं। भारतीय श्रमिक की भी यही स्थिति है कि शोषित होकर, हड्डी-तोड़ परिश्रम करके भी अन्ततः जहालत की जिन्दगी जीने को विवश है। वह अपना जीवन-स्तर सुधारना चाहता है किन्तु व्यवस्था उसमें परिवर्तन नहीं होने देना चाहती। वास्तव में यह पूँजीवादी व्यवस्था का दोष है जिसमें समाज का एक वर्ग सिर्फ शारीरिक मिहनत करता है, दूसरा मानसिक। इन फैंटेसीज में जगूड़ी अपने समय की भयावहता और हक़ीकत को व्यक्त करते हैं। अपनी कल्पना द्वारा जगूड़ी इन विसंगतियों के लिए जो बिम्ब रचते हैं, वे अत्यन्त सटीक, प्रासंगिक और पारदर्शी हैं। वे भारतीय संस्कृति की मूलभूत किसान संस्कृति से लिये गये हैं। उनमें मुक्तिबोध जैसी जटिलता नहीं। जगूड़ी यहाँ दासता से श्रमजीवी मनुष्य की मुक्ति को बैल के माध्यम से प्रस्तुत करते हैं किन्तु मुक्ति का वह प्रयास निरर्थक जाता है क्योंकि इनके जीवन में तब्दीली नहीं आ पाती। पूँजीपति द्वारा उनके मुक्ति-प्रयासों को निरस्त किया जाता है। बैल के स्वप्न में गुलाम सर्वहारा की मुक्ति-चेतना व्यक्त हो रही है। जगूड़ी शोषित-पीड़ित मानवता को उसकी दासता से मुक्त करना चाहते हैं। इन फंतासियों द्वारा हम आम आदमी की यातना और आशा-आकांक्षाओं से साक्षात्कृत होते हैं।

आजाद भारत में जगूड़ी के कुछ सपने हैं। अनेक रचनाकारों ने ऐसे ख्वाब देखे किन्तु यथार्थ की आँच में ये झुलस गये हैं। क्रूर व्यवस्था उनके स्वप्नों को कुचल देती हैं। वे लिखते हैं—उसने चाहा तो यह था कि कोई बढ़िया-सा सपना देखे/पर देखता क्या है कि बच्चे तमाम प्रौढ़ हो चुके हैं/पेड़ काटे जा चुके हैं/चिड़िया तमाम मारी जा चुकी हैं (भय भी शक्ति देता है—103)। ऐसी कविताएँ मनोवैज्ञानिक विश्लेषण की माँग करती हैं जिनमें यथार्थ जगत की अतृप्त इच्छाएँ स्वप्न में तृप्त होना चाहती हैं।

लीलाधर जगूड़ी का सौन्दर्यबोध यथार्थ-जगत से प्रभावित है, जो प्रगतिशील कवियों की सौन्दर्य-दृष्टि के समानान्तर है। वे श्रम में, कष्ट साधना में सौन्दर्य देखते हैं, जो बदले हुए परिवेश में कवि की बदली हुई सौन्दर्य-दृष्टि का परिचायक है। सौन्दर्य का केन्द्र-बिन्दु मात्र प्रकृति नहीं, बल्कि मानव-निर्मित वस्तुएँ भी हैं। मानव-निर्मित वस्तु में निहित सौन्दर्य कष्ट और श्रम की रचनात्मक भूमिका का प्रतिफल है—

दुनिया में बार-बार फूटता है कष्टसाध्य सौन्दर्य/लुभाता है एक स्त्री की तरह/ सौन्दर्य माँगता है बड़ी-से-बड़ी मिहनत (भय भी शक्ति देता है—पृ. 89)।

वर्तमान कृत्रिम सभ्यता में परम्परा की अनेक चीजें नष्ट हो रही हैं। उन पर कृत्रिमता

का आवरण चढ़ता जा रहा है। इस औद्योगिक-पूँजीवादी समाज में लोकगीतों की खत्म हो रही समृद्ध परम्परा पर जगूड़ी दु:खी हैं। उन्हें अफसोस है कि नयी सभ्यता के बहाव में हम लोकगीत का आखिरी खिकोला (छिलका) भी नहीं बचा पाये। लोकगीत एक गाना बनकर मरा। लोकगीत के बिना लोकजीवन गद्यमय (नीरस) दीखता है। ग्राम्य जीवन की वह सहजता, अकृत्रिम व्यवहार और निश्छलता धीरे-धीरे विलीन हो गयी। उनकी वेदना तब और घनीभूत हो उठती है जब वे लोकगीत की उत्सभूमि में भी उसे नहीं देख पाते और इससे सांस्कृतिक परम्परा से जुड़ने की विकलता बढ़ जाती है।

आदिवासी क्षेत्र में जाकर लोकगीत ढूँढ़ना/उनके शरीर में जूं ढूँढ़ाने जैसा भी नहीं है जो उनके/पसीने से ही पैदा हुए हैं/लोकगीत-(भय भी शक्ति देता है-पृ. 115)।

उनका निष्कर्ष है-नयी दुनिया में यदि जरूरत है पुरानी दुनिया के सिर्फ लोकगीतों की।

लीलाधर जगूड़ी धूमिल की काव्य-संवेदना और शिल्प को बहुत दूर तक विकसित कर उसमें इजाफ़ा और संशोधन करते हैं। धूमिल के बतर्ज़ उनकी अनेक कविताएँ वक्तव्यधर्मी और वक्तृत्वकला की सटीक मिसाल हैं। उन कविताओं से यदि नाम हटा दिये जाएँ तो, यह कहना मुश्किल होगा कि ये धूमिल की कविताएँ हैं या जगूड़ी की। यथा-

1. अकेला आदमी अपराधी होता है (बची हुई पृथ्वी-105)।
2. जिधर बहुमत है मान लिया गया कि हर कोई सहमत है (नाटक जारी है-45)
3. पेट और प्रजातन्त्र के बीच/आदमी दरार की तरह खड़ा है और बवण्डर हर दरवाजे पर/पर्दे की तरह पड़ा है (वही-67)।

जगूड़ी ने लम्बी कविताएँ भी लिखी हैं जिनमें संवेदनात्मक और वैचारिक तनाव हैं। इन कविताओं के अनेक फलक हैं जो जीवन के विविध सन्दर्भों को स्पर्श करते चलते हैं। इनमें कहीं संवेदना में विचार का तो कहीं विचार में संवेदना का रूपान्तरण होता चलता है। और विचार की यह ओवरलैपिंग कविता को गत्यात्मक और चित्रात्मक स्वरूप प्रदान करती है। ये कविताएँ बाह्य यथार्थ से टकराती हुई कहीं मनोवैज्ञानिक यथार्थ से भी टकरा जाती हैं। अत: उनकी कविता समग्र यथार्थ से भिड़न्त की कविता है। वह जीवन-जगत् की ऊपरी सतह तक ही नहीं; अन्त तक प्रवेश करती है।

लीलाधर जगूड़ी मूलत: अतुकान्त हैं। उनमें न तो परम्परागत छन्द का निर्वाह है न आधुनिक मुक्तक छन्द का जो लय की बुनियाद पर टिकी होती है किन्तु उनकी कुछ कविताओं में सायास तुकबन्दी दिखायी देती है, जो शायद लय और छन्द के गैप की कुछ पूर्ति के लिए अपनायी गयी हो-

भाषा के पीछे शब्द को दौड़ाता रहता हूँ/साँड़ की तरह/कर्म मैं भी करता हूँ-कांड की तरह (नाटक जारी है-114)।

यहाँ काव्य की रचना-प्रक्रिया जैसी गम्भीर जिस वस्तु को कवि बताना चाहता है उसके लिए साँड़ को पीछे दौड़ाने जैसा बिम्ब हास्यास्पद, अश्लील और हलका बन जाता है। इससे जाहिर है कि सन्दर्भ विशेष में जगूड़ी गम्भीर स्थितियों को भी सतही बनाकर एक मसखरे-सा व्यवहार करते हैं। इसी तरह 'टेलीफोन' कविता में 'आरिगपूड़ि' के तर्ज पर लीलाधर जगूड़ी का प्रयोग तुक मिलाने जैसा है। ऐसी कितनी कविताएँ मिसाल के तौर पर पेश की जा सकती हैं।

उक्ति वैचित्र्य और चमत्कार पैदा करने के लिए जगूड़ी शब्दों के साथ खिलवाड़ भी करते हैं। इन पंक्तियों में एक ही शब्द की अनेकशः आवृत्ति कवि द्वारा जुगाली जैसी लगती है—हरेक को संशय था कि संशय है/क्योंकि यह भी संशय था/कि संशय नहीं है/पर किसी को उम्मीद नहीं थी/कि संशय नहीं होगा (बची हुई पृथ्वी—30)।

ऐसे ही 'पप्र पवि पगो' क्रमशः परम प्रकट, परम विकट और परम गोपनीय (भय भी शक्ति देता है—142) के लिए प्रयुक्त है, जो एक पहेली जैसा चमत्कारिक प्रयोग है। यहाँ प्रयोगवादी आग्रह प्रबल हो गया है। पाठक की दृष्टि, शब्द-क्रीड़ा में ही उलझ जाती है। किन्तु ऐसे प्रयोग कम हैं क्योंकि यह कवि की रचना का मूल धर्म नहीं है।

उनके यहाँ अतियथार्थवादियों की तरह बिम्ब कई बार विशृंखलित रूप में आते हैं। इन असम्बद्ध बिम्बों के चलते सन्दर्भ अचानक बदल जाते हैं और कविता का प्रभाव भी बिखर जाता है। घनीभूत प्रभाव छोड़ने के लिए शिल्प में जिस संयम की आवश्यकता होती है, वह यहाँ गायब है। इसलिए वे बिम्ब अनुभूति के धागे में क्रमबद्ध रूप में गुँथने के बजाय दूर छिटक जाते हैं—

तमाम चीजों को नंगा करके/जाँघों से छाती तक दंगा करके/मांस के खेत में आदमी जड़ रोपकर हमेशा पूर्वान्त हुआ।

पुनः आगे पंक्तियाँ हैं—

जिन्दा रहने की जेब में खर्च करने के लिए/जीवन एक अनावश्यक संस्था है। (नाटक जारी है—43)।

आरम्भिक पंक्तियों में जाँघ और छाती में दंगा करना एक अश्लील वृत्ति का बोधक है, जिसका सम्बन्ध आगे पंक्तियों में निहित बिम्ब से नहीं है। जीभ और जाँघ के उत्तेजक बिम्ब देकर कविता अचानक एक नाटकीय मोड़ लेती है और जीवन सम्बन्धी गम्भीर प्रश्न पर टिक जाती है।

जगूड़ी के काव्य में प्रतीक भी हमारा ध्यान आकृष्ट करते हैं। ये प्रकृति-जगत् से लिये गये हैं। साँप, बैल, जंगल, चिड़िया, पेड़, बच्चे, भेड़िये आदि अपने परिचित स्वरूप में ही जीवन की गम्भीर समस्याओं और सन्दर्भों को प्रस्तुत करते हैं। पेड़-संघर्ष करते व्यक्ति की जिजीविषा का प्रतीक है, जो प्रतिकूल ऋतुओं में भी जीवनी शक्ति खींच रहा है, अपने टूटे अंगों को उगा रहा है। यह पेड़ मनुष्य की जड़ता और आलस्य को

तोड़ता है (इस यात्रा में)। पेड़ का आत्मसाक्षात्कार में पेड़ दर्प से फूला, गर्व से खिला और सौरभ से तिलमिलाता हुआ व्यक्तित्व है (वही–80)। बैल दासता से मुक्ति के लिए संघर्षरत श्रमिक तथा हाथी सामन्त वर्ग का प्रतीक है। उनके अधिकांश प्रतीक गत्यात्मक और संघर्षधर्मी चेतना से युक्त हैं।

सूत्रात्मक वाक्य जगूड़ी की कविता में अनुभूति-सघनता तथा भाषा में कसावट पैदा करते हैं। ये सूक्तियाँ जीवन के विविध सन्दर्भों से सम्बद्ध हैं तथा सार्वभौम सत्य का साक्ष्य देते हैं।

कायर दोस्त से हारा हुआ दोस्त अच्छा है (23)

खामोश आदमी का संकट समझ का नहीं, विकल्प का है (25)

समझ और सहमति से बाहर औसत आदमी गलत उम्मीदवार का सुरक्षित वोट है (25)

इस व्यवस्था में हर आदमी कहीं न कहीं चोर है (49)

कंगाली के पास आटा नहीं गाली है (61), संकट सिफ शैलियाँ बदल रहा है (106)—नाटक जारी है।

मौत अच्छी हो जाने से सारा जीवन अच्छा नहीं हो जाता–44

ईश्वर के कपड़े बचाने का मतलब है अपनी खाल बचाना–48

एक अच्छे और बुरे आदमी में फर्क करना पड़ेगा–69

पशुओं में मनुष्य बड़ा पापी है (69), अस्तित्व से ही बनते हैं सारे सन्तुलन (79)

ईश्वर बाहर से ही मुकम्मिल होकर भीतर आता है–82

पर विद्वान अंडे कम देते हैं और बीट ज्यादा करते हैं–106

इन्तजार हर भूखे को थका देता है (132)—भय भी शक्ति देता है।

जगूड़ी की कविता गद्यात्मक चेतना से संयुक्त है। वक्तव्यधर्मिता और सूत्रात्मक वाक्यों के चलते उनमें गद्यात्मकता आयी है। दूसरी बात यह कि उनकी कविता में विचार उभरते हैं। विचार की अभिव्यक्ति में भाषा का गद्यात्मक हो जाना स्वाभाविक है। इससे काव्यत्व और कलात्मक उपकरण को क्षति अवश्य पहुँचती है तथा नीरसता को आमन्त्रण मिलता है लेकिन हम एक तार्किक परिणति के साथ युगीन सच्चाई और भयावह स्थितियों के आमने-सामने होते हैं। अतः जगूड़ी अपना ध्यान कलात्मक और संवेदनात्मक पहलू पर केन्द्रित न करके समस्याओं के विश्लेषण और व्याख्या पर केन्द्रित करते हैं, जो एक प्रतिबद्ध और जिम्मेदार रचनाकार से उपेक्षित होता है। पाठक उनकी तर्कक्षमता और विश्लेषण शक्ति से अभिभूत हुए बिना नहीं रह सकता। एक जागरूक और प्रतिबद्ध पाठक सामाजिक चिन्तन की सार्थक प्रक्रिया में शरीक होकर उसके समाधान की दिशा में अग्रसर होता है। वैचारिक प्रतिबद्धता का आग्रही उनकी कविता को शुद्ध साहित्यिक और कलात्मक कसौटी पर नहीं कस सकता। यहाँ नये

सौन्दर्यशास्त्र का विकास दिखायी देता है।

चूँकि कविता साहित्य की अत्यन्त संश्लिष्ट विधा है, इसलिए सम्प्रेषण को लेकर यह सबसे अधिक विवाद के केन्द्र में आयी है। सम्प्रेषण के द्वारा रचना और पाठक के बीच संवाद की स्थिति बनती है। असम्प्रेषण रचना के महत्त्व और लोकप्रियता को घटाता है। ध्यातव्य है कि जगूड़ी की कई कविताएँ दुरूह हैं जिनके अर्थ समझने के लिए मानसिक कसरत की अपेक्षा है—

1. भूख ऐसी लगी हुई जैसे गड्ढे में पेड़
   जैसे पेड़ में पत्तियाँ/जैसे पत्तियों में रंग (इस यात्रा में—11)
2. पिछले अनुभव को तोड़कर/खरगोश को खिला रही हो/
   जबकि समय/लगातार पत्तियों को चाटता हुआ
   घरों के बीच से गुजर रहा है—(वही—30)
3. ...शहर में उगी हुई/पीली/भोग की भाषा/उछाल मारती है—(वही—19)

ऐसे अनेक सन्दर्भ ढूँढ़े जा सकते हैं जहाँ वे बौद्धिक प्रयास करते हैं। वहाँ ऐसी स्थिति उत्पन्न होती है और कविता अमूर्त बन जाती है।

जगूड़ी समकालीन जीवन में मनुष्य को भय से घिरा हुआ दिखाते हैं। यह भय चौतरफा है। कहीं राजनीति, कहीं धर्म, कहीं विज्ञान का ध्वंसक रूप उसे डराता हुआ उसके अस्तित्व को चुनौती देता है। समकालीन जीवन में निराशा और भय के लिए अधिक गुंजाइश है लेकिन जहाँ मंगलेश के यहाँ निराशा भी उम्मीद पैदा करती है, वहाँ जगूड़ी के यहाँ भय भी शक्ति देता है। वे भय को शक्ति में तब्दील कर युग की निराश मनीषा को आत्मबल प्रदान करते हैं क्योंकि शक्ति संचित करके ही भय से लड़ा जा सकता है। यह गौरतलब है कि जगूड़ी की कविता में निराशा और अवसाद के स्वर नहीं हैं। अस्तित्ववादी प्रभाव के चलते भारतीय साहित्य में अवसाद का स्वर इतना सघन हो गया था कि इसने भारतीय मनीषा और रचनात्मकता को कुंठित किया, उसके पौरुष को क्षीण कर विद्रोह की धार को कुन्द किया। जगूड़ी कम-से-कम उस अवसाद के बहाव में नहीं बहे और रचना को युयुत्सा का दर्शन दिया। उनमें यदि निषेध है तो स्वीकार भी है। अश्लील है मगर पराजयबोध नहीं। वर्गशत्रु के साथ वे समझौता नहीं करते। वह युग का चितेरा है, सत्ता का चारण नहीं।

जगूड़ी में आशावादी स्वर गहरा होता गया है। उनका कथन है—पत्तियों के नीचे/दबे हुए मेरे शब्द/अगली बार फूटेंगे। फूटेंगे (इस यात्रा में—38)। निराला की रूखी री यह डाल वसन वासन्ती लेगी से तुल्य है। आशा, साहस और विरोध का स्वर लेकर वे नये समाज-निर्माण का स्वप्न देखते हैं। वे कहते हैं कि हम मर भले ही जाएँ किन्तु जीवन-यात्रा का साहस समाप्त न हो। साहस और संघर्ष जगूड़ी के काव्य का विधेयात्मक पहलू है। 'आत्म विलाप' कविता में वे सब कुछ नष्ट हो जाने के बावजूद कविता को अपना रक्त देकर भी बचा लेना चाहते हैं, जो कविता की अस्तित्व-रक्षा

की चिन्ता और कविता की शक्ति के प्रति गहरी आस्था का संकेत है–

अपनी छोटी और अन्तिम कविता के लिए/मुझमें जो थोड़ा-सा रक्त शेष है/मैं कोशिश करूँगा–वह दौड़कर/शब्द के उस अंग को जीवित कर दे/जो भाषा की हवा से मर गया है (इस यात्रा में–63)।

उस दौर के अनेक कवि नक्सलवादी प्रभाव में आये तथा जगूड़ी भी उससे नहीं बच पाये। 'बलदेव खटिक' के रंगतू द्वारा राशन लूटकर अपने परिवार की भूख मिटाया जाना, बम, बारुद, बन्दूक तथा गोरिल्ला संसार को तहखाने में तैयार करना आदि सन्दर्भ उन पर नक्सलवादी प्रभाव के संकेतक हैं। नक्सलवाद की राजनीतिक तोड़-फोड़ की थी जिसके पास कोई सुनियोजित दृष्टि नहीं थी। दो-चार व्यक्तियों को उड़ा देने से व्यवस्था नहीं बदल जायेगी। जगूड़ी में यह वैचारिक भटकाव भी है। लेकिन यह भी सत्य है कि सामाजिक न्याय की वे जबर्दस्त हिमायत करते हैं कि यह पृथ्वी उनकी है, जो इसे खोदते हैं, टूटने से बचाते हैं और इसके बिगड़ैलपन को सँवारते हैं (इस यात्रा में 78-79)। वे उन श्रमिकों के प्रति गहरी सहानुभूति दिखाते हैं जो कुर्सियाँ बनाते हैं–और/टप्प से दूसरों के नीचे लगा देते हैं (वही)। यह श्रमिक की विडम्बना है कि अपने ही हाथों निर्मित वस्तु का उपयोग वह नहीं कर पाता, उत्पादन के बाद उसका उससे अलगाव हो जाता है, जिसे मार्क्स ने उत्पादनात्मक अलगाव कहा है। इस तरह जगूड़ी की विचारधारा जो उनकी सम्पूर्ण रचनाशीलता से छनकर निकलती है, वह है जनवादी विचारधारा जिसमें सत्ता पक्ष का विरोध, व्यवस्था परिवर्तन की विकलता, सत्ता के पाखंड और जटिल दाँव-पेंच का पर्दाफाश तथा आम जनता के उत्थान की प्रबल हिमायत है।

कुल मिलाकर जगूड़ी की कविता का फलक बड़ा विस्तृत है। उसमें सम्पूर्ण यथार्थ के चित्र हैं। हमें उनके काव्य के उन पहलुओं पर ध्यान देना अनिवार्य है, जो मानवीय सरोकारों से जुड़े हैं तथा अन्याय, अत्याचार का विरोध करते हैं। यह उनके काव्य का पॉजिटिव पक्ष और महत् उपलब्धि है, जो जगूड़ी के वैचारिक भटकाव तथा तमाम अन्तर्विरोधों को ढँक लेती है। यथार्थ जगत में प्रतिदिन उठने वाली चुनौतियों का सामना करने की वे दृष्टि देते हैं। वे कविताएँ सोये मनुष्य को संघर्षरत होने के लिए झिंझोड़ती है। उनके संघर्ष का स्वरूप बहुआयामी है, जो इस जीवन-यात्रा में बने रहने का साहस और शक्ति देता है। यही साहस, शक्ति, संघर्ष और जनपक्षधरता उनके काव्य की मूल ध्वनि है। गौरतलब तो यह है कि उनकी जनवादी दृष्टि स्वतःस्फुटित है, ओढ़ी हुई नहीं। उनकी कवि-दृष्टि समष्टिगत भावों और विचारों का समुच्चय है। उसमें सामाजिक प्रतीति की प्रमुखता है। उन्होंने कलात्मक नहीं, विचार कविताएँ लिखीं। विचारमंडित ये कविताएँ भावुक बनाने की बजाय प्रश्नों और समस्याओं पर सोचने-विचारने की दिशा में प्रेरित करती हैं। इन कविताओं के मूल्यांकन के लिए काव्यशास्त्र के प्राचीन निकष छोटे पड़ेंगे। इसके लिए हमें नया सौन्दर्य-शास्त्र गढ़ना

होगा। अन्तिम संग्रह 'महाकाव्य के बिना' की भूमिका में वे लिखते हैं–'यह कहने में कोई संकोच नहीं है कि मैं आलोचकों का बनाया हुआ कवि नहीं हूँ, लेकिन किसी अच्छी रचना के लिए अच्छी आलोचना की जरूरत मैं हमेशा महसूस करता हूँ।' आलोचकों ने उन्हें नहीं उठाया, वे अपनी रचना के बल पर स्वयं उठे हैं। चर्चित न होने का अर्थ हाशिये पर होना नहीं है। जगूड़ी समकालीन हिन्दी कविता के केन्द्र में हैं। आलोचकों के मौन रहने के बावजूद उनकी रचना स्वयं बोलती है। उन्हें अपने रचना-कर्म और युगधर्मिता पर गहरी आस्था है तथा युगधारा में वे अंगद की तरह पाँव जमाकर खड़े हैं।

अभिव्यक्ति के खतरे से संवाद करता कवि

माधवेन्द्र

हिन्ही साहित्य का साठोत्तरी विकास साहित्यिक खेमों का विकास है। अज्ञेय की परम्परा विकसित होती हुई अलग-अलग वर्गों एवं वैचारिक केन्द्रों के रूप में स्थापित होती है और साहित्य का अलग-अलग 'सामुदायिक चरित्र' विकसित होता है, जिनसे रचनात्मक विविधता को स्वीकार करने के स्थान पर आरोपित विचारों की आलोचना शुरू की और खंडन-मंडन में साहित्य से अधिक खेमों का वर्चस्व स्थापित हुआ। साथ ही रुचि की भिन्नता के कारण किसी भाव-विशेष के गतिमान या प्रतिक्रियात्मक आग्रह भी बने और उन्हें स्थिर करने के लिए 'गढ़ों' और 'मठों' का निर्माण भी हुआ। स्पष्ट है कि खेमों का चरित्र प्रतिस्पर्धी होता है और उसमें अपनी श्रेष्ठता के अहंकार के साथ दूसरों को हेय ठहराने की प्रवृत्ति भी होती है। ऐसे में जो इन खेमों में नहीं अँट पाया वह या तो हाशिए पर ढकेल दिया गया, या उसे लगकर निरर्थक सिद्ध कर दिया गया। साहित्य की स्वाभाविक मानवीय आस्था की जगह अनुभूति की सचाई के नाम पर वैचारिक प्रतिबद्धता को हथियार बनाकर रचना से पहले संस्था में दाखिले का प्रश्न अधिक उठने लगा और तयशुदा एक संकुचित मानसिक दायरे को ही 'प्रतिबद्धता' के रूप में व्याख्यायित किया जाने लगा। मुक्तिबोध जैसे सतर्क रचनाकार की यह चिन्ता ऐसे ही साहित्यिक राजनीति करने वाले खेमेबाजों के प्रति थी जब उन्हें लगा कि इस घनघोर 'अँधेरे' के कारण यहाँ मौजूद हैं तो उन्हें कहना पड़ा-"अब अभिव्यक्ति के सारे खतरे/उठाने ही होंगे/तोड़ने होंगे ही मठ और गढ़ सब।" साठोत्तरी दशकों में मुक्तिबोध सर्वाधिक पढ़े जाने वाले कवि भले ही बन गये, मुक्तिबोध की इस चिन्ता को कतई तवुज्जह नहीं दी गयी और खेमों का बाजार गर्म रहा। इससे भरपूर एवं ठोस लाभ भी लिये गये, पूरा का पूरा बाजार विकसित हुआ, लोग बेचे भी गये और बिके भी। लब्बोलुआब यह कि, संस्थानों, अकादमियों, पीठों एवं प्रकाशन समूहों के रूप में पूँजीवादी चरित्र जनवादी चेहरा पहनकर साहित्य पर राज करने लगा।

साहित्य को नारों की उत्तेजना के रूप में स्थापित करने वाले साहित्यकार के रूप में 'धूमिल' साठोत्तरी कविता की पहचान के रूप में अपना विकास तो करते ही हैं,

साथ में भाषा और शिल्प की वह नयी खेप भी लाते हैं जो 'साहित्य की शुचिता' के खाँचे में ठीक-ठीक नहीं बैठती थी। धूमिल की कविता भन्नाए हुए आदमी के आक्रोश को कहने की कोशिश थी जो आजादी से बड़ी उम्मीद लगाये बैठा था। परन्तु जिसका अपहरण खद्दरधारी कर चुके थे। वह अपने को ठगा महसूस कर रहा था। ऐसे में बिलबिलाती आँखों और खिसियाए दिमाग के साथ जब वह बोलता है तो उसकी भाषा गाली-गलौज की हो जाती है। लेकिन इसने हिन्दी कविता को एक अलग अन्दाज दिया और कविता अस्तित्ववाद की पराजित मानसिकता से निकलकर रोजमर्रा की जिन्दगी में शामिल होने लगी। उसकी शिकायतें या असन्तोष सुख की काल्पनिकता की जगह वास्तविक जरूरतों से जुड़ी और हिन्दी कविता में 'आम आदमी' पहली बार वस्तुतः स्थापित हुआ। यह आम आदमी 'मोचीराम' जैसा था, या 'पटकथा' की मानसिकता को जीने वाला था। कविता की जिस जमीन का निर्माण यहाँ से होता है वह इसके पहले इतनी उर्वर पहले कभी नहीं थी क्योंकि इसने कवियों की ऐसी खेप पैदा की जो इसी तरह सोचता था और जिसके अन्दर की आग सिर्फ ललकार की माँग कर रही थी। वास्तव में यह कविता के आगामी विकास की भूमिका थी जहाँ कविता अपनी अभिव्यक्ति में 'समकालीन' बनती है और कवि-कर्म को दायित्व के रूप में स्वीकार करती है।

कविता की समकालीनता को गढ़ने वालों में लीलाधर जगूड़ी का नाम प्रमुखता से लिया जाता है जिसने कविता की गढ़बाजी भले ही न की और इसी अपराध में जिसे समकालीनता के दायरे से बाहर कर देने की बाकायदा कोशिश होती रही और वे बहुत हद तक इसमें सफल भी हुए क्योंकि उनके पास अपनी सुरक्षा के लिए गढ़ थे, और भरपूर संसाधन थे। 'दिल्ली का तन्त्र' कविता को निर्देशित करता रहा और हिन्दी कविता का चरित्र 'दिल्ली के चरित्र' के रूप में स्थापित होता रहा। समकालीन के नाम पर खेमों की राजनीति और बाजार पर आधिपत्य की होड़ चलती रही। जिस कस्बाई, गँवई आम आदमी को कविता में धूमिल ने स्थापित किया था उसे फिर कविता के लठैतों ने अपमानित कर बाहर कर दिया क्योंकि उसका चेहरा शराबखोरी और संगखोरी के साथ साहित्य-सृजन में 'गैरशायराना' लग रहा था। वास्तव में अपने गवँई मन का अतिक्रमण करके दिल्ली पहुँचे जिन 'धुरन्धरों' ने साहित्य पर कब्जा जमाया था, उनमें अपने गाँव-गिराँव के प्रति एक 'हीन भावना' हमेशा रही, इसीलिए वे ऐसी बात कहने से बचते रहे जो उन्हें पिछड़े चरित्र साबित कर दे। ऐसे में जगूड़ी अगर बेमतलब के लगे तो आश्चर्य नहीं, कविता एक नव-कलावाद का शिकार होती रही, बिम्ब-प्रतीक गढ़े जाते रहे, कविता में अनुभूति की माँग की जगह भाषिक प्रच्छन्नता हावी होती रही और समकालीन कविता का रथ धूम-धाम से निकलता रहा।

इन तमाम उठा-पटक के बीच जगूड़ी अनुभूति, शिल्प एवं भाषा के स्तर पर कविता की एक नयी जमीन तैयार करने में जुटे रहे। उन्होंने आत्मपरकता के

साथ-साथ उसके सामाजिक पक्ष को हमेशा अधिक करके समझा और इसीलिए कविता का नया सामाजिक चरित्र गढ़ा। यहाँ मैनेजर पाण्डेय का यह कथन महत्वपूर्ण है कि "कविता की आत्मपरकता पर जोर देने का यह अर्थ नहीं है कि वह सामाजिक नहीं होती, कविता गहरे स्तर पर सामाजिक और ऐतिहासिक होती है, उसकी सामाजिकता और ऐतिहासिकता की पहचान के लिए कविता की आन्तरिक बनावट के प्रति अधिक संवेदनशील अन्तर्दृष्टि जरूरी है।" वास्तव में धूमिल की पूरी बेचैनी को महसूस करते हैं जगूड़ी। साठोत्तर भारत की पीड़ा को कविता में जीते हुए धूमिल जिस तरह भाषा के स्तर पर अनौपचारिक हो जाते हैं, वह 'साहित्य की शुचिता' की भाषा भले ही न हो, आम आदमी के रोजमर्रा में जीने की भाषा अवश्य है। इस स्तर पर कहा जा सकता है कि जगूड़ी भी साहित्यिक शुचिता के आग्रह को नकारने का साहस करने वाले कवि हैं। वे 'स्कूली' भले न हों भभक कर जल उठने की ताकत तो उनमें है ही और यह ताकत उस गहरी निष्ठा से जन्मी है जिसने उन्हें आम आदमी का कवि होने के लिए मजबूर किया। उनकी बौखलाहट में आम आदमी की बौखलाहट है, उनकी कविता में उनके एहसास का हर कोना बड़ा प्रामाणिक लगता है—"इसलिए मैं एक ऐसे मनुष्य के रूप में कहीं हवा में ही सही/रहना चाहता हूँ जो इस पृथ्वी को जानता था/जो हर हाल में अपनी हालत से अप्रभावित और इतिहास से वाकिफ हो/जो इतिहास की हालत और अपनी फजीहत को जानता हो।" इतना ही नहीं जगूड़ी कविता को विराटता देने के प्रयास में जन-विरोधी नहीं बनाते और न ही उसे प्रच्छन्नता प्रदान कर नव-पलायनवाद को कविता की नयी कलाबाजी बनाते हैं बल्कि मुठभेड़ करने की मुद्रा में तार-तार होती जिन्दगी को सलीके से सीने की कोशिश करते हैं, सच को सच की तरह कहते हैं—"दुनिया की क्या खबर है?/अरे यहाँ—यहाँ तो हर घर में साँप का डर है/न कोई इधर है न कोई उधर है/बस यही एक कसर है?/कुर्बानी का न सिर है/न धड़ है/अच्छा, उधर बहुत गड़बड़ है?" वास्तव में जगूड़ी की कविता चेतना के स्तर पर अभिव्यक्ति के नये-नये तेवरों की खोज लगती है, भले ही इन खोजों की दिशा कभी-कभी अनियमित हो जाती हो। वे लोहिया के इस मत के समर्थक मालूम होते हैं कि "बासी रोटी मत बेचो अपने तथ्यों और विचारों के संग्रह में नये तथ्यों और विचारों को जोड़ते रहो।" इसलिए कवि अपने अनुभव का नया लोक गढ़ता है। "अनुभव के आकाश में चाँद" की पहली कविता—"करोड़ों बरस भाप के हो गये पानी/करोड़ों बरस राख हो गये।" समाज के विकसित होने की प्रक्रिया की ओर संकेत लगती है। वास्तव में जगूड़ी जब इस तरह की भाषा का प्रयोग कर रहे होते हैं तो कविता के चरित्र को नव-प्रच्छन्न अभिजात्य से मुक्त करते हैं। उनकी यह माँग पर्याप्त खतरनाक मानी जा सकती है जहाँ वे कहते हैं—"ऊँचाई/असीम ऊँचाई जिसके बाद आकाश/कहीं मुड़ता न हो/—मुझे नहीं चाहिए/गहराई अथाह/गहराई/जिसके बाद धरती कहीं/खुलती न हो/—मुझे नहीं चाहिए। वास्तव में ऊँचाई जीने वाली कविता का एहसास मूल्यों की

भयानक और निर्भय माँग होती है जो सुविधाभोगी मन को मुश्किल में डालती है। इस खतरे को मुक्तिबोध ने महसूस किया था, जगूड़ी भी महसूस करते हैं। आम आदमी की सीमितता उसकी मजबूरी भी हो सकती है, परिवेश का दबाव भी हो सकता है, उसकी सीमा नहीं, इसका स्पष्ट संकेत देते हैं जगूड़ी—"हमारे आकाश में हमेशा आता रहा/पहाड़ों पर हमेशा आता रहा/छतों पर हमेशा आता रहा/चाँद हमारे बिना रह सकता है/हम चाँद के बिना नहीं/हम हैं कि एक बार भी नहीं गये चाँद पर/और इधर तो हम छत पर भी नहीं गये।"

जगूड़ी की कविता की एक बड़ी विशेषता यह है कि उन्होंने कविता में कहने की जो शैली विकसित की, उसने आगे आने वाली कविता को दूर तक प्रभावित किया। भाषा की वह भंगिमा जिसमें सहजता सपाटबयानी नहीं बनती बल्कि व्यंजना की गहरी शक्ति से अनुप्राणित होती है। यह शैली वास्तव में कविता को सहज संलाप की मुद्रा प्रदान करती है। देखें—"एक दिन घबराए हुए शब्द आये और कहने लगे/—हमें बचाइए/जगह-जगह से हम काट दिये गये हैं/पंक्ति से हटा दिये गये हैं/या तो हमारे विकल्प खोज लिये गये हैं/या हमारे बिना भी काम चलाया जाने लगा है।" स्पष्ट है कि कहने में कोई चमत्कार भले ही न हो, भाषा की शक्ति में कमजोरी नहीं आयी है। वास्तव में यही जगूड़ी की कविता की ताकत बनती है और जगूड़ी को भविष्य की कविता की भाषा गढ़ने वाला कवि बनाती है। एक उदाहरण और देखें—"दुनिया की सबसे बड़ी लड़ाई/आज भी एक बच्चा लड़ता है/पेट के बल, कोहनियों के बल/और घुटनों के बल।" वास्तव में बच्चा कोई लड़ाई नहीं लड़ता और वह लड़ाई की मानसिकता भी नहीं जीता। यद्यपि चमत्कार में कहने की प्रवृत्ति से कविता झूठबयानी हो जाती है। भाषा कितना थामेगी आपको अगर भाव नहीं है तो? परन्तु यह जगूड़ी की विशेषता है कि वे अभिव्यक्ति का वह शिल्प ईजाद करते हैं कि कविता भाषा का अतिक्रमण कर अनुभूति में ही सिद्ध होने लगती है। बावजूद इसके अर्थ-भावन में समस्या तो आती ही है।

जगूड़ी जी की कविता से गुजरते हुए तमाम ऐसी समस्याएँ भी आती हैं जो सोचने के लिए बाध्य कर देती हैं कि पूरी उर्वरता के बावजूद कवि चमत्कार में क्यों फँसता जा रहा है? समकालीनता के दौड़ में वे अगर पीछे पड़े हैं तो उसका जितना कारण बाहर है उतना ही कविता के भीतर भी है। नारे हमें उत्तेजित करते हैं, हमारी वैचारिकता का निर्माण नहीं करते और अगर कविता का काम सिर्फ नारे उछालना हो तो इसके लिए गाली-गलौज की भाषा सर्वाधिक मुफीद होती है। यहाँ कहा जा सकता है कि जगूड़ी जी की कविताओं में गम्भीरता की कमी है। वक्तव्यों में ईमानदार अनुभूति की जगह ऐसा लगता है कि कवि तयपूर्वक कविता रचने में संलग्न हो रहा है। कविता की स्वाभाविक गति, Spontaneous Overflow कविता का सर्वाधिक आवश्यक शिल्प होता है जो अन्य सभी उपकरणों को अपने सापेक्ष साध लेता है। वस्तुतः यही

'कवि-पन' होता है जो आपको सोने न दे, बेचैन रखे और कविता की बेचैनी से फूटे। जहाँ यह तय न हो कि आज कविता होगी कि नहीं, या कभी-कभी महीनों कविता होगी या नहीं। धूमिल भी कविता में नारे को उछालते थे। भाषा के स्तर पर चमत्कारी प्रयोग के वे भी शौकीन माने जा सकते हैं। लेकिन बावजूद इसके, उनकी कविता में अनुभूति की जबरदस्त बेचैनी है। ऐसी बेचैनी जो दिखावटी, सिर्फ कविता के लिए ही नहीं थी, बल्कि जो सचमुच उनके जीवन में घटित होती थी। इसीलिए धूमिल कविता के नये प्रतिमान गढ़ सके। उनकी भाषा, अभिव्यक्ति तमाम आलोचनाओं के बावजूद, नया रचना-लोक निर्मित करती दिखायी देती है। जगूड़ी एक जगह लिखते हैं "आकाश मेरे जूतों में घुसा हुआ है/और इस समय मेरे पैर उसे टोपी की तरह पहने हुए हैं।" अब भला बताइए इसका क्या अर्थ निकाला जाय? तय है कि आगे कवि प्रयासपूर्वक इस नयी उलटवासी को सिद्ध करने की कोशिश करेगा। लेकिन इस कोशिश से कविता तो नहीं जनम सकती। कलाबाजी के कारण जब कविता के अर्थ प्रच्छन्न हो जाते हैं, उस समय कलाबाजी मकड़जाल सी लगने लगती है, परन्तु यही जब वक्रोक्ति की भूमिका अख्तियार कर लेती है तो उसमें कथन की नवभंगिमा होती है। जगूड़ी में चमत्कार के प्रति सतर्कता खूब दिखलायी पड़ती है। वे अपनी उक्तियों से पाठक को चौंकाना चाहते हैं। गुड़ा समय, तमतमाया वसन्त, कूड़गमज धरती, काइयाँ लँगड़ी, फिसड्डी सीढ़ियाँ, सतरंजी आदमी, जंगल की हजामत इत्यादि तमाम ऐसे प्रयोग हैं जिनके पीछे चमत्कार के नव-प्रयोग की मंशा दिखलायी देती है परन्तु इनमें अर्थ की गहरी सम्पृक्ति न होकर छिछली और सतही मानसिक निर्मित ही हो पाती है। यहीं यह लगता है कि जगूड़ी की कविता प्रतिक्रियात्मक कविता है जो किसी गम्भीर चिन्तन के अभाव में शब्दों की कलाबाजी ज्यादा हो गयी है। एक उदाहरण-"और अपनी हड्डियों को कुत्ते की तरह देखकर/दुनिया को कौवे के सिर दर्द से शुरू कर रहा है/सारे प्रस्तुत के पीछे/आश्वासनों से चाटी हुई भाषा के समान/वह खलनायक बन कर खड़ा है।/और ईमानदारी की तरह अपने ही शरीर में मरा पड़ा है।" अथवा इसी तरह-'गर्भवती भाषा फिर छड़ी हो गयी/' या 'भाषा के जमे हुए पानी में सूराख बनाते हुए'/या 'कभी सवाल पूँछ का उठा, कभी गाय का' इत्यादि पंक्तियाँ कवि की संवेदनात्मक मानसिकता का स्वाभाविक विकास न होकर चमत्कार की आसक्ति का परिणाम लगती हैं। कहीं-कहीं तो ऐया लगता है कि जगूड़ी में धूमिल से आगे निकल जाने की होड़ सी है, इसीलिए धूमिल जहाँ संयत होकर कविता को सँभाल लेते हैं, वहीं जगूड़ी की कविता अर्थ की चक्करघिन्नी में मुश्किल में पड़ जाती है। वस्तुतः प्रलाप नहीं होती कविता। निहायत कलाबाजी जरूरी नहीं कविता के लिए। अनुभूति की सच्चाई और उनकी तरलता के मूल्य पर कविता नहीं लिखी जा सकती। जगूड़ी का यह लिखना-"हलो मकान के पीछे जो नाला गिरता है/उसमें भी कविता है/कहानी है।" कविता के प्रति कवि के नजरिये को भले ही न कहे इतनी चिन्ता तो उपजाता ही है कि कविता मानव विकास

का शृंग हो सकती है। और अगर जगूड़ी जी की कविता नाले में अपना स्रोत ढूँढ़े तो यह कवि की व्यक्तिगत अभिरुचि हो सकती है। मानवीय अनुभूति के सापेक्ष, भले ही वह सामाजिक ही क्यों न हो, कविता को नालावादी बनाना कविता को नारों में उछालने से आगे जाकर किस मन्तव्य की सूचक है, इस पर विचार होना चाहिए।

जगूड़ी की कविता भाषा में अभिव्यक्ति के नव-विस्फोट हैं। वास्तव में वे धूमिल के बाद कविता की भाषा को गढ़ने वाले सर्वाधिक महत्त्वपूर्ण रचनाकार लगते हैं। उन्होंने कविता की भाषा में बोलचाल की कथा भंगिमा के स्थान पर हाजिरजवाबी पैदा की है जहाँ लगातार एक Wit काम करता रहता है। सच है कि यह मुँह तोड़ उत्तर देने वाला युग है जो सामने वाले को अपनी उक्ति से चुप करा दे। अपनी प्रतिभा और योग्यता को प्रमाणित करने के लिए तत्काल चमत्कृत कर देने वाली भाषा का प्रयोग वास्तव में युग की प्रवृत्ति के रूप में काम कर रही थी। कविता की 'शालीन भाषा' जिसमें लक्षणा और व्यंजना के माध्यम से संकेत ग्रहण किये जाते थे, वाला युग समाप्त हो चुका था और 'मोचीराम' की भाषा की आवश्यकता महसूस की जाने लगी थी जो बहुत बोलता है, कि–"बाबूजी मेरे लिए/न कोई छोटा है/न कोई बड़ा/बल्कि हर आदमी एक जोड़ी जूता है/जो मेरे सामने/मरम्मत के लिए खड़ा है।" जगूड़ी अपनी कविता में इस तरह की हाजिरजवाबी लाते हैं। जूते का यह कथन देखिये–"चन्दन या मुकुट/सिर पर टोपी या खिजाब जो भी लगा लें/पर जब खराब वक्त आता है तो मैं लगाया जाता हूँ/" इसी तरह के अन्य प्रयोग भी देखे जा सकते हैं–"भाषण के आगे मैं एक मेज हूँ/तो मेरी किस्मत एक मुक्का है/पीछे अगर मैं एक कुर्सी हूँ/तो बुद्धि से दूर/चूतड़ के नीचे हूँ।" वास्तव में भाषा का ऐसा प्रयोग बाद के दशकों में कविता का चरित्र ही बन गया जिसमें चौंकाऊँ या अजीब ढंग से बात कहने की प्रवृत्ति दिखायी देती है। तमाम रचनाकारों ने कविता में कथ्य की जगह मुहावरों की भाषा गढ़ने में अधिक रुचि दिखाई, जैसे आलोकधन्वा की कुछ पंक्तियाँ–"सड़े हुए चूहों को निगलते-निगलते/जिनके कंठ में अटक गया है समय/जिनकी आँखों में अकड़ गये हैं मरी हुई याद के चकत्ते/वे सदा के लिए जंगलों में बस गये हैं/आदमी से बचकर/क्योंकि उनकी जाँघ की सबसे बड़ी नस में/शब्द शुरू होकर जाँघ की सबसे मोटी नस में शब्द समाप्त हो जाते हैं।" स्पष्ट है कि भाषा में संवेदनशीलता की माँग नहीं रह गयी है बल्कि एक तरह की तार्किकता की माँग अधिक मुखर है। अधिकार की तरह कविता की आवाज बने, बल्कि वह पूरी घृणा, आक्रोश या चिड़चिड़ेपन को कह सके या उसमें समय के सच की पूरी गद्यात्मकता हो इसकी माँग दिखाई पड़ती है। आगे यह माँग ऐसी बढ़ी कि कविता और गद्य का अन्तराल ही समाप्त हो गया। मंगलेश डबराल की एक गप्प-कविता की कुछ पंक्तियाँ–"एक आदमी कुहनियों से अगल-बगल धक्के मार कर काफी आगे निकल गया/कम्प्यूटर के सामने बैठा दिल का मरीज सोचता था देश का

इलाज कैसे करूँ/आलीशान बाजार के पिछवाड़े एक वीर पुरुष रो रहा था जिसे वीरता की बीमारी थी/एक सफल आदमी सफलता के गुप्त रोग का शिकार था/एक प्रसिद्ध अत्याचारी विश्व पुस्तक मेले में हँसता हुआ घूम रहा था,'' यहाँ 'गद्य' और 'कविता' के घालमेल की चर्चा न करें तो स्पष्ट दिखायी देती है—एक तरह की हाजिरजवाबी जो विरोधाभासी परिस्थितियों की सच्चाई को कहने की कोशिश करती है। जगूड़ी की कविता में इस तरह की प्रवृत्ति खूब दिखाई देती है परन्तु उन्हें चमत्कृत कर देने के उपकरण अक्सर अश्लील तत्त्व के आसपास ही मिलते हैं—''मन्दिर के लग-भग में घुसा हुआ ईश्वर/तीस रुपये तक वाला ईश्वर/मुझसे नहीं खरीदा जा सकेगा/'' अथवा ''मानव योनि में अपना सिर/किधर से उठाना है/किधर से कितना झुकाना है/'' साफ है कि कवि को आदर्श के रूप में धूमिल या राजकमल चौधरी दिखायी दे रहे हैं, और वह हड़बड़ी में उनसे भी आगे निकल जाना चाहता है। गाली की सार्थकता कविता में तभी मानी जा सकती है जब आप उस स्तर की बौखलाहट, बेचैनी या चिड़चिड़ाहट कविता में उपस्थित कर दें, जहाँ दिमागी सन्तुलन अव्यवस्थित हो जाए, परन्तु उसे आप क्या कहेंगे जहाँ जानबूझकर सिथर-भाव में गाली का प्रयोग किया जाए?

भारतीय ग्रामीण समाज जातियों, उपजातियों और वर्गों में विभाजित समाज था, जिसका निर्धारण पेशे के आधार पर होता था। परन्तु जिसका एक सकारात्मक पक्ष यह था कि तकनीकी कार्यों का ज्ञान छोटे समझे जाने वाले वर्गों के पास ही था और उसके बिना समाज की व्यवस्था काम नहीं कर सकती थी। यद्यपि वे मोल-भाव की स्थिति में नहीं थे और उनकी चाबी ब्राह्मणवादी चरित्रों के पास ही थी, लेकिन फिर भी समाज में उनकी पूछ थी। नेहरू के भारत-विकास के औद्योगिक ढाँचे ने गाँव से तकनीकी व्यवसायों का क्षरण किया और पारम्परिक रोजगार के अवसरों को भी बहुत हद तक उपेक्षित किया। परिणामत: गाँव की स्थिति अत्यन्त दयनीय हो गयी। गरीब को दाल-रोटी मिलना भी मुश्किल हो गया। परन्तु आश्चर्य की बात है कि हिन्दी कविता की चिन्ता वहाँ तक पहुँचती ही नहीं। शहर, राजनीति और आक्रोश तक जाते-जाते कविता चुक जाती है और हवा में मुट्ठियाँ भाँजने को ही कविता का उद्देश्य मान लिया जाता है। जगूड़ी की कविता में भी यह देखा जा सकता है कि भाषा का खेल कविता की संवेदना को हमेशा बाधित करता दिखलाई देता है। लेकिन बावजूद इसके यह विश्वासपूर्वक कहा जा सकता है कि धूमिल के बाद हिन्दी कविता के विकास का अगला चरण जगूड़ी से शुरू होता है। भाव, भाषा एवं शिल्प के स्तर पर कविता के चरित्र में जो बदलाव आया है जगूड़ी उसके सहभागी रहे हैं।

जितनी अन्त में होती है नदी

बृजबाला सिंह

साठ के आस-पास एक हलचल शुरू हुई जो नयी कविता अर्थात् रघुवीर सहाय और सर्वेश्वर दयाल सक्सेना जैसे कई निरन्तर प्रशस्त और नया, नये होते हुए कवियों को झटककर अकविता का मुद्दा और आन्दोलन को लेकर सामने आयी। बंगला के मलयराय चौधरी और हिन्दी के राजकमल चौधरी की कविताओं के कविता विरोधी अक्षर चिह्नित होने लगे। बनारस में दो विदेशी 'जीन्सबर्ग' और 'आरलास्की' की जिन्दगी और बनारस के बौड़मपन के बीच कोई तारतम्य बना। इन कवियों के अतिरिक्त बनारस, इलाहाबाद और तमाम हिन्दी बंगला इलाके में नयी कविता तराशे हुए हीरे के समान चमकने लगी। एक तरफ हिप्पी अवारगी तो दूसरी तरफ चीन से आयातित नक्सली मुक्ति से सम्बन्धित विचारधारा कविता पर हावी होने लगी। छोटी-छोटी पत्रिकाएँ दरअसल लघु पत्रिकाएँ कुछ पैम्पलेट और भी कई तरह के शिष्टाचार, सदाचार विरोधी कल्पन-विकल्पन प्रारम्भ हो गये। इस पूरी जमात में सुदामा पांडे धूमिल अपने जुमलों के लिए प्रसिद्ध होने लगे। इस अराजक स्थिति में लोगों को लगा कि कविता बदल रही है। मुहावरे जड़ पकड़ रहे हैं। कुछ हो रहा है। इसी समय राजकमल चौधरी अपनी खास जिन्दगी के कारण बीमारी में 'मुक्तिप्रसंग' के कवि के रूप में सामने आये। धूमिल अनिवार्य कवि के रूप में पढ़े जाने लगे। लोगों को आभास होने लगा कि कविता बदल रही है। श्रीराम शुक्ल, केसरीप्रसाद चौरसिया, मोना गुलाटी जैसे बहुत से कवि कविता के इलाके में ऊफान-तूफान की तरह आये-गये। राजकमल चौधरी और धूमिल की मौत इस पूरी हलचल का तीसरा झटका थी। इस झटके में लीलाधर जगूड़ी धूमिल मनवन्तर के एक विशिष्ट कवि के रूप में परिचित होने लगे। इसे संयोग ही कहेंगे कि धूमिल की मौत के बाद जो कवि उभर कर आये उनमें लीलाधर जगूड़ी प्रमुख थे।

यह सन् 1972 का समय था जब उनका कविता संग्रह 'नाटक जारी है' प्रकाशित हो चर्चा में आ चुका था। जगूड़ी की कविता का जन्म एवं विस्तार त्रासद परिस्थितियों में हुआ। जो उनकी दृढ़ता एवं कविता की पकड़ को मजबूत बनाने वाली थी। शासकीय

विद्यालयों में शिक्षण कार्य के साथ-साथ उत्तराखंड के शिक्षक आन्दोलन में पूरी शक्ति से वे सक्रिय रहे। एक पैर स्कूल तथा दूसरा जेल में। इतना ही नहीं 13 सितम्बर, 1970 को बाढ़ एवं भूस्खलन में गेंवला गाँव (उत्तरकाशी) में परिवार के छः सदस्यों की सामयिक मृत्यु, घर तथा खेती का उजाड़ होना, विस्थापन के बाद जोशीपाड़ा में नीड़ का निर्माण नये सिरे से किया। धूमिल की मौत और राजकमल चौधरी का स्वर्गवास इन तमाम असम्बद्ध दुःखद प्रसंगों से लीलाधर जगूड़ी के कवित्व का उद्‌गम स्रोत बना। अगर शब्दों की दुनिया में तूफानी स्थितियाँ न होतीं तो जगूड़ी को पहचानने में समय लगता। जिस तरह धूमिल की कविता में पाठ और प्रचार से आलोचना की दुनिया में ऐसे मुहावरे बने जिनसे धूमिल से ज्यादा धूमिल के कुछ अतिरिक्त कवियों की कविताओं का नुस्खा बना। निदान की इस स्थिति में पुराने कवि त्रिलोचन और नागार्जुन की कविता के लिए आलोचना की भाषा तैयार हुई। यह बात सुगम नहीं है किन्तु धूमिल की सत्तर-पचहत्तर के बीच लिखी हुई कुछ आलोचनाओं की परीक्षा की जाये तो यह उलटबासी सीधी हो जायेगी। इसी तरह लीलाधर जगूड़ी की तिर्यक गुफा, रेगिस्तान, पहाड़, पेड़ और कविता से कुछ साम्य मुक्तिबोध का भी दिखा। मुक्तिबोध में सीधा सपाट कुछ भी नहीं है सब कुछ विचित्र अकल्पनीय और विलक्षण है। यही विलक्षणता जगूड़ी की कविता की सबसे बड़ी ताकत है। वे कविता को "मूलतः एक पाठ मानते हैं। एक लिखी हुई पंक्ति उसके बाद एक पढ़ी हुई पंक्ति यानी कविता सुननी भी पड़ती है और पढ़नी (देखनी) भी, दोनों के दो असर होते हैं। जो बच्चे अगली सदी में पाठक बनेंगे उनके पास कविता के संस्कार सबसे कम होंगे। कविता को उन 'असंस्कारी' पाठकों तक पहुँचाने के लिए अभी से तैयारी कर लेनी चाहिए क्योंकि इधर कविता वाचन से भी कट गयी है और गायन से भी, इसलिए खतरे और भी बढ़ गये हैं। कविता बेहतर मनुष्य की पहचान में शामिल होती है क्योंकि वह कहीं न कहीं और बेहतर मन का निर्माण करती है और बेहतर मन से ही पैदा भी होती है। मुद्रण की सुलभ व्यवस्था के बावजूद कविता को पाठ और गति से काटा नहीं जाना चाहिए। कविता श्रुत के माध्यम से दृश्य में बदलती है।"

इस प्रकार जगूड़ी की कविता का फलक व्यापक है। उनकी सृष्टि सामान्य से विशिष्ट है। वे अपने तरीके से अपनी बात कहने के हिमायती हैं। वे अपनी कविता में यहाँ से वहाँ नहीं दौड़ते बल्कि कहीं से कहीं को सम्बद्ध कर देते हैं। 'मन्दिर लेन' जैसी कविता में कवि हरिजन उत्पीड़न के मामले तथा हत्यारों के जरिये मुखबिर गंगूचमार के पागलपन के बारे में बतलाता है और उस नकली आवरण को उठा देता है जिसमें सात फर्जी आदमी मारे जाते हैं जबकि सातों जिन्दा हैं। जगूड़ी जीना और जीवन की कला सिखाने वाले रचनाकार हैं। कौन कैसे मरेगा यह मौत पर छोड़ देना चाहिए। देखना तो यह चाहिए कि कौन कैसे जीता है। जीना बड़ी चीज है मरना नहीं। कविता के प्रारम्भ

में तेरह साल से मरे हुए जीवित आदमी के गिरोह से निकलकर गंगूचमार मुखबिर बनने के बाद गंगूचमार इसी में पागल हुआ कि सात फर्जी आदमी मरवाये गये। वह पागलपन में अक्सर चीखता रहता था कि सातों जिन्दा हैं। होटलों में चाय पीने आते हैं। अँधेरे में घात लगाए बैठे रहते हैं। गंगू कहता है कि उसकी जान खतरे में है और अखबार कहते हैं कि यह हरिजन उत्पीड़न का मामला है। इस लम्बी कविता में एक पंक्ति है 'जी हाँ' यही मन्दिर लेन है जो कब्रिस्तान को जाती है। इसका कई सन्दर्भों में कई बार प्रयोग किया गया है। प्रत्येक बार इसमें सघन व्यंजना है। हत्या किसी और की होती है सिर और धड़ किसी और का मिलता है। रामपिरीत का सिर जिसे बताया गया वह तो मिठाईलाल धोबी का था। फिर मिठाईलाल की भी दो लाशें मिल गयीं, एक कुर्ता लुंगी और गमछे वाली तो दूसरी पैंट शर्ट बुशर्ट में। इसी क्रम में एक कटा हुआ हाथ मिलता है जिसे फजल चिरानी का बताया जाता है उसके बाद उसका कुछ नहीं मिलता। कविता में कवि का कथ्य देखने नहीं चिन्तन करने लायक है–

क्योंकि गुमटी के पीछे जो धड़ मिला वह सरोवर सिंह का बताया गया
फजल सिर्फ एक आराकश हाथ का नाम तो नहीं था
सही पहचान तो तब होती जब सरोवर सिंह का सिर मिलता
पर उतनी चौड़ी छाती न रामपिरीत की थी न फजल की
इसलिए यह मान लिया गया कि हो न हो
यह धड़ सरोवर सिंह का ही हो
अगर हाथ धड़ और सिर सब रामपिरीत के मान लिए जाएँ
तो फजल और सरोवर सिंह का अभी तक कुछ नहीं मिला
एक आदमी की शिनाख्त के लिए पूरे दो आदमी मिटाने पड़ेंगे।

'बुरे वक्त की कविता', 'अब इतने दिनों बाद', 'हत्यारा', 'जितना मुझे मालूम था', 'रोज एक कम', 'घर के डर में', 'एक दिन सुबह-सुबह' जैसी कविताओं में जगूड़ी समाज की किसी न किसी विसंगति को उठाते हैं और अपने तरीके से अपना समाधान प्रस्तुत करते हैं। उनकी कविता में पोस्टर चिपकता हुआ, नारे लगाता हुआ और अपनी स्थापनाएँ प्रस्तुत करता हुआ एक चिन्तन है। ऐसा चिन्तन ऐसी सोच जो पिता के माध्यम से पुरानी पीढ़ी को मद्देनजर रखता है और छोटे भाई के जरिए कल की दुनिया को सँवारने का उपक्रम करता है। माँ आगत और विगत को जोड़ने वाली श्रृंखला है जो अब चाहकर भी शायद नियन्त्रण और नियमन करने में असमर्थता का अनुभव करती है। वर्तमान तो 'बेकार फड़फड़ाता' एक अपराध पत्र जैसा है। जगूड़ी की कविताएँ धरती के भीतर समाये हुए पानी की मानिन्द गरम तासीर लिए हुए हैं ऊपर का बहता पानी नहीं। कवि परिवेश के रेशे-रेशे से परिचित है इसलिए वह अपनी

कविता में घोषणा करता है–

कमरे का चुप
एक ही दिन बोलेगा
ईंट पर ईंट बजेगी
जब कोई
इन दीवारों को खोलेगा

दीवारों को खोलना एवं तमाम रहस्यों की चादर में छिपी सच्चाइयों को उजागर करने वाले जगूड़ी ईश्वर और आत्मबल पर कविताएँ लिखकर प्रश्न खड़ा नहीं करते। न ही समझौता करते हैं। युगबोध एवं मूल्यहीनता की तमाम परिस्थितियाँ उनकी कविता में अनेक रूपों में वर्णित हैं। व्यवसायीकरण जीवन के प्रत्येक में फैल चुका है। कवि की यह चिन्ता अनेक कविताओं में अभिव्यक्त है। खासकर 'सरस्वती-1' तथा 'सरस्वती-2' में। सरस्वती एक का कवि इस बात से चिन्तित एवं दुखी है कि जिसे विद्या की देवी कहा जाता है वही अब मात्र अर्थोपार्जन का साधन बनती जा रही है। वे हत्यारों एवं हत्याओं से घिर गयी है। सरस्वती मन्दिर में बाण, कृपाण एवं मिसाइल की पूजा हो रही है। कवि को अपने बचपन की याद आती है जिसमें सिखाया गया था कि सरस्वतीविहीन लक्ष्मी पाप होती हैं। विद्याविहीन लक्ष्मी नहीं फलती। इस कविता में जगूड़ी एक सार्थक तर्क देते हैं। सरस्वतीविहीन लोग जब धन कमाने निकलते हैं तो धर्म और राजनीति दोनों अपराध में बदल जाते हैं। ऐसे ही लोगों से यह सम्भवतः अफवाह फैली कि सरस्वती और लक्ष्मी में वैर है। कविता के अन्त में कवि सरस्वती से निवेदन करता है–

माँ, बता दो तो खैर है
तुम सशस्त्र लोगों की सरस्वती हो या निःशस्त्र लोगों की
तुम ताबड़तोड़, तड़ा-तड़, धड़ाम-भड़ाम कैसे हो गयी हो?
यह तो तुम्हारा संगीत नहीं था
इस धाँय-धाँय के बीच शब्द फूटने की प्रतीक्षा करूँ
या शब्द फटने का इन्तजार?
जिनका पाठ लूट-पाट और ठाट-बाट है
वे अपहरण की विद्या से लैस हैं
उनकी लिपि में लाशें बिखरी हैं
उनकी कलम से सर कलम हो रहे हैं
और दिल दीवारों जैसे छलनी।

सरस्वती-2 कविता में सरस्वती, वीणा पुस्तकधारिणी नहीं हैं। उनके हाथों में नित नये हथियार दिखते हैं। उनका शुभ्रवसन विज्ञापन सुन्दरी ने छीन लिया है। अब

तो सरस्वती कवियों से रूठ गयी हैं और कविगण सरस्वती से। माँ सरस्वती का कमलासन तो दूर उन्हें बिठाने वाला एक पीढ़ा भी नहीं बचा है। खोई हुई प्रतिमा की तरह सरस्वती अब एक लुप्त प्राय नदी हैं और उनका श्वेत शान्त पद्मासन कागज का सफेद पन्ना रह गया है। जगूड़ी की कविता जीवन के तमाम विरोधाभास लेकर मजबूत बनी है। आज का मनुष्य प्रत्येक ऐसे साधन का उपयोग कर रहा है जिससे पसीना कम निकले। वातानुकूलित मकानों, दूकानों, वाहनों के बीच वह जीने का उपक्रम रच रहा है। उसका पसीना जम गया है। चर्बी की खाल मोटी हो गयी है। जिससे निजात पाने के लिए वह महँगी मशीनों पर व्यायाम करना चाहता है ताकि पसीना बह सके। कवि की दृष्टि में यह समय और शक्ति का अपव्यय नहीं है बल्कि व्ययशक्ति और क्रयशक्ति का मामला है। कवि 'विज्ञापन सुन्दरी' को देखकर हैरान हो जाता है जो सौन्दर्य परिधानों पर सौ-सौ सिलाइयाँ डालने के बाद भी अपने जीवन पर कोई सिलाई नहीं चला पातीं। एक तरफ तो विज्ञापन सुन्दरियाँ अनाथ बच्चों को गोद लेती हैं दूसरी ओर 'शिशुओं को स्तनों से ही दूध पिलायें' का विज्ञापन देती हैं। यह सब उन औरतों की बातें होती हैं जिन्होंने मातृत्व को रूप एवं यौवन के मार्ग में काँटा मान लिया है। अर्थोपार्जन के लिए उसे थोड़ी देर के लिए अपनाया जा सकता है किन्तु पैदा करना एवं पालना असम्भव है। यहाँ जगूड़ी विज्ञान एवं संस्कृति के बीच के सांस्कृतिक पतन को रेखांकित करना चाहते हैं। एक और विरोधाभास 'कथा ही काव्य है' शीर्षक कविता में वे उठाना चाहते हैं। झूठी एवं गल्पकथाओं के माध्यम से आजकल नीति एवं सदाचार की शिक्षा दी जाती है—

झूठी कहानियों से जाना कि सच किसे कहते हैं
सत्यकथाओं से जाना कि झूठ क्या होता है
जो कुछ पाना था उसे न पाकर जाना
अच्छे गुणों का गायब होना
जो कुछ उपलब्धता की पहुँच से बाहर है
उसकी सुलभ खबरों से जानी नकली कभी
गारंटी शुदा यकीन, सावधि विश्वास रोजाना
लगातार खत्म होना
खत्म होते जाने से जाना मुलम्मा क्या होता है
जिन्दगी कितनी कम थी।

जगूड़ी की कविताएँ उनके निजी जीवन की चिन्ता से उपजी हैं। वस्तुतः वे जड़ों में जाकर, गहराइयों में डूबकर भावरत्न लाने वाले कवि हैं। यही कारण है कि उनकी कविता में जीवन के अभाव, दैन्य, अत्याचार के दृश्य मात्र फोटो की तरह टँगे हुए नहीं लगते बल्कि जीवन के बहुत आसपास दिखायी देते हैं। कवि को प्रायः यह अनुभव

होता है कि देखते-देखते एक लम्बा समय बीत गया जिसमें अनेक प्रकार के परिवर्तन हुए। प्रकृति जगत में भी तथा मानव मन में भी वैसा कुछ भी नहीं रह गया जो पहले से मौजूद था। पेड़ सूखकर लकड़ी हो गये, कोयला जलकर आग ने राख का रूप ले लिया। उपजाऊ हरी-भरी धरती बंजर हो गयी। प्रकृति का हर कोमल रूप कठोर हो गया। ज्वालामुखी धरती के सीने में धधकती आग। आकाश में संचित भाप जो वर्षों से संचित था पानी बन गयी और धरती में समा गयी। कहने का तात्पर्य यह है कि वस्तुओं का आकार बदला भी, समाया भी। ऐसा परिवर्तन जिसमें नामोनिशान समाप्त होने की बात है किन्तु कवि इस परिवर्तन में आशावादी है। उसके अनुसार विनाश तो विकास की सूचना है क्योंकि सूरज कभी खत्म नहीं होता वह रोज नयी रोशनी देता है। सब कुछ उजड़ा, खोया, लूटा पुनः हरा-भरा होने लगता है। प्रकृति पुनः सँवरने लगती है किन्तु समय एक-एक रात का रंग लेकर लोहा हो जाता है। यह लोहा ताँबा हो जाता है। बीस बरस का लोहा, पचास बरस का लोहा, हजार बरस के लोहे से टकराता है। ताँबे के साथ भी ऐसा ही होता है। वह अचानक सोना हो जाता है। लाख लाख बरस का समय हजार और पचास बरस के सोने के साथ कसा जाता है। इतना बदलाव इतना विकास कि लोहा सोने में बदल जाता है परन्तु नहीं बदल पाती है मनुष्य की नियति-

कहीं इस धरती के करोड़ों बरस
एक वक्त का खाना नहीं जुटा पाते
कहीं करोड़ों बरस एक प्याली चाय में बदल जाते हैं
कहीं इस धरती के करोड़ों बरस जमा हो जाते हैं
रिजर्व बैंक में
करोड़ों-करोड़ बरस पहनकर चले आते हैं
एक जोड़ी कपड़ा
करोड़ों करोड़ नंगे पाँव वाले करोड़ों बरस
पहनकर चले आते हैं एक जोड़ी जूता
करोड़ों बरसों का खून सेकिंडों में
बह जाता है इस धरती पर।

इस कविता में कवि ने बताया है कि अमीरी-गरीबी सदियों से चली आ रही है। कोई एक वक्त की रोटी नहीं जुटा पाता तो कोई बैंक में पैसा जमा करते-करते थक जाता है। यही कारण है कि जगूड़ी 'इतिहास से भी पहले' कविता में अपने आपको तथा पृथ्वी को पलटने की बात करते हैं। इस पृथ्वी पर फरिश्ते की तरह नहीं राजा-महाराजा की तरह भी नहीं, मनुष्य बनकर रहना चाहते हैं। वे इतिहास चिह्नों की भाँति नहीं उज्ज्वल भविष्य बनकर जीना चाहते हैं। इस पृथ्वी की प्राचीन संस्कृति एवं

सभ्यता को जानना चाहते हैं यह विश्वास रखते हुए कि मनुष्य का जीवन क्षणभंगुर है। जो इस पृथ्वी के मरने-मिटने की कहानी जानता हो। इतिहास की त्रुटियों को जानता हो और उससे शिक्षा लेकर जीवन सँवारता हो। इतिहास तो इस बात का गवाह है कि जो समय बीत गया उसमें इंसान की हालत अच्छी नहीं थी। उनकी छोटी-सी कविता है 'कई बार' इसमें उन्होंने दो प्रकार का जीवन माना है। एक जीवन जगजाहिर होता है तो दूसरा अपने आपमें सिमटकर जीने वाला। कई बार एक ही जीवन को दो बार जीना पड़ता है। 'इस जीवन में' कविता में भौतिकता प्रधान जीवन का प्राधान्य बताया गया है।

जगूड़ी यह मानते हैं कि कई बार अनुभवहीनता से सीखा गया अनुभव बहुत महत्त्वपूर्ण होता है। इससे भी प्रेरणा लेनी चाहिए। जीवन शब्द वाक्य पंक्ति और पुस्तकों में नहीं बाँधा जा सकता। विश्व बाजारवाद, बहुराष्ट्रीय कम्पनियों के आगमन एवं संचार माध्यमों की बढ़ती अतिशयता के कारण मनुष्य विश्व ग्राम का सदस्य हो गया है। उसकी रुझान वस्तुओं की ओर बढ़ती जा रही है। एक वस्तु को खरीदने के उपरान्त चार वस्तुओं की कमी उसे अखरने लगती है। सस्ती के स्थान पर महँगी चीजों को खरीदने की ललक उसे सदैव संकट में डालती है किन्तु वह अधिक मूल्यवान वस्तुओं को खरीदने में विश्वास रखता है क्योंकि विज्ञापन भी तो महँगी वस्तुओं का ही आकर्षण होता है। जगूड़ी का यह मानना है कि "बाजार विरोध भी धीरे-धीरे एक बौद्धिक पाखंड का रूप लेता जा रहा है। साहित्य हमेशा अनैतिक बाजार के विरुद्ध रहा है, चाहे वह घरेलू हो या अन्तर्राष्ट्रीय। मशीनीकरण और वृहद् औद्योगीकरण ने छोटे-छोटे ग्रामीण धन्धों और स्थानीय उद्योगों को चौपट होने की कगार पर पहुँचा दिया है। डब्ल्यू.टी.ओ. भारत के बीमार उद्योगों को नहीं खरीद रहा बल्कि मुनाफा देने वाले उद्योगों को हथियाता जा रहा है। साहित्य विश्व बाजार में इसी अमानवीय पक्ष का विरोध करता रहा है और इस बात का पक्ष लेता रहा है कि किसी भी उत्पादन का मूल्य उपभोक्ता की क्रयशक्ति के अन्तर्गत होना चाहिए।"

जगूड़ी की कविता में पेड़, पहाड़, झरने, नदियाँ और पतझड़ के साथ-साथ चिड़ियों का जिक्र भी मिलता है। चिड़िया हमेशा कवि के दिमाग में उड़ती रहती है। कवि चिन्तित रहता है कि कहीं चिड़िया बाज के चक्कर में न आ जाये। पेड़, टहनी, पत्तों वाली फुनगी, खुशबू, उड़ान, हरियाली से सरोकार रखने वाली चिड़िया धरती, पहाड़, जंगल सबको एकमेक कर देती है। कवि ने आकाश के लम्बे खुशबूदार भटकाव को रेखांकित करते हुए धरती की अहमियत को भी रेखांकित किया है क्योंकि आकाश एक भँवर है जो लील सकता है किन्तु एक बूँद पानी अन्तरिक्ष से नहीं मिल सकता व एक तिनके का सहारा इसलिए कवि चिड़िया से जमीन पर उतरने की

बात कहता है –

जब तुम लम्बी उड़ानों से लौटोगी
तो पाओगी कि जंगल के अन्दर घुसे हुए खेतों में
फसलें पक रही हैं
तुम्हारे बच्चों के लिए भी धरती ने
बहुत उगा दिया है
कई लम्बे और वेटूट तिनके तुम्हें खुशी से भर देंगे
कोई कीड़ा तुम्हें नीचे बुला लेगा
तुम ले आओगी अपने साथ कुछ और चिड़ियों को
तुम पर झड़ोगी
नये पंख उगाओगी
घोंसले बनाओगी चोंच लड़ाओगी
तुम अपने बच्चों के लिए चोंचले उठाओगी।
लहूलुहान हो जाओगी।

मार्ग में आँधियाँ आयेंगी, चिड़ियाँ उसका सामना करेंगी और सफल होंगी। समकालीन कविता में रिश्तों को ध्यान में रखकर बहुत कुछ लिखा गया है। पिता, माता, भाई–बहन, बच्चा, लड़की एवं नौकर की उपस्थिति पड़ोसी के साथ–साथ मित्र की अनिवार्यता यहाँ देखी जा सकती है। जगूड़ी के प्राय: सभी संग्रहों में औरत केन्द्रित कविताएँ हैं। 'आँधी में औरत', 'बाघ ले जाती हुई लड़कियाँ', 'स्त्री प्रत्यय', 'सपने में दादी', 'स्त्री और पुरुष', 'तुम अब स्मृति हो', 'विज्ञापन सुन्दरी' एवं 'वह शतरूपा' जैसी महत्त्वपूर्ण कविताएँ उनकी स्त्री विषयक सोच को स्पष्ट करती हैं। 'आँधी में औरत' मूलत: बचपन से क्रमश: यौवन के संघर्ष और थकान के बीच वृद्धावस्था में किसी 'आहत वृक्ष विलाप' की तरह होती है। तूफान, धूल, संशय, उम्मीदों से उसका जीवन भरा है। वह कई बार एक जीवित प्राणी नहीं, एक वस्तु लगती है या प्राणी भी है तो तूफानों, झंझावातों को सहने के लिए बनी है। वर्तमान में उदास तथा भविष्य के अँधेरे में घिरी हुई लड़की पेड़ों की हवा से भी घबरा जाती है। एक पत्ती सिर्फ तोड़ती है हवा चलाने के लिए। उसके लिए जीवन एक जाना माना जंगल है जिसमें चिड़ियों के साथ चीते, हिरन, भालू, भेड़िये और लोमड़ी विश्राम करते हैं। जहाँ स्त्री का होना एक शाश्वत क्रम है जो यह भी नहीं जानती होगी कि स्त्री होना एक शाश्वत क्रम है।

माँ के प्रति जगूड़ी का दृष्टिकोण गरिमामय एवं उदार है। जहाँ स्त्री के प्रति उनकी कविता में कई बार भोगवादी, देहप्रधान मात्र मिलता है वहीं माँ का जीवन दर्द एवं

तकलीफों से भरा है। वह मात्र बच्चा पैदा करने की संस्था नहीं है बल्कि वह सन्तान के लिए तप करने वाली, तपने वाली है। यह उस चीख का नाम है जो आँसुओं के कीचड़ को जमीन की तरह 'सख्त' बना देती है। 'मातृमुख' कविता में जगूड़ी स्मृतियों के माध्यम से माँ का चित्र खड़ा करते हैं। रात के प्रसूति घर में जहाँ सैकड़ों तारे आसमान में टिमटिमा रहे हैं, कवि माँ के उस चेहरे को याद करके भावुक हो जाता है जिसकी मृत्यु चेचक में हुई थी। एक पीड़ा एक सिहरन से मन को भर देती है ये पंक्तियाँ–

कफन जिसको, धोती की तरह पहना दिया गया
मिट्टी का हिस्सा बनने से पहले
वह कोख थी
कभी जिसकी वजह से मैं संसार में आया
तब से घर के भीतर का अँधेरा
माँ का चेहरा है
जो रातभर गालों से सटा
जागता रहता है
माँ के बालों से टपकती
यह चेचकमुखी रात
धीरे धीरे प्रशान्त
समुद्र तक चली गयी है।

'किसी ने मुझे देखा' कविता में कवि का प्रेम एवं माँ के प्रति कवि की आस्था बहुत गहरी है। माँ की परिभाषा यह नहीं है कि वह गर्भाशय है, रोटी, कपड़ा, मकान है, पिता के चुम्बनों को धारण करने वाली स्त्री है न सन्तान को दूध पिलाने वाली मात्र है न मिट्टी का ट्यूब न एक सफल जन्मदात्री संस्था न जच्चा बच्चा केन्द्र है बल्कि एक चीख है जो आँसुओं को आँसू नहीं बल्कि आग बना देती है। माँ पर कई उत्तम कविताएँ रचने वाले जगूड़ी पति-पत्नी सम्बन्धों पर मौन नहीं हैं। यहाँ पत्नी होने का अर्थ मात्र संगिनी कहना नहीं होता है। साथ-साथ चलना और घर-गृहस्थी का चूल्हा जलाना। न जलते हुए चूल्हे के धुएँ की घुटन का साथ-साथ अनुभव करना और यह भी अनुभव करना कि संसार में बहुत से लोग केवल धुएँ के स्वाद का कसैला अनुभव कर पाते हैं, भोजन का नहीं, जैसे वर्णन आसानी से नहीं ढूँढ़ने पर उनके काम में देखे जा सकते हैं।

माँ पर कविता लिखने वाले जगूड़ी ने बच्चों पर भी बहुत-सी कविताएँ लिखी हैं। वे बच्चों के सपनों से चिन्तित हैं क्योंकि उनका बचपन सुरक्षित नहीं है। साँप उनका पीडछा कर रहे हैं। बाघ उन्हें उठा ले जाना चाहते हैं इसलिए नींद में भी वे हाँफते

रहते हैं। बच्चों पर लिखी गयी कविताओं में 'बच्चे-1', 'बच्चे-2', 'बच्चे-3', 'बच्चा और राजनीति', 'सपने में पाठ्यपुस्तक-1', 'सपने में पाठ्यपुस्तक-2', 'बच्चों के शब्द', 'चाहिए एक बच्चा' तथा 'बचपन की बरसात' प्रमुख हैं। इनकी कविताओं में बच्चों का सुखमय भविष्य भी है दुविधाग्रस्त वर्तमान भी। सोये हुए बच्चे भी आशंकाओं से घिरे हुए हैं। उन्हें प्रायः लगता है कि घोड़े उन्हें कुचल रहे हैं, बाघ एवं साँपों से उन्हें खतरा बना हुआ है। कवि बच्चों की नींद में उतरकर उनके कारणों को जानना चाहता है। उसकी दृष्टि में एक बच्चा पैदा होने का मतलब एक जवान आदमी का पैदा होना है जो अन्याय एवं अत्याचार के विरुद्ध आवाज उठायेगा। संसार के सभी बच्चे केवल बच्चे नहीं हैं बल्कि उनमें एक पूरा का पूरा युवा वर्ग है जो सत्ता पलटने की ताकत रखता है। कवि को इस बात पर अफसोस है कि बच्चे जब अपना बचपना बिता चुके होते हैं तभी वे खूनी और बागी भी हो जाते हैं। उन्हें लड़ने के लिए ऐसे मैदानों की तलाश है जिन्हें नदियों ने न बनाया हो मगर जहाँ दृश्य बदलने के लिए बहाना जरूरी है। क्योंकि चुहुलबाजियों से भरी हुई कविता है 'चालाकी की शुरुआत'। इसमें पप्पू एवं बबलू के माध्यम से कवि ने व्यवहार में आयी स्वार्थपरता की गन्ध एवं व्यवसायीकरण को बखूबी उभारा है। 'बच्चों के शब्द' कविता में कवि इस बात से चिन्तित है कि उसके पास बच्चों को देने के लिए कुछ भी नहीं है। कोई शब्द भी नहीं। बच्चों के पास वही शब्द हैं जिन्हें हमने कभी प्रेम में, आक्रोश में, क्रोध में बड़बड़ाया था। ऐसे शब्दों से घर हिला हुआ है। आबरू को खतरा है। ऐसी परिस्थिति में कवि की चिन्ता अभिव्यक्त है—

इन बच्चों को कुछ दो—पत्नी कहती है
समय दो, संस्कार दो
लेकिन दोनों ही नहीं हैं तुम्हारे पास
बहुत दिनों से हमने कुछ भी नहीं दिया है बच्चों को
बच्चों यह क्या ले आये दूसरे बच्चों से
खेल में
दो-तीन शब्द ऐसे कि सारा घर हिला हुआ है
जानलेवा हथियार जैसे नौसिखियों के हाथ आ गये हों,
ऐसे शब्दों के लिए तो नहीं बनवाये गये थे
नक्काशीदार दरवाजे
जबकि ये शब्द इतने नये और अनजाने भी नहीं हैं।

जगूड़ी की कविता में मनुष्य की भरपूर उपस्थिति तो है ही प्रकृति की भी अनदेखी नहीं है। उनकी कविता में पेड़, पहाड़, नदी, आकाश, तारे, चाँद, सूरज, पक्षी, चिड़िया

एवं पशु के सार्थक प्रतीकात्मक प्रयोग देखे जा सकते हैं। पेड़ विषयक कविताओं में पेड़, पेड़ की आजादी, 'उस दिन का जंगल', 'घर के डर में', 'पेड़ का आत्मसाक्षात्कार' और 'बाज' प्रमुख हैं। इसी प्रकार पहाड़ विषयक कविताओं में 'बूढ़े पहाड़', 'हाथी और पहाड़' हैं। कवि का पहला काव्य संग्रह 'शंखमुखी शिखरों पर' पहाड़ केन्द्रित कविताओं पर लिखा गया है। 'नाटक जारी है' में भी पहाड़ पर सुन्दर कविताएँ लिखी गयी हैं। 'पहाड़ों के पाख, कितने दोगले होते हैं कि पेड़ कहीं गिरता है और गूँज कहीं उठती है।' 'इस यात्रा में' संग्रह में लगभग सभी कविताएँ पहाड़ पर बिताये गये दिनों एवं प्रेम की कविताएँ हैं। एक छोटी-सी कविता का उदाहरण देना उपयुक्त होगा, जिसका शीर्षक है 'अ-मृत'—

हमेशा नहीं रहते
पहाड़ों के छोये
पर हमेशा रहेंगे
वो दिन
जो तुमने और मैंने
एक साथ खोये।

एक कविता है 'न ययौ न तस्थौ'। यह कालिदास का मुहावरा है। दूर तक दिखाई देते पहाड़ लगता है चल देंगे लेकिन चलते नहीं, बस चलने को आतुर हैं। पहाड़ वस्तुत: एक ठहरा हुआ एक रस जीवन है बहुरंगी प्रकृति के बीच एक बेरंग जीवन। नदियों एवं झरनों के बीच एक प्यासा जीवन। 'भय भी शक्ति देता है' संग्रह में अलग से एक खंड पहाड़ पर केन्द्रित है। 'अनुभव के आकाश में चाँद' कविता में पहाड़ पर चाँद ही नहीं है बल्कि चाँद पर भी पहाड़ है। चाँद का पहाड़ हो सकता है पुरानी यादों का चिट्ठा हो। चाहे कुछ हो कवि को चाँद चाहिए खिड़कियों पर, छत पर। हम चाँद के बिना नहीं रह सकते।

पेड़ एवं पहाड़ के साथ-साथ चिड़िया पर भी जगूड़ी ने कई उत्तम कविताएँ लिखी हैं। 'विराट चिड़िया' 'ओ मेरी पुरानी चिड़िया', 'चिड़िया का प्रसव', 'चिड़िया-1', 'चिड़िया-2' शीर्षक कविताओं में यथार्थ के कठोर सत्य को उद्घाटित किया है। एक चिड़िया की भूख, एक हाथी की भूख, एक चींटी की भूख अर्थात् भूख चाहे जिसकी हो मार सबकी एक है। नदी एवं पनघट को भी जगूड़ी ने अपनी कविता में पर्याप्त स्थान दिया है। शेर, हाथी, बाघ, साँप जैसे पशु भी कहीं न कहीं देखे जा सकते हैं। पहाड़ी इलाकों में चीखों भरी जिन्दगी का अंकन जगूड़ी की कविताओं में स्पष्टत: परिलक्षित होता है। पहाड़ों का टूटकर गिरना और गाँवों का समुद्र के पास जाना भी कवि को दिखाई देता है। चाहे रास्ता कितना ही दुर्गम क्यों न हो आदमी के खोज करने की

जिज्ञासा शान्त नहीं होती। इसी क्रम में जीवन के उतार-चढ़ाव, मोड़ एवं पहाड़ों की भी चर्चा वे करते हैं।

जीवन के तमाम विसंगत प्रश्नों से जूझने वाली उनकी कविताओं में 'बलदेव खटिक' को छोड़ा नहीं जा सकता। इसमें नौकरशाही के क्रूरतम शोषक रूप के साथ आम जनता की गरीबी का और बेबसी का चित्र है। व्यवस्था और उसके अमानवीय शासन-तन्त्र को निर्ममता के बीच जीता बलदेव खटिक पागल करार दिया जाता है। उन्माद की स्थिति में उसका एकालाप व्यवस्था की धज्जियाँ उड़ा देता है लेकिन उसका आक्रोश प्रारम्भिक अकवितावादियों की तरह पुंसत्वहीन आक्रोश नहीं है। कवि को विश्वास है कि चीजें वैसे नहीं चल सकतीं जैसे व्यवस्था चलाना चाहती है। वह हिंसक बदलाव की सम्भावना का संकेत और स्वागत करता है। यह कहकर के कि पुलिस वाले इस बार जब फायर करेंगे तब कौवे नहीं मरेंगे।

लीलाधर जगूड़ी हिन्दी में अकविता आन्दोलन के प्रमुख हस्ताक्षर रहे हैं। उनके प्रारम्भिक संग्रह 'नाटक जारी है', 'इस यात्रा में', यह प्रयास पर्याप्त है। धीरे-धीरे कम होता गया है। उनके प्रारम्भिक संग्रहों में सामाजिक जीवन की विसंगतियों के साथ-साथ उनकी समझ अकवितावादी आन्दोलनों से ग्रस्त थी। आजाद भारत की सही तस्वीर स्त्री-पुरुष सम्बन्धों के बीच घिनौनापन, स्त्री के यौवन पर केन्द्रित दृश्य ही उनकी कविता में नहीं आये बल्कि वह शब्दावली भी प्रयुक्त हुई जिससे अकविता निन्दा का पात्र बनी थी। 'बिल्कुल निजी संवाददाता द्वारा', 'सांस्कृतिक यातना', 'नगर का मौसम', 'घर सँभालते हुए' जैसी कविताओं में यह भाव आसानी से देखा जा सकता है। वह युग ऐसा था जहाँ अश्लील दृश्य फूहड़ शब्दों में व्यक्त किये जा रहे थे। जगूड़ी भी इस प्रभाव से, इस प्रवाह से मुक्त नहीं हो सके हैं। जहाँ कवि का आक्रोश फूटता है भाषा का संयम साथ छोड़ देता है—

उनके सभी काम देश के काम हैं
याने वे देश खाते हैं। देश की टट्टी करते हैं
देश का पेशाब करते हैं। वे देश का क्या नहीं करते है?
सिक्का बदल-बदल कर
देश का सही हिसाब करते हैं।

अपनी कविता को जगूड़ी ने कविता नहीं बल्कि बयान कहा है। उस आदमी का बयान जो बन्दूकों के गोदाम से अनाज की ख्वाहिश रखता है। कविता को उन्होंने आँसू भरी आँखों दरख़्वास्त कहा है जिसमें जीवन का दैन्य, उपेक्षा प्रवाहित होता है। उनकी कविता आशावादी है। उनका मानना है कि कविता का प्रारम्भ उनके हाथ में है किन्तु अन्त नहीं। कारण? कविता में जो स्थिति पैदा होती है, जो थीम बनती

है, जो कथ्य बनता है उसके बाद उसका अन्त कहाँ होने जा रहा है यह बहुत कुछ अपने हाथ में नहीं रहता क्योंकि परिस्थितियाँ हावी हो जाती हैं। फिर भी वे अपने को समय के अनुरूप चलने वाला कवि मानते हैं। 'क्या तौल रहा हूँ मैं' कविता में उनकी स्वीकारोक्ति है—

मैं ऐसे दौर का कवि हूँ
जहाँ भाषा में विद्रोह, काल में अकाल और अनुभव में भूसा है
आस-पास और पास-पास केवल सूखा है
फिर भी तौलनी ओस है एक ओर आँसू रखकर।

लीलाधर जगूड़ी : वैचारिकी

‘मैं हर पीढ़ी में शामिल होता हूँ’

(वरिष्ठ कवि लीलाधर जगूड़ी से प्रमोद कौंसवाल की बातचीत)

हिन्दी के वरिष्ठ कवि लीलाधर जगूड़ी ने पहली जुलाई को जीवन के पचहत्तर वर्ष पूरे किये हैं। सन् साठ के बाद की हिन्दी कविता को आधुनिक मुहावरा और एक समृद्ध भाषा देने के लिए उन्हें खास तौर पर जाना जाता है। उनके दस कविता संग्रह प्रकाशित हैं, जिनमें सबसे नया संग्रह ‘जितने लोग उतने प्रेम’ है। उनसे बातचीत के कुछ अंश–

पचहत्तर साल के हो गये आप। कैसा महसूस करते हैं?

पहली बार नयी-नयी मूँछों पर उस्तुरा फिराते हुए महसूस किया था कि मैं युवा हूँ। और जब भी अपनी दाढ़ी-मूँछें छुपाने के लिए मिटा देता तो मैं अपने को युवाओं के बीच अधिक नया महसूस करता। यह दिखाने की चेष्टा करता कि देखो और विचार करो कि हूँ तो मैं सबसे छोटा, लेकिन विचारों की सृजनात्मकता में मैं बडों जैसा हूँ और मेरा विश्वास करो, मैं जो कर रहा हूँ, कविता कर रहा हूँ। अब पचहत्तरवाँ वर्ष पूरा करते हुए अनुभव होता है कि तब मैं उम्र से युवा था और विचारों से शायद अधूरा। लेकिन तब मुझे अपने विचारों पर जितना सन्देह और अविश्वास था, उतना आज नहीं है। शायद सन्देह और आत्मविश्वास हमें युवा और कमसिन बनाये रखता है। तब मैं अनिर्णय की स्थिति में सोचता और बोलता था और अब मैं निर्णय की स्थिति में उसे कहीं यादा अपने प्रति संदिग्ध हो उठता हूँ। मेरे विरोधाभास कहीं यादा तीक्ष्ण और दिखाई पड़ने वाली स्पष्टता को प्राप्त हुए हैं। मैं पश्चिम से उतना प्रभावित नहीं हो सका, जितना भारत और एशिया की परम्पराओं से ओतप्रोत होता रहा हूँ। एक वैचारिक समय ऐसा भी आया कि पूरे विश्व की सांस्कृतिक यात्राओं का ज्ञानात्मक स्पर्श प्राप्त करते हुए थोड़ा अलग से कुछ सोचने और करने का मन हो। सामाजिक अन्याय को दूर करने के लिए चलने वाले आन्दोलनों और संघर्ष के हर मोर्चे पर मार खाकर भी डटा रहा। तब जो समय और भाषा हाथ लगी, उसी को अपनी कविता की आवाज़ बनाने की कोशिश की। सफलता-विफलता का मूल्यांकन मैं नहीं कर पाऊँगा।

मेरे पचहत्तर वर्षों का सफ़र मुझे किसी नये समाज तक नहीं पहुँचा सका। विज्ञान ने ज़रूर कुछ बेहतर उदाहरण दिखाये, पर बाज़ार और बनियागिरी ने विज्ञान को भी बेच खाने के सारे उपाय रच डाले। जगह-जगह समृद्धि के विशालकाय बाँध ज़रूर बने, पर उन्नत जीवन सबके जीवन में नहीं आ सका। हमारे आधुनिक साहित्य का अस्तित्व बना तो, लेकिन उसमें उदारता और विकसित होती प्राणवान कलात्मकता यादा नहीं आयी। यथार्थ की स्मरणीय प्रस्तुतियाँ बहुत कम ऐसी हुई हैं जो कला को भी एक नया मूल्य देती हों। शब्द बढ़े पर शब्दार्थ नहीं बढ़े। फिर भी रचनात्मकता की नयी-नयी दिशाएँ हिन्दी में खुलती जा रही हैं। मैं भी अपने को उसी रास्ते का एक विकसित मुसाफ़िर समझता हूँ जो पूर्व-रचित पात्रों और परिस्थितियों से प्रेरणा लेना गुनाह नहीं समझता है।

आपकी रचना यात्रा से लगता है कि आप अपने को हमेशा नया बनाते रहते हैं।

पहले मैं छायावाद के मानववाद से प्रभावित रहा। उस कालखंड की रचनात्मक भाषा और संवेदना से अलग होने के लिए नयी कविता और अकविता की भूमिका बहुत महत्त्वपूर्ण है। नयी कविता ने जो अलगाव पैदा किया और अकविता ने जो तोड़फोड़ पैदा की, उसके अलावा विश्व को जोड़ने वाली एक और खिड़की खुली जो हिप्पियों और बीटल्स की थी। एलें गिन्सबर्ग का भी प्रभाव रचनाकारों पर पड़ा। दबे-ढके साहित्य के सारे आग्रहों ने न केवल घूँघट उतारा, बल्कि कपड़े भी उतार दिये। पहली बार युवा लोगों ने नंगे शरीर की चादर को पहचाना और उसे ज्यों का त्यों रख देने का इरादा त्याग दिया। वे दिमाग़ से पहले शरीर से काम लेने लगे। इसका प्रभाव कहानी और अन्य विधाओं पर भी पड़ा। एकदम नंगा और अनलंकृत यथार्थ सामने आने लगा। ऐसे में मेरी स्थिति कई तरह के भँवरों में फँसी हुई सी डाँवाडोल थी। मैं अपना भी कोई किनारा पाना चाहता था, लेकिन लहरों से भी किनारा नहीं करना चाहता था। मैं प्रकृति, गीत और नयी कविता के लयात्मक गद्य की ओर बढ़ा और उसका परिणाम था 'शंखमुखी शिखरों पर' में संगृहीत कविताएँ। इस संग्रह की समीक्षा करते हुए प्रख्यात कवि प्रयाग शुक्ल ने 'कल्पना' पत्रिका में एक नये शब्द का प्रयोग करते हुए कहा था कि लीलाधर शर्मा की ये कविताएँ 'घरू मोह' की भी कविताएँ हैं। घरू मोह शब्द प्रयाग जी ने नॉस्टेल्जिया के लिए इस्तेमाल किया था। पर राजकमल चौधरी, धूमिल, सुकान्त भट्टाचार्य, अज्ञेय और अपने समकालीन मित्रों की कविता से आक्रान्त होकर मैंने अपना नाम भी बदल दिया। मैंने धूमिल की तरह अपना उपनाम नहीं रखा, बल्कि ब्राह्मण होने की पहचान मिटाने के लिए खुद को शर्मा की जगह जगूड़ी बना दिया। यह ग्रामवाची नाम है। ख़ैर, मेरा 1960 के बाद का नया नाम 'नाटक जारी है'

में प्रकाशित हुआ।

'शंखमुखी शिखरों पर' से 'नाटक जारी है' की ओर आना और शर्मा का जगूड़ी हो जाना एक जन्म जैसा था। इसे कायाकल्प भी कह सकते हैं। 'नाटक जारी है' की भाषा उस समय के साहित्य जगत को स्वीकार्य नहीं थी। मैं एक अस्वीकृत कवि के रूप में अपनी शुरुआत देख रहा था। लेकिन बौद्धिक जगत में 1960 के बाद जो वैचारिक खलबली थी, उसने मेरे जैसे लिखने वालों को गम्भीरता से लिया। जीवन की विसंगतियों और नाराजगियों को अपना कथ्य बनाने वाले लोगों में मेरा नाम भी शुमार होने लगा। तब से अब तक जितने दशकीय मोड़ आये और सामाजिक उथलपुथल की घटनाएँ घटीं, मैंने अपने ढंग से अपने को हर पीढ़ी के साथ शामिल पाया। मुझे कहना नहीं चाहिए, (अगर खुद न कहो तो हिन्दी में आज कोई कहने वाला भी नहीं है) कि मैं सार्वकालिक समकालीन हूँ। अभी मुझे खुद को तत्काल सोचना, पहचानना और बनाना पड़ता है।

आपने प्रारम्भिक दौर में स्त्रियों पर लिखी जा रही कविताओं से अलग ढर्रे पर लिखा?

छायावाद से पहले अलगाव मेरा तब हुआ, जब स्त्रियों के सौन्दर्य और चेतना का उसका वर्णन मेरे गले से नहीं उतरा। स्त्री के पुरुषार्थ को कुछ ज्यादा ही अनदेखा किया गया है। मेरी कविता में स्त्रियों की उपस्थिति पुरुष दृष्टि के अलावा उनकी अपनी दृष्टि से भी हुई है। मैं मानसिक रूप से हमेशा इस संकट से गुज़रा हूँ कि मैं अपने में आधा स्त्री भी हूँ। मेरी स्त्री सम्बन्धी कविताओं का चयन अलग से आना चाहिए और वह भी शायद मुझे ही करना पड़ेगा। कोई और कर लेता तो मुझे बड़ी खुशी हो जाती।

जीवन की बात करें तो आपके संघर्ष किस तरह के रहे?

मैं बचपन से लेकर पैंतालीस साल की उमर तक हर साल बीमार पड़ता रहा हूँ। जब मैं कहीं नहीं होता था तो अस्पताल में होता था। अस्पतालों में मुझे पढ़ने का बहुत मौक़ा मिला और अपने शरीर को सँभालने का भी। एक बार जब मेरे विरेचन में खून बहुत चलने लगा तो उत्तरकाशी ज़िला अस्पताल के डॉक्टरों ने कह दिया कि आपके पेट में कैंसर की आशंका लगती है। आप बाहर जाकर जाँच और उपचार करायें। बाद में लखनऊ जाकर पता चला कि पेट में अल्सर हो गया है, दोनों किडनियों में तीन-तीन स्टोन हैं और गॉल ब्लैडर में भी पथरी मौजूद है। ये ऑपरेशन 1980-83 के बीच हुए। पाँच साल बाद एक किडनी में फिर स्टोन बन गये तब पता लगा कि सिर्फ यही किडनी ज़िन्दा है। दूसरी किडनी केवल पाँच प्रतिशत काम कर रही है और वह सिकुड़कर नये पैसे के बराबर हो गयी है। अब ये दायीं किडनी बिल्कुल समाप्त हो गयी है। डॉक्टर से

मैं किडनी समाप्त हो जाने की वजह जानने गया तो उन्होंने रहस्य उद्घाटित किया कि ऑपरेशन के समय एक स्टोन आपकी किडनी में चला गया था, इसलिए किडनी को भी खोलना पड़ा। ऐसी मृत्यु–तुल्य अप्रत्याशित घटनाएँ मेरे जीवन में बहुत हुई हैं। अब पेप्टिक अल्सर ठीक है, लेकिन किडनी एक है और वह बायीं ओर है।

जीवन में विपत्तियाँ बहुत आयी हैं। हर बार अनचाहे संघर्ष में रहा हूँ। घर के स्तर पर तीन बार विस्थापन झेला है। दो बार नेस्तनाबूद हुआ हूँ। सन् 1970 की बाढ़ और भूस्खलन के बाद 2013 के 17 जून को केदारनाथ और उत्तरकाशी में जो प्राकृतिक आपदा का तांडव हुआ, उसमें बहुतों के साथ हमारा परिवार भी तबाह हुआ। जीवन की इस संकटमय लीला को केवल विनाशलीला ही कहा जा सकता है। इन घटनाओं पर 1970 में 'पेड़' कविता लिखी थी और अब 21वीं सदी में 'खंड–खंड केदारखंड' शीर्षक से कुछ कविताएँ लिखीं हैं जिनसे कुछ कविताएँ 'सदानीरा' में पिछले दिनों ही प्रकाशित हुई हैं। हमारे जीवन में तो उथल–पुथल हो गयी, लेकिन साहित्य में कोई खलबली नहीं।

आपकी कविताओं में काफी विस्तार दिखाई देता है। इसका कोई ठोस कारण?

मेरी कविताओं का मिज़ाज कुछ लम्बी कविताओं का रहा। यह दौर ही लम्बी कविताओं की महाकाव्यात्मकता का है। मेरे एक संग्रह का नाम 'महाकाव्य के बिना' है जिसमें लम्बी कविताएँ हैं। 'अनुस्मृति' नाम की एक लम्बी कविता को अज्ञेय जी ने 'नया प्रतीक' में छापा था, यह कहकर कि यह आधुनिक मनु और मानवी की गाथा है। आधुनिक मनु और मानवी के संघर्ष और सौन्दर्य को समझने की आलोचकीय दृष्टि कुछ कहीं बन ही नहीं पायी। ऐसा शायद इसलिए भी हुआ है कि हिन्दी साहित्य की आलोचना के कुछ सुनिश्चित खाने बना दिये गये हैं और उनसे बाहर आने में कई असुविधाएँ पैदा हो जायेंगी। असुविधा में आलोचक पड़ना नहीं चाहते।

हर ज़माने में साहित्य और कलाओं के कुछ गुण–दोष गिनाये या बताये जाते हैं लेकिन यह भी देखा गया है कि एक समय के दोष आगे के समय में गुण हो गये हैं। बेशक़, वार्ता को कविता में काव्य दोष माना गया है, लेकिन आगे चलकर कविता में संवाद गुण बहुत प्रशंसित हुए। आज की कविता तो पूरी बातचीत पर ही आधारित है। आज कविता अपने मन्तव्य और गन्तव्य के लिए पूरा विस्तार लेती है, लेकिन शाब्दिक मितव्ययिता के साथ। काव्य गुण गद्य को सुन्दर बना देता है, पर काव्य गुण की कब कैसे पहचान की जाये, कुछ पता ही नहीं चलता। राजकमल, मुक्तिबोध, धूमिल, अज्ञेय और रघुवीर सहाय आदि बड़े कवियों में लम्बी कविताओं का विस्तार है, मगर

पंक्तियों में मितव्ययिता और संश्लिष्टता बहुत है।

आज कविता के संकटों और सवालों को आप किस तरह देखते हैं?

आज कविता क्यों और कहाँ पर ख़राब हो रही है, इसकी एक नहीं कई वजहें हैं। कविता का भी ध्येय कहें या मन्तव्य शुरू से ही यह रहा है कि विस्तार को यथासम्भव समेटते हुए कोई बात इस तरह से कहना कि जिस तरह वह कभी कही नहीं गयी। लेकिन तथाकथित आत्माभिमानी कवियों ने उस बिल्कुल कहानी और कहीं-कहीं निबन्ध को लिखना और कहना शुरू कर दिया। लिहाजा न तो कविता में कथा तत्व ठीक से आ पाया और न निबन्ध का निखार बन पाया। कविता भी एक क़िस्सा बनकर रह गयी। यह कवियों द्वारा कविता पर ढाही गयी एक विपदा है। इस विपदा से कवि ही उसे उबार सकते हैं। यह तभी सम्भव होगा जब कविता के लिए कविगण एक ख़ास तरह का अलग रंगढंग वाला गद्य निर्मित करना शुरू करेंगे। वह गद्य खुद बतायेगा कि यह कविता का गद्य है। कविता का कथ्य और सरोकार अख़बार, रेडियो और टीवी आदि माध्यमों से अलग तरह का होना चाहिए तभी कविता को नया आकर्षण देकर लौटाया जा सकता है।

एक समय था जब कविता का नारा हो जाना इसलिए अच्छा लगता था कि वह सूक्ति की क्षतिपूर्ति करता दिखता था। लेकिन अब नारे इतने अपार और अर्थहीन हो चले हैं कि वे एकदम सतही राजनीतिक सोच के नमूने लगते हैं। वे कविता और खबरों की भाषा में फ़र्क़ नहीं रहने देते।

अब वक्त आ गया है कि वैश्विकता और स्थानीयता के टकराव दिन-प्रतिदिन कम होते जायेंगे। उल्लेखनीय स्थानीयता वैश्विक हो जायेगी। इसलिए मानवीय मूल्य और संवेदनाओं को ग्लोबल स्तर पर एक-दूसरे में पाना साहित्य की सार्वभौमिकता की पुनर्स्थापना का कारण बनती मुझे दिखायी दे रही है। स्थानीयता भी एक दिन वैश्विक हलचल का पहलू बनकर हमारे दुनियावी जीवन का जरूरी हिस्सा बन जायेगी।

क्या कविता खतरे में है

पहले मैं यह याद दिलाना चाहता हूँ कि कवि शब्द जब पैदा हुआ और प्रचलित हुआ तब लेखक शब्द अस्तित्व में नहीं था। इसलिए कवि को आज भी लेखक से अलग होना चाहिए और कवि को अपने कथन विशेष अर्थात् विशिष्ट कथन की शक्तियों को पहचान कर ही कविता के क्षेत्र में आना चाहिए। अन्यथा उसे सामान्य लेखन की ओर चला जाना चाहिए। अगर रचनाकार में कर्मानुभव और संवेदनात्मक अनुभूति को अब तक न कहे गये बिम्बों में ढालना, अनदेखे को देखना और अकथित को नयी भाषा में व्यंजित करना नहीं आया तो वह रचनाकार कम-से-कम कवि नहीं हो सकता।

जिस तरह हर लेखक कवि नहीं हो सकता, ठीक उसी तरह हर रचनाकार को भी कवि नहीं कहा जा सकता। कुछ लोग अच्छी मूर्ति बना सकते हैं, अच्छी इमारत बना सकते हैं, अच्छी तोप या अच्छा हवाई जहाज बना सकते हैं, अच्छा गद्य लिख सकते हैं; वे सब अच्छे रचनाकार हो सकते हैं, उनकी रचनाएँ काव्यात्मक प्रभाव उत्पन्न करने वाली हो सकती हैं, पर उन्हें कवि शब्द से चिह्नित (अभिहित) नहीं किया जा सकता। फिर भी कोई न कोई काव्यांश उनमें होता जरूर है। ठीक इसी तरह उसे भी कवि नहीं कहा जा सकता जो स्थापित, प्रचलित और तथाकथित लोकप्रिय, सर्वस्वीकृत अर्थात् कविता जैसी कविता लिखता हो। कवि वह है, जो हर बार साधारण में कुछ विशिष्ट करता और ढूँढ़ता हो, विशिष्ट कहता हो। यानी वह अब तक के अपरिचित कर्मानुभव की नयी भाषिक अनुभूति कराता हो। कवि मात्र लेखक नहीं है। पौराणिक प्रतीक का सहारा लूँ तो कह सकता हूँ कि कवि अगर व्यास हैं तो गणेश लेखक हैं। व्यास ने ब्रह्मा से अपने काव्य को लिखने के लिए लेखक माँगा था। स्वयं लिखना व्यास के अविरल कवित्व चिन्तन में एक व्यवधान था। यहाँ गणेश ने स्वयं लेखक होने को एक शर्त के रूप में परिभाषित किया है कि जब लिखना शुरू करूँगा तो फिर रुकूँगा नहीं। प्रतीक्षा करना मुझे स्वीकार नहीं। आपके बोलने में और मेरे लिखने में एक निरन्तरता होनी चाहिए। अर्थात् लेखन भी एक सनातन प्रक्रिया हो। बीच में इन्तजार नहीं, विराम नहीं, हो तो बस पूर्ण विराम हो। इसीलिए व्यास के श्लोकों का अन्वय (गद्य रूप) करने पर हम पाते हैं कि वहाँ अर्धविरामयुक्त वाक्य विन्यास दुर्लभ है और पूर्णविराम वहाँ है

जहाँ एक बात पूरी होती है, लेकिन तुरन्त उसी में से दूसरी बात शुरू हो जाती है और कई अध्यायों तक भाषा और छन्द की प्रवाह मैत्री महसूस होती है।

कवि की अपने लेखक के साथ बस एक ही शर्त है, जो व्यास ने गणेश के साथ रखी थी कि जो भी लिखोगे, उसे समझोगे भी। महाभारत में जब लेखक रुका है तभी कवि रुका है। इस रुकावट को व्यास ने अपनी अगली काव्य निर्मित और चिन्तन को व्यवस्थित करने में लगाया। अर्थात् कवि जब कुछ नहीं कर रहा दिखता है, तब भी वह कुछ कर रहा होता है। रसूल हम्जातोव ने भी अपने कवि होने को कुछ इसी तरह व्याख्यायित किया है। लेखक का दायित्व है कि वह जो कुछ लिखे उसे समझे भी। पद और पदार्थ को अगर लेखक नहीं समझता है तो वह यथार्थ का सिर्फ स्टेनोग्राफर बनकर रह जाता है। कविता की भी यही सार्थकता है कि अपना ही लेखक बनकर लेखक ने उसे समझ लिया हो। कथा रूपक का अभिप्राय यह है कि महाभारत में सौ दो सौ श्लोकों के बाद कुछ ऐसे श्लोक आते हैं जो बहुत कुलावे भिड़ाने के बाद समझ में आ पाते हैं। उन्हें समझने के लिए गणेश कभी घंटों, कभी दिनों तक रुके रहे हैं। लेखक अगर कविता का अच्छा पाठक भी हो तो न कविता ख़तरे में पड़ सकती है न लेखक। पाठक की समझदारी पर सन्देह किया जा सकता है। कवि की समझदारी इसी में है कि प्रतीक्षा के बाद भी नैरन्तर्य खंडित न होता हो।

यह प्रसंग मुझे साहित्य अकादेमी के उस निमन्त्रण पत्र के बाद याद आया, जिसमें मुझसे भी चाहा गया कि मैं 22 मई, 2009 को 'क्या कविता ख़तरे में है?' विषय पर दिल्ली के श्रोताओं के समक्ष अपना पक्ष प्रस्तुत करूँ।

कविता ख़तरे में आज पहली बार नहीं पड़ी है, बल्कि जब-जब मनुष्य की संवेदना घटी-बढ़ी है तब-तब वह आदिकवि के काल से ही ख़तरे में पड़ती हुई दिखती है। कविता का जन्म व्यक्ति की जगत चिन्ता से हुआ है। भारतीय माइथालॉजी में कविता का जन्म वाल्मीकि की सांसारिक चिन्ता के कारण हुआ। क्रौंच वध से यह भी ख़बर मिलती है कि हत्या और वियोग के विरोध में वह पैदा हुई। कविता स्त्री और पुरुष जोड़े के विघटन का पहला दर्द है। मारने वाले और विरह पैदा करने वाले को शापित करती है कविता। कविता बिछुड़ने के खिलाफ़ और प्रेमपूर्वक साथ रहने के पक्ष में पैदा हुई है। स्त्री-पुरुष की नैसर्गिक प्रतिबद्धता का आदिम बयान है कविता। अन्याय और दलन के विरुद्ध पहला मानवीय वैचारिक उद्घोष कविता में ही सुनाई देता है। वाल्मीकि रामायण के प्रथम सर्ग की पहली पंक्ति है—'तप:स्वाध्याय निरतं, तपस्वी वाग्विदां वरं...' तपस्वी (वाल्मीकि) ने तपस्या और स्वाध्याय में निरत नारद से पूछा...कवि का और चिन्तक का पहला गुण है तपस्या और स्वाध्याय। कठिन श्रम और अपने अनुभव व अध्ययन से प्राप्त दृष्टि। जीवन संग्राम में संघर्ष करना ही तपस्या है। स्वाध्याय कहीं न कहीं स्वानुभव से पायी हुई प्रतिभा है।...

कविता तो उसी समय ख़तरे में पड़ गयी थी जब तुलसीदास ने उसे स्वान्त: सुखाय

और स्वान्तः तमः शांतये—कहा। अपना प्रायोगिक रचनात्मक सुख जगाने के लिए और भीतर का अन्धकार बुझाने के लिए आज कितने कवि कविता लिख रहे हैं। आज कोई आलोचक के लिए लिख रहा है, कोई अपने गुट के लिए, कोई अपने कॅरियर के लिए लिख रहा है, कोई यश कमाने के लिए...अपनी अनुभव मुक्ति और युक्ति के लिए कोई नहीं लिख रहा। अगर कोई लिख रहा है तो उसकी ख़राबी और अच्छाई दोनों अचिह्नित हैं। इस अचिह्न में रचनाकार सोच रहे हैं कि 'मौनं स्वीकृति लक्षणम्'। यह उपेक्षा बताती है कि अवगुण निरोध से अब किसी का कोई सीधा रिश्ता नहीं रह गया है। यह दूध पीती बिल्ली का आँख मींचना है जो सोचती है कि अगर मैं किसी को नहीं देख रही हूँ तो तुझे भी कोई नहीं देख रहा है। अच्छे काव्य के प्रति, अच्छी पंक्तियों वाली अभिव्यक्ति के प्रति यह लापरवाही बताती है कि गुणग्राह्यता का समय लद गया है। इसीलिए कुछ लोग कविता से भी गायन का ही आनन्द उठाना चाहते हैं।

हिन्दी में काव्य आलोचना की यह हालत है कि वे सरलता के पीछे हाथ धोकर पड़े हैं। वे सरलता की जटिलता और जटिलता की सरलता में, न प्रवेश कर पाते हैं, न उसका आनन्द उठा पाते हैं। वे कानूनी धाराओं की तरह कुछ रटे-रटाये, छपे-छपाये निष्कर्ष हर रचना पर ठोंक देते हैं। सरलता का जटिल सौन्दर्य और जटिलता की गहनता को वे पकड़ नहीं पाते। कविता तो हमेशा ही ख़तरे में रही है। भर्तृहरि का दुःख याद आता है—'मनुष्य रूपेण मृगाश्चरंति'। निराला की सरलता को 'रबड़ छन्द' कहकर लांछित किया गया। मिर्ज़ा ग़ालिब और मुक्तिबोध पर भी जटिल और कठिन और न समझ में आने के आरोप लगे हैं। यह समझने वाले की समस्या है कवि की नहीं! ग़ालिब के समकालीन नवाब आगा ख़ान 'अश्क' का एक शेर इस प्रकार है—

अगर अपना कहा तुम आप ही समझे तो क्या समझे
मज़ा कहने का तब है जब एक कहे दूसरा समझे
ज़ुबाँ मीर लिखे और कलाम सौदा समझे
मगर इनका कहा ये आप समझें या खुदा समझे।

आज की कविता पर भी यही आरोप दोहराया जाता है। लेकिन इसमें समझने की बेचैनी के अलावा यह भी देखने लायक है कि ये शेर ग़ालिब की शैली से ही प्रभावित हैं। अब उनको समझाएँ क्या?

कविता, सोचने-समझने और कहने की, मनुष्य को प्राकृतिक आज़ादी देती है। पाणिनि जैसे महान भाषा विज्ञानी पर भी व्यंग्य किये गये हैं—

नपुंसकं इति मत्वा, प्रियाय प्रेषितो मनम्।
ततु तत्रैव रमते, हत्वा पाणिनिनः वयम्।

पाणिनि ने 'मन' शब्द को नपुंसक लिंग माना। यही मानकर हमने भी एक सुन्दर स्त्री के पास अपना मन भेज दिया। कमबख़्त वह तो वहीं रम गया। इस पाणिनि ने

हमें मरवा डाला।

कविता ने मनुष्य की चेतना को राजनीतिक क्रान्तियों से पहले ही स्वाधीन कर लिया था। ऐसी स्वाधीन चेतना के मनुष्य ही राज्यसत्ता में लोकतन्त्रीय पद्धतियों के स्वप्न देख पाये। लेकिन हमें यह भी नहीं भूलना चाहिए कि कविता समाज की विसंगतियों से न जूझने वाले निरे सौन्दर्यवादी कवियों के कारण भी युगों तक ख़तरे में पड़ी रही। वहाँ भाषिक कौशल तो है पर पिंजड़े के पंछी मनुष्य का युद्ध और विलाप नहीं है। परिणाम यह हुआ कि कविता सम्राटों और सामन्तों से प्रशंसा, पुरस्कार और आश्रय पाने में जुटी रही। कवि और कविता की स्थिति इतिहास में बहुत बार गैलीलियो जैसी रही है। कविता अपने क़द्रदानों की वजह से ही नहीं बल्कि अपने रचयिताओं के कारण भी ख़तरे में पड़ी है। आत्मध्वंस से शुरू होने के कारण भी कविता हमेशा ही आपद्धर्म में दिखती है। संगीत और नृत्य जैसी आदिम विधाओं को जो कविता अपने काम की नहीं लगती, उसकी अनुशंसा, संरक्षण और प्रसार के लिए प्रबुद्ध पाठकों की जमात का होना बहुत जरूरी है। अगर कहीं एक अच्छी आहरणीय और व्यवहरणीय कविता आती दिखती है तो तुरन्त उसका नोटिस लिया जाना, आज दुर्लभ जन्तु की तरह कविता को बचाने के लिए जरूरी है। अगर हमने एक बार इसे खो दिया तो फिर कृत्रिम अंडे से इसे पैदा नहीं किया जा सकेगा। संवेदना के पसीने से पैदा होने वाली कविता को किसी तकनीक से पैदा करना सम्भव नहीं। अच्छी कविता को अकेले व्यास जैसे कवि की ही नहीं गणेश जैसे सुधी लेखक की भी जरूरत है।

हमेशा से ही बौद्धिकीकरण को कविता के लिए ख़तरा बताया जाता रहा है। लेकिन यह भी सच है कि बिना अतिरिक्त बौद्धिक आनन्द के कविता में रसोद्रेक हो नहीं पाता। प्राचीन काल में एक काव्य पर कई टीकाएँ अर्थात् व्याख्याएँ आती रहती थीं। बहुत-सी टीकाएँ जो पहले हुई टीकाओं से बहुत भिन्न नहीं होती थीं, उनके लिए कहा जाता था कि वे 'तिलकस्योपरि तिलकम्' हैं। अर्थात् एक तिलक के ऊपर दूसरा तिलक। न पहला टीका दिख रहा है न दूसरा, बल्कि थोड़ी-थोड़ी झलक दोनों मार रहे हैं। किसी तिलक (टीका) का समग्र स्वरूप नहीं बन रहा है। तब कहा जाने लगा कि विद्वान कविता के लिए ख़तरा हैं। सहृदय चाहिए। जब सब कुछ नित्य नवीन होने को आतुर हो, तो कविता पुरानी जैसी ही क्यों रह जाये? जिसके स्वभाव के लिए कालिदास ने कहा कि वह हर क्षण नवता को प्राप्त होना चाहती है। इसीलिए उसमें ऐसी शक्ति भाँपी गयी है कि पुरानी होते हुए भी वह समकालीन होने की शक्ति रखती है।

आधुनिक कथा और उपन्यास साहित्य की उम्र अभी दो-ढाई सौ साल से ज्यादा नहीं हुई है। कितने उपन्यास और कितनी कहानियाँ पाँच सौ साल की अवधि लाँघ पायेंगी—अभी से कुछ कहा नहीं जा सकता। कविता हजारों साल की यात्रा पूरी करने के बाद भी आधुनिक मानवता के विमर्श में शामिल है। कथाएँ भी कविता के फार्म में होने के कारण सदियों तक पढ़ी जाती आ रही हैं। कविता की मृत्यु भी लगभग ईश्वर

की मृत्यु की तरह है, जिसे कई बार अंजाम देने के बाद भी यह सुनिश्चित नहीं हो पाता है कि ईश्वर सचमुच मर गया है। कविता भी सभ्यताओं के दौर में मरती हुई या मारी जाती हुई दिखेगी, लेकिन वह मरेगी नहीं, क्योंकि उसमें मनुष्य की प्रथम अभिव्यक्ति के बीज छिपे हैं। वे बीज अनुभव, अनुभूति और संवेदना का खाद पानी मिलते ही फूट आयेंगे। नयी भाषा में शब्दों की नयी संगति, सामाजिक परिपाटियों में बदलाव की सूचना देगी। भाषा में क्रान्तिकारी विचलन मनुष्य के सामाजिक तनाव का परिणाम होगा। मन के तनाव के बिम्ब भाषा में दिखेंगे।

हमें यह भी देखना चाहिए कि कविता को ख़तरे में कौन देख रहा है और कहाँ से देख रहा है—यह महत्त्वपूर्ण है। सृष्टि में मनुष्य की चेतना, भाषिक अभिव्यक्ति के स्तर पर पहले पहल कविता के माध्यम से ही प्रकट हुई है। कविता मानवीय चेतना के वैचारिक सम्प्रेषण का पहला साक्ष्य है। इस दृष्टि से कविता ने हर युग में अपना कायाकल्प किया और पुनर्नवा बनकर वह मनुष्य सभ्यता के बीच मौजूद रही है। अब अगर आज कुछ लोगों को यह लगा है कि कविता ख़तरे में है, कविता मर चुकी है या मर रही है या कविता अब नहीं चलेगी, क्योंकि लोगों को उसकी जरूरत नहीं रह गयी तो—इस दुर्भाग्यपूर्ण अवधारणा से सहमत नहीं हुआ जा सकता। क्योंकि मरने वाला अगर यह कहे कि पूरी दुनिया मरने वाली है तो यह एक आवेशपूर्ण सच के अलावा बची हुई दुनिया को सबसे बड़ा झूठ लगता है। क्योंकि जीवन और मृत्यु एक क्रमिक प्रक्रिया है।

सबसे बड़ी बात सोचने की यह है कि कोई क्यों कह रहा है कि कविता ख़तरे में है? कहने वाला या तो सबसे बड़ा कविता प्रेमी है या कहने वाला कविता को उसके कालधर्म और युगीन सौन्दर्य के साथ उसे समझने में कठिनाई महसूस कर रहा है। बजाय इसके कि एक अच्छी कविता की रचना की जाय, यह कह देना सबसे आसान है कि कविता ख़तरे में है। ख़राब कविताओं के बीच में से एक अच्छी और सम्भावनाशील कविता को उठाकर सबसे परिचित कराया जाये, बजाय इसके कि उसकी मृत्यु की घोषणा की जाये। दरअसल, कविता की मृत्यु में कवि होने की सम्भावनाओं की भी मृत्यु छिपी हुई है। कुछ लोगों को लगता है कि आज अगर कविता मर भी जाती है तो पुराने समय में हमारे पास बहुत कविता है, जरूरत पड़ी तो वहाँ से कविता ले लेंगे। अब साहित्य की दूसरी कमाऊ विधाओं से खा-कमा लिया जाये। कविता कम बिकती है और घाटे का सौदा है, इसलिए कविता अगर ख़तरे में पड़कर ख़त्म भी हो जाती है तो हो जाने दो। मित्रो! यह वैसी ही बात होगी जैसे कोई कहे कि जड़ अगर सूख गयी तो कोई बात नहीं पेड़ तो हरा है। कविता के बिना साहित्य का यह पेड़ कितने दिन हरा रह पायेगा? काव्य एक तत्त्व है, मात्र विधा नहीं, उसके बिना भाषा का सारा संसार नीरस और निर्जीव हो जायेगा।

मैंने भी कुछ असफल कथाकारों और उपन्यासकारों को इस तरह की लापरवाह

घोषणाएँ करते हुए सुना है कि कविता ख़त्म हो गयी है। बहुसंख्यक होने के नाते वे हमेशा हल्ला मचाये रहते हैं कि कविता चिन्तन और विचार के केन्द्र में क्यों रहती है? जब कोई नहीं था तब कविता थी और जब बहुत कोई है तब भी कविता है। कविता हमेशा साहित्य के केन्द्र में रही है और जीवन की समालोचना को सबसे पहले प्रभावित करती है। वे यह भूल जाते हैं कि कविता शुरू से गद्य रही है। गद्य शब्द 'गद्' धातु से बना है और इसका अर्थ होता है 'बोलना'। कविता ने मनुष्य के बोलने को सबसे पहले उत्कृष्टता प्रदान की है। पद्य तब रचा गया था जब लिखने-पढ़ने के कागजी साधन नहीं थे। तब मनुष्य की स्मृति ही कागज थी। स्मृति की सहायता के लिए ख़ास तरह के लयात्मक पदों की रचना की गयी। आज याद रखने का कुछ काम मनुष्य करता है, कुछ मशीन करती है, कुछ लिखे हुए कागज करते हैं इसलिए कविता अपने मूल स्वभाव, गद्य के बहुत पास आ गयी है। भाषा ने अपने बहुत से अलंकार छोड़ दिये हैं। अब सिर्फ गद्य बनाम पद्य का जमाना है। अब देखना यह चाहिए कि कब-कहाँ कोई गद्य, कविता की बीज शक्ति को प्राप्त कर रहा है। कर भी पा रहा है या नहीं। इसमें कोई सन्देह नहीं कि सबसे अच्छा गद्य आज कविता में लिखा जा रहा है। कविता को अनुभव और भाषा के अर्क के रूप में देखना चाहिए मात्र साहित्य की एक विधा के रूप में नहीं। कविता, स्मृति की एक विधा रही है इसलिए धर्म, आयुर्वेद, गणित और इतिहास ने भी स्मृति संरक्षण के लिए एक समय कविता के शिल्प और गल्प का आश्रय लिया है। विचार की अभिव्यक्ति में कविता के कौशल का, मनुष्य के आदिकाल से ही साथ रहा है। वाल्मीकि रामायण इस बात की गवाही देता है कि कविता का जन्म व्यथा की कथा कहने के लिए हुआ है। कविता का उपजीव्य है कोई न कोई कथा। कहानी से कविता का कोई बैर नहीं है।

आज खराब कविताओं के बारे में जितनी चुप्पी है उससे कहीं ज्यादा खामोशी अच्छी कविताओं के बारे में है। आज पाठक के खराब होते जाते संस्कार के बारे में कहीं कोई चिन्ता या विमर्श नहीं दिखाई देते। अच्छा कवि पैदा होना ही नहीं अच्छा पाठक पैदा करना भी हमारी इच्छाओं में शामिल हो जाना चाहिए। पाठक को उसके काव्य संस्कार की जड़ता या जकड़बन्दी के बारे में रचनाकारों द्वारा बताया जाना चाहिए। मैं संस्कारबद्ध और अल्पज्ञ पाठक को निर्णायक नहीं मानता। जो अपने को निरन्तर संस्कारित नहीं कर रहा है, वह चाहे रचनाकार हो चाहे पाठक, दोनों ही नयी रचनाधर्मिता के विरुद्ध हो जायेंगे। बहुत से कवि और पाठक अपने संस्कारों, अपनी आदतों और अपनी अभिरुचियों को माँजते रहते हैं। बहुत से नहीं माँजते। ये जो अमार्जित लोग हैं, वे सहमत होने लगते हैं कि कविता ख़तरे में है। क्योंकि जैसी कविता वे समझने के आदी हैं, वैसी कविता आज की कविता नहीं है। कुछ मँजे हुए कवि और पाठक ही

परिमार्जन की स्वत:स्फूर्त परम्परा को जोखिम लेकर आगे बढ़ाते दिखते हैं।

कविता को कुछ लोगों ने सिर्फ एक शिल्प मान लिया है। कविता को शिल्प से नहीं भाषा के नवाचार और कथन की भंगिमा और अर्थ गौरव से पहचाना जाना चाहिए। देखना चाहिए कि भाषा की विपुल उपस्थिति के बावजूद कविता बनी कि नहीं बनी? पहले का जाना सुना कहीं फिर से तो नहीं कहा जा रहा है? कविता ख़तरे में है, क्योंकि ख़बरों में और कविता में कोई अन्तर नहीं रह गया है। समाचार-पत्रों के निष्कर्ष और कविता के निष्कर्ष एक जैसे ही रहे हैं। अच्छी कविता और अच्छे कथा साहित्य को पुरस्कार मिले या न मिले, लेकिन उसे अच्छा आलोचक मिलना सौभाग्य की बात है। आलोचकों की वजह से रचनाओं का छिपा सौन्दर्य अच्छे पाठकों तक पहुँचता है। लेखक को भी लिखने का उत्साह और प्रयोग करने की शक्ति प्राप्त होती है। पुरस्कार से ज्यादा महत्त्वपूर्ण है रचनात्मक विमर्श। 'लोहे का स्वाद लोहार से मत पूछो, उस घोड़े से पूछो, जिसके मुँह में लगाम है', कविता इस तरह एक रचनात्मक विमर्श सौंपती है, पर आलोचना उसे आगे बढ़ाती नहीं दिखती।

'पेट और प्रजातन्त्र के बीच आदमी दरार की तरह खड़ा है और बवंडर हर दरवाजे पर पर्दे की तरह पड़ा है।'

यह पर्दा बतर्ज अकबर इलाहाबादी अक्ल पर आलोचकों की पड़ गया क्या? यह भी हो सकता है कि इस समय लिखा जा रहा साहित्य आलोचना के काबिल ही न हो? आलोचना माने निन्दा नहीं आलोचना माने भाव और अर्थ का पुनर्निर्माण। आलोचना भी ख़तरे में है।

आज तमाम तरह के सम्पर्क माध्यमों का चरमोत्कर्ष पर पहुँचा हुआ जमाना है। इस जमाने में कविता को केवल अभिव्यक्ति का माध्यम कहकर हम कहीं न कहीं उसके व्यापक और बड़े उद्देश्य को नुकसान पहुँचा रहे हैं। यह अर्थाघात् भी कविता को कमजोर बना देता है। कविता, आन्तरिक और बाह्य के बीच सम्पर्क साधने वाली ऐसी विधा है जिसमें (निराला के शब्दों में कहूँ तो) 'मौन मधु हो जाय'।

यह जो रचनात्मक मधुपर्क और शहदीला सम्पर्क है, यह कविता की बाह्याभ्यन्तर निष्पत्ति है। यह किसी दूसरी विधा या माध्यम से नहीं मिल सकती। कविता की खूबी यह भी है कि वह अपने में ही अपना उद्देश्य भी है। वह साधन और साध्य दोनों है। इसलिए कवियों को अभिव्यक्ति की ज्यादा बड़ी चुनौतियों का मुकाबला करना पड़ता है। आज इस बात पर भी जोर देना चाहता हूँ कि कवियों का जन्म लेना कहीं बन्द न हो जाये। कवि नहीं होंगे तो कविता कहाँ से होगी? समय और समाज की परिस्थितियाँ अपने कवि को दूसरा जन्म देती हैं, पहला जन्म तो कवि को पुराने कवि देते हैं। किसी भी कवि की 'कवि मानसिकता' का जन्म पुराने कवियों से होता है। पुराने कवि हमारे चित्त का हरण करते हैं। पुराने कवि किसी कवि को कुछ कहने के लिए उकसाते हैं।

उसे आत्मविश्वास और ढांढस देते हैं कि तुम भी ऐसा कुछ कह सकते हो। पुराने कवि नये कवि को कविता में फँसाते हैं। पुरानों के उकसाये हुए कवि मन में, धीरे-धीरे एक नये कवि रूप का जन्म होता है, जो कवि की ज्ञानात्मक स्मृति और सामाजिक नवाभिव्यक्ति के द्वन्द्व का परिणाम होता है। उस नये कवि को नयी भाषा और नयी कथन भंगिमाओं की लालसा बेचैन किये रहती है। वह पूर्वज कवियों के खूँटे से मुक्त होने का संघर्ष करता है। यह मुक्त होने की शक्ति भी पूर्वज कवि अपना वैविध्य दिखाकर देते रहते हैं। काव्य की एक पूँजी अभिव्यक्ति की विविधता भी है। कविता की एक विशेषता यह भी है कि वह परम्परा से इसलिए जुड़ती है कि उसमें परिवर्तन करना है। इसमें कोई शक नहीं कि आजकल कविताएँ एक ही तरह से एक जैसे कलेवर में आ रही हैं। अलग-अलग कथ्यों का भी कलेवर एक है। अपनी आवयविक भिन्नता के लिए कवि को प्रत्येक अनुभव के साथ अभिव्यक्ति का अलग-अलग संघर्ष करना होता है। वही संघर्ष कविता के छन्द, लय और ऊहापोह को बदल देता है। ऐसा लगता है कि आधुनिक कवियों ने पुरानों को पढ़कर, समझकर उनकी खूबियों और शक्ति के औजारों से अभी अपनी मरम्मत करनी नहीं सीखी है। यही स्मृति की टेक्नोलॉजी है। पुरानों से मुक्ति के लिए एक बार उनसे संपृक्ति जरूरी है। तभी उनकी सम्पदा और छुपी हुई शक्तियों के खजाने की सारी जानकारियाँ प्राप्त की जा सकती हैं, अन्यथा अपना रचना संसार अद्वितीय नहीं हो पायेगा। अपनी अद्वितीयता के लिए पिछलों की तलाशी बहुत जरूरी है। कविता असल में पर-दुखानुभूति (दूसरों के दुःख में सहभागिता) की भी विधा है इसीलिए वह हमें सुख की तलाश के लिए प्रेरित करती है। अज्ञेय के शब्दों में कहूँ तो-'दुःख सबको माँजता है'। आज अगर कविता ख़तरे में है तो यह महादुःख भी हमें माँजेगा। अच्छे कवियों की प्रतिभा से कविता ख़तरों से खेलते हुए खिल उठेगी।

आज कविता की पहचान कुछ लोग कविता से नहीं कवि के व्यक्तित्व से करना चाहते हैं। कुछ लोग यह शंका प्रकट करते हैं कि आज कवियों का कोई व्यक्तित्व नहीं बन पा रहा है। जैसा कि निराला और अज्ञेय का व्यक्तित्व था। किसी भी व्यक्ति की शारीरिक संरचना से उसके व्यक्तित्व की पहचान करना बहुत स्थूल बुद्धि से काम लेना है। दरअसल, व्यक्तित्व शायद कृतित्व और आन्तरिक समझ की झंकार सुनने से समझ में आता है। कैमरे के ज़माने में जिन कवियों का जन्म नहीं हुआ, उनका व्यक्तित्व हमने उनके काव्य की विषय-वस्तु, जीवन संघर्ष और उसकी भाषिक प्रस्तुति के आधार पर बनाया। चाहे सूर का चित्र हो, चाहे कबीर, तुलसी और मीरा का। चित्रकार ने कबीर की कविता से कबीर का पोर्ट्रेट विकसित किया। कभी कबीर को मोरपंख सिर पर खोंसे हुए चित्रित किया गया, कभी ठड्डी पर ताना-बाना साधते हुए उन्हें दिखाया गया। उनका यह व्यक्तित्व उनकी कविता ने हमें दिया है। निराला, अज्ञेय और मुक्तिबोध के कैमरे से खिंचे हुए चित्रों में लम्बे बाल, तराशी हुई दाढ़ी और बीड़ी पीते हुए कमजोर

चेहरे को हमने उनका व्यक्तित्व मान लिया। उनकी रचनाओं से जो उनका व्यक्तित्व बनता है, वह अभी उकेरा जाना शेष है।

कबीर सूत कातते थे, कपड़ा बुनते थे, कपड़ों की रंगाई भी करते थे। अपने उत्पादन को कबीर बेचते भी होंगे। कपास और सूत खरीदते भी होंगे। मोल-भाव भी करते होंगे। अपने बनाये माल पर कुछ मुनाफा भी कमाते होंगे, लेकिन एक दुकानदार या बनिये की छवि कबीर की नहीं बनती है। अच्छा हुआ उस समय कैमरा नहीं था, नहीं तो ठेली पर सामान बेचते हुए कबीर का चित्र भी हमारे पास होता। पर क्या वह कबीर के आन्तरिक व्यक्तित्व का चित्र होता? कबीर को एक मुनाफाखोर जुलाहे के रूप में हम चित्रित नहीं कर सकते, लेकिन इससे इंकार भी नहीं कर सकते कि कबीर अपने परिश्रम का मूल्य पहचानते थे और उसे लोगों से बिना लालच के वसूलते भी थे। उन्होंने खुद कहा है कि–

साई इतना दीजिए, जामे कुटुम समाय।
मैं भी भूखा न रहूँ और साधु न भूखा जाय।

आज के कवियों के व्यक्तित्व की पहचान समय की सीमाओं को लाँघते चले जाने के बाद होगी। कुछ व्यक्तित्व माचिस की तीली की तरह तत्काल जल उठते हैं और उतनी ही जल्दी बुझ जाते हैं। बावजूद इसके 'क्षणमपि ज्वलितं श्रेयं न च धूमायते चिरम्'। मैं कहूँगा कि कुछ जाज्वल्यमान अल्पजीवी भी समय की परतों से बाहर आकर अचानक दीर्घकाल तक उजाला देने वाले व्यक्तित्व बन जाते हैं। कृतित्व से बनने वाले व्यक्तित्व की परम्परा इधर कुछ आहत हुई है। रचनाकार का यश:काय भी बनते-बनते बनता है। कृतित्व ही रचनाकार की कीर्ति-काया है।

आधुनिक कवियों ने मध्यकालीन कवियों की तरह अपनी पहचान नहीं कराई। उनमें बहुत से अच्छे कवि हैं जिन्होंने कविजनोचित उपनाम भी धारण नहीं किये। मध्ययुग के कतिपय कवियों की तरह उन्होंने अपने जीवन के मोर्चे पर एक गैर-जिम्मेदार और पलायनवादी रुख नहीं अपनाया। आधुनिक कवियों ने अपने नागरिक रूप को प्राथमिकता दी और वेश-भूषा मात्र से ही कवि दिखने का प्रयास नहीं किया। कुछ लोगों को इन्हीं सहज होने के प्रयासों में कवि का व्यक्तित्व दिखाई नहीं देता? इन व्यक्तित्वहीन कवियों का कृतित्व कैसा है? इस ओर कोई ध्यान नहीं दे रहा। आज जरूरत है कृतित्व से कवि का व्यक्तित्व पहचानने की। फिर भी कविता को ख़तरे में देखने की चिन्ता बताती है कि हम अभिव्यक्ति और मानवीय प्रयत्नों की स्मृति से जोड़ने वाले कविता के बुनियादी कौशल के आत्मानुभूति और संवादप्रियता को न भूलना चाहते हैं, न नष्ट होने देना चाहते हैं। कविता को ख़तरे में देखने की असली चिन्ता बताती है कि कविता ने संसार में जीवन का जो बौद्धिक प्रतिसंसार रचा है, उसे हम अपने समय में फिर से सम्भव होते हुए देखना चाहते हैं। सुनना और समझना चाहते हैं। अन्त में

एक बात का उल्लेख और करूँगा कि कवियों ने कहानियाँ, निबन्ध और उपन्यास भी लिखे हैं। निरे कथाकारों को भी कुछ कविताएँ लिखकर अच्छी कविताओं के नमूने प्रस्तुत करने चाहिए। आज सम्पूर्ण गद्य साहित्य लगभग प्रयोग रहित स्थिति में लिखा जा रहा है। रचनाकारों को कुछ और जोखिम उठाने के लिए ललकारे जाने की जरूरत है। तभी ख़तरों का मुकाबला किया जा सकता है। कवि अगर कविता के ख़तरों को समझ लेंगे तो कविता ख़तरा उठाने के लिए अपने ख़तरों से बाहर आ जायेगी। 'ख़तरे उठाने ही होंगे, तोड़ने ही होंगे मठ और गढ़, सब।'

अभिव्यक्ति की चौपड़

1. क़दमों की लौट-पौट और फिर भी कोई नयी यात्रा

पहले-पहल यानी कि प्रारम्भिक मनुष्यों ने जब शुरुआत में बोलना सीखा होगा, भाषा बनानी सीखी होगी तो जाहिर है कि वह भाषा बड़ी अराजक, अनिश्चित और तुरत-फुरत बदलाव से भरी हुई रही होगी। धीरे-धीरे सदियों में कोई शाब्दिक अनुशासन पैदा हुआ होगा और उसकी मान्यता का भी झगड़ा तभी से शुरू हो गया होगा। खाना-बदोशी के बाद जब डेरों से लोग गाँवों में आये होंगे तो एक सभ्यतागत टिकाव पैदा हुआ होगा। हर आदमी का पता उसका गाँव और इलाका बन गया होगा। घुमक्कड़ी सभ्यताओं के बीच गाँव ठहराव यानी कि पड़ाव का प्रतीक बन गया होगा। कुछ लोग बनवासी, बनजारे और उठाऊ डेरे वाले कहे जाते रहे। लेकिन कुछ लोग ग्रामवासी अर्थात् समूहवासी कहे जाने लगे। ग्राम शब्द का एक अर्थ झुंड या समूह भी है। समूह ही समाज बना। समाज शब्द एक-दूसरे को ठीक-ठीक अथवा सम्यक प्रकार से जानने वालों के समूह के रूप में, प्रचलित हो गया।

जब सुनिश्चित बोली और निर्धारित भाषा नहीं थी तो मनुष्य भी मक्खियों की तरह भिनभिनाहट बहुत करते होंगे। हर वक्त शोर-गुल की गूँज मची रहती होगी। तभी तो गाँवों के शोर-शराबे से 'संग्राम' शब्द बना। जो बाद में आगे चलकर युद्धवाची शब्द बन गया। संग्राम शब्द गाँव वालों की बातचीत, झगड़े और कोलाहल से मूलतः पैदा हुआ है। जैसे ग्राम शब्द से बाद में गाँव और वहाँ रहने वाले के लिए 'गँवार' शब्द पैदा हुआ। सभ्यता आगे बढ़ी तब गाँव का अर्थ पिछड़ा और कम जानकार यानी कि मूर्ख तक हो गया। गाँव वाले गँवार हो गये, नगर वाले आगे चलकर नागर हो गये। नागर शब्द में नगरवासी के अलावा चतुर-चालाक और सूझ-बूझ वाले का भी भाव है। उसी से 'नटवर नागर नन्दा' भी बना है।

जैसे कोई रास्ता कदम दर कदम पार किया जाता है जैसे लेटी हुई सीढ़ी पार कर रहे हों, ऐसे ही शब्द भी बोली-भाषा के कदम हैं। पूरे वाक्य का सफर ये ही पूरा करते हैं। कदमों की लौट-पौट और शब्दों की लौट-पौट, ये ही भ्रमण और वैचारिक यात्राएँ हैं। ये ही बात को आगे बढ़ाते हैं। अगर कोई नयी बात है तो फिर क्या बात है।

2. दुकूल होने के अनुभव

थोड़ा और सभ्य, थोड़ा और सुनिश्चित होते ही मनुष्य समाज एकदम बदली हुई विकसित अवस्थाओं को प्राप्त होने लगा। फिर भी कुछ नियमानुकूल कुछ प्रतिकूल होता-चलता रहा। कूल शब्द नदियों से आया है। कूल शब्द नदी के किनारे के लिए बना और चला। दुकूल याने दो किनारों वाली नदी। आगे चलकर यही शब्द दुपट्टे के लिए भी प्रयुक्त होने लगा। उसके भी नदी जैसे दो किनारे होते हैं और दो कन्धों से उसके प्रवाह की परिकल्पना भी इसमें शामिल है। इसी कूल से आगे चलकर नहर का पूर्ववर्ती नाम 'गूल' हुआ। जिस किनारे मनुष्य खड़ा होता है उसे अनुकूल कहा गया और जिस पर वह खड़ा नहीं है उसे प्रतिकूल कहा गया। इस प्रकार अभिव्यक्ति में शामिल होने वाले शब्दों ने ईश्वर के बनाये हुए या मनुष्य के आगे बढ़ाये हुए संसार को बोली-भाषा से निर्मित करना शुरू कर दिया। तभी संसार में भाषा का एक सशक्त रचनात्मक प्रतिसंसार पैदा हुआ। जिसमें बाद के अनुभव (जो बाद में पैदा हो उसे अनु+भव कहते हैं) को साध्य और सन्निकटता के कारण एकदम अपने हाथों और पैरों के नीचे महसूस करने की सुलभता के कारण अनुकूल कहा गया है। दूरी, दुष्कर और किंचित कठिन होने के समानान्तर कारण से प्रतिकूल कहा गया। प्रतिकूल शब्द दरअसल समानान्तर उल्टे (दूसरे) किनारे का नाम है। अनुकूल वह जो सुलभ किनारे के साथ आगे-पीछे मौजूद है जिसे अभी या बाद में कभी भी दोहराया जा सकता है।

भाषा में काफी शब्द बहुत दुकूल हैं। द्वयर्थी शब्दों की इसीलिए कमी नहीं है। वे दोनों अर्थों का वहन करते हैं। समय और उनसे जुड़ी कर्मवाची सभ्यता ढूँढ़ो तो शब्द आज भी सूचना देते हैं। अनुभव सिर्फ प्रक्रिया ही नहीं बल्कि एक कर्म भी है। यों कहना गलत न होगा कि अनुभव कर्म का परिणाम है। अनुभव सिर्फ सूचना नहीं है। कर्म के तुरन्त बाद होने वाले अहसास का नाम अनुभव है। अनुभव में यथार्थ से जुड़ी हुई या पैदा होने वाली कल्पना जब शामिल हो जाती है तब अनुभूति का एक प्रतिसंसार निर्मित होने लगता है। यही निर्मिति कहें तो रचना है। कपोल-कल्पना दरअसल गाल बजाने का ही पर्याय है और उससे रचना नहीं बनती। रचना में पूरा विवेक और जिन्दगी के पूरे अनुभव झोंकने होते हैं।

3. अक्षर भी पहले मौखिक थे

बोली-भाषा बनते-बनते जमीन-आसमान सचमुच अलग-अलग रहते हुए भी एक हो गये। भाषा तो जिन्दगी का मुँह-बोला, आँखों देखा और आत्मसात् किया हुआ वह अनुभव है जिसमें ध्वनियों को आकार दिया जाता है। इसी प्रक्रिया में ध्वनियों के लिए अलग-अलग भूगोलों में अक्षर गढ़े गये हैं। अक्षर शब्द भी धातुवाची है। गढ़ दिया तो न टूटे न मिटे। यहाँ तक कि छीजे (क्षरित) भी नहीं। अक्षर, ध्वनियों की अक्षय

आकृति है। अक्षय आकृति में अमरता है। इसीलिए अक्षर शब्दों में जाकर अपने अर्थ के आकारों को बदल देते हैं। अक्षर तो अक्सर पुनरावर्तित होते रहते हैं। लेकिन हर बार उनसे नये शब्द बन जाते हैं जिनके एकदम भिन्न और नये अर्थ होते हैं।

अक्षर भी पहले मौखिक थे। धीरे-धीरे कालान्तर में उनकी ध्वनियों के स्थान और उतार-चढ़ाव (जिसे आरोह-अवरोह भी कहते हैं) ने कंठ, जीभ और होंठों के साथ-साथ नाक तथा कान के कामों को ध्यान में रखते हुए, उन्हें चाक्षुष और स्पृश्य पदार्थों की तरह उत्कीर्ण कर दिया। उसके बाद वनस्पतियों के तरल रंग से उन्हें चित्रित किया गया। उनके आकार-प्रकार सुनिश्चित होते चले गये। वानस्पतिक और मिट्टी-पत्थर के स्वाभाविक रंगों की सरलता से आलेखन करने के कारण उन्हें 'वर्ण' कहा गया। वर्ण किसी भी रंग से लिखे जा सकते थे। जिस रंग के छाल-पत्र होते थे उसके विपरीत उभरने वाले रंग लेखन के काम आने लगे। तब अक्षरों के इन्तजाम को वर्ण व्यवस्था कहा गया होगा। इसी रंग चेतना से ध्वनियों के मंच को रंगमंच कहा गया होगा। यानी कि वर्ण चाहे बोले जा रहे हों चाहे लिखे जा रहे हों, वे 'अरंग' नहीं होते। जब सफेद कागज आया तब सफेद के विरुद्ध अक्षरों का रंग उभारने की क्षमता बढ़ाने और विपरीत पृष्ठभूमि का लाभ उठाने की समझ से वर्ण का रंग काला हो गया। शब्दों के सारे रंग काले होने के बावजूद उन्हें वैचारिक दृष्टि से स्वर्णाक्षर कहा गया। अन्यथा स्वर्णाक्षर सिर्फ पीले-सुनहरे रंगों में लिखे जाने वाले अक्षरों का ही नाम होता। यश कीर्ति और ख्याति का रंग भी सूर्य की रोशनी की तरह दीप्त माना गया है, इसीलिए स्वर्णाक्षर में नाम होने का मतलब कार्य और परिणाम की उज्ज्वलता से है। स्वर्ण में दुर्लभ भौतिक दमक भी छिपी नहीं रहती। इसलिए सूर्याक्षर की जगह स्वर्णाक्षर में निहित मानवीय श्रम के कारण वह मुहावरा बन गया।

4. ब्रह्मा ने सृष्टि रची शब्द नहीं

शाब्दिक अभिव्यक्ति के रचनात्मक प्रतिसंसार में सबसे पहले कविता का जन्म हुआ। उस समय यह अनोखी घटना थी कि बोलने यानी कि गद्य के अलावा भाषा का कोई और पैटर्न भी बनाया जा सकता है। भारतीय माइथालॉजी में वाल्मीकि ने पहले कवि का काम किया। दुनिया की भाषाओं में अलग-अलग कवियों ने यह काम किया। लेकिन भारत में सबसे पुराने समय में वाल्मीकि ने यह कमाल किया कि अपने अलावा किसी दूसरे प्राणी के कष्ट को वाणी दी। क्रौंच नाम के पक्षी जोड़े में से एक पक्षी की व्याध द्वारा मिथुनरत समय में हत्या होती है। वाल्मीकि की पूरी संवेदना हिल गयी। वाल्मीकि के बारे में कहा जाता है कि वह एक लुटेरा, हत्यारा और जाने क्या-क्या था? उसने खुद को इसी शरीर और इसी जन्म में बदल डालने के लिए कठोर और कठिन तपस्या की। चींटियों ने उसके शरीर को स्थावर और स्थाणु समझकर उसके चारों ओर अपनी

बांबियाँ बना लीं। वह मनुष्य एक ढूह की तरह दिखने लगा। चींटियों की बनाई हुई मिट्टी के ढूह में से एक दिन वह अपनी तपोनिष्ठ समाधि से बाहर आया। उसी समय से उसका कायाकल्पित नाम वाल्मीकि (चींटियों की मिट्टी से उत्पन्न) पड़ गया। अन्यथा कहते हैं कि उसका नाम रत्नाकर था। भारत में कोई भी किसी जाति के बिना पैदा नहीं होता इसलिए बताना जरूरी है कि वह ब्राह्मण था। उस समय भी साधनविहीन और विद्याविहीन ब्राह्मण कोई भी निकृष्ट कर्म कर लेते थे। अर्थात् अकेले ब्राह्मणों की ही ज्ञान और विद्या पर इजारेदारी नहीं थी। पहला 'पतित ब्राह्मण' कवि बना। क्रौंचनी के दुख से कातर मनुष्य, व्यथा की कथा को जिस छन्द में कहने लगा उसे बाद में 24 मात्रा का अनुष्टुप छन्द कहा गया और कहने वाले व्यक्ति को 'कवि' कहा गया। कवि की भिज्ञता, अनभिज्ञता बन जाय तब मासूमियत पैदा होती है।

यहाँ मैं कवि और कविता इन दो शब्दों के अर्थ का निर्माण करते हुए एक निजी खुलासा करना चाहता हूँ। निर्माण इसलिए कि शास्त्रोक्त प्रमाण नहीं है मेरे पास। कहने को–'कथन विशेष' (क + वि) बनाने वाले 'कवि' होते हैं। तब से कवियों की विशेषोक्ति आज तक कविता का आकर्षण बनी चली आ रही है। अब 'कविता' की भी निर्मिति को अर्थ के स्तर पर जान लिया जाए तो न कोई हर्ज होगा न नुकसान। कथन + विशेष + की तार्किकता अर्थात 'कविता'। तार्किकता में एक दर्शन भी है और बहस भी। दर्शन और बहस से ही व्याख्या बनती है। विचार से संवेदना उपजती है और संवेदना से कई अर्थपूर्ण वेदनाएँ विदित होने लगती हैं। पीड़ा को महसूस करना और पीड़ा को मालूम करना–ये–बहुत गहरी छानबीन माँगते हैं। कवि का जो स्थापित अर्थ है वह ब्रह्मा अथवा प्रजापति है। ब्रह्मा रचयिता है और प्रजापति अपने विचारों के लिए उत्तरदायी प्रतिपालक है। ये अर्थ भी बुरे नहीं हैं लेकिन प्रथम रचयिता ब्रह्मा चूँकि प्राणियों की सृष्टि संरचना से जुड़े हुए हैं इसलिए कविता जैसी मानवोचित हरकत ब्रह्मा के भी बस की बात नहीं। ब्रह्मा की प्रशंसा सृष्टि फैलाने के अर्थ में है कविता रचने के अर्थ में नहीं। ब्रह्मा ने सृष्टि रची। शब्द के उच्चारण अंग-यंत्र रचे–शब्द नहीं। इसीलिए शब्द दैवी नहीं मानवीय हैं।

5. उड़ान भी यात्रा है

मनुष्य कवि का, पहला रचनात्मक प्रयास कविता रचने का था। निश्चय ही वह एक प्रतिसृष्टि है। शुरू में बोलने को गद्य और कविता को पद्य कहा गया। बाद में छन्द के नाम से भी उसे जाना गया। आधुनिकता के एक चरण में उसे तुकाश्रित पद्य रचना भी कहा जाने लगा। जबकि प्राचीनतम समय में कविता छन्दाश्रयी तो थी लेकिन तुकाश्रयी नहीं थी। तुक तक आते-आते मामला काफी बेतुका हो गया। यह अच्छी बात है कि मुक्त-छन्द भी छन्द-युक्त नहीं हो सका। कविता का कवितापन

कथन-विशेष ही बचा सकता है। कहने की युक्तियों को अगर समझें तो पत्रकारिता और कहानियाँ जल्दी किसी की भी जिज्ञासा को अपने प्रभाव में ले सकती हैं। इन विधाओं को भी अपने असर के लिए भाषा के वाक्य विन्यास और सन्दर्भ की गहरी पकड़ को साधे रखना पड़ता है। निबन्ध विधा हिन्दी में कम से कम हो गयी है। निबन्ध में पंख फड़फड़ाने की ज्यादा गुंजाइश है। उसके सौन्दर्य के लिए तुलसी की वह पंक्ति याद करना चाहूँगा–'भाषा निबन्ध मति-मंजुलम् आतनोति (मंजुलमातनोति)' यह वाक्य भाषा के पुनर्संयोजन या कि पुनर्गठन या कि उड़ती हुई भाषा को उड़ते हुए पकड़ सकने और बाँधने की वह दृष्टि जो उसकी गतिशीलता को बाधित न करे। भाषा के बन्धन में आते हुए भी विचार उड़ता हुआ यानी कि यात्रा करता हुआ दिखे। निबन्ध भाषा को नया आकाश देता है। दिमाग की सोच को माँज देता है। वह यथार्थ और कल्पनाशीलता के दो डैनों से हर वाक्य में फुदकन, फड़फड़ाहट और उमंग भर देता है। निबन्ध एक नया वितान तान देता है। कहानी और निबन्ध का रिश्ता आसानी से नहीं प्रतिभा से विकसित किया जा सकता है। यह कहना बहुत सरल और जल्दबाजी है कि कविता जैसे वाक्य तो कहानी में भरे पड़े रहते हैं, इसलिए अलग से कविता की क्या जरूरत है। कविता में कथ्य की टीस और चुभन संश्लिष्ट तरीके से यथास्थान होते हुए भी गहराई से महसूस होती है। यों देखा जाय तो साहित्य में सबका उपादान तो भाषा है। पर यह नहीं भूलना चाहिए कि घास की भाषा भी अलग-अलग रंग-ढंग और गुणों से संवलित होती है। सारा हरा, घास नहीं होता और घासें भी अलग किस्म की होती हैं। जिस तरह कि हरा भी हज़ार तरह का होता है।

साहित्य में कुछ बातें साहित्यकार के लिए ज़रूरी हैं। एक तो यह कि वह बहुपठित और बहुश्रुत हो। यानी कि खुद बहुत पढ़ा-लिखा हो। सभी विधाओं के आधारभूत तत्त्वों को गम्भीरता से जानता हो। तब उसे लगे कि अलग से भी कुछ लिखा जा सकता है तो लिखे। असम्मत होकर सम्मत होने के लिए लिखे तो ज्यादा असरदार होगा, ऐसा मैं सोचता हूँ। जानने की इच्छा से भरा हुआ वह सब कुछ जानने का जिज्ञासु हो। जो कहा जा चुका है उसकी उसे भरपूर जानकारी हो और फिर भी वह कुछ जनवाना चाहता हो। जिन्दगी के सारे वेद, सारी रामायणें और सारे महाभारत जानता हो। उसे इधर-उधर के धर्म और अधर्म का गहरा अनुभव हो। वह ईश्वर की भी आलोचना कर सके।

6. कवियों का वंश कब बढ़ता है और कब डूबता है

भारतीय मायथोलॉजी में ब्रह्म शब्द का प्रयोग उन्नत चेतना के अर्थ में हुआ है। उन्नत चेतना ही एक नये संसार की रचना कर सकती है। ब्रह्मा उस तत्त्व को कहा गया है जो अजन्मा होकर भी प्रत्येक जन्म में शामिल है। व्यक्ति के रूप में ब्रह्म और ब्रह्मा को स्वर्ग व नरक दोनों भोगने पड़ते हैं। सृष्टि भी एक कविता है मगर सृष्टि ही कविता

नहीं है। कविता सृष्टि में पैदा हुई भाषा में जन्म लेती है। इसीलिए सारी दुनिया की कविताओं की भाषा अलग-अलग है। लेकिन मानवीय उन्नत चेतना और संवेदना की तात्विक एकता उनमें दिखायी देती है। भाषा, तरह-तरह के व्याकरणों की गुलाम होते हुए भी अद्‌भुत, अनोखे और दिल से लगने वाले विचारों से भरी होती है। किसी हद तक भाषा भी बड़ी चीज है लेकिन उससे भी बड़ी चीज़ है—विचार। विचार तुरन्त किसी भी भाषा में चला जाता है। सम्प्रेषित होते ही भाषा और लिपि का बन्धन खत्म हो जाता है।

कविता के सबसे करीब है बातचीत यानी कि गुफ़्तगू। कविता के वार्ता होने को भामह ने सराहा नहीं है। उसे व्यंग्य और कटाक्ष से देखा है। लेकिन ग़ालिब ने कहा है कि—आखिर ये गुफ्तगू क्या है? और शमशेर ने कहा कि—बात बोलेगी हम नहीं, भेद खोलेगी बात ही। इसीलिए कविता अपनी व्यथा-कथा को नाटक के करीब ज्यादा पाती है। कविता में कहानी कहने का तरीका बदल जाता है। कविता में कहानी जैसी कहानी और निबन्ध जैसा निबन्ध नहीं होना चाहिए। यह ठीक है कि कविता एक मिक्स-जूस है फिर भी कविता में हर विधा का स्वाद अलग-अलग महसूस कराया जाना चाहिए। उसी कहानी को नाटक भी कहता है लेकिन एकदम अलग तरीके से। कविता को कहानी, निबन्ध और नाटक के मिले-जुले स्वाद के अलावा अपने-अपने काव्यत्व की झलक भी अलग से गूँथकर रचनी चाहिए। कविता का कवित्व ही कवि की वैयक्तिक विशेषता है। कवि को भाषा के चालूपने के अलावा भी कोई और रूप उसका रचना चाहिए ताकि सारी मक्खियों के बजाय केवल मधुमक्खियाँ वहाँ ज्यादा आयें। डंक भी उपचार की एक पद्धति है।

अच्छी कविता की यह भी सफलता है कि वह कवियों के वंश को बढ़ाती है पर अच्छी कविता का हू-ब-हू अनुकरण करना कवियों के वंश को डुबो देता है। सभी कवियों के गर्भ से पैदा होने के बाद अलग तरह की कविता करना एक जोखिम भी है और चुनौती भी। देखना यह है कि कितने लोग इस जोखिम को उठा पाते हैं और कितने इस चुनौती को स्वीकार कर पाते हैं।

लीलाधर जगूड़ी : कविताएँ

मोड़

ऐसे मैदान जिनमें रास्ते नहीं होते
भाग्यहीन व्यक्ति की तरह लगते हैं
ऐसे रास्ते जिनमें पेड़ नहीं होते
कर्महीन जीवन की तरह लगते हैं

जो रास्ते सड़क बन जाते हैं वे मुझे पुरखों की तरह
याद आते हैं
देखता हूँ कि कितना सुन्दर था उन कुछ कठिन रास्तों का भविष्य

कितनी सुन्दर है यह सड़क
और इससे भी ज़्यादा सुन्दर हैं इसके मोड़
मोड़ पर ओझल होते हुए कुछ लोग
कहाँ जाते हुए कौन रहे होंगे वे
शायद उन्होंने ही बनायी हो यह सड़क

उनमें से कोई ज़रूर मिलेगा मुझे
भविष्य के किसी जटिल मोड़ पर
मैं जान भी नहीं पाऊँगा कि यही था वह
जो ओझल हो गया था किसी मोड़ पर
बहुत सारे लोगों के साथ

एक और मोड़ पर ओझल हुई थी जो महिला
लड़का जो आते-आते मुड़ गया था
बच्ची जो चौंक कर डगमगाती भागी थी
वे सब मिलेंगे मुझे कभी किसी-न-किसी मोड़ पर
जो बन गया होगा उनकी ज़िन्दगी में
और जिस पर मुड़ना होगा मेरी ज़िन्दगी को

मुझे सुन्दर लगते हैं मोड़ चाहे सड़क पर हों, चाहे वृक्ष में
चाहे ज़िन्दगी में
इन्हीं में से होते हैं कुछ अच्छे कुछ ख़राब
कुछ विचित्र मोड़
जिनके बिना कुछ दूर तक ही अच्छी लगती है सपाट सड़क

फिर आना ही चाहिए कोई नया मोड़
आना ही चाहिए कोई नया मोड़
बस आता ही होगा कोई नया मोड़
आता ही होगा कोई नया मोड़

इतिहास में घास

घसियारों से ज़्यादा घास की सिफ़त कुछ ज़्यादा ही रही
ज्यों-ज्यों काटी त्यों-त्यों वह हमारे पास ही रही
पर हम जनम के घसियारों के मुक़ाबले घास ने घास नहीं काटी
कटकर जो कुछ बचा, घास ने उसी से इतिहास रचा

जिनकी फूस हमारे सरों पर छायी रही
घास के पुरखे भी अलग-अलग क़िस्म की घास थे
पुरखों के पुरखों में भी कुछ तो बहुत ख़ास थे
कुछ बारह महीनों के हरे, कुछ तीन महीनों के उदास थे
सबने बीज से बीच और जड़ से जड़ की माया रची
सब कुछ पर उगने लगी घास
न पत्थर बचा, न पानी बचा, न काई बची

इतिहास में इतिहास से ज़्यादा घास ने हमारी मदद की
बिना लेखा-जोखा हमें फसलों तक पहुँचा दिया
जिसकी एक ही गवाही है कि तृप्त जानवर हमारे ख़िलाफ़नहीं हैं

कगारों पर उगी घास ने हमें कई बार गिरने और डूबने से बचाया
जबकि घास उखाड़ फेंकने के लिए हम सुबह-शाम एक करते रहे
घास की प्रेरणा से हमने कई दराँतियाँ और खुरपियाँ बना डालीं
छिलने और छीलने के कई तरीक़े हमने घास से सीखे हैं

दूब तोड़कर हम हथियारों की पूजा करते रहे
घास का खुदा हमसे फिर भी नाराज़ नहीं हुआ
वह फिर तरह-तरह की घास उगाता रहा
ईश्वर भी कम घसियारा नहीं है
फिर-फिर उगने का सन्देश देता रहता है

वह अन्देशा पैदा करता है, सन्देशा घास देती है
हमारे जीने-मरने के बीच इतिहास की तरह
थोड़ी-सी घास ही है जो
बहुत-सी घास हो जाती है एक दिन

रोज़ एक कम

रोज़ हम में से कोई चला जाता है
रोज़ हम में से कोई खो जाता है
रोज़ हम में से कोई लापता हो जाता है
सबके सब हम कभी ग़ायब नहीं होते
सबके सब हम कभी नहीं होंगे ख़त्म

रोज़ हम में से एक न एक का चला जाना
रोज़ हम में से एक न एक का खो जाना
रोज़ हम में से एक न एक का कम हो जाना
घड़ी दो घड़ी में भूल जाते हैं हम

लेकिन ताज्जुब है कभी भी उस एक का
खाना नहीं बचता
कभी भी उस एक के सोने की जगह सूनी नहीं रहती

हम में से कोई उसका खाना खा जाता है
हम में से कोई उसकी जगह सो जाता है
हम में से कोई उसकी जगह काम पर लग जाता है
हम में से कोई उसकी जगह बैठ जाता है
हम में से फिर कोई चला जाता है
फिर कोई खो जाता है फिर कोई कम हो जाता है

हमें हमारे अलावा ही कोई गिन सकता है
सुबह कम कितने थे और कितने रह जाते हैं शाम को
शाम को हम कितने थे और कितने रह जाते हैं सुबह को
हम में से रोज़ कोई कम हो जाता है।

अन्तर्देशीय

इस पत्र के भीतर कुछ न रखिए
न अपने विचार। न अपनी यादें
इस पत्र के भीतर कुछ न रखिए

न अपने सम्बन्धों की छाप
न दुख, न शिकायतें
न अगली मुलाकात का वादा
न संक्रामक बीमारियाँ
न पारिवारिक प्रलाप
न अपने हस्ताक्षर।
वरना यह पत्र पकड़ा जा सकता है
इस पत्र के भीतर कुछ न रखिए

क्योंकि जिनका 'ठिकाना' नहीं
वे असहाय सबसे ज्यादा सन्दिग्ध हैं
बाहर एक ओर किसी पाने वाले का नाम और पता
दूसरी ओर किसी भेजने वाले का हस्ताक्षर जरूर हो

समाचार खुद हिफाजत चाहते हैं
इस पत्र के भीतर कुछ न रखिए

भेजनेवाला जानता है
क्या नहीं लिखा गया
क्यों नहीं लिखा गया पढ़ने वाला जानता है

कोरा, वह भी बाँच लेगा
एक भी आखर जिसके हिस्से आया

इस पत्र के भीतर कुछ न रखिए

न कोई विस्फोटक शब्द
न बच्चा पैदा होने की खबर
न कोई आकस्मिक मृत्यु
न बम
न कोई वाज़िब तर्क
न नये साल की बधाई
न तलाक का इरादा
इस पत्र के भीतर कुछ न रखिए

सारा मुद्दा, सारा पत्र
पोस्टमैन का रक्तहीन चेहरा है
जो रोज गाँजा जा रहा है
और जिसे शाम को वह जमा भी नहीं कर सकता।

दृश्य

एक आदमी अभी मेरा एक शब्द लेकर
मुझे टोह गया
उसके मुँह में वह शब्द अब भी गरम होगा

ऐसा उस समय हुआ
जब काँच की किरच वाली दीवार पर
एक बिल्ली मुँह में चूहा लेकर जा रही थी

झाड़ी में बिल्ली ने चूहे को छोड़ दिया;
गरम। कोमल फड़कता हुआ चूहा
चला,
चलने के बाद दौड़ने लगा
दौड़ते ही फिर दबोचा बिल्ली ने

पकड़कर फिर दूसरी झाड़ी में ले गयी
झाड़ी के ऊपर मँडराती रहीं केंकती हुई चिड़ियाँ
चूहे से छूट चुकी थी चूहे भर जमीन
बिल्ली के नीचे दबी हुई थी बिल्ली भर जमीन
लेकिन उसकी परछाईं
और बड़ी होकर बाघ की तरह पसरी हुई थी

दुबारा वह आदमी मेरी ओर आ रहा है
और मुझे दूसरे शब्द की तरह देख रहा है।

भेद

जो पुलिस था उस आदमी ने सपना देखा कि वह पुलिस नहीं है
टाफियाँ माँगते-माँगते बच्चे आये। सपने के
खेल ही खेल में उसे रस्सी से बाँधने लगे

सामने से एक लड़की आयी
और पास आते-आते औरत हो गयी
मगर पुलिस वाला खुद को रस्सी से नहीं छुड़ा सका।

फिर वही औरत आयी
और बच्चों को खदेड़ कर ले गयी जैसे उसी के हों

जब पुलिस वाला पुलिस लाइन में यह सपना बखान कर रहा था
तब उसके पुलिस दोस्तों ने कहा
अरे! वे बच्चे हम रहे होंगे
और वह औरत
हमें बड़ा बनाने के लिए कहीं ले गयी होगी

जो पुलिस नहीं रह गया था सपने में उसने कहा
थोड़ी देर बाद वह औरत फिर आयी
मैंने खूब पहचाना कि वह मेरी औरत है
और वे बच्चे मेरे बच्चे हैं
तब क्या मैं तुम्हारा बाप था?

सारे के सारे वे बड़े ज़ोर से हँसे
उस समय मैं एक होटल में जैसे चाय पी रहा था

होटल का जो एक लड़का था
डरा हुआ आया और कहने लगा
पुलिस लाइन में आज क्या हो गया
पुलिस लाइन में पुलिस पर पुलिस हँस रही है
पुलिस लाइन में आज क्या हो गया

'पुलिस हँस रही है! पुलिस हँस रही है!'
कहता हुआ वह लड़का वहीं पर ढेर हो गया
मेरी बगल से एक चाय पीते
नमकीन खाते आदमी ने गोली चला दी थी
'साले, भेद खोलते हो'

अब मैं सोच रहा हूँ कि क्या सुबह हो गयी है
क्या मैं सपने से बाहर हो गया हूँ
क्या मेरा यह सोचना ठीक है
कि अपना यह सपना
किसी के आगे बखानूँ या न बखानूँ?

अ-मृत

हमेशा नहीं रहते पहाड़ों के छोए
पर हमेशा रहेंगे वे दिन
जो तुमने और मैंने एक साथ खोए।

आषाढ़

यह आषाढ़ जो तुमने माँ के साथ रोपा था
हमारे खेतों में
घुटनों तक उठ गया है
अगले इतवार तक फूल फूलेंगे
कार्तिक पकेगा

हमारा हँसिया झुकने से पहले
हर पौधा तुम्हारी तरह झुका हुआ होगा

उसी तरह जिस तरह झुककर
तुमने आषाढ़ रोपा था।

लड़ाई

दुनिया की सबसे बड़ी लड़ाई आज भी एक बच्चा लड़ता है
पेट के बल, कोहनियों के बल और घुटनों के बल

लेकिन जो लोग उस लड़ाई के मार्फत बड़े हो चुके
मैदान के बीचों-बीच उनसे पूछता हूँ
कि घरों को भी खंदकों में क्यों बदल रहे हो?

जानते हो यह उस बच्चे के खेल का मैदान है
जो आज भी दुनिया की सबसे बड़ी लड़ाई लड़ता है

ये सब सोचने की जिन्हें फुर्सत नहीं
उनसे मेरा कहना है कि जिन्हें मरने की भी फुर्सत नहीं थी
उन्हें भी मैंने मरा हुआ देखा है
पर उस तरह नहीं जिस तरह एक बच्चा मरता है

जिसकी न कहीं कोई कब्र होती है न कोई चिता जलती है

बच्चों के लिए गड्ढे खोदे जाते हैं
ठीक जैसे हम पेड़ लगाने के लिए खोदते हैं

उन्हें भी मैं जानता हूँ जो बूट पहनते हैं
पर एक बार भी मरे हुए जानवरों को याद नहीं करते

जबकि बन्दूक को वे एक बार भी नहीं भूल पाते

उनमें से कुछ तो दुनिया के सायरनों के मालिक हैं
जो तीन–चार शहरों को नहीं
बल्कि पाँच–छह मुल्कों को हर साल खन्दकों में उतार देते हैं

उनका ऐलान है कि घर एक आदिम खन्दक है
और जमीन एक बहुत बड़ी कब्र का नाम है

इसलिए लोगो!
मेरी कविता हर उस इंसान का बयान है
जो बन्दूकों के गोदाम से अनाज की ख्वाहिश रखता है

मेरी कविता हर उस आँख की दरख्वास्त है
जिसमें आँसू हैं

ये जो हरी घास के टीले हैं
ये जो दरवाजों से सटे हुए हवा के झोंके हैं
ये अब थोड़े दिनों की दास्तान हैं

यहाँ कोई बच्चा
चाहे वह पूरा आदमी ही क्यों न बन जाये
अपने पैरों पर खड़ा नहीं हो सकेगा
पेट के बल नहीं चल सकेगा
कोहनियों और घुटनों के बल भी नहीं
क्योंकि पहली लड़ाई वाले बच्चे
दुनिया की सबसे आखिरी लड़ाई लड़ने वाले हैं।

चिड़िया का प्रसव

माँ उस पुरानी घटना का नाम है

अपने पेट में अंडे लेकर
चिड़िया बाजार में गयी
लाला के आगे से सुतली
घोड़े के आगे से घास
बूचड़ के आगे से बकरी के बाल
बच्चे के आगे से कागज लाकर
उसने घोंसला बनाया
जिसका विरोध नहीं किया जा सकता

प्रसव से पहले चिड़िया ने
घोंसला बना लिया था
चिड़िया का विरोध आजादी का विरोध है

उस दरवाजे से बाहर। उस आकाश में
जो आईने के अन्दर फँसा हुआ है
नयी चिड़िया
उस चिड़िया के साथ रहना चाहती है
आईने के भीतर से जो चोंच लड़ाती है

आईना धोखा है
या चिड़िया खुद को नहीं पहचानती
मगर जितनी जिस रंग की आ जाएँ
उतनी उस रंग की वो दिखा देता है

चिड़िया उस परत को कमजोर बनाना चाहती है
जिसके पार दूसरी चिड़िया फँसी है

तो भी उसका विरोध नहीं किया जा सकता
क्योंकि आईना भी एक दीवार है
चोंच चाहे बड़ी हो चाहे छोटी
भूख का जलजला एक है

चींटी जिसे ले गयी
हाथी वो काण नहीं उठा सका
पानी जितना चिड़िया ने पीया
नदी कभी समुद्र तक नहीं पहुँचा सकी

एक चिड़िया की भूख
एक चींटी की भूख
एक हाथी की भूख;
भूख चाहे किसी की हो
—मार एक है

शान्ति में, खामोशी में, सन्नाटे में
तसल्ली के बाद जो पैदा होती है
माँ उस इच्छा का नाम है।

एक ख़बर

अकसर
आतंकवादी सड़कों के किनारे गन्ने के खेतों में छिप जाते हैं
इसलिए गन्ना जलवाया जा रहा है

रामदीन कुछ गहरे डूबकर बोला...
गन्ना महँगा गुड़ बन जाए, महँगी चीनी बन जाये
गन्ने को कीड़ा लग जाये
इसी तरह का रोग है कि गन्ने में आतंकवादी छिप जाये

सुलहदीन बोला...
अचरज नहीं कि पीपल वाले भूत से यादा
गन्ने से डर लग जाए

मातादीन बोला... गन्ने से उगता है उद्यम
और हर उद्यम में जा छिपता है आतंकवादी

रामदीन भी पलट कर बोला...
पर अगर आलू के बराबर हो गये आतंकी
गोली-बारूद आलुओं में से चलने लगे
मान लीजिए वे अरहर में छिप जाएँ
धान में छिप जायें
सारे अन्न-क्षेत्र में आतंकी ही आतंकी हों
वे अड़ जाएँ और इतने बढ़ जायें
कि साग भाजियों में भी कीड़ों की तरह पड़ जायें

तब भाई मातादीन हम अपना क्या-क्या जलायेंगे ?

गरीब वेश्या की मौत

कल-पुर्जों की तरह थकी टाँगें, थके हाथ
उसके साथ

जब जीवित थी
लग्गियों की तरह लम्बी टाँगें
जूतों की तरह घिसे पैर
लटके होंठों के आस-पास
टट्टुओं की तरह दिखती थी उदास

तलवों में कीलों की तरह ठुके सारे दुख
जैसे जोड़-जोड़ को टूटने से बचा रहे हों

उखड़े दाँतों के बिना ठुकी पोपली हँसी
ठक-ठकाया एक-एक तन्तु
जन्तु के सिर पर जैसे
बिन बाए झौव्वा भर बाल

दूसरे का काम बनाने के काम में
जितनी बार भी गिरी
खड़ी हो जा पड़ी किसी दूसरे के लिए

अपना आराम कभी नहीं किया अपने शरीर में
दाम भी जो आया कई हिस्सों में बँटा

बहुतों को वह दूर से
दुर्भाग्य की तरह मज़बूत दिखती थी

खुशी कोई दूर-दूर तक नहीं थी
सौभाग्य की तरह
कोई कुछ कहे, सब कर दे
कोई कुछ दे-दे, बस ले-ले
चेहरे किसी के उसे याद न थे
दीवार पर सोती थी

बारिश में खड़े खच्चर की तरह
ऐसी थकी पगली औरत की भी कमाई
ठग-जवाँई ले जाते थे

धूपबत्तियों से घिरे
चबूतरे वाले भगवान को देखकर
किसी मुर्दे की याद आती थी

सदी बदल रही थी
सड़क किनारे उसे लिटा दिया गया था
अकड़ी पड़ी थी
जैसे लेटे में भी खड़ी हो

उस पर कुछ रुपये फिंके हुए थे अन्त में
कुछ जवान वेश्याओं ने चढ़ाये थे
कुछ कोठा चढ़ते-उतरते लोगों ने

एक बूढ़ा कहीं से आकर
उसे अपनी बीवी की लाश बता रहा था
एक लावारिस की मौत से
दूसरा कुछ कमाना चाहता था

मेहनत की मौत की तरह
एक स्त्री मरी पड़ी थी

कल-पुर्जों की तरह
थकी टाँगें, थके हाथ

उसके साथ अब भी दिखते थे

बीच ट्रैफ़िक
भावुकता का धन्धा करने वाला
अथक पुरुष विलाप जीवित था
लगता है दो दिन लाश यहाँ से हटेगी नहीं।

मेरा ईश्वर मुझसे नाराज़ है

मैंने दुखी न रहने की ठान ली

मेरे देवता नाराज़ हैं
क्योंकि जो ज़रूरी नहीं है
मैंने त्यागने की कसम खा ली है

न दुखी रहने का कारोबार करना है
न सुखी रहने का व्यसन
मेरी परेशानियाँ और मेरे दुख ही
ईश्वर का आधार क्यों हों ?

पर सुख भी तो कोई नहीं है मेरे पास
सिवा इसके कि दुखी न रहने की ठान ली है।

एक बुढ़िया का इच्छा-गीत

मैं लगभग बच्ची थी
हवा कितनी अच्छी थी
घर से जब बाहर को आयी
लोहार ने मुझे दराँती दी
उससे मैंने घास काटी
गाय ने कहा दूध पी
दूध से मैंने, घी निकाला
उससे मैंने दिया जलाया
दीये पर एक पतंगा आया
उससे मैंने जलना सीखा
जलने में जो दर्द हुआ तो
उससे मेरे आँसू आये
आँसू का कुछ नहीं गढ़ाया
गहने की परवाह नहीं थी
घास-पात पर जुगनू चमके
मन में मेरे भट्ठी थी
मैं जब घर के भीतर आयी
जुगनू-जुगनू लुभा रहा था
इतनी रात इकट्ठी थी।

तो

जब उसने कहा
कि अब सोना नहीं मिलेगा
तो मुझे कोई फ़र्क नहीं पड़ा
पर अगर वह कहता
कि अब नमक नहीं मिलेगा
तो शायद मैं रो पड़ता।

चट्टान पर चीड़

पानी पीटता रहा, हवा तराशती रही चट्टान को
दरारों के भीतर गूँजती हवा कुछ धूल छोड़ आती रही हर बार
कुछ धूप कुछ नमी कुछ घास बन कर उग आती रही धूल
धूल में उड़ते हैं पृथ्वी के बीज
छेद में पड़े बीज ने भी सपना देखा
मातृभूमि में एक दरार ही उसके काम आयी
चट्टान को माँ के स्तन की तरह चूसते हुए बाहर की पृथ्वी को झाँका
हठी और जिद्दी वह आखिर चीड़ का पेड़ निकला
जो अकेला ही चट्टान पर जंगल की तरह छा गया
उस चीड़ और चट्टान को हिलोरने
चली आ रही है नटों की तरह नाचती हवा
कारीगरों की तरह पसीना बहाती धूप
चट्टान और पेड़ को भिगोने
आँधी में दौड़ती आ रही है बारिश।

सीढ़ी

मैं हर सीढ़ी पर हाँफ रहा था
मुश्किल से चढ़ पा रहा था
बावजूद इस सब के यह आखिरी सीढ़ी थी

यह सीढ़ी वह पेड़ तो नहीं थी
जिस पर कभी मैं किशोर लपककर चढ़ता था आकाश में
डाँट पड़ती थी तो खिसक कर उतर आता था जमीन पर
गिरकर हाथ-पाँव तुड़वाने के मुकाबले
एक बार पेड़ से नहीं पिटाई से घायल हुआ था मैं

मेरी पौत्री अनन्या कह रही है
आप बहुत अच्छे दादा हैं
आपने सारी सीढ़ियाँ चढ़ ली हैं

मैं उसे समझाना चाहता हूँ
कोई भी सीढ़ी अन्तिम नहीं होती
ऊँचाई में चढ़ रहे हों तब तो और भी नहीं

कुछ लोग ऊँचाई पा लेने के बाद सीढ़ियाँ हटा देते हैं
ताकि लोग इस भ्रम में रहें कि वे खुद यहाँ तक पहुँचे हैं
बहुत-सी सीढ़ियों में से बचपन भी जीवन की महत्त्वपूर्ण सीढ़ी है
तुम एक-एक कर सारी सीढ़ियों को याद रखना
अपनी आदत की सीढ़ी सहित

मेरे बारे में 'नाटक जारी है' की वह पंक्ति भी याद रखना
जिसमें कह पाया था ''रोज़ सीढ़ियाँ उतरता हूँ
मगर नरक खत्म नहीं होता।''

सुबकना

सुखद-दुखद या मनहूस जितने भी अर्थ होते हैं
जीवन में हँसने-रोने के
सबसे ज्यादा विचलन पैदा करता है-सुबकना

सुबकना, निजी दुख को रोना-गाना नहीं बनने देता
विलाप का कोई आरोह-अवरोह भी नहीं
जो उसे प्रलाप बनाता हो

दुख को वजन और नमी सहित
धीमे भूकम्प की तरह हिला रहा होता है-सुबकना

वैसे देखा जाए तो, सुबकना
रोने वाले की असीम एकसरता और पथराने को
कुछ कम करता दिखता है
जैसे भीतरी उमड़न भी खुद कोई उपाय सोच रही हो
चंगा होने का

किसी भारी मलबे के नीचे फफकता सुबकना
ढाल पर से मिट्टी-सा खिसकता
जैसे दूर फैले दुख के दल-दल को सुखा देगा
और धीरज घाव पर खुरंट की तरह जम आयेगा

सुबकना यह भी बता रहा होता है
कि जिसे अभी बहुत दिन साथ लगे रहना है सगे की तरह
उस अपने ही दुख को तुरन्त बाहर कैसे किया जाए

गहरे कहीं दबा-डूबा वह सुबकना
जगत तक भर आये सूखे कुएँ-सी
आँखों में
कोई रास्ता तलाश रहा है विसर्जित होने का।

आज का दिन

क्या यकीन किया जा सकता है
कि आज का दिन भी ऐतिहासिक होगा
अगर आज भी किसी डाक्टर ने भ्रूण का लिंग बताने
से इनकार किया है
अगर आज कहीं नहीं हुई कन्या-भ्रूण-हत्या
तो आज का दिन ऐतिहासिक हो सकता है

आज का दिन इस लिए भी ऐतिहासिक हो सकता है
क्योंकि पूरे दाँत खोलकर हँसती हुई ग्यारह वर्ष
की लड़की
अकेले साइकिल सीखने निकली है

अनजान शहर में अकेली औरत ने
आफ़िस जाती किसी अकेली औरत से
ऐसे पुरुष का पता पूछा
जिसे पूछने वाली के सिवा कोई नहीं जानता

सोचने की बात यह है कि आज के दिन
अकेली औरत अगर सुरक्षित है
तो आज के दिन को ऐतिहासिक होने से कोई
रोक ही नहीं सकता

विश्वसनीय सूत्रों से थोड़ी आश्चर्यजनक
ख़बर से भी
मैं आज के दिन को ऐतिहासिक मानता हूँ

कि छह महीने की जिस बच्ची ने बिस्तर पर
आधी पल्टी ली थी और चोट खायी थी
आज उसी सात महीने की बच्ची ने
पहली बार पूरी पल्टी ली और चोट नहीं खायी

आज का दिन ऐतिहासिक ही नहीं अद्भुत भी है
पल्टी खाने के बाद सुना कि वह खुद हँस भी दी

आज एक और घटना भी हुई है
जिसका मैं खुद गवाह हूँ

कि साइकिल सीखने वाली ग्यारह वर्ष की
अकेली लड़की
चोट खाकर भी मुस्कुराती हुई लौटी है
अपने को हर जगह से बेफ़िक्र झाड़ती हुई

यक़ीन मानिए।
आज का दिन कहीं सचमुच ऐतिहासिक न हो!

सिल्ला* और चिल्ला* गाँव

हम सिल्ला और चिल्ला गाँव के रहने वाले हैं
कुछ काम हम करते हैं कुछ करते हैं पहाड़

उत्तर और दक्षिण के पहाड़ हमें बाहर देखने नहीं देते
वह चील हमसे ज्यादा जानकार है जो इन पहाड़ों के पार से
हमारी घाटी में आती है

पूरब का पहाड़ सूरज को उगने नहीं देता
पश्चिम का पहाड़ तीन बजे ही शाम कर देता है

दोपहर को सूर्योदय होता है सिल्ला गाँव में
सिल्ला गाँव में थोड़ा-थोड़ा सब कुछ होता है
बहुत ज़्यादा कुछ नहीं होता

सिल्ला गाँव की बेटियाँ चिल्ला गाँव ब्याही हैं
चिल्ला गाँव के भी बहुतों की ससुराल है
सिल्ला गाँव में

पूरब पहाड़ के पश्चिम ढलान पर बसा है सिल्ला गाँव
इस ठंडे ठिठुरे गाँव में भी होते हैं रगड़े-झगड़े
होती है गरमा-गरमी

झगड़ा होता था एक दिन दो भाइयों में
बड़े ने कहा छोटे से कि कल सबेरे मुझे दिखना मत
(सबेरे-सबेरे याने दोपहर बारह बजे कल सुबह)

---
*सिल्ला (ठंडा) *चिल्ला (गर्म)।

किसी एक को एक दूसरे को उनमें से दिखना नहीं है
सिल्ला गाँव में
वरना बाकी का झगड़ा कल दोपहर में होगा सुबह सुबह

सामने एक दूसरा गाँव है चिल्ला गाँव
यह पश्चिम पहाड़ के पूरब ढाल पर बसा है
चिल्ला गाँव में आता है सबसे पहले घाम
सबसे पहले वहाँ लोग उठकर सिल्ला गाँव वालों को
गाली देते हैं अभी तक सोये हुए होने के लिए
आवाज़ देते हैं कि सूरज चार पगाह चढ़ चुका है
सिल्ला गाँव के कुम्भकरणो जाग जाओ

पहाड़ की छाया के अँधेरे में
सिल्ला की औरतें सुनती हैं चिल्लावालों की गुनगुनाहट
लगभग बारह बजे आ पाता है
सिल्ला गाँव चिल्ला गाँव के बराबर
तब सिल्ला से एक बहन आवाज़ देती है
चिल्लावाली बहन को कि तू मायके कब आयेगी

चिल्ला गाँव का सूरज तीन बजे डूब जाता है
सिल्ला गाँव में पाँच-छः बजे तक धूप रहती है
चिल्ला में लोग तीन बजे से घरों में घुसना शुरू कर देते हैं
चूल्हे जलाना शुरू कर देते हैं शाम के

चिल्ला और सिल्ला गाँव आमने-सामने हैं
जब सिल्ला गाँव में रात पड़नी शुरू होती है तब चिल्ला के लोग
खाना खा चुके होते हैं
जब सिल्लावाले रात का खाना खाते हैं
तब चिल्लावाले सो चुके होते हैं

लेकिन पहाड़ों को और सूरज को वे
अलग-अलग तरह से देखते हैं
सिल्ला गाँव की सुबह और चिल्ला गाँव की शाम
दो भाइयों की तरह लड़ती हैं आपस में
दो बहनों की तरह दूर से देखती हैं एक-दूसरे को।

वैतरणी पर पुल

इससे अधिक कष्ट की बात क्या हो सकती है
कि मृतकों को वहाँ भी संसार जैसे ही कष्ट बताये गये हैं
जीते जी की तरह मरने के बाद भी डरो
यहाँ से भी बीहड़ बताये गये हैं वहाँ के रास्ते

वहाँ भी बिल्कुल यहाँ जैसी दुष्टताएँ हैं
कोई मृतक किसी मृतक को सहारा नहीं देता
बिल्कुल यहीं जैसा पिछड़ापन कहीं कोई सवारी नहीं

मृतक को चलना बहुत पड़ता है
लम्बी दूरियों वाले पड़ाव भी बहुत और खतरनाक हैं

आश्चर्य तो यह कि मृतक को
मरने के बाद भी भूख का मुकाबला करना पड़ता है
धाँधली यह कि किसी का पिंडदान कोई और खा जाता है
यहीं जैसा लुच्चापन वहाँ भी

जीते जी जैसे कामों से मरने के बाद भी छुटकारा नहीं

क़ैदियों की तरह मृतक की भी जमानत करवानी पड़ती है
(वकीलों के नहीं पुरोहितों के माध्यम से)
गोदान किए मृतक वैतरणी पार के लिए बारी का इन्तजार कर रहे हैं

गाय के सहारे नदी पार करने की तकनीक
पिछड़ेपन को वहाँ भी छिपने नहीं देती

अफसोस कि मन्वन्तरों के बाद भी वैतरणी पर पुल नहीं बन सका
क्या यमलोक में डेरी और सेतु निर्माण
एक ही मंत्रालय के अधीन हैं?

इधर बछिया से वैतरणी पर पुल का काम लिया
उधर गाय बनते ही उसे दुहने लगे

यहाँ दान की गाय अगर वहाँ उपस्थित रहती है
तो हित चाहने वाला पुरोहित वहाँ अनुपस्थित क्यों ?
जब वह वहाँ साथ नहीं दे सकता तो दुधारू गाय
पुरोहित का घर और अपनी देह छोड़े बिना मृतक का साथ कैसे दे सकती है?

दान की गाय के बदले शायद यमलोक की गाय मिलती हो
जिसे वैतरणी पार करते ही जमा कराना पड़ता होगा...

पूँछ पकड़कर नदी पार करना अविश्वसनीय भी लगता है
और सोचने को भी मजबूर करता है
अगर एक स्वचालित नाव दान की जाए तो कैसा रहेगा?
(पर पुरोहित अभी इतने टेक्निकल नहीं हुए हैं)

फिर भी यमराज से वैसी ही प्रार्थना है
जैसे मुख्यमन्त्री या किसी भी मन्त्री से मरणशील जनता करती है
कि वैतरणी पर जल्दी पुल बनाया जाए
और यह भी निवेदन है कि बिना दिहाड़ी मजदूरों का काम
पुरोहितों से लिया जाए
(पुरोहितों की वजह से ही सारे ब्राह्मण गाली खा रहे हैं)

क्योंकि शहरी विकास प्राधिकरणों में वसूले गये टैक्स की तरह
पुरोहितों को बहुत गो धन दान किया जा चुका है
पुरोहित अब इतना हित और करें कि शरीर त्यागते ही
वैतरणी पर पुल बनाने के लिए बिना दक्षिणा श्रमदान करें
और वहाँ मृतक को गरुड़ पुराण वैतरणी का पुल पार करते समय सुनाएँ।

घास के पूले

अचरज हुआ घास के पूलों को चलता देखकर
पूले पर पूले
छह फिट से भी ऊँचे थे पुलिन्दों के सिर
मजाल कि कोई उन्हें छूले

इस तरह ऊँचे पुलिंदों की कतारें जा रही थीं
गाँवों की ओर
जैसे घास की मीनारें खुद चलकर जा रही हों
जानवरों की नाँद तक

औरतों के दो पैर लेकर चल रहे हैं घास के धड़
घास के सिर
न कमर। न गर्दन। न पिछवाड़ा
इतने थिर-सिर छह फुट्टे गट्ठरों के
पार कर रहे हैं पहाड़ की धार

कभी उन दो पैरों वाली पीठों पर
लकड़ी के बोझ आ जाते कभी पराल के भारे
कभी घराट ले जाए जाते गेहूँ के बोरे

घिसे हुए तलवों और घिसी हुई मैली एड़ियों सहित
दो पैर स्त्री के दिख जाते हैं बार-बार

पुराने जूतों जैसे घिसे इन पैरों के सिर पर
जेठ की दोपहरियों में

कभी पानी भरे पीतल के बंटे चढ़ जाते हैं
घास के भारे। लकड़ी के गट्ठर
सिर पर बंटा और जिन्दगी का बंटाढार
बासठ वर्षों से लगातार।

बची हुई पृथ्वी पर

आज का दिन इस घाटी में मेरा दूसरा दिन है
और एक-एक कण की रणगाथा से भरी समुद्र-सहित तैरती यह पृथ्वी
आती-जाती रोशनी का तट है

जमीन की भाषा में जमीन को। पानी की भाषा में पानी को
कुछ कहना कितना मुश्किल है
अपनी भाषा में अपने को कुछ भी कह सकूँ और यहाँ रह भी सकूँ
कितना मुश्किल है

फिर भी हरे टुकड़ों के बीच। एक जगह एक घर होता
स्वाद से भरा। रोग से बचा। तो सुन्दर कितनी अच्छी थी यह नदी
'गूँगे खामोश हैं' ऐसा एकदम नहीं कहा जा सकता
क्योंकि कई गाँवों को मजबूत किलों में बदलने वाले पत्थर
यहाँ इन्तजार कर रहे हैं
और आकाश की जीभ बनकर ताकतवर सन्नाटा
जंगल चखने के बाद इन्हें चाट रहा है

काई, इन पर उस समय की यादगार है
जो न काई था, न पत्थर, न जंगल, न नदी
जबकि किस मुल्क के ईश्वर का समय
मौत का समय नहीं है

सूर्योदय के आस-पास यह नदी है
और नदी के आस-पास यह सूर्योदय नये हैं
क्योंकि पृथ्वी पुरानी है

जिस पर एक दिन की लकड़ियाँ कई दूसरे दिनों का ईंधन है
तम्बू के पीछे एक दूसरे दिन का धुआँ उठ रहा है
सन्नाटे के हाथ पर जैसे चिलम आ गयी हो

जो चीज़ें, जो बातें जिन लोगों में अभी नहीं हैं
वे उनके लिए नयी होंगी अगले साल

अगले साल के पीछे नहीं दिखायी दे रहा है
जो एक और अगला साल
उससे कहीं ज्यादा साफ दिखायी दे रहा है
कई वर्ष पुरानी इस जगह पर मेरा यह दूसरा दिन

अगले क्षण इस दिन की चाय कहीं नहीं होगी
तीसरे दिन के सामान में से चौथा दिन बचाना है

पहाड़ पर रास्ते

एक बार एक आदमी के पीछे चलता यह रास्ता एक दिन
पहाड़ के सिर पर पहुँच गया
और उसी के पीछे-पीछे दूसरी ओर उतर गया यह रास्ता

उसके बाद लोग नयी-नयी घटनाओं के साथ
उसी रास्ते से चढ़े और उसी के लगाये हुए रास्ते से
दूसरी ओर उतर गये

आसमान में सर्पाकार पेड़ की तरह चढ़े हुए
इस रास्ते के दोनों ओर कई और रास्ते फूटे हैं
ये रास्ते कैसे फूटे?
कई बार तो ये तब फूटे जब कोई इस रास्ते से बचना चाहता था
और कुछ तब फूटे जब कोई इस रास्ते से भटक जाता था
कुछ नये रास्ते उन नये भटके हुओं ने भी बनाये
जो फिर इसी रास्ते पर चले आये

कुछ लोग तो कहीं के कहीं पहुँच गये
कुछ बीच में ही खत्म हो गये
कुछ भटकने के बाद भी पहाड़ लाँघ गये

कुछ ऐसे भी रहे जो इस रास्ते के फेर से बचना चाहते थे
वे पहुँचे और उन्होंने जाना कि उधर भी घर
बनाये जा सकते हैं
क्योंकि उधर भी झरने हैं, समतल टुकड़े हैं
ढाल हैं ताल हैं

रास्ते छूटते चले गये। बनते चले गये
रास्ते निकलते चले गये। बदलते चले गये
इन रास्तों के बीज आदमी के दिमाग से पैरों तक फैले हुए हैं
ढलानों को समतल बनाया हवा ने, पानी ने
और अन्त में आदमियों ने
जो हवा पानी और जंगली जानवरों से लड़े
उन्होंने ये मेंड़ें बाँधी हैं
नाखूनों से गूलें खोदीं और पानी की उँगली-भर मोटी धार
घरों तक ले आये
सारे रास्ते घरों तक आ गये
आदमी पैर धोकर घर के अन्दर जाने लगा
तब क्या घर पहुँचते ही रास्तों का अन्त हो गया?
नहीं, बल्कि हर कोई हर बार एक नये रास्ते की
तलाश में सोता-जागता था
तब कुछ रास्ते पैर की बजाय हाथ से निकलने लगे
कुछ रास्ते चलने के बजाय रुकने से निकलने लगे
कुछ रास्ते अँधेरे से भागने के कारण निकले
कुछ उजाले से भागने के कारण निकलने लगे
तब से हालत ये है कि करवट बदलते ही आदमी
किसी नये रास्ते पर पहुँच जाता है
जो पचास और रास्तों से जुड़ जाता है
अब अलग से चलने के लिए यहाँ कोई जगह नहीं है
बस एक ही रास्ता नया हो सकता है
इन सब रास्तों को जानकर उस रास्ते को जानना
जो ज़्यादा दूर तक जाता हो
जो विघ्नों से निपटने के साधन देता हो
जिनमें मेरा साहस भी एक है
कम से कम एक पड़ाव और आगे मैं उसे ले जाना चाहता हूँ
यहीं तक यह रास्ता मेरे आगे-आगे चलेगा
जहाँ तक यह पहले कभी किसी के पीछे-पीछे चला था
शेष रास्ता मुझे बनाना है
जो सिर्फ़ विपत्ति में ही दिखायी देगा।

□□

लीलाधर जगूड़ी : परिचय

जन्म : 1 जुलाई 1940, धंगण गाँव, टिहरी (उत्तराखंड)। ग्यारह वर्ष की अवस्था में घर से भागकर अनेक शहरों और प्रान्तों में कई प्रकार की जीविकाएँ करते हुए शालाग्रस्त शिक्षा के अनियमित क्रम के बाद हिन्दी साहित्य में एम.ए.। फौज (गढ़वाल राइफल) में सिपाही। लिखने-पढ़ने की उत्कट चाह के कारण तत्कालीन रक्षामन्त्री कृष्ण मेनन को फौज से मुक्ति के लिए प्रार्थनापत्र भेजा, फलतः छुटकारा। 1970 के 13 सितम्बर को भयंकर प्राकृतिक त्रासदी में परिवार के सात लोगों की एक साथ मृत्यु। 1966-80 तक शासकीय विद्यालयों में शिक्षण-कार्य और बचे हुए परिवार का पुनर्वास उत्तरकाशी में। यहाँ भी त्रासदी में घर तथा बेटे का व्यावसायिक संस्थान 17 जून 2013 को नेस्तनाबूद।

1980 में पर्वतीय क्षेत्र में प्रौढ़ों के लिए लिखी 'हमारे आखर' (प्रवेशिका) तथा 'कहानी के आखर' पाठ्य-पुस्तकें साक्षरता निकेतन, लखनऊ से प्रकाशित। राजस्थान के कवियों के संकलन 'लगभग जीवन' का सम्पादन। अखिल भारतीय भाषाओं की नाट्यालेख प्रतियोगिता में 1984 में 'पाँच बेटे' नाटक पर प्रथम पुरस्कार तथा फिल्म निर्माण। मराठी, पंजाबी, मलयालम, बांग्ला, उड़िया, उर्दू आदि भारतीय भाषाओं में तथा रूसी, अंग्रेजी, जर्मन, जापानी और पोलिश आदि विदेशी भाषाओं में कविताओं के अनुवाद। यू.पी. पब्लिक सर्विस कमीशन द्वारा उत्तर प्रदेश की सूचना सेवा के लिए चयन।

सूचना एवं जनसम्पर्क विभाग, उ.प्र. की मासिक पत्रिका 'उत्तर प्रदेश' तथा नये राज्य उत्तरांचल की प्रथम पत्रिका 'उत्तरांचल दर्शन' का सम्पादन। सेवानिवृत्ति के बाद उत्तरांचल के प्रथम सूचना सलाहकार रहे तथा उत्तराखंड संस्कृति साहित्य एवं कला परिषद के प्रथम उपाध्यक्ष।

प्रकाशित कविता-संग्रह : 'शंखमुखी शिखरों पर,' 'नाटक जारी है', 'इस यात्रा में', 'रात अब भी मौजूद है', 'बची हुई पृथ्वी', 'घबराए हुए शब्द', 'भय भी शक्ति

देता है', 'अनुभव के आकाश में चाँद', 'महाकाव्य के बिना', 'ईश्वर की अध्यक्षता में', 'खबर का मुँह विज्ञापन से ढका है', 'कवि ने कहा' के बाद 2013 में 'जितने लोग उतने प्रेम'। 'ईश्वर का समकालीन कवि' प्रकाशनाधीन।

गद्य : 'मेरे साक्षात्कार', 'रचना प्रक्रिया से जूझते हुए'।

सम्मान : रघुवीर सहाय सम्मान, भारतीय भाषा परिषद, कोलकाता द्वारा सम्मानित। उत्तर प्रदेश हिन्दी संस्थान के नामित पुरस्कार सहित अन्य सम्मान। 'अनुभव के आकाश में चाँद' के लिए 1997 में साहित्य अकादेमी पुरस्कार से सम्मानित। 2004 में पद्मश्री से अलंकृत। एशिया और यूरोप के कुछेक देशों की यात्राएँ। भारत की केन्द्रीय साहित्य अकादेमी द्वारा राइटर्स ऐट रेजीडेंस-फेलोशिप से सम्मानित।

सम्प्रति : पूर्णतः स्वतन्त्र लेखन। केन्द्रीय साहित्य अकादेमी की सामान्य सभा के सदस्य।

सम्पर्क : 7, सीता कुटी, सरस्वती एन्क्लेव, बदरीपुर रोड (जोगीवाला), देहरादून-248005

फोन : 0135-2666548, **मो. :** 09411733588